Martin Heinrich

Governance in der Schulentwicklung

Educational Governance
Band 3

Herausgegeben von

Herbert Altrichter
Xaver Büeler
Thomas Brüsemeister
Ute Clement
Martin Heinrich
Jürgen Kussau
Jochen Wissinger

Martin Heinrich

Governance in der Schulentwicklung

Von der Autonomie
zur evaluationsbasierten
Steuerung

VS VERLAG FÜR SOZIALWISSENSCHAFTEN

Bibliografische Information Der Deutschen Nationalbibliothek
Die Deutsche Nationalbibliothek verzeichnet diese Publikation in der
Deutschen Nationalbibliografie; detaillierte bibliografische Daten sind im Internet über
<http://dnb.d-nb.de> abrufbar.

Gedruckt mit Unterstützung des Bundesministeriums für Wissenschaft und Forschung
in Wien.

1. Auflage Mai 2007

Alle Rechte vorbehalten
© VS Verlag für Sozialwissenschaften | GWV Fachverlage GmbH, Wiesbaden 2007

Lektorat: Stefanie Laux

Der VS Verlag für Sozialwissenschaften ist ein Unternehmen von Springer Science+Business Media.
www.vs-verlag.de

Umschlaggestaltung: KünkelLopka Medienentwicklung, Heidelberg
Druck und buchbinderische Verarbeitung: Krips b.v., Meppel
Gedruckt auf säurefreiem und chlorfrei gebleichtem Papier
Printed in the Netherlands

ISBN 978-3-531-15339-1

Inhaltsverzeichnis

Einleitung – Governance in der Schulentwicklung

*„Die bewegendste Frage des heutigen pädagogischen
Lebens und zugleich die Grundfrage aller Erziehung
überhaupt ist die Frage nach der pädagogischen Autonomie. Wie bei jedem anderen Kulturgebiet, so hängt
auch in der Pädagogik ihre ganze Mächtigkeit in erster
Linie ab von der klaren Erkenntnis und der scharfen
Herausarbeitung ihrer selbständigen Leistung innerhalb
des Kulturganzen. Das sichere Bewußtsein von dieser
eigenen Aufgabe ist die unerläßliche Voraussetzung jeder pädagogischen Arbeit.“*
(Geißler 1929, 5f.)

Wie bereits zu Beginn des 20. Jahrhunderts erschien Autonomie in den letzten Jahren als *die große Hoffnung* für Entwicklungen im pädagogischen Feld, die Wahrnehmungsweisen und Deutungsmuster vieler ErziehungswissenschaftlerInnen, BildungsadministratorInnen, aber auch nicht weniger LehrerInnen prägte (vgl. Tillmann 2001). Die Euphorie scheint jedoch zunehmend zu verfliegen. Die PISA-Diskussionen (vgl. Messner 2002; Schlömerkemper 2002b; Terhart 2002; Oelkers 2003a; OECD 2004) und die Debatten um Bildungsstandards (vgl. Klieme et al. 2003; Böttcher 2004; Altrichter/Posch 2004; Neuweg 2004; Strittmatter 2004) haben die Rede von der Autonomie überlagert. Sind der Autonomiegedanke und die mit ihm verbundenen Konzeptionen damit obsolet geworden, eine überholte Modeerscheinung, ein Anachronismus?

Wer die Reformen der Schule in ihrem historischen Verlauf betrachtet, wird immer wieder Kontinuitäten und Diskontinuitäten entdecken, die Wiederkehr des Gleichen ebenso wie die spezifische Varianz (vgl. Denecke et al. 2001). Der Wechsel der unterschiedlichen Reformkonzepte ist vielfach, zumindest aus einer gewissen – wenn auch reduktionistisch-simplifizierenden – Distanz heraus als unvollständiger dialektischer Prozess beschreibbar: These und Antithese wechseln sich ab, ohne dass eine Synthese möglich erscheint: Bürokratiekritik und dann Gestaltungsfreiheit als Antithese zur Bürokratie, im Anschluss daran wiederum Rufe nach vermehrter Rechenschaftslegung, die wiederum alte Formen der Bürokratisierung restituiert. Wie aber kann man dieser kontraproduktiven Dialektik entkommen, sodass die antithetischen Aspekte eine Aufhebung auf höherem Niveau erlangen könnten?

Schon auf den ersten Blick ergeben sich aus dem zuvor beschriebenen Zusammenhang zumindest zwei Herausforderungen:

1. Zunächst ist für eine konstruktive Weiterentwicklung aus der Geschichte zu lernen, d.h. die Aufhebung der vielfach beklagten Geschichtsvergessenheit

ist als Bedingung der Möglichkeit der Durchbrechung der oben beschriebenen kontraproduktiven Dialektik zu forcieren.

2. Die isolierten, einander widerstreitenden Elemente müssen in einem integrativen Ansatz verbunden werden – ein Programm, das zumeist an der Hyperkomplexität sozialer Systeme scheitert.

Die vorliegende Studie widmet sich primär dem zweiten Aspekt, wenn eines der prägnantesten Merkmale der Schulentwicklung des letzten Jahrzehnts, die „Autonomie", betrachtet wird. Der erste Aspekt – die historische Dimension der Autonomie (vgl. Helmer 1994) – wurde demgegenüber in einer vorausgehenden Studie behandelt (vgl. Heinrich 2006b).

Der zweite Aspekt, d.h. der Versuch einer Synthese, steht aus zwei Perspektiven im Fokus der Aufmerksamkeit – aus einer bildungspolitischen und einer sozialwissenschaftlichen:

1. Mit dem Konzept einer „evaluationsbasierten Steuerung"[1] steht im bildungspolitischen Diskurs derzeit der Versuch einer Integration unterschiedlicher Reformansätze der letzten Jahre im Vordergrund.

2. Mit dem sozialwissenschaftlichen Konzept „Governance" wird der Versuch unternommen, auf unterschiedlichen Ebenen des Bildungssystems und unter Berücksichtigung der divergierenden Interessen unterschiedlichster AkteurInnen die Komplexität deskriptiv zu fassen.

Aus dem Anspruch einer Verknüpfung dieser beiden Foki ergibt sich das *Ziel der Studie:*

> *Vor einem governancetheoretischen Hintergrund soll die (transformierte) Rolle der Autonomie als Element innerhalb einer „evaluationsbasierten Steuerung" beschrieben werden, um auf Lücken aufmerksam zu machen, die gegenwärtig noch in dieser Konzeption und deren Implementierung liegen.*

Dieses Ziel der Untersuchung wird in der vorliegenden Studie wie folgt argumentiert:

---

1   Der für diese Arbeit so zentrale Begriff der „evaluationsbasierten Steuerung" ist aus Diskussionen mit Herbert Altrichter hervorgegangen, dem ich hierfür – und für die Unterstützung sowie die große „Autonomie" in den letzten Jahren – danke. Das in Kapitel 5 näher erläuterte Konzept einer solchen „evaluationsbasierten Steuerung" ist auch bereits an anderer Stelle ausführlicher dokumentiert (vgl. Altrichter/Heinrich 2006).

- *Argumentative Funktion von Kapitel 1:* In diesem Kapitel wird in das „Feld der Untersuchung" eingeführt, indem aus zwei Perspektiven die „Autonomieentwicklung" (vgl. Kap. 1.1) als auch die Neuorientierung der administrativen Steuerungsvorstellungen (vgl. Kap. 1.2) in den 90er Jahren dargestellt werden.

- *Argumentative Funktion von Kapitel 2:* Um mit dem in der Diskussion weit gefächerten Autonomiebegriff arbeiten zu können, wird in diesem Kapitel das dieser Untersuchung zugrunde liegende Autonomieverständnis ausdifferenziert und zugleich durch eine Bestimmung unterschiedlicher Formen der Autonomie konturiert.

- *Argumentative Funktion von Kapitel 3:* In dem der Klärung des Autonomiebegriffs folgenden Kapitel wird das analytische Instrumentarium vorgestellt, auf das mit dem sozialwissenschaftlich fundierten „Governance-Ansatz" zurückgegriffen wird. Diese Auseinandersetzung mündet schließlich in einer „kontextbezogenen Governancekonzeption zur Autonomie in der Schulentwicklung" (vgl. Kap. 3.3).

- *Argumentative Funktion von Kapitel 4:* Im Sinne einer theoretischen Rahmung der Transformationsprozesse wird in diesem Kapitel die Entwicklung der Autonomie beim Übergang vom Autonomieparadigma zum Leitbild einer evaluationsbasierten Steuerung durch ein Drei-Phasen-Modell konzeptionalisiert, das die Transformation der Autonomie als einen Wechsel von einer *Grauzonenautonomie* (vgl. Kap. 4.1) über eine *Gestaltungsautonomie* (vgl. Kap. 4.2) hin zur *evaluationsbasierten Autonomie* (vgl. Kap. 4.3) beschreibt.

- *Argumentative Funktion von Kapitel 5:* Vor dem Hintergrund der an dieser Stelle der Untersuchung verfügbaren Begrifflichkeiten, Analyseinstrumente und Modelle werden – anhand der Analyse eines derzeit in Österreich kuranten Reformkonzeptes – zwei Thesen zum Status von Autonomie innerhalb der gegenwärtigen evaluationsbasierten Steuerung formuliert. In diesen beiden Thesen wird auf die governancetheoretisch zentrale Bedeutung von LehrerInnensichtweisen innerhalb des Transformationsprozesses von der Autonomiebasierung zur Evaluationsbasierung abgehoben. Eine versagte Zustimmung der „Basis" zu diesem Wechsel in der Reformpolitik würde die Wirkung des gesamten Konzeptes infrage stellen. Die beiden Thesen zeigen hier Möglichkeiten und Grenzen auf. Ich formuliere eine *Reduktionsthese*, die die Vorstellung einer Reduzierung von Autonomie für die LehrerInnen vor Ort aufgreift, und eine *Optionenthese*, die von noch ungenutzten Autonomiepotenzialen für die LehrerInnenschaft ausgeht.

- *Argumentative Funktion von Kapitel 6:* In diesem ersten Kapitel des empirischen Teils der Untersuchung wird die *administrativ verordnete Schul-*

programmarbeit als geeigneter Gegenstand für Governanceanalysen zur
Transformation von Autonomievorstellungen herausgestellt, da diese beim
Übergang von der Autonomiebasierung zur Evaluationsbasierung eine
Doppelfunktion inne hat: Einerseits ist die Nutzung des Instrumentes
„Schulprogramm" bereits Ausdruck der Hinwendung zur Evaluationsorientierung, andererseits scheint die Weiterentwicklung eben dieses Instruments
zu einem Steuerungsinstrument auch ein Movens des Wechsels zur Evaluationsorientierung gewesen zu sein. Daraus ergibt sich der forschungstheoretische Anspruch der dann folgenden empirischen Studien, die Arbeit mit
dem Instrument der Schulprogrammarbeit als *„einen* Baustein" des Entwicklungsprozesses nachzuweisen – neben anderen zentralen Elementen
wie beispielsweise dem internationalen Druck durch die TIMSS- oder
PISA-Studien oder etwa der Diskussion um „Bildungsstandards".

- *Argumentative Funktion von Kapitel 7:* Dieses Kapitel gibt einen Überblick
  über bereits existierende empirische Studien zur administrativ verordneten
  Schulprogrammarbeit, um den Stand der Forschung zu diesem Thema vorzustellen, vor dessen Hintergrund sich dann allein der Mehrwert der dann
  folgenden governancetheoretisch fundierten Studien ermessen lässt.
- *Argumentative Funktion von Kapitel 8:* Innerhalb dieses Kapitels wird der
  forschungsmethodische Zugang der *Einzelfallrekonstruktion* vorgestellt
  (vgl. Kap. 8.1), dem sich dann drei Einzelfallrekonstruktionen auf Länderebene (vgl. Kap. 8.2), intermediärer Ebene (vgl. Kap. 8.3) und Ebene der
  Einzelschule (vgl. Kap. 8.4) anschließen. (Die Fallauswahl wird in Kapitel
  8.1 begründet.)
- *Argumentative Funktion von Kapitel 9:* Während die im vorausgehenden
  Kapitel vorgestellten Einzelfallrekonstruktionen den „strukturellen Kontext" erhellen, innerhalb dessen sich der Wechsel von der Autonomiebasierung zur Evaluationsbasierung für die Lehrkräfte vollzog, wird in diesem
  Kapitel eine Interviewstudie vorgestellt, die direkt auf die Analyse von
  LehrerInnensichtweisen zu diesem Phänomen abzielt. Die *Argumentationsmusteranalysen* zu den LehrerInnenaussagen in diesem Kapitel sind
  zentral für die argumentative Stützung und Ausdifferenzierung der in Kapitel 5 formulierten *Reduktionsthese* und *Optionenthese.*
- *Argumentative Funktion von Kapitel 10:* Die Datenerhebung der zuvor
  analysierten Dokumente und Interviews erfolgte zu einem Zeitpunkt, der im
  Nachhinein als neuralgischer Punkt für die Transformation von der Prädominanz der Autonomieidee hin zur Autonomie als integrativem Element einer evaluationsbasierten Steuerung gelten kann. An eben jener Transforma-
  tionsschwelle werden aber auch die Brüche am deutlichsten erkennbar, die
  für eine Integration der Autonomie in das neue Steuerungskonzept über-

wunden werden müssten. Im abschließenden Kapitel werden die Ergebnisse der empirischen Untersuchungen zu der *Reduktionsthese* und der *Optionenthese* resümierend zusammengefasst, um daraus eine governancetheoretische Einschätzung der untersuchten Entwicklungen abzuleiten. Die Studie endet mit einem Plädoyer für die Ausrichtung von Schulentwicklung an der Idee einer „New Education Governance".

1. Zwei Sichtweisen auf die Schulentwicklung der 90er Jahre

Die noch in den 70er Jahren vorherrschende Fokussierung auf die Systemebene, die Schulstruktur und Schulverwaltung ins Zentrum der Überlegungen hob, wurde in den 80er Jahren abgelöst durch einen verstärkten Blick auf die Einzelschule. Empirisch fundiert wurde dieser Wechsel nicht zuletzt durch die Feststellung, dass sich einzelne Schulen derselben Schulform untereinander stärker unterschieden als sie von anderen Schulformen abwichen (vgl. Fend 1986).

Diesem Befund nach erscheint retrospektiv als einer der entscheidenden Fehler der letzten großen Reformphase in den 70er Jahren, dass sie die dialektische Verschränkung von äußerer und innerer Schulreform nicht ausreichend berücksichtigt hatte.[2] Die Kritik an der Geisteswissenschaftlichen Pädagogik und ihrem Akzent auf der inneren Schulreform (vgl. Klafki 1987, 43) führte in den 70er Jahren zu einem Systemdenken auf der Makroebene, bei dem die mikrologischen Strukturen einer Einzelschule oftmals aus dem Blick gerieten. Die Enttäuschung über die Bildungsreform (vgl. Führ 1997; 1997a; Schnuer 1986; Otten 1993) wiederum führte zu einer Abkehr von Gesamtsystemstrategien.

Wenn der Mangel an dialektischer Verschränkung von äußerer und innerer Schulreform sowie das damit einhergehende Nebeneinander von Systemdenken und mikrologischer Betrachtung als zwei bedeutsame Gründe für das Scheitern von Schulreform erscheinen, dann liegt es nahe, die derzeitigen Reformbemühungen aus einer Perspektive zu betrachten, die nicht erneut diesem Fehler anheim fällt. In der vorliegenden Studie soll dies durch eine „Governanceperspektive" versucht werden.

Um den theoretischen Mehrwert des Governance-Konzeptes für die avisierte Analyse der Schulentwicklung herauszustellen, sollen – zunächst noch ohne governancetheoretische Begrifflichkeit – zwei unterschiedliche Sichtweisen auf die Reform der Schule in den 90er Jahren dargestellt werden, um im Anschluss daran den Versuch zu unternehmen, nach einer Klärung des für die Reformen zentralen Autonomiebegriffs (vgl. Kap. 2) und mithilfe einiger Kategorien und Analysehilfen der Governancekonzeption (vgl. Kap. 3) diese Entwicklungen

---

2 Im Zuge der Hinwendung zur Einzelschule als pädagogischer Handlungs- und Forschungseinheit lebte in der Schultheorie die alte Polarisierung zwischen der Befürwortung von „äußerer Schulreform" und der Apologie „innerer Schulreform" (vgl. Furck 1969; Schwänke 1989) für kurze Zeit wieder auf. Die zeitweilig bis zur Dichotomisierung getriebene Differenzierung zwischen äußerer und innerer Schulreform versperrte oftmals den Blick für die Zusammenhänge zwischen Schulstruktur und Einzelfall. Rolff (1984, 66) erklärte diese Unterscheidung entsprechend zur „falschen Alternative".

von einer übergeordneten Perspektive in governancetheoretischer Sicht zu rekonstruieren (vgl. Kap. 4).

Als kontrastierende Perspektiven wurden zum einen die der an einzelschulischer Entwicklung orientierten Erziehungswissenschaft (vgl. Kap. 1.1) und zum anderen die eher vom Gesamtsystem ausgehende Betrachtungsweise der Schulverwaltung (vgl. Kap. 1.2) gewählt, für die sich jeweils die Entwicklungen der 90er Jahre in unterschiedlichem Licht darstellen.

1.1 Einzelschulische Autonomieentwicklung als Ausgangspunkt für Schulreform in den 90er Jahren[3]

Ein Autor, der am Ende der 90er Jahre im Rückblick auf die Entwicklungen zu einer überwiegend zuversichtlichen Situationsbeschreibung gelangte, ist Johannes Bastian. Stellvertretend für viele andere AutorInnen, die für einen optimistisch-konstruktiven Umgang mit den Entwicklungstendenzen votierten, soll Bastian mit seinem Beitrag „Autonomie und Schulentwicklung – zur Entwicklungsgeschichte einer neuen Balance von Schulreform und Bildungspolitik" (1998b) als Grundlage für die Darstellung dieser Sichtweise fungieren.

Unter Verweis auf einen Aufsatz des Erziehungswissenschaftlers Horst Rumpf (1988) und einen Text der ersten grünen Kultusministerin Sybille Volkholz (1989) betont Bastian, dass am Ende der 80er Jahre noch kein Reformklima spürbar gewesen sei, diese beiden AutorInnen aber mit ihren Forderungen nach mehr Gestaltungsspielraum für die Einzelschulen aus der Retrospektive als vorauseilende Herolde der heranziehenden Reform gelten könnten: „Sowohl die Programmatik von Horst Rumpf als auch die von Sybille Volkholz sind Vorboten einer Entwicklung, die neue Antworten auf die Frage nach der Gestaltung von Schule sucht: eine neue Balance zwischen Schulreform und Bildungspolitik." (Bastian 1998b, 14) Unterstützend hätten dabei die zu dieser Zeit schon existierenden Forschungen zur „Qualität von Schule" (vgl. Steffens/Bargel 1987ff.; Haenisch 1987; Aurin 1990; Bohnsack 1993; Fend 1998; 1999) gewirkt: „Die bis dahin eher vereinzelt betrachteten Aktivitäten innerer Schulreform werden systematisiert und in ihrem Zusammenwirken innerhalb der Einzelschule untersucht." (Bastian 1998b, 14)

Die Wurzeln der gegenwärtigen Diskussion über Autonomie und Schulentwicklung lägen indes in der praktischen Reformarbeit von LehrerInnen, so Bastians Ausgangsthese:

---

3 Eine ausführliche Auseinandersetzung mit der im Folgenden vorgestellten Rekonstruktion der Entwicklungen durch Bastian (1998b) ist in einem früheren Aufsatz zu finden (vgl. Heinrich 2001c).

„Spätestens seit Mitte der 70er Jahre ist Schulreform eine Reform von unten. Damit hat ein Prozeß begonnen, der ohne autonomes Denken und Handeln der Beteiligten, ohne Eigensinn von Lehrerinnen und Lehrern, gar nicht realisierbar gewesen wäre. Gleichzeitig entsteht so eine Auseinanderentwicklung der Schulreform von unten und der Bildungspolitik von oben." (Bastian 1998b, 15)

Lange bevor die Formel von der „Autonomie der Schulen" zur Zauberformel der Bildungspolitik avanciert sei, hätten LehrerInnen das „*auto-nomos,* die Eigen-Gesetzlichkeit reformpädagogischen Handelns entdeckt" (Bastian 1998b, 15). Viele Reformen seien so als „graue Maßnahmen" durchgesetzt worden, bevor sie offizielle Schulpolitik wurden. Oftmals hätten Widerstände überwunden werden müssen: „All dies war und ist gelebte Autonomie. Dies gilt zunächst nur für eine engagierte Minderheit der Schulen, ist aber seit Anfang der 80er Jahre ein nicht mehr umkehrbarer Trend." (Bastian 1998b, 16)

In den 90er Jahren wären dann jedoch zunehmend auch aus Kultusministerien und ExpertInnengruppen Impulse zur Autonomiediskussion hinzugekommen,[4] was allerdings zunächst zu einer ablehnenden Haltung der LehrerInnen und LehrerInnenverbände gegenüber einer solchen Form der von oben verfügten Autonomie geführt habe. Die Fronten hätten sich aber in der Diskussion sukzessive aufgelöst.[5] In einer zweiten These fasst Bastian diese Entwicklung zusammen:

„Die Autonomiediskussion hat ihre Basis in der Reformpraxis der 80er und 90er Jahre. Ohne die vertrauensbildenden Maßnahmen derer, die durch ihre Arbeit bewiesen haben, daß Schulreform von unten notwendig und möglich ist, hätten weder Kultusminister noch Expertenkommissionen die Idee von Autonomie so 'zündend' vortragen können. Denn bei aller Kontroverse über Einzelaspekte gibt es einen weitgehenden Konsens: Das Verhältnis zwischen eigenverantwortlichen Entscheidungen vor Ort und staatlicher Gesamtverantwortung muß neu ausbalanciert werden." (Bastian 1998b, 18)

Bastian beschreibt daraufhin Reformerfolge auf der Ebene von Einzelschulen. Gleichzeitig habe sich zunehmend die Einsicht von der Stagnation der Erfolge von Gesamtsystem-Strategien durchgesetzt:

---

4   Bastian nennt: Holzapfel 1993; Bonz et al. 1993; Fleischer-Bickmann 1993; Bildungskommission NRW 1995.
5   Bastian nennt als Belege dafür: de Lorent/Zimdahl 1993; Bastian/Otto 1995; Daschner/Rolff/Stryck 1995.

„Die 'Freigabe' von weiteren Gestaltungsspielräumen für die Einzelschule und die Einsicht in die Notwendigkeit von unterstützender Schulberatung ist eine Konsequenz aus zwei Erfahrungen:

- einer Gesamtentwicklung des Schulsystems, das seine Selbstentwicklungsfähigkeit – zumindest in Teilen des Systems – bewiesen hat, und
- einer Bildungspolitik, die als Gesamtsystem-Strategie an die Grenzen finanzieller und institutioneller Gestaltungsmöglichkeiten gestoßen ist." (Bastian 1998b, 20f.)

Bastian ist sich jedoch bewusst, dass diese Einsicht noch nicht unmittelbar in die von ihm anvisierte „neue Balance zwischen Schulreform und Bildungspolitik" mündet. Er betont vielmehr, dass noch zahlreiche Widersprüche bestünden und eine begründete Skepsis aufseiten derjenigen LehrerInnen, die die „Reform von unten" initiierten. Sie misstrauten noch dem Bündnis mit der Kultusadministration, befürchteten in deren Zustimmung zur Liberalisierung versteckte Sparmaßnahmen etc. Zudem hätten diese LehrerInnen die Reformprozesse oft als EinzelkämpferInnen erlebt und sich entsprechend in dieser Reformpraxis eingerichtet. Nun aber wären sie dazu aufgefordert, auf eine Entwicklung der Einzelschule als gesamtsystemische Strategie hinzuarbeiten. Trotz dieser Hindernisse bleibt für Bastian aber die konstruktive Zusammenführung der Reforminitiativen „von oben" und „von unten" die zuversichtliche Zielperspektive:

„Eine neue Balance zwischen Schulreform und Bildungspolitik kann sich langfristig nur entwickeln, wenn die Autonomiediskussion von unten sich gestaltend und fordernd artikuliert – als konsequente Fortsetzung einer Praxis innerer Schulreform, wie sie in den vergangenen Jahren erprobt wurde. Reformimpulse von oben müssen deshalb nachvollziehbar sein als Angebote, die die Einzelschulen in diesem Prozeß unterstützen." (Bastian 1998b, 23)

Die „kann-Formulierung" in Bastians abschließender These deutet darauf hin, dass die von ihm propagierte neue Balance zwischen Schulreform und Bildungspolitik noch nicht Wirklichkeit geworden ist. Optimistisch-konstruktiv ist diese Perspektive indes, indem er die seines Erachtens begründete Hoffnung ausspricht, dass durch die Fortschreibung der damaligen Bemühungen die Reform möglich wäre. In Bastians Lesart dieser Entwicklung ist der Konsens über das, was dort Gestalt annehmen soll, bereits existent. So erscheint der erfolgreiche Fortgang der Reform eher als Problem der Umsetzung. Das im Bildungskonsens zwischen Politik, Administration, Erziehungswissenschaft und PraktikerInnen Ausgehandelte muss demnach nur noch Wirklichkeit werden: „Die Idee ist durchgesetzt, nun muß sie konkrete Gestalt annehmen." (Bastian 1998b, 23)

Eine demgegenüber pessimistischere Einschätzung hat etwa Helena Munín formuliert. Ihre ausführliche und kritische Auseinandersetzung mit den Diskursen zur Schulautonomie in Deutschland (vgl. hierzu Ahrens 1996; Avenarius et al. 1998b) sowie den damit verbundenen Maßnahmen und Effekten in den Jahren von 1989-1998 evoziert Zweifel an den hier auch von Bastian formulierten Hoffnungen (vgl. Munín 2001, 91-185). Munín zeigt zudem auf, dass auch international die Entwicklungen hin zu mehr Schulautonomie große Differenzen zwischen Intentionen und Wirkungen erzeugten, sodass auch aus international-vergleichender Perspektive Vorsicht gegenüber den Autonomisierungsprozessen geboten wäre.

Die Skepsis gegenüber der optimistisch-konstruktiven Lesart rührt vielfach von den Zweifeln an der von Bastian formulierten Annahme eines gemeinsam Gewollten (vgl. Böttcher 1995; 1998). Nur diesen parteien- und interessengruppenübergreifenden Konsens vorausgesetzt, macht es Sinn, die damaligen Entwicklungen einzig als Realisationsproblem einer gemeinsam geteilten Idee zu deuten. Selbst bei vermeintlicher Einigkeit der AkteurInnen besteht indessen immer die Gefahr, dass diese Übereinstimmung nur auf einer oberflächlichen Ebene existiert, auf die man durch Begriffsabstraktion gelangt. Die unterstellte Übereinkunft zwischen PolitikerInnen, Verwaltungsfachleuten, ErziehungswissenschaftlerInnen und LehrerInnen droht folglich immer wieder an den Punkten zu zerbrechen, an denen die Reform in konkrete Regelungen überführt werden soll, in denen dann die (alten?) Differenzen virulent werden. Dort treten dann die latenten Konfliktlinien und divergierenden Interessen hervor, die in der gemeinsamen Rede von Schulautonomie und Qualitätsverbesserung eher verdeckt werden.

1.2 Schulreform in den 90er Jahren als Neuorientierung administrativer Steuerung

Wurde der Begriff der „Autonomie der Einzelschule" von der Seite der Bildungspolitik und der Kultusadministration gebraucht, so wurde damit zunächst nur der Gedanke artikuliert, dass ein größerer Spielraum der Einzelschule für wünschenswert erachtet wurde. Damit war nicht impliziert – wie der Begriff glauben machen konnte –, dass es letztlich zu einer Unabhängigkeit der Einzelschule gegenüber der Kultusbürokratie kommen sollte. Das war schon – dem damaligen und gegenwärtigen Stand der Gesetze nach (vgl. Art. 7 Abs. 1 Grundgesetz) – rein rechtlich ausgeschlossen (vgl. Avenarius 1994, 260f.). Entsprechend handelten die Diskussionen um die Autonomie der Schule auch vielmehr davon, Entscheidungsspielräume neu abzustecken und ein gewandeltes

Bewusstsein von den eigenen Aufgaben und Rollen im Bildungssystem zu schaffen (vgl. Jach 1993, 191).

So wie ein spezifisches Verständnis von Autonomie konstitutiv war für die LehrerInnenrolle (vgl.o.), entwickelte sich auch aufseiten der Bildungspolitik und der Kultusadministration ein bestimmtes, von dem vorgenannten allerdings abweichendes Verständnis von Autonomie: Schulautonomie durfte nicht die eigene Handlungsfreiheit beschneiden, die sich darin ausdrückte, Verantwortung für den geregelten Ablauf von öffentlicher Bildung übernehmen zu können. Hierfür brauchte auch die Politik und die Verwaltung eine gewisse „Gestaltungsfreiheit". Entsprechend wurde zwar zunehmend versucht, der Einzelschule vonseiten der Kultusbürokratie mehr Gestaltungsspielraum zuzugestehen, gleichzeitig musste aber mithilfe von Qualitätskontrollen die Verantwortung für die Einhaltung von Standards übernommen werden. Dass eine solche Autonomie angesichts dieser Konstellationen dann mit verstärker Kontrolle einherging, konnte aus der Sicht von Einzelschulen leicht als widersprüchliches Verhalten interpretiert werden. Kenntlich wurde dieser Zusammenhang dann auch daran, dass schließlich dieser Autonomiebegriff eingebettet wurde in eine Gesamtkonzeption, die unter der Bezeichnung „Neues Steuerungsmodell" (vgl. Rolff 1995b) firmierte. Die Rede von der „Teilautonomie" (vgl. Markstahler/Steffens 1997) bezeichnete nur unzureichend diesen Tatbestand, der auch als Oxymoron einer „kontrollierten Autonomie" gefasst werden könnte.

Bereits 1954 hatte Hellmut Becker von der „verwalteten Schule" gesprochen, ihre Organisationsform angeprangert, die im Widerspruch zum pädagogischen Auftrag dieser Institution stehe (vgl. Becker 1956; 1993). Aus den Vorschriften, die Gleichheit und Gerechtigkeit ermöglichen sollten, sei ein institutionelles Gestrüpp entstanden, das der Freiheit keinen Lebensraum mehr lasse (vgl. Kuper 1977; Lenhardt 1984; Frister 1994, 155). Seitdem war der Vorwurf unnötiger Bürokratisierung und kontraproduktiver Verrechtlichung immer wieder erhoben worden, wenn über Steuerungsmöglichkeiten im Bildungssystem nachgedacht wurde (vgl. Preuß 1993; Beetz 1997, 236-298; Ackermann/Wissinger 1998). Die Kritik an der verwalteten Schule fokussierte immer wieder die Differenz zwischen gesellschaftlichem Anspruch an das System Schule und der bürokratischen Realität. Angesichts solcher Schelte und den zeitgleichen vehementen Forderungen nach Qualitätssteigerungen und mehr Autonomie für die Einzelschule waren die Verwaltungen dazu genötigt, ihre Funktion neu zu bestimmen:

> „Bildungsverwaltungen werden insofern immer nachdrücklicher mit dieser Frage konfrontiert, als immer stärker zentrifugale Entwicklungstendenzen im Bildungssystem und ein Auseinanderdriften sozio-ökonomischer Kontextbedingungen ebenso wie der schulischen Angebotsvielfalt sichtbar werden. Wenn eine selbständigere

Schule durch die Kontrolle von Regelbefolgung nicht mehr hinreichend zu steuern ist, was kann dann der Staat, was kann die Bildungsverwaltung noch tun? Es gibt offensichtlich ein Steuerungsproblem dergestalt, daß die Herstellung von Verbindlichkeiten angesichts zunehmender Heterogenität im Bildungssystem immer schwerer zu leisten ist." (Maritzen 1999, 96)

Der hamburger Schulaufsichtsbeamte Maritzen systematisierte seine Überlegungen zu der Frage, ob und wie Steuerungsverantwortung abgegeben werden sollte und konnte, in einer Vier-Felder-Matrix, in der er nach der Reichweite der Autonomie und den in die Verantwortung zu nehmenden professionellen oder politischen AkteurInnen fragte. Aus der Gegenüberstellung dieser zwei polaren Kategorien in einem Quadrantensystem ergeben sich idealtypisch vier Steuerungsoptionen. Diese treten zwar nie in ihrer Reinform auf, sondern als Mix unterschiedlicher Steuerungsimpulse. Deren Gegenüberstellung zeigt aber, welche Aspekte und Dimensionen im Gespräch waren, wenn oftmals eher unverbindlich vom dezentralen „Neuen Steuerungsmodell" in Abgrenzung zur traditionellen zentralen Durchgriffssteuerung die Rede war:

- „Es gibt die traditionelle Durchgriffssteuerung über zentrale Regulation, wie sie lange im Selbstverständnis von Schulaufsicht vorgeführt wurde.
- Es gibt Steuerungsmöglichkeiten über die gezielte Beauftragung von Experten, wie sie in klassischen RDD-Strategien deutlich geworden ist: Research, Development, Dissemination, d.h. Forschung, Erarbeitung von Musterlösungen in finanziell gut ausgestatteten Modellversuchen, Umsetzung in die Fläche, aber dann oft ohne Geld.
- Kontextsteuerung über inhaltliche und prozedurale Rahmensetzung bedeutet, daß in den Kooperations- und Entscheidungsstrukturen in Schulen professionelle Selbststeuerungsmechanismen institutionalisiert werden, die lediglich normativ orientiert werden durch Rahmensetzungen.
- Eine letzte idealtypische Steuerungsstrategie setzt auf Partizipation in innerschulischen Gremien, in denen die Anspruchsgruppen repräsentiert sind und sich entscheidungsrelevant artikulieren können." (Maritzen 1999, 101)

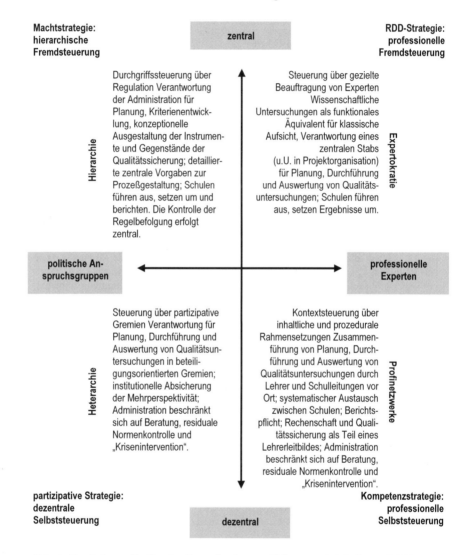

Abb. 1: Funktionen/Rollen in Organisationen; Skizze nach Maritzen (1999, 102, vgl. auch Maritzen 2000, 219)

Überregulierung führte nicht selten dazu, dass in einem Prozess der Bürokratisierung schließlich nur noch nach dem Wortlaut der Vorschriften gehandelt oder
umgekehrt diese durch WinkeladvokatInnen und deren sophistische Argumentationen ausgehebelt wurden. Beides bewirkte in der Konsequenz eine Aushöh-
lung der ministeriellen Vorgaben. Es bestand so die Gefahr, dass der Staat durch
„Übersteuerung" seine Steuerungsfähigkeit im Schulwesen verlieren würde
(vgl. Avenarius 1995; Lange 1995b; 1999a). Die neuen Modelle seien entsprechend alles andere als ein Steuerungsverzicht, argumentierte ebenfalls der
damalige Staatsrat Lange (1999a, 426): „Man muß sie vielmehr als den Versuch
einer Rückgewinnung und Effektivierung von Steuerung verstehen." Was
damals unter dem Schlagwort „Neues Steuerungsmodell" diskutiert wurde,
spitzte Lange (1999b, 146) wie folgt zu:

> „Im Kern geht es um den Übergang von input-orientierten zu output-orientierten
> Steuerungsverfahren: Wurden bisher den Organisationseinheiten Ressourcen mit
> detaillierten haushaltsrechtlichen Vorgaben für die Zwecke ihrer Verwendung zur
> Verfügung gestellt, wirksame Verfahren einer systematischen Ergebnisfeststellung
> und -bewertung jedoch kaum entwickelt, so sollen die Dinge künftig gewisserma-
> ßen vom Kopf auf die Füße gestellt werden. Betont wird die Eigenverantwortung
> der Organisationseinheiten für den Einsatz ihrer Mittel unter zunehmender Locke-
> rung formeller Bindungen. Kehrseite dieser Entwicklung ist die Verpflichtung, sys-
> tematischer und genauer als bisher Rechenschaft über Arbeitsergebnisse abzule-
> gen." (Lange 1999b, 146)

Gegenüber der behäbigen Systemplanung auf der Makroebene wurde eine
verstärkte „Mikrosteuerung" des Bildungssystems intendiert, ansetzend an den
Aufgaben der einzelnen Bildungseinrichtungen. Schon Anfang der 90er Jahre
empfahl die OECD, die Überlegungen zur Schulreform auf die Einzelschule zu
fokussieren (vgl. OECD 1991). So sollten zudem Synergieeffekte durch die
verstärkte Kooperation zwischen spezialisierten, autonomen Schulen möglich
werden (vgl. Lehner/Widmaier 1992, 151ff.). Die im neuen Steuerungsmodell
geforderte Dezentralisierung (vgl. Leschinsky 1992; Rolff 1996) würde jedoch
nur zu einem erweiterten Handlungsspielraum der einzelnen Schule führen,
wenn die Regelungsdichte so verringert würde, dass nicht nur auf der institutionellen Ebene eine Entbürokratisierung stattfinde, sondern auch auf der formalen,
rechtlichen eine tatsächliche Deregulierung (vgl. Altrichter 1992, 562ff.). Erst
dann könnte die Einzelschule frei über organisatorische Parameter wie Klassen-
größen und Klassenbildung (altershomogen oder -heterogen), Differenzierungs-
formen, Unterrichtsrhythmen (Stundentakt, Wochenplan oder Epochenunter-
richt), Zeitstrukturen (Stundentafel) und Kooperationsformen mit außerschuli-
schen Einrichtungen bestimmen: *„Pädagogische Intentionen,* nämlich den sich

wandelnden Bildungsanforderungen gerecht zu werden, können nur erfüllt werden, wenn neue *organisatorische Voraussetzungen* dafür (nämlich Strukturen für autonomeres Handeln) geschaffen werden." (Altrichter 1992, 562)

Fraglich wurde aber auch, ob nicht die Dezentralisierung den Berg der Verwaltungsaufgaben für die LehrerInnen so anwachsen lassen würde, dass sich ein negativer Effekt einstellen, die Effizienz verringern und damit noch mehr Ressourcen verschwendet werden würden als unter dem alten Steuerungsmodell. Allein diese Bedenken gegenüber den neuen Steuerungsmodellen (bspw. Wollenweber 1997, 119) drohten das Reformprogramm zu kippen. Denn schon eine mangelnde Bereitschaft der Basis zur Mitwirkung würde die Reformanstrengungen lahm legen.

Unklar war bei dem uneinheitlichen Umgang mit dem Autonomiebegriff, wo die ganze Freiheit im vorher durch Partikularinteressen so stark umkämpften Terrain „Schule" herrühren sollte (vgl. Flügge 1964). Nur eine prästabilierte Harmonie von Interessen vorausgesetzt, war es denkbar, dass sowohl die Gestaltungsfreiheit der Eltern als auch die der LehrerInnen gleichzeitig wachsen könnte. Und dieser Verteilungskampf um Autonomie musste zusätzlich noch unter den Maßgaben der Kultusbürokratie zur Qualitätskontrolle stattfinden. Schulautonomie erwies sich damit als eine strukturell ungleich problematischere Vorstellung, als dies in dem von Bastian angeführten „Konsens" thematisch war.

Während am Ausgang der letzten großen Bildungsreform noch politische Richtungskämpfe den Diskurs dominierten (vgl. Heinrich 1995/96), schienen angesichts der knappen Staatskassen und des wachsenden Drucks in der „Bildungsstandortfrage" (vgl. Heinrich 1998/99) die meisten Beteiligten nun die Notwendigkeit für eine „konzertierte Aktion" zu sehen. Die aktive Teilnahme an Aushandlungsgesprächen über Schulautonomie, Schulentwicklung, Schulprogramm und Evaluation erschien angesichts der Sachzwänge als nahezu alternativlos. Schulentwicklung durch Konsensfindung wurde zur Aufgabe aller Beteiligten.

Unbestritten war allerdings, dass für viele Beteiligte die Entwicklung hin zur teilautonomen Schule Veränderungen mit sich bringen würde. Nur die wenigsten wussten indes, was das für sie bedeuten könnte (vgl. Terhart 1998). Begründet war dies wohl nicht zuletzt darin, dass zwar die zunehmende Autonomisierung der Schule zur dominanten Kraft im Prozess der „Neuen Schulentwicklung" erklärt wurde und de facto auch schon Ansatzpunkt zahlreicher konkreter Innovationen war, gleichzeitig aber den beteiligten AkteurInnen nicht recht klar war, um was für eine Autonomie es sich im jeweiligen Fall handeln würde.

2. Autonomie als zentrales Movens der Schulentwicklung – Formen der Autonomie

Autonomie war und ist – teils offensichtlich (vgl. Kap. 1.1), teils latent (vgl. Kap. 1.2) – zugleich Bedingung der Möglichkeit als auch zentrales Movens der Schulentwicklung der letzten Jahre (vgl. Altrichter/Posch 1999; Altrichter/Heinrich 2006; Altrichter/Brüsemeister/Heinrich 2005).

In dieser Charakterisierung ist zugleich eine Petitio Principii der vorliegenden Arbeit mitformuliert: Auch wenn sich innerhalb der letzten Jahre die Autonomievorstellungen weitreichend verändert haben, so bleiben doch die derzeitigen, nur schwer systematisierbaren Strömungen in der Schulentwicklung (Neues Steuerungsmodell, Qualitäts- und Evaluationsdiskussion, Organisationsentwicklung, Pädagogische Schulentwicklung, Bildungsstandards etc.) Ausdruck variierender Prinzipien der Handlungskoordination (vgl. Kap. 3), die sich ohne eine Vorstellung von „Autonomie" nicht analytisch diskriminieren lassen (vgl. Kap. 4).

Die in der Debatte um die innere und äußere Schulreform wirksamen – überwiegend aus der pädagogischen Tradition stammenden – Autonomievorstellungen sind indessen diffus oder zumindest der terminologische Gebrauch uneindeutig. Unter das Versprechen der erweiterten Autonomie fällt die pädagogische Freiheit der LehrerInnen (vgl. Nohl 1933, Weniger 1952, Mayer 1980; van Buer 1990) ebenso wie die funktionale Autonomie des Schul- resp. Bildungssystems gegenüber anderen gesellschaftlichen Subsystemen (vgl. Bourdieu/Passeron 1974, Luhmann/Schorr 1988). Bei der kritischen Sichtung der realen Freiheitsräume jenseits weitreichender Autonomiepostulate wird zudem deutlich, dass die pädagogische Freiheit der AkteurInnen sich real im Spannungsfeld von zugestandener Autonomie und gleichzeitig verschärfter Kontrolle befindet (vgl. Terhart 2000; 2001a). Aus dieser Kennzeichnung des Autonomiekonzepts als zum Teil reale, zum Teil nur propagierte Reformkraft der Schulentwicklung ergibt sich das Desiderat einer Klärung des Autonomiebegriffs sowie von dessen empirischer Fundierung.

In einer strikt historisch-systematisch verfahrenden Argumentation, wie sie in vielen Schriften des wissenschaftlichen Diskurses zu finden ist, wäre an dieser Stelle der Ort für eine begriffliche Klärung dessen, was in der Geschichte (vgl. Heinrich 2006b) und systematisch in der Philosophie mit dem Autonomiebegriff assoziiert wird. Eine philologisch-etymologische Analyse (griech. *autos* und *nomos*) wäre damit ebenso geboten wie eine semantisch-analytische Arbeit am Begriff (etwa terminologische Abgrenzung zu Begriffen wie Unabhängigkeit, Selbstständigkeit, Selbstbestimmung, Selbstgesetzgebung, Eigengesetzlichkeit etc.). Eine solche Darstellung würde zwar das Verständnis für den Autonomiebegriff erweitern, in der Sache aber zu weit weg führen vom Kern des Problems, so wie es in der hier vorgelegten Untersuchung behandelt werden soll, wenn nach der Bedeutung von Autonomie für die Schulentwicklung gefragt wird. Hier soll daher ein anderer Zugang gewählt werden.[6]

Innerhalb einer dialektisch und strukturtheoretisch operierenden Sozialforschung ist ein Begriff zureichend nur als eine Konstellation von Bedeutungen zu bestimmen, soll er erkenntniserweiternd wirken (vgl. Adorno 1994, 165f.). Eine vorläufige Begriffsbestimmung kann dabei als Arbeitshypothese fungieren, die als Suchinstrument dient, um in unterschiedlichen Kontexten den gesuchten Gegenstand in seinen Konstellationen aufzufinden. An anderer Stelle (vgl. Heinrich 2006b) habe ich dies für den Autonomiebegriff in der Schulentwicklung getan. Ausgehend von diesen Studien formuliere ich hier zunächst folgende Ausgangsdefinition für Autonomie:

> *Autonomie bezeichnet die Idee oder den Akt der Selbstgesetzgebung (gr. autos & nomos).*

In den historisch-systematischen Studien, in denen versucht wurde, in unterschiedlichen Kontexten den gesuchten Gegenstand in seinen Konstellationen aufzufinden, wurden *drei* dominante ideengeschichtliche Quellen des pädagogischen Autonomiegedankens ausgemacht, die wiederum systematisch aufeinander verwiesen sind:

1.   Postuliert wird zunächst in den unterschiedlichsten Kontexten die autonome Natur des Kindes.[7]

---

6   Philologisch-etymologische sowie semantisch-analytische Bestimmungen des Autonomiebegriffs liegen sowohl für den Zusammenhang von Aufklärung und Autonomie aus philosophischer Sicht (bspw. Schneiders 1997), für die Allgemeine Pädagogik (bspw. Blankertz 1982, 21-30), wie auch schultheoretisch (vgl. Fauser 1986, 15-53) und speziell bezogen auf die Autonomiefrage in der Schulentwicklung (vgl. Beetz 1997, 17-41) bereits an anderen Stellen vor.

7   Die Forderung nach der Verselbständigung, d.h. Autonomisierung des Kindes resp. die kontrafaktische Unterstellung einer solchen Selbständigkeit im Erziehungsprozess finden wir im Anschluss an die Philosophie der Aufklärung bei Theoretikern wie Rousseau, Campe, Condorcet, Pestalozzi, Schleiermacher, Herbart und ganz prominent dann in der Autonomiediskussion der Geisteswissenschaftlichen Pädagogik (Nohl, Litt, Geißler, Weniger, Flitner etc.). In der Reformpädagogik des frühen 20. Jahrhunderts wird die zunächst nur ideale, im Erziehungsprozess unterstellte Mündigkeit und Autonomie des Kindes schließlich zur Grundlegung und Legitimationsbasis jeglichen pädagogischen Handelns erklärt. Zu den VertreterInnen dieser radikalen Wendung zum Kind als autonomem Wesen zählen PädagogInnen wie Key, Montessori, Otto, Hartlaub, Wyneken, Petersen und Neill. Innerhalb dieser – wenngleich auch für sich genommen sehr heterogenen – Konzepte wird die Idee vom autonomen Kind in unterschiedlichster Weise zum Leitbild: aufgrund seiner Anlagen zur sittlichen Vervollkommnung und sozialen Kompe-

2. Daraus leitet sich in der pädagogischen Theoriebildung die Forderung nach der notwendigen Freiheit der LehrerInnen ab. Für den professionellen pädagogischen Bezug, der das Kind zur Mündigkeit – im Sinne von Selbstgesetzgebungsfähigkeit – freisetzen soll, sei eine Autonomie der LehrerInnen unabdingbar, so die historische Konstante der Ideengeschichte.[8]

3. Nicht zuletzt aufgrund der Professionalisierung der LehrerInnenschaft (vgl. Schwänke 1988; Apel et al. 1999), aber auch wegen der aus dem Aufklärungsgedanken folgenden „zunehmenden Öffentlichkeit" von Erziehungsprozessen resultiert eine Institutionalisierung von Bildung, für die wiederum – auch mit Rekurs auf den pädagogischen Bezug und die autonome Kindesnatur – Autonomie für die LehrerInnen sowie für die Bildungsinstitutionen eingefordert wird.[9]

Innerhalb dieser Konstellation entwickelte sich die Autonomie der LehrerInnen als „ideologischer Schonraum der Profession". Durch das Argument von der Autonomie als notwendiger Bedingung der Möglichkeit zur Übernahme der advokatorischen Funktion des pädagogischen Handelns konnte sich die Profes-

---

tenz prädestiniert zum Erlöser, stilisiert zum energetischen Urquell der Menschheit oder wahrgenommen als Genius. Diese ideellen Konstrukte vom autonomen Kind sind dem Selbstverständnis moderner, reformpädagogischer Programmatik tief eingeschrieben. Aus ihm folgt – idealiter – für die Schule nicht zuletzt auch die zentrale Ausrichtung aller Aktivitäten auf die Schülerin/den Schüler, die so genannte SchülerInnenorientierung (vgl. ausf. Heinrich 2006b, 92-117).

8 Die allmählich raumgreifende Vorstellung von der Autonomie des Kindes wird historisch begleitet von einer zunehmenden Pädagogisierung der Lebenswelt, verbunden mit einer sukzessive sich ausbreitenden Verwissenschaftlichung (ausgehend etwa von Trapp, später Herbart) und damit zusammenhängend letztlich einer Professionalisierung des Personals (zum historischen Wandel des LehrerInnenbilds vgl. Arnhardt/Hofmann/Reinert 2000; Enzelberger 2001). Im Zuge dieser Entwicklung hat sich ein pädagogisches Selbst- und Professionsbewusstsein der LehrerInnenschaft herausgebildet (vgl. ausf. Heinrich 2006b, 141-190).

9 Die Entwicklung der LehrerInnenprofession ist unmittelbar verknüpft mit der Entstehung eines öffentlichen Bildungswesens. Die Geschichte der öffentlichen Schule als Institution ist dabei von ihrer Konstitutionsphase an auch als ein Prozess der Verselbständigung zu rekonstruieren. Die Allianz mit dem Staat ermöglichte zunächst die Emanzipation von kirchlicher Trägerschaft, erwies sich jedoch zunehmend als ambivalent, da nun die Schule sich immer wieder als pädagogische Anstalt gegenüber den Anforderungen eben dieses neuen Verbündeten abgrenzen musste. Angesichts dieser neuen Abhängigkeiten wurde die Forderung nach der Autonomie der Schule teils vehementer, teils nur verhalten artikuliert. Radikale Forderungen nach der gegenüber dem Staat autonomen Schule finden sich so etwa in der materialistischen Pädagogik der zwanziger Jahre (vgl. Bernfeld 1967) oder auch – freilich in stark modifizierter Form – in dem Ruf der 68er-Generation nach einer vom autoritären Adenauerstaat und vom Kapitalismus befreiten Schule (bspw. Bohnsack/Rückriem 1969; Altvater/Huisken 1971). Solchen Autonomieforderungen stehen indes gesellschaftliche Funktionen der Schule gegenüber, die Fend (1980) im Anschluss an Dreeben (1980) eindrücklich formuliert hat (vgl. ausf. Heinrich 2006b, 221-264).

sion sowohl gegenüber den Ansprüchen des Staates als auch der KlientInnen (nicht nur der SchülerInnen, sondern auch der Eltern) mit einer berufsspezifischen Argumentation schützen. Professionspolitisch konnte das Argument der Autonomie damit leicht als Instrument der Abpufferung externer Ansprüche genutzt werden: Weder der Staat noch die KlientInnen sollten den LehrerInnen bei der Ausübung ihres Berufs hineinreden. Eine solche Funktionalisierung des Autonomiegedankens lässt sich freilich nur schwer mit den modernen organisationstheoretischen Vorstellungen einer Schulentwicklung durch Implementierung des Dienstleistungsgedankens vermitteln.

Aber schon die historisch-systematische Rekonstruktion des Autonomiegedankens zeigte, dass Autonomie immer nur als *relative Autonomie* zu denken ist. D.h. Autonomie stellt streng genommen einen Grenzbegriff dar, der in seiner Absolutsetzung als pädagogische Norm nicht haltbar ist. In ihrer absoluten Form ist solch eine Forderung nicht einmal wünschenswert, obgleich ideengeschichtlich ein solcher Anspruch im Rekurs auf den Freiheitsbegriff zuweilen formuliert wurde (vgl. Anm. 7). Autonomie ist eben – vielfach entgegen dem alltagstheoretischen Verständnis – schon dem Begriff nach nicht gleichzusetzen mit der Vorstellung einer absoluten Freiheit. Das gilt in zweierlei Hinsicht:

Zum *einen* ist eine solche Vorstellung der absoluten Freiheit in sich schon problematisch. Wird Freiheit als absolute gedacht, stellt sich die Frage, ob nicht eine Abgrenzung ex negativo notwendig ist: Freiheit ist immer auch Freiheit *von etwas*, d.h. im Zusammenhang mit dem Freiheitsbegriff müsste immer zumindest die Frage formulierbar bleiben: Frei wovon? Ansonsten erschöpfte sich Freiheit im ungebundenen und desorientierten Flotieren in Raum und Zeit, eine Vorstellung, die jedwedem sozialwissenschaftlichen Begriff von Freiheit insofern widerspricht, als dort Freiheit immer die eines Zoon politikon, eines Gemeinschaftswesens meint, womit der Bezug und natürlich auch die Beschränkungen durch andere soziale Wesen immer mitgesetzt sind (vgl. Meyer-Drawe 1990). Das im absoluten Sinne freigesetzte Subjekt wäre innerhalb einer solchen Freiheitsvorstellung wohl nur als radikal isoliertes zu denken; es drohte dann die Dekonstruktion des Subjekts als sozialen Wesens.

Zum *anderen* ist Autonomie schon dem Begriff nach nicht gleichzusetzen mit der Vorstellung einer absoluten Freiheit, da diese Identifikation der Vorstellung der Eigengesetzlichkeit nicht gerecht wird, die im Autonomiebegriff aufgehoben ist. Autonomie im strengen Wortsinne setzt ein Subjekt voraus, das sein Wollen reflektiert. Nur wenn es innerhalb des Subjekts ein Selbst gibt, das sich selbst ein Gesetz geben kann, besteht die Möglichkeit zur *Selbstgesetzgebung*, i.e. Autonomie (s.o.). Freiheit kann demgegenüber auch schlicht voluntativ gedeutet werden, d.h. als Option, tun und lassen zu können, was man will. Solche Handlungsfreiheit ist indes noch keine Autonomie. Erst der Prozess, in dem das Selbst sich selbst ein Gesetz gibt, d.h. sein eigenes Handeln unter rationalen Gesichtspunkten „reguliert" und koordiniert, konstituiert Autonomie. Solcher Autonomie ist indessen im Sinne der voluntativen Freiheit des Subjekts immer schon eine Beschränkung inhärent, Autonomie nie in der Art absolut, wie das zuweilen für den Freiheitsbegriff reklamiert wurde. Hier ist der vielfach in der Kritischen Theorie zitierte Mechanismus der Dialektik der Aufklärung wirksam:

> „Die Herrschaft des Menschen über sich selbst, die sein Selbst begründet, ist virtuell allemal die Vernichtung des Subjekts, in dessen Dienst sie geschieht, denn die beherrschte, unterdrückte und durch Selbsterhaltung aufgelöste Substanz ist gar nichts anderes als das Lebendige, als dessen Funktion die Leistungen der Selbsterhaltung einzig sich bestimmen, eigentlich gerade das, was erhalten werden soll."
> (Adorno/Horkheimer 1994, 62)

Autonomie ist damit in zweierlei Hinsicht *relativ* und *nicht absolut*, einmal nach *innen* und einmal nach *außen*:

▪ Nach *innen* gewendet ist Autonomie als „Rationalisierung" der Handlungsmotive immer schon eine Einschränkung der unmittelbaren Wünsche, indem diese unter ein – wenn auch selbst geschaffenes – Gesetz gestellt werden.

▪ Nach *außen* gewendet ist Autonomie relativ, da der Bereich, für den die Eigengesetzlichkeit eingeklagt werden kann, immer umgeben ist von weiteren, für die andere Gesetze gelten.

Zwar ist im Autonomiebegriff immer auch die Idee der Überwindung dieser Grenzen enthalten, doch kann das nie vollständig geschehen, soll der Autonomiebegriff sich nicht selbst aufheben. So kann das Subjekt freilich die innere Beschränkung der Autonomie aufheben, indem es sich selbst ein neues Gesetz gibt, tut es dies aber fortwährend, wird damit die Idee des Gesetzes als eines „Gesetzten" ad absurdum geführt: Es handelt dann spontan, impulsiv und nicht berechenbar, da immer wieder anderen Gesetzen „folgend". Solche Spontaneität wäre indessen keine Autonomie im strengen Sinne mehr – es fehlte das „Gesetzte".

Auch die äußeren Beschränkungen der Autonomie können zum Teil aufgehoben werden, d.h. weitere Freiheitsräume erkämpft und dem eigenen Gesetz unterstellt werden. Solange das autonome Subjekt aber nicht absolutistischer Herrscher ist, werden verschiedene Arten von Beschränkung bleiben. Relativ ist diese Autonomie nach außen daher in dem Doppelsinne, dass sie immer beschränkt ist, gleichzeitig die Grade und Formen der Beschränkung aber variieren resp. neue Freiheiten erkämpft werden können. Die mit diesem Spannungsfeld aufgezeigten Grenzen und Möglichkeiten der Autonomie waren in den historisch-systematischen Analysen immer wieder thematisch (vgl. Heinrich 2006b). Im Folgenden soll als Ergebnis der angeführten Studie für einige wichtige, in der Geschichte immer wiederkehrende Formen der Autonomie gezeigt werden, wie sich die Idee der Selbstgesetzgebung im Zusammenhang mit der Schule in konkreten Konstellationen konkretisierte, um dem oben formulierten Anspruch einer dialektisch und strukturtheoretisch operierenden Sozialforschung gerecht zu werden, einen infrage stehenden Begriff durch eine Konstellation von Bedeutungen zu bestimmen. Die dabei vorgenommene Differenzierung verschiedener Autonomiebegriffe erlaubt im Folgenden eine nuanciertere Darstellung, da dann eine stärker spezifizierte Form der Begriffsverwendung zur Verfügung steht, indem die unterschiedlichen Autonomiebegriffe (bspw. „pädagogische Autonomie" versus „LehrerInnenautonomie") die Referenz auf unterschiedliche Konnotationen des Autonomiegedankens erlauben. Ich unterscheide im Folgenden acht Dimensionen des Autonomiegedankens. Je nach Anspruch an Differenziertheit wäre hier auch eine weitere Ausdifferenzierung denkbar, womit allerdings zugleich eine Unübersichtlichkeit der Begrifflichkeit einhergehen würde, die hier vermieden werden soll.[10]

2.1 Pädagogische Autonomie

Spätestens seit den geisteswissenschaftlichen Analysen zum pädagogischen Verhältnis und der für dieses pädagogisch geforderten Eigengesetzlichkeit (Nohl, Litt, Geißler, Weniger, Flitner etc.; vgl. ausf. Heinrich 2006b, 92-140) dient der Begriff der „pädagogischen Autonomie" primär zur Kennzeichnung dieses Sachverhalts (vgl. Bast 2000). Thematisch war jene Vorstellung von pädagogischer Autonomie zwar schon bei Rousseau, Campe, Pestalozzi (vgl. ausf. Heinrich 2006b, 51-91). Als theoretischer Terminus wirkungsmächtig wurde die „pädagogische Autonomie" jedoch erst mit der geisteswissenschaftli-

---

10 Ich orientierte mich hier an einem mittleren Grad der Differenzierung, wie er vergleichbar auch in der Diskussion um die „Funktionen von Schule" zu finden ist. Während Ballauff (1982) in seinen Studien zur Scolarisation – die Unterfunktionen eingerechnet – auf über 100 Funktionen der Schule referierte, konzentrierte Fend (1980) sich letztlich – von den vorhergehenden Differenzierungen von der Allokationsfunktion in Relation zur Selektionsfunktion sowie der Integrationsfunktion im Verhältnis zur Legitimationsfunktion (vgl. Fend 1977) absehend – auf drei Funktionen (Legitimations-, Selektions- und Qualifikationsfunktion). Schwänke (1980, 195ff.) unterschied demgegenüber 13 Funktionen von Schule.

chen Wende am Anfang des 20. Jahrhunderts. Der Autonomiegedanke ist hier bezogen auf den Erziehungsprozess, der als die Verselbständigung eines Individuums gedacht wird. Diese kann sich nur unter einer spezifischen Eigengesetzlichkeit vollziehen, die sich als Wechselverhältnis sowohl aus dem Eigensinn des Kindes wie aus der pädagogischen Freiheit der Lehrerin/des Lehrers ergibt. Pädagogische Autonomie wird damit zur Gelingensbedingung einer Erziehung zur Mündigkeit im Sinne einer Befähigung zum reflektierten Handeln in Form von Selbstgesetzgebung. Theoretisch muss sie damit als unabdingbare Prämisse gesetzt werden. Inhaltlich bestimmen lässt sich diese Eigengesetzlichkeit aber nie, da dies ihrem Gehalt entgegenstehen würde, nämlich der Tatsache, dass sie sich im Erziehungsprozess realiter erst aus der Autonomie des Kindes und der pädagogischen Freiheit der Lehrerin/des Lehrers konstituiert. Pädagogische Autonomie wird damit theoretisch zur Bedingung der Möglichkeit aufklärerischer Pädagogik und gleichzeitig zum nicht näher bestimmbaren Numinosum der konkreten Praxis. Die Gesetze, die den pädagogischen Prozess bestimmen, werden durch die Praxis allererst geschaffen, innerhalb derer die „Gesetzesforderungen" der SchülerInnen (ihr Eigensinn) und der LehrerInnen (pädagogische Freiheit) einander gegenüberstehen.

2.2 Autonomie der SchülerInnen

Von der Autonomie der SchülerInnen ist derzeit kaum noch die Rede (vgl. Eikenbusch/Olschewski 2002, 273), allenfalls im Zusammenhang mit der dann problematisierten pädagogischen Freiheit der LehrerInnen:

> „Es entsteht für das Kind ein gesondertes pädagogisches Lebensverhältnis, in dem allein der Lehrer das Sagen hat. [...] Entfaltungswünsche und Ansprüche der Schüler, ein ‚Recht auf Bildung' finden nur in dem Maße Erfüllung, wie sie in die kraft pädagogischer Freiheit autonom gestaltete Erziehungskonzeption des Lehrers eingehen." (Hennecke 1986, 234f.)

Unterbewertet wird bei einer solchen Rezeption indes, wie stark die Idee der autonomen Kindesnatur in allen pädagogischen Normativen noch wirksam ist. Diese Normen – wie beispielsweise die der SchülerInnenorientierung – „diktieren" wiederum den LehrerInnen oftmals eine Rücksichtnahme auf die Eigengesetzlichkeit des kindlichen Denkens und Handelns, wollen sie auch weiterhin ihr Handeln pädagogisch legitimieren können. Auch wenn die Autonomie der einzelnen SchülerInnen damit heute viel seltener Thema ist als etwa in den 70er Jahren, wo die Forderungen nach mehr SchülerInnenmitbestimmung laut wurden (vgl. Heckel 1977), so ist sie doch vermittelt über die Maximen der „innovativen pädagogischen Methoden" (bspw. Freiarbeit, Projektunterricht, Teamorientierung) immer präsent.

2.3 Pädagogische Freiheit

Die „pädagogische Freiheit" wird im Sprachgebrauch am ehesten assoziiert mit der praktischen Autonomie der LehrerInnen im Unterricht als SachwalterInnen des Bildungsstoffs und der Lehrmethoden. Ihr Gestaltungsspielraum bei der Interpretation des Curriculums wie auch die Möglichkeit zur selbstgesteuerten Realisierung der inner- und außerunterrichtlichen Erziehungsprozesse bei der Wahrnehmung dieser Aufgabe sind Ausdruck dieser pädagogischen Freiheit:

> „Wenn freilich Pädagogische Freiheit nur als *methodische und didaktische Freiheit* des Lehrers interpretiert wird, ist dies einerseits zu eng, andererseits zu weit. *Zu eng*, da die Pädagogische Freiheit in dem soeben abgesteckten Rahmen (allgemeine Richtlinien usw. der Schulbehörden) auch die Wahl der Unterrichtsinhalte und -stoffe umfassen kann […]. *Zu weit*, da der Lehrer auch methodische Anweisungen befolgen muß, die ihm etwa die Anwendung veralteter Unterrichts- oder Erziehungsmethoden untersagen […]. Eingeschränkt wird die Pädagogische Freiheit ferner durch die Notwendigkeit, im Schulalltag mit den anderen Lehrern der Schule zusammenzuarbeiten […]. Der Lehrer muß sich den ordnungsmäßig zustande gekommenen *Konferenzentscheidungen* fügen und nötigenfalls auf Sonderwege verzichten; andererseits ist die Konferenz verpflichtet, jedem Lehrer den nötigen Spielraum zur Entfaltung seiner pädagogischen Möglichkeiten zu belassen." (Heckel 1977, 47)

Auf der Folie der „Schulentwicklung" wird deutlich, dass diese Dimension der Autonomiefrage momentan verstärkt tangiert ist. Wenn im Zuge von institutionellen Schulentwicklungsprozessen systematisch Konferenzentscheidungen herbeigeführt werden (vgl. LSW 1997; Allerkamp 1998) und die Schulaufsicht Verfahren der Unterrichtsevaluation entwickelt, dann stehen eben diese pädagogischen Freiräume zur Disposition.

2.4 LehrerInnenautonomie resp. Autonomie der LehrerInnen

Wird um solche Freiräume gekämpft, fällt oftmals der Begriff der „Autonomie des Lehrers/der Lehrerin". Rekurriert wird damit auf ein spezifisches Professionsverständnis, das sich mit solchen Einschränkungen nur schwer verbinden

lässt (vgl. Altrichter 1996; 2000b; Heinrich/Altrichter 2007). Mit diesem Hinweis wird die Bedeutung der sozialen Rolle der LehrerInnen als offizieller
VertreterInnen der Bildungsinstitution in die Diskussion eingebracht. Das
hierbei oftmals synonym verwendete Kompositum der „Lehrer(-Innen-)auto-
nomie" bringt diese Fokussierung auf die Berufsrolle vielleicht noch prägnanter
zum Ausdruck als die Rede von der „Autonomie des Lehrers/der Lehrerin". Der
Rekurs auf die LehrerInnenautonomie ist dabei der professionspolitische Verweis auf die Sonderstellung der LehrerInnen, ihren auch beamtenrechtlichen
Sonderstatus (vgl. Fauser 1986, 134). Dieser wird allein verständlich, wenn die
LehrerInnen damit als eigenverantwortliche SachwalterInnen eines größeren
gesellschaftlichen Systems begriffen werden, das für sich selbst auch wiederum
Autonomie einklagt.

2.5 Systembezogene Autonomie/funktionale Autonomie

Die Rede von der Systembezogenheit der Autonomie referiert auf ein vollkommen anderes fachwissenschaftliches Paradigma der Autonomiediskussion.
Während in der Geisteswissenschaftlichen Pädagogik der Autonomiebegriff
letztlich primär innerhalb eines normativ aufgeladenen Sprachgebrauchs Verwendung fand, knüpft der Topos von der systembezogenen Autonomie an eine
soziologisch-analytische Sichtweise an. Auch innerhalb der Geisteswissenschaftlichen Pädagogik galt der Autonomiebegriff zunächst zwar als ein analytischer, der zur Beschreibung der vorgängigen Praxis diente, transformierte sich
indessen aber sukzessive unter der Hand zu einem präskriptiven Begriff, wenn
die Autonomie der Pädagogik zur heimlichen Teleologie der Sinndeutung
uminterpretiert wurde und in der Folge sich der Autonomiebegriff zum Kampf-
begriff wandelte. Deutlicher noch bei Bourdieu/Passeron (1974) als bei Durk-
heim (1972; 1973) wird dann kenntlich, dass auch die soziologische Verwendungsweise nicht rein deskriptiv zu nennen ist. Vielmehr versuchten die Erstge-
nannten offensiv den Autonomiebegriff als ideologisch zu desavouieren. Bour-
dieu/Passeron verwenden den Autonomiebegriff, wenn sie ihn zur Beschreibung
des Bildungssystems heranziehen, sozusagen analytisch-kritisch und nicht
affirmativ. Eine idealistische Vorstellung absoluter Autonomie des Bildungssystems steht bei Bourdieu/Passeron ebenso zur Kritik wie die Hoffnung, dass die
relative Autonomie des Systems einen befreienden Charakter annehmen könne.
Vielmehr gilt ihnen diese relative Autonomie des Systems als subtile und
äußerst effektive Camouflage von Herrschaftsinteressen bei gleichzeitigem
Anschein von Liberalität: „Der Fürst kann von seinen Malern, Dichtern oder
Juristen nur deshalb einen wahrhaft wirksamen symbolischen Dienst erlangen,

weil er ihnen die Fähigkeit überläßt, in ihrem Bereich selbst die Gesetze zu machen." (Bourdieu 1989, 553; zit.n. Hörner 1991, 15)

Diese Metapher Bourdieus drückt die Instrumentalisierung des Autonomiegedankens prägnant aus. Durch die historische Kontextualisierung kann das Herrschaftsinteresse in der Figur des Fürsten personifiziert werden. Die abstrakte Reproduktionsgewalt der modernen Gesellschaft, innerhalb derer die Autonomie des Bildungssystems ebenso funktional wirksam wird, ist freilich ungleich schwieriger zu fassen. Luhmann hat aufgrund dieser Funktion der Autonomie des Erziehungssystems für das Gesamtsystem immer wieder direkt von „funktionaler Autonomie" gesprochen (vgl. Luhmann/Schorr 1988).

2.6 Juristische Autonomie

In der Autonomiediskussion kommen juristische Aspekte oftmals nur zur Sprache, wenn von der Einschränkung der pädagogischen Freiheit der LehrerInnen durch Verwaltungsvorschriften die Rede ist. Dabei wird übersehen, dass gerade die „Verrechtlichung" des Schulwesens den LehrerInnen die pädagogische Freiheit überhaupt erst juridisch zugestand (vgl. Stock 1971). Bewegten sich die LehrerInnen vordem in einem zwar rechtsfreien, damit aber auch ungeschützten Raum, so können sie sich nun „mit Recht" auf ihre pädagogische Freiheit berufen. Diese selten beachtete Wirkungsmächtigkeit des Rechts zugunsten der pädagogischen Freiheit wurde beispielsweise in den Vorschlägen des deutschen Juristentages von 1981 deutlich, die für eine Beschränkung der schulaufsichtlichen Befugnisse auf eine Rechtsaufsicht plädierten und somit den LehrerInnen durch die Abschaffung der Fachaufsicht größtmöglichen pädagogischen Freiraum erwirken wollten (vgl. Kommission Schulrecht des Deutschen Juristentages 1981). Politisch sind solche Forderungen freilich nicht durchsetzbar, würde doch damit die Kultusadministration – und vermittelt darüber der Staat – als Kontrollinstanz stark an Legitimationskraft einbüßen (vgl. Hörner 1991, 27f.).

2.7 Schulautonomie

Unter den Begriff der „Schulautonomie" fallen so heterogene Autonomievorstellungen wie Formen der administrativen Autonomie (bspw. Personalentwicklung), der Verwaltungs- und Finanzautonomie (haushaltsrechtliche Fragen), aber auch der curricularen Autonomie auf Schulebene.

Die Spannung zwischen administrativen Vorgaben und den Freiheiten der Einzelschule sind vielfach Thema, wenn von Schulautonomie gesprochen wird.[11] Durch die Konzepte der „Neuen Steuerung" ist dieses Feld derzeit ein umkämpftes Terrain der Autonomieansprüche (Maritzen 1996; 1998a). Während in einigen Bundesländern Deutschlands Schulen in haushaltsrechtlichen und personalrechtlichen Bereichen (vgl. Schaefers 2004) neue Freiheiten gewährt werden, die die Rede von einer „autonomeren Schule" sinnvoll werden lassen (bspw. für NRW das Schulentwicklungsgesetz 2001), bemerken viele LehrerInnen demgegenüber den schärferen Kontrollblick der Schulaufsicht hinsichtlich der Qualitätsstandards. Damit droht die Unterrichtsautonomie der Schule eingeschränkt zu werden. Demgegenüber sind beispielsweise in Österreich die curricularen Spielräume weit höher als in vielen deutschen Bundesländern (vgl. OECD 2004, 463ff.).

Die größeren Freiheiten im Verwaltungshandeln werden von den LehrerInnen gar nicht immer als eben solche empfunden (Wollenweber 1997, 119). Vielmehr klagen diese oftmals darüber, dass ihnen nun im Zuge einer neuen Sparpolitik (vgl. Bellenberg 1995; Böttcher/Weiß 1997; Färber 1999) auch noch die administrativen Aufgaben übertragen würden, die bislang die Schulaufsicht – wenn auch nicht immer zur Zufriedenheit der Lehrkräfte – immerhin noch erledigt hatte. Nun müssen zum Teil einzelne Lehrkräfte zur Übernahme solcher „Koordinationsaufgaben" abgestellt werden, die freilich wieder über die Mehrbelastung durch die erweiterte Schulautonomie klagen (vgl. Combe/Buchen 1996): Solche Mehrbelastung raube die Kraft, um im Unterricht die pädagogische Freiheit methodisch auch für neue Konzepte zu nutzen. Die Relativität der Autonomie als Aushandlungsmasse mehrerer AkteurInnen gerät so im Disput um die erweiterte Schulautonomie stärker ins Bewusstsein. Bemerkenswert sind in diesem Zusammenhang beispielsweise auch die Veränderungen durch die Einführung von Schulleitungen im schweizerischen Pflichtschulwesen (vgl. Altrichter/Heinrich 2005).

Unter den Begriff der Schulautonomie fällt auch die inzwischen weit gefächerte Diskussion um die finanzielle Autonomie der Schulen (vgl. Timmermann

---

11 Oelkers betont demgegenüber die Autonomie als Folge der Input-Steuerung: „Wer heute ‚Schulautonomie' fordert, verwendet oft eine alte Professionsstrategie, die im 19. Jahrhundert ausprobiert wurde. ‚Autonom' sind öffentliche Schulen dann, wenn der Staat sie komplett unterhält, mit exklusiven Privilegien versieht, sie nach den Forderungen der Schule ausbaut und dabei möglichst unbehelligt läßt. Die Investition soll ohne externe Produktkontrolle erfolgen, Aufsicht ist zulässig nur als Unterstützung, der Grad der Autonomie bemißt sich entsprechend am Grad der inneren Freiheit, die beurteilt wird, wie unbehelligt sich die Lehrkräfte fühlen. Je weniger der Staat, von dem alle Mittel kommen, eingreift, desto mehr ‚Autonomie' scheint zu bestehen. An unabhängige und folgenreiche Kontrollen ist das Systen nach seiner langen Erfolgsgeschichte nicht gewöhnt." (Oelkers 2003b, 54).

1995) sowie die damit immer wieder in Zusammenhang gebrachte Frage nach der „Finanzierung der Schulentwicklung" (vgl. Dichanz 1995; Böttcher/Weishaupt/Weiß 1997; Bellenberg/Böttcher 1999; 2000; Gehring 1999; Klemm 1999; Bellenberg/Böttcher/Klemm 2001; Böttcher 2002).

2.8 Autonomie der Pädagogik

Die Rede von der „Autonomie der Pädagogik" ist wohl die in ihrer Extension des Begriffs weitreichendste. Für Geißler (1929) fiel unter diesen Begriff noch sowohl die pädagogische Autonomie im Sinne der Eigengesetzlichkeit des Erziehungsprozesses, die Autonomie der Pädagogik als wissenschaftlicher Theorie der Erziehung als auch die Autonomie der Institutionen. Wenn heute von der „Autonomie der Pädagogik" die Rede ist, dann wird damit eher die Unabhängigkeit der Erziehungswissenschaften eingeklagt. Das geschieht inzwischen jedoch recht selten, da formal die Unabhängigkeit der Erziehungswissenschaften – auch hochschulpolitisch – kaum mehr infrage gestellt wird. Diesem formalen Autonomiezugeständnis steht indes real eine komplexe Gemengelage gegenüber. Eine Erziehungswissenschaft, die versucht, gesellschaftlich wirkungsmächtig zu sein, ist stark von den bildungspolitischen „Standards" abhängig. Als relevant erachtet werden hinsichtlich der Schulentwicklung dann oftmals zunächst die Diagnoseverfahren, wie sie in den nun breit akzeptierten Leistungstests (vgl. Baumert/Köller 1998; Arnold 1999; Bähr 2003) vorliegen. Geht es der Bildungspolitik jedoch um die Gestaltung und Reform der konkreten Schulpraxis, so werden seltener ErziehungswissenschaftlerInnen als vielmehr (Reform-)PraktikerInnen zu Rate gezogen, wie etwa derzeit in vielen deutschen Bundesländern der Schulentwickler Heinz Klippert (1997; 1998; 2000a; 2000b; 2001), während die erziehungswissenschaftliche Zunft von diesem praktisch keine Notiz nimmt (vgl. Stövesand 2000/01, 82). Die relative Autonomie der Pädagogik als Wissenschaft erweist sich dann schulreformerisch doch wiederum als – je nach Reaktionsweise der ErziehungswissenschaftlerInnen – relative Abhängigkeit resp. relative Ohnmacht.

Die synoptische Übersicht macht deutlich, wie unterschiedlich die Ideen sind, die in der Autonomiediskussion wirksam werden, ohne dass häufig auffiele, dass von ganz unterschiedlichen Dingen gehandelt wird (vgl. van Buer 1990, 1f.). Viele Missverständnisse zwischen den ProtagonistInnen der Reform und den (anderen) LehrerInnen könnten durch einen differenzierteren Sprachgebrauch wahrscheinlich zumindest der Sache nach aufgeklärt werden, auch wenn die positionellen Differenzen und die divergierenden Partikularinteressen bestehen bleiben würden. Zumindest diese unnötigen „Transaktionskosten" der Reform zwischen den verschiedenen Ebenen könnten somit reduziert werden. Nach solchen Reibungspunkten der unterschiedlichen Autonomieformen innerhalb der Schulentwicklung soll im Folgenden gefahndet werden. Hierfür ist allerdings eine theoretische Konzeptionalisierung der Autonomieformen notwendig, die es erlaubt analytisch zwischen den divergierenden, das Handeln verschiedenster AkteurInnen leitenden Autonomievorstellungen und den daraus resultierenden empirischen Formen von Autonomie zu unterscheiden.

Zur Analyse solcher sozialen Tatbestände innerhalb komplexer Akteurskonstellationen wird seit einigen Jahren das Konzept der *Governance* diskutiert, das im Folgenden vorstellt werden soll (vgl. Kap. 3), um im Anschluss daran sich transformierende Grundzüge von Autonomie in der Schulentwicklung der letzten Jahre herauszuarbeiten (vgl. Kap. 4-5), die wiederum als Ausgangspunkt für Kategorien zur empirischen Analyse der Transformationen von Autonomie am Beispiel der Schulprogrammarbeit (vgl. Kap. 6-9) fungieren sollen.

3. Governance als „Betrachtungsweise"

„Es gibt also nicht die Governance-Theorie und es kann sie auch nicht geben. In der Offenheit für verschiedene Theorien liegt eher eine Stärke als eine Schwäche des Konzepts."
(Benz 2004b, 27)

3.1 Vom Scheitern einer Governancedefinition

Obgleich der ursprünglich aus der Ökonomie (vgl. Coase 1991; Orig. 1937) stammende Governancebegriff inzwischen bereits eine langjährige Theoriegeschichte in den Politikwissenschaften und den Sozialwissenschaften hat (vgl. Schneider/Kenis 1996; Benz 2004, 15-19), wird in Lehrbüchern (Benz 2004a; Lange/Schimank 2004a) auf die noch unabgeschlossene Begriffsfassung verwiesen, das heißt, dass es „keine Lehrbuchdefinition von Governance gibt und sich in der Literatur unterschiedliche Begriffsverständnisse finden (vgl. Kooiman 2002; Pierre 2000; Rhodes 1997, 46-60)" (Benz 2004b, 12). Hierfür gibt es (1) einen trivialen – für komplexe Begriffe typischen –, aber (2) auch einen prinzipiellen – dem Begriff immanenten – Grund:

(1) Zum einen erscheint es bei komplexen Begriffen – vgl. ebenfalls die zuvor angeführten Versuche einer Begriffsbestimmung für den Autonomiebegriff – nahezu unmöglich, eine knappe Definition vorzunehmen, ohne dass diese reduktionistisch gegenüber der Begriffsgeschichte und den zahlreichen Verwendungsweisen in unterschiedlichen Kontexten wäre. Das trifft sicherlich auch für den Governancebegriff zu, allein schon wenn man sich die unterschiedlichen Bezugsdisziplinen vergegenwärtigt, wie:

- Politikwissenschaft (vgl. Naschold/Bogumil 2000; Benz 2004a),
- Soziologie (vgl. Brüsemeister 2004a; Lange/Schimank 2004a),
- Ökonomie/Wirtschaftswissenschaften (vgl. Williamson 1990),
- Verwaltungswissenschaft (vgl. Konzendorf 1998; König 2001a, 2001b; Jann/Wegrich 2004),
- Erziehungswissenschaften/Pädagogik (vgl. Arnott/Raab 2000; Avenarius/ Liket 2000; Popkewitz/Lindblad/Strandberg 1999; Lindblad/Popkewitz 1999; 2000; Lindblad/Ozga/Zambeta 2002; Epstein 2004)
- Landes- und Raumplanung (Fürst 2004),
- Klimaforschung (Biermann/Pattberg 2004) etc.

Hinzu kommt die Tatsache, dass das Governance-Konzept auf allen Aggregationsebenen gesellschaftlicher Handlungskoordination Verwendung findet als:

- „Mikrofundierte Governance" in Einzelhandlungen (vgl. Schneider 2004),
- „Local Governance" (vgl. Heinelt 2004),
- „Regional Governance" (vgl. Fürst 2004),
- „Staatliche Governance" (vgl. Mayntz 2002; 2004),
- „Interstaatliche Governance" (vgl. Jachtenfuchs/Kohler-Koch 2004), bis hin zur
- „Global Governance" (vgl. Fürst 2004) sowie der diese unterschiedlichen Ebenen verbindenden
- „Multilevel Governance" (vgl. Benz 2004c).

Aus den beiden zuvor genannten Dimensionen des Governancebegriffs (Bezugsdisziplinen und Aggregationsebenen) folgt entsprechend auch eine im Prinzip unbegrenzte Anwendungsmöglichkeit auf die unterschiedlichsten Aspekte gesellschaftlichen Zusammenlebens. So existieren bspw. Governanceuntersuchungen zu:

- Universitätsstrukturen und -reformen (vgl. Braun/Merrien 1999; Stölting/Schimank 2001),
- Medienpolitik und Steuerung der Massenmedien (vgl. Jarren/Donges 2004),
- Governance im Gesundheitswesen (Bandelow 2004),
- Umweltpolitik und Nachhaltigkeit (Hellmann 2004; Jauß/Stark 2004) etc.

(2) Zum anderen gründet die unabgeschlossene Begriffsfassung aber auch in einem prinzipiellen, dem Begriff immanenten Verwendungsaspekt, wenn Benz/Lütz/Schimank und Simonis (2004, 6) in ihrem Vorwort zum einführenden Lehrbuch in die Governancethematik hervorheben, „dass mit Governance weder ein Theoriekonzept noch ein spezifischer Forschungsansatz, vielmehr eine Sichtweise auf die Realität verbunden ist." Den gleichen Terminus der „Sichtweise" verwendend formulieren Jann/Wegrich:

„Governance bezeichnet eine veränderte Sichtweise des Regierens, der Strukturen und Prozesse des ‚Politikmachens' *(policy making)*, der Politikformulierung und -umsetzung. Neue Formen der Kooperation zwischen staatlichen und nicht-staatlichen Akteuren, der horizontalen Koordination und Integration, von Vertrauen und Legitimität geraten zunehmend in das Aufmerksamkeitsfeld der Forschung und gelten als Chance für die Gewinnung politischer Gestaltungsspielräume (und nicht mehr lediglich als Hindernis für die Durchsetzung gemeinwohlorientierter Politik). Governance als neuartiges Konzept des Regierens (und nicht nur als Kürzel für die

Analyse von Regierungsstrukturen und -prozessen) stellt damit das traditionelle Verständnis und Instrumentarium politischer Verhaltensweisen und Steuerung zunehmend in Frage [...]." (Jann/Wegrich 2004, 194)

Diese auf den ersten Blick diffus erscheinende Rede von einer „Sichtweise auf die Realität" wird klarer, wenn man sich die Theoriegeschichte vor Augen führt, der zufolge die Governancevorstellung als Kristallisationspunkt einer Kritik an dysfunktionalen Steuerungsstrukturen in Erscheinung trat. Rhodes (2000, 54) beschreibt Governance als „a description of the unintendet consequenzes of corporate management and marketization. It is a response, therefore, to the perceived weaknesses of marketization." Entsprechend einer solchen „Negativbestimmung" formulieren auch Jann/Wegrich für ihren Bereich der Verwaltungswissenschaften:

„Im Unterschied zur Managementperspektive und vor allem zum ‚Neuen Steuerungsmodell' stellt Governance kein fertiges ‚Modell' für die Reform der Verwaltung zur Verfügung – zumindest nicht in Deutschland. Dies hängt einerseits damit zusammen, dass die in der frühen Phase dominierende ‚one-size-fits-all'-Philosophie des New Public Management bzw. Neuen Steuerungsmodells als einer der wesentlichen Gründe für massive Implementationsprobleme gilt – ein neues Reformmodell wäre unglaubwürdig. Auch stellt Governance keinen Gegenpol zum Managementansatz dar, so wie dies im Neuen Steuerungsmodell gegenüber dem ‚bürokratischen Steuerungsmodell' der Fall war. Stattdessen findet in der Governance-Debatte eine kritische Auseinandersetzung mit Konzepten und Erfahrungen des NPM statt, die zu einer Korrektur und Ergänzung der Verwaltungspolitik [...] führt." (Jann/Wegrich 2004, 203)

In eine ähnliche Richtung zielt Benz, wenn er – nicht nur für die Verwendung in der Verwaltungswissenschaft, sondern im allgemeinen sozialwissenschaftlichen Sinne – Governance als „spezifische Betrachtungsweise" kennzeichnet:

„Mit Betrachtungsweise ist nicht eine genaue Definition des Begriffs gemeint, sondern es sind die Aspekte angesprochen, auf die dieser Begriff die Aufmerksamkeit dessen lenkt, der sich mit der Wirklichkeit in systematischer Weise beschäftigt." (Benz 2004, 19)

Der systematische Blick auf die soziale Wirklichkeit soll durch das Governancekonzept zwar gelenkt werden – im Sinne einer Orientierung – ohne allerdings diesen Blick durch prädominante Theoreme zu determinieren. Die Offenheit des Konzepts ist somit Programm:

„Gegenüber einer gleichzeitig zu engen und zu weitgehenden Managementperspektive hat Governance vor allem eine Korrekturfunktion. Diese Rolle ist zugleich die
wesentliche Schwäche von Governance in der öffentlichen Verwaltung, denn die
Kohärenz des Managementmodells wird Governance als Reformkonzept nicht erreichen, was weniger am Entwicklungsstadium der Debatte, sondern in dem Charakter des Konzepts liegt, das sich einer simplifizierenden Vermarktungsstrategie –
eine zentrale Erfolgsbedingung des Neuen Steuerungsmodells und aller Manage-
ment-Moden – systematisch entzieht." (Jann/Wegrich 2004, 212)

Jann/Wegrich beziehen mit dieser Vorstellung einer programmatischen Offenheit des Governancekonzepts keine „Rand-" oder „Verlegenheitsposition" im
Governancediskurs. Noch offensiver und pointierter erheben Pierre/Peters nicht
nur die terminologische Ambivalenz, sondern sogar die „semantische Vague-
heit" des Begriffs zum Prinzip einer governanceorientierten Forschung:

„Governance is a useful concept not least because it is sufficiently vague and inclu-
sive that it can be thought to embrace a variety of different approaches and theories,
some of which are even mutually contradictory. While it is true that all these approaches do contain some general idea of supplying direction to the economy and
society, the number of different ways in which this is seen to occur means that
when someone says that he or she adopts a governance perspective, this is the be-
ginning, rather than the end, of the discussion." (Pierre/Peters 2000, 37)

Pierre/Peters Konzeptionalisierung von Governance kulminiert damit in einem
Forschungsauftrag an die SozialwissenschaftlerInnen, die Governanceperspektive als Ausgangspunkt für eine „Neubetrachtung" sozialer Strukturen und Regu-
lationen von Handlungskoordination zu nutzen, um – womöglich einander
konträre oder gar kontradiktorische –Theorieformulierungen einer Revision zu
unterziehen und in einer übergreifenden Perspektive „aufzuheben". Oder mit
den Worten von Benz (2004b, 27):

„Der Begriff Governance bietet also eine Betrachtungsweise und gibt eine Leitlinie
für die Analyse komplexer Strukturen kollektiven Handelns. In Forschung und Lehre steht er für ein Programm, in der Praxis beschreibt er Veränderungstendenzen
und Probleme, enthält aber keine Handlungsempfehlungen. Wenn wir den Begriff
verwenden, so stehen wir damit vor der Aufgabe, seine Merkmale kontextbezogen
zu präzisieren und die analytische Perspektive mit geeigneten Theorien und Methoden der empirischen Forschung umzusetzen. Erst daraus lassen sich für die Praxis
relevante Aussagen gewinnen. Insofern steht man mit dem Governance-Begriff
immer am Beginn der wissenschaftlichen Arbeit."

Die vorausgehenden Ausführungen von Benz stellen in nuce das Forschungs-
programm für den Umgang mit dem Governancebegriff in der vorliegenden
Studie dar. Entsprechend soll nicht versucht werden, die Governance-
Untersuchungen anderer Disziplinen und Bereiche schlichtweg für die Schulentwicklung zu adaptieren oder deren Ergebnisse auf eine Verwendbarkeit für
den Schulreformdiskurs hin zu prüfen. Vielmehr sollen für eine angemessene
Verwendung des Governancebegriffs als Kennzeichnung einer besonderen
Betrachtungsweise zunächst einige „Merkmale" (s.o.) bestimmt werden (vgl.
Kap. 3.2), die dann „kontextbezogen zu präzisieren" (s.o.), d.h. in diesem Falle
auf die Autonomievorstellungen zu beziehen sind (vgl. Kap. 3.3), um dann die
daraus gewonnene „analytische Perspektive" (s.o.; vgl. Kap. 4-5) mit „geeigneten Theorien und Methoden der empirischen Forschung" (s.o.) in den Kapiteln
8 & 9 „umzusetzen" (s.o.).

3.2 Zentrale Merkmale von Governance

Analog zum Vorgehen bei der Bestimmung des Autonomiebegriffs sollen im
Folgenden – allerdings schon selektiv mit Hinblick auf die in dieser Studie dann
verwendete Governancekonzeption (vgl. Kap. 3.3 & Kap. 4) – zentrale Merkmale von Governance herausgestellt werden, um anhand der verschiedenen
Bedeutungs- und Verwendungsweisen sowie deren Konstellationen schließlich
zu einem Vorverständnis dieses Konzepts zu gelangen, das es dann ermöglichen
soll, eine „kontextangemessene Vorstellung von Governance" für die Autonomie in der Schulentwicklung zu generieren.

Als Ausgangspunkt hierfür soll zunächst eine sehr weite Definition des
Governancebegriffs herangezogen werden, wie sie von Renate Mayntz formuliert wurde. Dieser Bestimmung zufolge ist Governance

> „das Gesamt aller nebeneinander bestehenden Formen der kollektiven Regelung ge-
> sellschaftlicher Sachverhalte: von der institutionalisierten zivilgesellschaftlichen
> Selbstregelung über verschiedene Formen des Zusammenwirkens staatlicher und
> privater Akteure bis hin zu hoheitlichem Handeln staatlicher Akteure." (Mayntz
> 2004, 66)

„Governance" ist demnach nicht identisch mit „Steuerung", vielmehr ist der
Governancebegriff in seiner Extension ein weiter gefasster Begriff, der neben
intendiertem „government" (vgl. Benz 2004b, 17f.) zumeist staatlicher AkteurInnen andere Modi der Handlungskoordination inkludiert. Als Gegenbegriff zur
hierarchischen Steuerung (des Staates) bliebe der Governancebegriff in einem

engeren Verständnis negativ auf traditionelle Formen der Steuerung verwiesen, so wie der innovative Gehalt vieler Konzeptionen einer „Neuen Steuerung" erst vor dem Hintergrund der vorangegangenen Bürokratiekritik verständlich wird. Von traditioneller Steuerung abweichende Steuerungsformen würden mit einem solchen engen Governancebegriff zunächst nur ex negativo bestimmt, ohne dass damit schon zureichend die neuen Formen der Handlungskoordination zwischen AkteurInnen benannt wären. Entsprechend muss die Perspektive auf alle „nebeneinander bestehenden Formen der kollektiven Regelung gesellschaftlicher Sachverhalte" (s.o.) ausgedehnt werden, sodass der im oben zitierten Passus (Mayntz 2004, 66) enthaltene Governancebegriff als Oberbegriff der verschiedensten Formen sozialer Handlungskoordination auf allen Ebenen des gesellschaftlichen Systems begriffen werden sollte. Der Hinweis auf das Nebeneinander unterschiedlicher Regelungsstrukturen auf verschiedenen Ebenen des gesellschaftlichen Systems ist dabei in der Abgrenzung von traditionellen Steuerungsvorstellungen von besonderer Bedeutung.

3.2.1 Mehrebenensystem

In der Literatur zur Schulentwicklung stehen sich – grob gesprochen – zwei unterschiedliche Textgattungen gegenüber. Neben zahlreichen Schriften, in denen Instrumente zur Schulentwicklung vorgestellt werden (bspw. Altrichter et al. 1998; 2004; Rolff et al. 2000, Buhren/Rolff 2002) stehen empirische Untersuchungen, in denen vielfach auch unbeabsichtigte und unerwünschte Nebeneffekte bei derartigen Schulentwicklungsbemühungen beschrieben sind (vgl. z.B. Altrichter/Posch 1999; Altrichter 2000a; Altrichter/Heinrich 2005; 2005b; Büeler/Sempert 2001; Büeler/Stebler/Stöckli/Stotz 2001; Büeler/Buholzer/Kummer/Roos 2004). Die Empirie verweist damit auf die Differenz zwischen Intentionen und hinter dem Rücken der Beteiligten emergierenden transintentionalen Effekten (vgl. Heinrich 2001b; Brüsemeister 2002a). Bei den untersuchten Innovationsprozessen werden die Interdependenzen zwischen intentionaler Gestaltung und transintentionalen Strukturdynamiken (Schimank 2002b) immer wieder virulent, nicht zuletzt da bei solchen Entwicklungen „der Schule" deren Einbettung in ein Mehrebenensystem nicht in Rechnung gestellt wird.

Für die Governanceforschung, die mit einem weiten Begriff der Steuerung als umfassender Handlungskoordination operiert, ist demgegenüber der Verweis auf die Bedeutung der unterschiedlichen Ebenen notorisch. Gesprochen wird von „Mehrebenensystemen" sowie auch „Multilevel Governance" (vgl. Benz 2004c). Die innovierten Formen einer Governance im staatlichen Schulsystem sind dabei in einzelnen Ländern (resp. Bundesländern) noch unterschiedlich stark ausgeprägt und auch in der erziehungswissenschaftlichen Literatur finden sich nur wenige Hinweise, den governancetheoretischen Mehrebenengedanken für das Schulsystem zu adaptieren. Einer der wenigen Autoren, der dies explizit tut, ist Thomas Brüsemeister, der im Anschluss an Schimank (2002c, 3) idealtypisch zumindest für eine Differenzierung in drei Ebenen votiert, (1) der Makro-Ebene des schulischen Gesamtsystems, (2) der Meso-Ebene der Einzelschule sowie (3) der Mikro-Ebene des Rollenhandelns von Lehrkräften sowie anderer AkteurInnen in Einzelschulen:

- *Makro-Ebene des schulischen Gesamtsystems:* Für die Makro-Ebene, innerhalb derer das schulische System in seiner Gesamtheit als kollektiver Akteur auftritt, konstatiert Brüsemeister eine sich tranformierende Beziehung zwischen diesem System und dem Staat: „Der Staat zieht sich zurück und engagiert sich gleichzeitig mehr im Sinne strategischer Zielsetzungen. Der Kontext hierfür ist das neue Steuerungsmodell nach dem New Public Management." (Brüsemeister 2004a, 191)
- *Meso-Ebene der Einzelschule:*Die Schulentwicklungsdiskussion der letzten Jahre, innerhalb derer der Einzelschule mehr Verantwortlichkeiten bei Personal-, Organisations- und Unterrichtsentscheidungen zufallen (vgl. Kempfert/Rolff 2000; Rolff/Buhren 2002), führt Brüsemeister dazu, die Einzelschule als zweiten wichtigen Akteur innerhalb einer schulischen Governance zu bestimmen: „Auf dieser Ebene beinhaltet das neue Governance-Modell größere Entscheidungsbefugnisse der Einzelschule. Die einzelne Schule wird zum verlängerten Arm des Staates und soll staatliche Ziele in eigener operativer Autonomie durchsetzen." (Brüsemeister 2004a, 192)
- *Mikro-Ebene des Rollenhandelns einzelner Lehrkräfte und anderer AkteurInnen in Einzelschulen:* Die veränderten Regelungsstrukturen, die sich für die einzelnen Lehrkräfte im Zuge der Schulentwicklung der letzten Jahre ergaben, wenn sie in Aushandlungsprozessen und Qualitätsdiskussionen ihr eigenes Selbstverständnis reformulieren mussten, stellen für Brüsemeister den Fokus der Mikro-Ebene dar: „Im Rahmen von Qualitätsmethoden kommt es zur strukturellen Aufwertung des Kollegiums, weg von einer ‚weichen' Schulkultur, hin zu einer teambasierten kollektiven Entscheidungsinstanz einer als Qualitäts-Organisation erneuerten Schule. Die stärkere gemeinsame Beobachtung von Systemoutputs steht dabei mit der bisherigen Alleinzuständigkeit der einzelnen professionellen Lehrkraft in Konflikt." (Brüsemeister 2004a, 193)

In der Darstellung Brüsemeisters erscheint die governanceorientierte Differenzierung der Ebenen als Derivat der inhaltlichen Deskription der beobachtbaren

Transformationen, wobei er hinzufügt, dass die drei Ebenen des Schulsystems zunehmend „zusammenfassend reguliert und mehr miteinander verbunden werden sollen" (Brüsemeister 2004a, 194). Aus den inhaltlichen Bestimmungen geht schon hervor, dass hier weitere Differenzierungen notwendig werden könnten, je differenzierter man versucht, die Interdependenzen zwischen den Ebenen zu fassen. Bei der Konzeptionalisierung eines internationalen Projekts zur schulischen Governance (vgl. ausf. Altrichter/Brüsemeister/Büeler/Heinrich 2005) wurde so etwa deutlich, dass sich schon zwischen den Ländern Deutschland, Österreich und der Schweiz Unterschiede der relevanten Steuerungsebenen ergeben, wenn man nicht nur die von Brüsemeister genannten drei Ebenen differenziert, sondern in Anlehnung an die OECD-Studien (1997) vier Ebenen unterscheidet.

OECD	A	CH	D
Macro	Bund	Bund [EDK] / EDK-Regionen	Bund [KMK]
Upper Inter-mediary	Bundesländer	Kantone Fachliche Verantwortung (Lehrpläne, Fachaufsicht, externe Evaluation) durch kantonale Bildungsdepartemente	Bundesländer
Lower Inter-mediary	Fachliche Verantwortung: Bezirksschulrä-te/-inspektoren Materielle Schulträger: Gemeinden, respektive Gemeindeverbände	Materielle Schulträger: Bezirke oder Gemeinden	Fachliche Verantwortung: Bezirksregierung Materielle Schulträger: Gemeinde
School	Schule	Schule	Schule

Tab. 1: Ebenen der Steuerung im Pflichtschulbereich nach Altrichter/Brüsemeister/Büeler/Heinrich (2005)

Die Diskussion solcher verschiedener Ebenenmodelle (vgl. Döbert 2003) kann leicht als fachwissenschaftlich-scholastischer Disput ohne empirisch-relevante Bedeutung erscheinen. Ließen sich nicht auch Argumente etwa für ein 6-Ebenen- oder auch 8-Ebenen-Modell finden?

Die heuristisch aufschließende Kraft solcher Differenzierungen wird dann deutlich, wenn sie in Bezug auf governancetheoretische Ebenen Unterschiede erkennbar werden lassen. Ein Beispiel hierfür ist etwa die Kontrastierung von

Makro- und Mikroebene, die deutlich werden lässt, dass innerhalb dieser Ebenen zwei divergierende und von unterschiedlichen Berufstraditionen herrührende soziale Strukturdynamiken wirksam sind. Für die Makroebene konstatiert Brüsemeister eine „geschlossene soziale Strukturdynamik", da hier nur eine überschaubare Anzahl von AkteurInnen agiere:

> „Zu den Akteuren gehören der Staat selbst, die Bildungsverwaltung und die Profession der Lehrkräfte. Es kommunizieren hierbei überwiegend Organisationen miteinander; es bestehen vor allem von Seiten des Staates und der Bildungsverwaltungen dezidierte Steuerungsabsichten; und es gibt einen Zwang zu Verhandlungen, da schulpolitische Entscheidungen letztlich landesweit umgesetzt werden müssen; d.h. es bleibt oft nicht bei bloßen Beeinflussungsversuchen oder bei bloßen wechselseitigen Beobachtungen der Akteure." (Brüsemeister 2004a, 195f.)

Für die Mikroebene mit ihrer unüberschaubaren Anzahl von AkteurInnen, die zudem bislang kaum einem Harmonisierungsdruck von Deutungsmustern und Entscheidungen unterlagen, kann demgegenüber nicht eine vergleichbar „geschlossene soziale Strukturdynamik" festgestellt werden, vielmehr ist diese von Heterogenität geprägt:

> „Statt der Organisationen gibt es eine Vielzahl individueller Akteure. Einzelne Lehrer und nicht Organisationen kommunizieren im Interaktionsbereich mit vielen anderen Akteuren (Kollegen, Schülern, Schulleitung, Eltern, Öffentlichkeit) über angemessene Erziehungshandlungen. Die Interaktionen führen unter dem Einfluss von je individuellen Identitätsansprüchen, Rollenfähigkeiten und Nutzenkalkülen zu höchst unterschiedlichen lokalen Konstellationsgefügen. Man kann für diese Ebene auch davon sprechen, dass das Schulsystem beständig einem sozialen Wandel unterworfen ist. " (Brüsemeister 2004a, 196)

Die Kontrastierung der verschiedenen Ebenen ist hier insofern heuristisch aufschlussreich, als die divergierenden Formen sozialer Strukturdynamiken in den Blick geraten. Solche sozialen Strukturdynamiken (vgl. Schimank 2002b) emergieren aus unterschiedlichen Akteurskonstellationen (vgl. Schimank 2002a), die sich durch unterschiedliche Modi der Verstetigung von Handlungskoordinationen stabilisieren. Die governancetheoretische Bedeutung der unterschiedlichen Ebenen wird erst verständlich, wenn auf den jeweiligen Ebenen die unterschiedlichen AkteurInnen in ihren Beziehungen zueinander, d.h. die Akteurskonstellationen, in den Blick genommen werden.

3.2.2 Akteurskonstellationen

Wenn innerhalb des schulischen Mehrebenensystems von ErziehungswissenschaftlerInnen die „Einzelschule als pädagogische Handlungseinheit" (Fend
1986; 1988; vgl. auch Bastian 1998c) etikettiert wird, dann stellt die Blickweise
auf Schule als Akteur der Transformation streng genommen ein Konstrukt dar,
da es genau besehen schwer fällt zu diskriminieren, *wer* dieser Akteur Schule
denn nun ist, d.h. es versteckt sich hinter dieser Vorstellung die Idee eines
„kollektiven Akteurs", i.e. eine „Akteurskonstellation". Bei der Konstituierung
solcher „kollektiven Akteure" wird deutlich, dass das *Wollen* der Einzelnen
nicht identisch ist mit dem *Können* des kollektiven Akteurs (vgl. Schimank
1996, 245). In der als Organisationsentwicklung konzipierten Schulentwicklung
wird diese Differenz immer wieder virulent, da das Kollegium einer Schule
neben den SchülerInnen, Eltern und der Schulleitung sowie weiterer denkbarer
AkteurInnen streng genommen nur ein Teilsystem des kollektiven Akteurs
„Schule" darstellt. Und schon in diesem Teilsystem ist die Differenz zwischen
individuellem *Wollen* und kollektivem *Können* unübersehbar. Die Interferenzen
resultieren daraus, dass jede Akteurin/jeder Akteur ihre/seine eigene wahrgenommene „Logik der Situation" (Esser 1999, 94) hat – und das obgleich die
bestehenden Strukturen zumeist das Resultat gemeinsamer vorausgegangener
Handlungskoordinationen sind, d.h. von dem infrage stehenden kollektiven
Akteur selbst generiert wurden.

In nuce enthält der Begriff der Akteurskonstellation damit die analytische
Differenz zwischen den aufeinander treffenden differierenden Wirkungsvorstel-
lungen von Steuerungshandelnden sowie die sich aus diesen Interdependenzen
ergebenden transintentionalen Effekte. Die Handlungskoordination erfordert
von den AkteurInnen immer wieder neu ein Interdependenzmanagement, da es
fast „nie den eindeutig dominierenden Akteur bzw. die stabile dominierende
Akteurkonstellation" (Schimank 1995, 53) gibt: "Actors are not fully in control
of the activities that can satisfy their interests, but find some of those activities
partially or wholly under the control of others." (Coleman 1990, 20, vgl. Lan-
ge/Schimank 2004b, 19)

3.2.3 Handlungskoordination

Wie im zuvor angeführten Passus wird die Rolle der „anderen", d.h. der jeweils
anderen AkteurInnen in einer Konstellation zum zentralen Merkmal einer
Governance, was Lange/Schimank dazu veranlasst, diesem Tatbestand in ihrer
Begriffsbestimmung von Governance einen zentralen Stellenwert zu geben:

„Wir können nun an diesem Punkt ganz allgemein festhalten, dass Governance Koordination und Steuerung mit dem Ziel des Managements von Interdependenzen
bedeutet und auf institutionalisierten Regelsystemen beruht, die das Handeln der
involvierten Akteure lenken, wobei üblicherweise verschiedene Regelsysteme (Hierarchie, Polyarchie, Netzwerk, Gemeinschaft, Markt und weitere Formen der Beobachtung, Beeinflussung oder Verhandlung) innerhalb eines Governance-Regimes
kombiniert werden." (Lange/Schimank 2004b, 14)

Handlungskoordination findet in Akteurskonstellationen dadurch statt, dass die
einzelnen AkteurInnen strukturelle Vorgaben bzw. Möglichkeiten (soziale
Strukturiertheit der Situation) reproduzieren resp. adaptieren. Umgangssprachlich ist der Begriff der „Koordination" positiv konnotiert, was in der deskriptiven Verwendungsweise innerhalb des Governancekonzeptes nicht notwendig
der Fall ist. Eine „Blockadehaltung" einiger AkteurInnen beispielsweise, die den
Fortgang eines Schulentwicklungsprojekts behindert, ist aus governancetheoretischer Sicht durchaus eine wirksame Form der Handlungskoordination, da es
im Sinne einer Governance lediglich darum geht, *wie* AkteurInnen durch bestimmte Handlungen oder Entscheidungen auf weitere Handlungen und Entscheidungen relevanter AkteurInnen Einfluss nehmen. Eine Handlungskoordination ist dann „effektiv", wenn sie bewirkt, dass die gesetzten Handlungen oder
getroffenen Entscheidungen in darauf folgenden Aushandlungsprozessen wieder
– zustimmend oder ablehnend – aufgenommen werden. Handlungskoordination
vollzieht sich damit vielfach bzw. insbesondere im Medium von Koordinations-
problemen: „Koordinationsprobleme treten analytisch gesehen verschärft auf,
wenn man feststellt, dass im Mehrebenensystem verschiedene Akteure verschiedene Handlungsorientierungen und belief-systems haben […]." (Brüsemeister 2005, 12)

3.2.4 Beobachtung, Beeinflussung und Verhandlung als Modi der Handlungskoordination

Die von Brüsemeister angeführte Koordinationsproblematik verweist darauf,
dass es – jenseits der inhaltlichen oder prozeduralen Ausrichtung – Formen
gelingender und misslingender Handlungskoordination gibt, wobei der Begriff
des Gelingens aus einer analytischen Governanceperspektive nicht normativ
missverstanden werden sollte. Die Rede von „gelingender Handlungskoordination" sollte nur darauf verweisen, dass es aus der Sicht der verschiedenen
AkteurInnen eines Minimums an Koordination bedarf, um im Sinne der eigenen
Intentionen „effektiv" Handlungen zu koordinieren. Lange/Schimank (2004b)
nennen neben anderen als Beispiele unterschiedlicher Modi der Handlungskoor-

dination „Beobachtung", „Beeinflussung" und „Verhandlung", wobei letzterer Modus der Handlungskoordination die beiden anderen Formen voraus setzt:

- *Beobachtung:* „Am elementarsten sind [...] Konstellationen *wechselseitiger* Beobachtung, in denen die Handlungsabstimmung allein durch einseitige oder wechselseitige Anpassung an das wahrgenommene Handeln der anderen – einschließlich ihres antizipierten Handelns – erfolgt." (Lange/Schimank 2004b, 20).

- *Beeinflussung:* „In Konstellationen *wechselseitiger Beeinflussung* findet Handlungsabstimmung – auf der Grundlage wechselseitiger Beobachtung – durch den gezielten Einsatz von Einflusspotentialen statt. Solche Potentiale beruhen u.a. auf Macht, Geld, Wissen, Emotionen, moralischer Autorität etc. Es geht jeweils darum, dem anderen ein Handeln abverlangen zu können, das er von sich aus nicht gewählt hätte – also um Fügsamkeit." (Lange/Schimank 2004b, 20f.)

- *Verhandlung:* „Nur aus Verhandlungen zwischen Akteuren – auf der Basis wechselseitiger Beobachtungen und Beeinflussungen – können abgesprochene und nicht bloße auf der jederzeitigen Präsenz und Aktualisierbarkeit von Macht beruhende Handlungsabstimmungen hervorgehen, Hierarchie ersetzt in diesem Sinne Gewaltausübung durch Legitimitätsglauben – niemals vollständig, aber doch in erheblichem Maße. Und dieser Glauben erwächst nicht zuletzt daraus, dass in Verhandlungen beide Seiten die je eigene Position darlegen und damit ungeachtet des Ergebnisses vor anderen, vor allem aber vor sich selbst, ihr Gesicht wahren können." (Lange/Schimank 2004b, 22)

Leitidee des Verhandlungsprinzips ist damit, dass im Gegensatz zu Beeinflussungsprozeduren, die auf einseitigen Einflussnahmen von AkteurInnen basieren, innerhalb von Verhandlungsabstimmungen auf die Präsenz und Aktualisierung von Macht zugunsten bindender Vereinbarungen verzichtet werden kann (vgl. Czada/Schmidt 1993; Czada 1998). Damit ist vielfach ein normativer Aspekt von Governance verbunden, wenn in Steuerungskontexten auf Verhandlungen als probates Mittel verwiesen wird. Unter deskriptiver Perspektive sind Verhandlungsprozesse demgegenüber nur ein Governance-Mechanismus zur Entscheidungsfindung neben anderen mit spezifischen Vor- und Nachteilen für die Handlungskoordination:

„Im Vergleich zu anderen Idealtypen der Entscheidungsfindung (Hierarchie, Mehrheit und Los) weisen Verhandlungen allgemeine Vorteile und Probleme auf [...]. Als wichtigster Vorteil von Verhandlungen wird in der Theorie gesehen, dass Ent-

scheidungen im Konsens getroffen werden können. Solche Entscheidungen sind besonders legitim, da sich niemand gegen seinen Willen unterwerfen muss, und daher
besonders gut durchsetzbar. Auf der anderen Seite ist es oft schwierig und aufwendig, in Verhandlungssystemen überhaupt zu Entscheidungen zu kommen. Verhandlungssysteme sind daher selten innovativ. Außerdem sind Verhandlungssysteme
nicht geeignet, um Umverteilungsziele zu erreichen [...]." (Bandelow 2004, 95)

Die derzeitige Popularität des Verhandlungskonzepts innerhalb von Governance
resultiert nicht zuletzt aus den Erfahrungen mit den Implementationsschwierigkeiten anderer Steuerungsmodelle wie beispielsweise dem New-Public-
Management. Im Hintergrund von Konzepten, die auf Verhandlung als Aus-
handlungsmechanismus setzen, stehen somit Annahmen sozialer Wirksamkeit,
denen zufolge bei kollektiver Beteiligung die Selbstbindung der AkteurInnen an
Entscheidungen wächst. In dieser Zielvorstellung einer Implementationswirk-
samkeit von auf Verhandlungsergebnissen basierender Handlungskoordination
werden aber andere Implementationsprobleme von Innovationen ausgeblendet,
wie sie im zuvor zitierten Passus von Bandelow formuliert wurden. Wenn es in
Verhandlungssystemen „oft schwierig und aufwendig" ist, „überhaupt zu
Entscheidungen zu kommen" (s.o.), dann bedeutet dies zumeist hohe Transaktionskosten, wie sich an den Schulentwicklungsbemühungen der letzten Jahre
auch vielfach ablesen lässt (vgl. Altrichter/Posch 1999; Altrichter 2000a; Alt-
richter/Heinrich 2006). Und wenn Bandelow in diesem Zusammenhang bemerkt, dass Verhandlungssysteme „daher selten innovativ" (s.o.) seien, dann
verweist dies auf einen weiteren neuralgischen Punkt bei der Verwendung von
konsensorientierten Verhandlungsprozessen als Instrument der Schulentwicklung (vgl. Schlömerkemper 2000). Innovationen droht in Verhandlungsprozessen letztlich eine Assimilation an den Status quo ante (vgl. Altrichter/Posch
1999). Solange im traditionellen System strukturell noch Mechanismen der
einseitigen Beeinflussung qua Hierarchie fortbestehen (bspw. Schulaufsicht mit
Weisungsbefugnissen) ist es unwahrscheinlich, dass sich die Beziehungen
zwischen den AkteurInnen (im Beispiel hier zwischen Administration und
Schulen) entscheidend verändern (vgl. Kap. 8.3). Verhandlungen lassen sich nur
führen, wenn auf allen Seiten auch Verhandlungspotenzial – sowohl im Sinne
von Verhandlungsmasse als auch im Sinne von Macht – zur Verfügung stehen,
wobei davon auszugehen ist, „dass es zwar sehr einseitige Einflusskonstellatio-
nen gibt, aber selten solche, in denen das Einflusspotential einer Seite gänzlich
Null ist." (Lange/Schimank 2004b, 20f.)[12]

---

12 Lange/Schimank (2004b, 23) verweisen in diesem Zusammenhang beispielsweise auf die
    Bedeutung von so genannten „exit"-Optionen: „Für [...] Governance-Mechanismen gilt ferner,
    dass es einen Unterschied macht, ob bestimmten oder allen Akteuren der jeweiligen Konstella-
    tion ‚exit'-Optionen offen stehen und wie leicht realisierbar diese sind. Um dies nur an zwei

3.2.5 Verfügungsrechte

Als Modus der Handlungskoordination ist Governance abhängig von sozialer Strukturiertheit, oder wie es bei Braun (2001, 247) heißt, von „Regelungsstrukturen". Diese Regelungsstrukturen emergieren aus der Interaktion verschiedener AkteurInnen, wobei ein bedeutsames Merkmal solcher Emergenz ist, dass in jeweils unterschiedlicher Anordnung „Verfügungsrechte zum Treffen von Entscheidungen" festgeschrieben werden (vgl. Braun 2001, 247).[13]

Eine Akteurin/ein Akteur besitzt „Verfügungsrechte", wenn sie oder er über materielle oder immaterielle Ressourcen verfügen kann, die wiederum andere AkteurInnen an bestimmte Handlungen binden. Die Einführung schulautonomer Lehrpläne in Österreich gestand den LehrerInnen beispielsweise neue curriculare Verfügungsrechte zu, die zuvor nicht vorhanden waren. Indem sie – wenn auch nur in einem quantitativ kleinen Umfang – neue Schulfächer- und -inhalte für ihre Schule als für die SchülerInnen und Eltern „verbindlich" festschreiben konnten, hat in diesem schmalen Segment ein Wechsel der Verfügungsrechte stattgefunden, indem die Administration für diesen Bereich die Verfügungsrechte abtreten musste. Ein solcher Wechsel von Verfügungsrechten fand beispielsweise auch an den schweizerischen Pflichtschulen statt, die erst vor kurzem Schulleitungen erhielten (vgl. Altricher/Heinrich 2005a). Auf diese Weise wurden Verfügungsrechte zum Treffen von Entscheidungen, die zuvor durch diffuse informelle Zuständigkeiten innerhalb der Organisationen verteilt waren, bestimmten Personen zugeschrieben.

Mit der Übertragung von Verfügungsrechten entsteht für die jeweiligen AkteurInnen ein neuer „Verfügungsbereich". Innerhalb solcher Verfügungsbereiche wird allerdings gemeinhin auch erwartet, dass mit den dadurch zugestandenen Ressourcen verantwortungsbewusst umgegangen wird. „Verfügungsbe-

---

Beispielen anzudeuten: Wenn in einer Beobachtungskonstellation einer von zwei Akteuren jederzeit ‚exit' wählen kann, ist seine Bereitschaft zur wechselseitigen Anpassung begrenzt, was wiederum für sein Gegenüber nicht ohne Bedeutung ist; und in Zwangsverhandlungs-Netzwerken, in denen die Akteure keine ‚exit'-Option haben und auch nicht ausgeschlossen werden können, aber ein Einstimmigkeitsprinzip herrscht, spielt die Vetomacht jedes einzelnen eine ganz entscheidende Rolle."

13 Auch Naschold/Bogumil (1998, 26) verwenden diesen Terminus, wenn sie davon sprechen, dass es bei Governance „um die Neuentwicklung einer komplexen Regelungsstruktur der unterschiedlichen Wirkungsmechanismen (‚Governance'-Strukturen) unserer Gesellschaft, um eine Neugestaltung der Trias von Verfügungsrechten, Wettbewerbskräften und staatlicher Regulation" gehe. In Abgrenzung zu Naschold/Bogumil verwende ich den Begriff der „Verfügungsrechte" im Folgenden als übergeordnete Kategorie. Demnach würden von mir diese drei Wirkungsmechansimsen nicht als nebengeordnet vorgestellt, sondern die Verteilung von Verfügungsrechten wäre auch innerhalb der Sphären des Wettbewerbs und der staatlichen Regulierung wirksam und damit diesen übergeordnet.

reiche" werden aus der Perspektive derjenigen AkteurInnen, die durch die Abtretung von Verfügungsrechten an andere betroffen sind, daher vielfach als „Verantwortungsbereich" interpretiert. Gerade beim Wechsel von Verfügungsrechten wird damit die Frage virulent, inwieweit AkteurInnen ihre Handlungen in den ihnen neu zugestandenen Verfügungsbereichen legitimieren können.

3.2.6 Restituierung von Legitimität durch Explikation von Handlungsrationalität im Medium von Rechenschaftslegung („Accountability")

Innerhalb der sich transformierenden Handlungskoordinationen der letzten Jahre hat sich die Legitimation qua Rechenschaftslegung als dominanter Modus der Restituierung von Legitimität herauskristallisiert (vgl. Altrichter/Heinrich 2006). Um neue Verantwortlichkeiten sichtbar zu machen, wurden neue Prozeduren der Rechenschaftslegung eingeführt, die Leistungen oder eben auch Versagen dokumentieren und damit explizieren. Dieser Zusammenhang firmiert im gegenwärtigen Kontext vielfach unter dem Begriff der „Accountability" (vgl. Knauss 2003). Im Schulwesen konkretisiert sich dies derzeit in unterschiedlichsten Formen datenbasierter Steuerungsinstrumente wie beispielsweise zentralen Abschlussprüfungen, Schülerleistungstests, Schulinspektionen, internen und externen Evaluationen sowie Feedbacksystemen (vgl. Ackeren 2003). Die Einführung solcher evaluationsbasierter Steuerungsinstrumente kann zunächst einmal als zumindest teilweise Delegation von Verantwortlichkeiten weg vom Staat hin zu einzelnen, verschiedenen AkteurInnen auf verschiedenen Ebenen des Schulsystems gelten – ohne dass allerdings damit gesichert wäre, dass diese AkteurInnen die neuen Verantwortlichkeiten auch akzeptieren und ihre Identifikation damit durch den entsprechenden Umgang mit Daten und Fehlerkorrekturen unter Beweis stellen. Durch die Nötigung zur Explikation der eigenen Handlungsrationalität entsteht jedoch zumindest eine verstärkte Berechenbarkeit des Prozesses durch Transparenz. Eine strukturelle Funktion der Rechenschaftslegung ist es auch, Loyalität der einzelnen AkteurInnen zu den neuen Konstellationen herzustellen. Indem sie ihre eigenen Handlungen durch Rechenschaftslegung legitimieren müssen, können die Einzelnen im Mehrebenensystem auch wieder zur Verantwortung gezogen werden.

3.2.7 Delegation von Verantwortlichkeit

Im Kontext des beschriebenen Zusammenhangs von Verfügungsrechten und Rechenschaftslegung besteht eine wesentliche Strategie der Neuordnung von Governance in der Verschiebung von Verantwortungsbereichen, mit der dann allerdings – was nicht immer von allen AkteurInnen bedacht wird – auch eine Neuordnung der Verfügungsrechte einhergeht. Positiv formuliert beinhaltet Governance die „Förderung von Prozeduren der Verantwortlichkeit" (Naschold/Jann/Reichard 1999, 67). Je nach Perspektive kann dieser Tatbestand aber interpretiert werden

- entweder als eine Form der Demokratisierung, wenn Verfügungsrechte verschiedener AkteurInnen auf unterschiedlichen Systemebenen qua Verhandlung neu verteilt werden (Stichwort „aktivierender Staat"; vgl. Bogumil 2002),
- oder als Rückzug des Staates angesichts des Steuerungsverlustes durch Übersteuerung und finanzieller Ohnmacht, sodass die Abkehr von der Alleinverantwortlichkeit des Staates als zwangsweise Delegation von Verantwortlichkeiten erscheint.

Gegenüber dem der Extension nach weiteren Begriff der „Verantwortung" indiziert der Terminus der „Verantwortlichkeit", dass es sich um Verantwortung innerhalb eines institutionellen Kontextes handelt. Eine solche Delegation von Verantwortlichkeiten kann als Sonderform der Neuordnung von Verfügungsrechten verstanden werden, die aufgrund des institutionellen Kontextes wiederum mit Rechenschaftspflichten verbunden ist.

3.2.8 Definitionsmacht

Für verstetigte Verhandlungskonstellationen stellen Lange/Schimank (2004b, 23) fest, „dass auch – gewissermaßen durch Meta-Verhandlungen – festgelegt wird, was Verhandlungsgegenstand ist und was nicht. So haben etwa Vorgesetzte in einer Organisationshierarchie, anders als Despoten, eine sachlich klar umschriebene Einflusssphäre, dürfen sich beispielsweise nicht um das Privatleben ihrer Untergebenen kümmern." Definitionsmacht erscheint in dieser Allgemeinheit innerhalb eines jeden kollektiven Entscheidungsprozesses als ein wichtiger Mechanismus, der nur vielfach nicht als solcher wahrgenommen wird. Innerhalb einer governancetheoretischen Analyse erscheint mir diese Differenzierung allerdings als bedeutsam, da es – auch unter Optimierungsgesichtspunkten – einen Unterschied macht, ob ich bei den Versuchen einer Verhandlung mich nur auf die einem Verhandlungsbereich immanenten Verteilungsmöglichkeiten von Verfügungsrechten beziehe, oder ob ich die Macht habe, durch Metaverhandlungen die Immanenz dieses Aushandlungszusammenhangs zu sprengen.

Im Bereich der Schulreform werden beispielsweise Meta-Verhandlungen bedeutsam, wenn an die Profession der LehrerInnen neue Anforderungen gestellt werden und damit deren Selbstverständnis neu definiert wird (vgl. Altrichter 1996; 2000b). Dies geschieht momentan verstärkt durch einen bildungspolitischen Diskurs, innerhalb dessen die LehrerInnen nur eine bedingte Verhandlungsmacht besitzen. Es wird damit deutlich, dass innerhalb spezifischer Akteurskonstellationen zuweilen nicht nur Verfügungsrechte unterschiedlich verteilt sind, sondern auch eine besondere Form des Verfügungsrechts besteht, die in Meta-Verhandlungen zum Tragen kommt. Diesen Tatbestand des Einflusses darauf, „was Verhandlungsgegenstand ist, und was nicht" (vgl.o.), möchte ich in diesem Zusammenhang als „Definitionsmacht" bezeichnen.

Beispielsweise wird das im Zuge der PISA-Diskussionen deutlich, die jenseits von Auffassungen der LehrerInnen im öffentlichen Bewusstsein neu definieren, was als akzeptable SchülerInnenleistung zu gelten hat (vgl. Gruschka/Heinrich 2001/02; Adam 2002; Baumert 2002). In der damit verbundenen Diskussion um die „Bildungsstandards" (vgl. Demmer 2003), in der primär ErziehungswissenschaftlerInnen im Auftrag der Ministerien diese Standards definieren, wird das Merkmal der „Definitionsmacht" noch einmal mehr deutlich – auch wenn hierbei das Verhältnis zwischen ErziehungswissenschaftlerInnen und PolitikerInnen nicht immer ganz klar geregelt ist, wie Marianne Demmer in ihrem Kommentar zur Klieme-Expertise (Klieme et al. 2003) anmerkt: „Das Klieme-Gutachten kann für eine falsche Politik nicht verantwortlich gemacht werden – aber die Verfasser des Gutachtens müssen sich öffentlich gegen missbräuchliche Inanspruchnahme wehren." (Demmer 2005, 68) Die LehrerInnen werden sich in Zukunft darauf einstellen müssen – je nach gesellschaftlicher Wirksamkeit dieser Definitionen –, dass ihr Tun an diesen Standards gemessen werden wird – ganz gleich, ob sie diese Definitionen ihrer Aufgabenbereiche und des erwünschten Outputs akzeptieren oder nicht.

3.3 Eine kontextbezogene Governancekonzeption zur Autonomie in der Schulentwicklung

Nach der Darstellung zentraler Merkmale von „*Governance als Betrachtungsweise*" soll im Folgenden eine für die vorliegende Untersuchung kontextangemessene Governancekonzeption formuliert werden. Ausgangspunkt hierfür bildet die in Kapitel 2 formulierte Ausgangsdefinition für Autonomie, die dann auf die herausgestellten zentralen Merkmale von Governance bezogen werden muss. Diese Ausgangsdefinition lautete:

> *Autonomie bezeichnet die Idee oder den Akt der Selbstgesetzgebung (griech. autos & nomos).*

Für die kontextangemessene Governancekonzeption einer empirischen Untersuchung bedeutet dies zunächst, dass die verschiedenen Ausprägungen von Autonomie innerhalb eines *Mehrebenensystems* (vgl. Kap. 3.2.1) berücksichtigt werden müssen, wobei sich die relevanten Ebenen aus einer inhaltlichen Bestimmung von *Akteurskonstellationen* (vgl. Kap. 3.2.2) ableiten. Im empirischen Teil der vorliegenden Studie wird diesen Merkmalen Rechnung getragen, indem in den Untersuchungen exemplarisch Akteurskonstellationen auf unterschiedlichen Ebenen (Bundesland, Schulaufsicht, Schulen, Schulleitung, Kollegium, LehrerInnen) analysiert werden. Diese Analyse fokussiert dabei auf einen Prozess, der ganz offensichtlich eine hervorgehobene Form der *Handlungskoordination* (vgl. Kap. 3.2.2) darstellt: die Schulprogrammarbeit.

In Bezug auf die Autonomiefrage konkretisiert sich diese *Handlungskoordination* in der Schulprogrammarbeit in verschiedenen Formen von *Verhandlung*.

Wenn *Autonomie* nun aber *die Idee oder den Akt der Selbstgesetzgebung* beschreibt, dann muss in einer autonomierelevanten Governance eben über solche Formen der *Selbstgesetzgebung* verhandelt werden. Hierbei werden zwei Bestimmungsmerkmale dieser Autonomiedefinition bedeutsam:

- Mit dem Verweis auf das *Selbst* in der Selbstgesetzgebung ist implizit die Frage nach dem Akteur/der Akteurin der Handlung gestellt, d.h. ex negativo ist damit immer auch die Möglichkeit einer *Fremdbestimmung*, d.h. eines Vollzugs der infragestehenden Gesetzgebung durch einen/eine Andere(n) mitgedacht.
- Mit dem Begriff der *Gesetzgebung* ist ein Vorgang beschrieben, der in der *Definition* von *Rechten* besteht. (Der *Gesetzesbegriff* ist hierbei im Folgen-

den in einem weiten Sinne, d.h. nicht nur im juridischen, sondern im Sinne einer *Festlegung von Regelungsstrukturen* zu verstehen).

In dieser Form analytisch differenziert wird deutlich, wie die zuvor benannten Merkmale einer Governancesichtweise für die Analyse von Autonomie als Prozess der *Selbstgesetzgebung* Anwendung finden können:

Innerhalb einer solchen *Gesetzgebung* muss es immer AkteurInnen geben, die letztlich über *Definitionsmacht* verfügen, etwas als Gesetztes zu verfügen. Aus den „Gesetzen" resultieren dann die unterschiedlichen *Verfügungsrechte.* Die Frage, ob es sich in einer bestimmten Situation überhaupt um Autonomie handelt, wird dann etwa dadurch beantwortbar, dass festgestellt wird, *ob* bestimmte AkteurInnen *anderen* AkteurInnen mit Hilfe ihrer *Definitionsmacht Verantwortlichkeiten* übertragen/zugestehen, sodass diese schließlich über bestimmte *Verfügungsrechte* zum Treffen von Entscheidungen verfügen, oder ob neue *Verfügungsrechte* und *Verantwortlichkeiten* durch Verhandlungen emergieren. So lässt sich feststellen, inwieweit es sich um eine *Selbstgesetzgebung* oder eine *Fremdgesetzgebung* handelt bzw. wie etwa über *Definitionsmacht* die Bereiche der *Verantwortlichkeiten* festgelegt werden können, innerhalb derer Verantwortung übertragen wird, sodass die *Verfügungsrechte* anderer AkteurInnen auf eben jene Bereiche beschränkt bleiben. Hierbei wird deutlich, dass beispielsweise durch Prozesse der *Delegation von Verantwortlichkeiten Verfügungsrechte zum Treffen von Entscheidungen* wechseln können. Damit einher geht derzeit die Nötigung zur *Explikation von Handlungsrationalität durch Rechenschaftslegung,* d.h. die *Selbstgesetzgebung* muss im gegenwärtigen Reformkontext durch Rechenschaftslegung als „gesetzmäßige und gesetzesgemäße" legitimiert werden. Durch diese Prozesse transformiert sich Autonomie und die Rolle der agierenden Subjekte – governancetheoretisch gesprochen: die *Akteurskonstellation* und die *Modi der Handlungskoordination* verändern sich.

Mit diesen Überlegungen zur Verschränkung von Autonomie und den Merkmalen einer Governance als Kategorien einer governancetheoretischen Betrachtungsweise komme ich zu folgender kontextbezogenen Governancebestimmung:

Die Erforschung der Governance von Autonomie in der Schulentwicklung wird in der vorliegenden Untersuchung gefasst als die Analyse von Akteurskonstellationen im Mehrebenensystem durch die Bestimmung der Modi der Handlungskoordination im Medium von Verhandlung, innerhalb derer – zum Teil auch durch Definitionsmacht – die Bereiche der Verantwortlichkeiten festgeschrieben werden und die daraus resultierenden Verfügungsrechte zum Treffen von Entscheidungen bei der Explikation von Handlungsrationalität durch Rechenschaftslegung erkennbar werden.

Als theoretischer Begriffsrahmen sollen die hier vorgelegte autonomiebezogene Governancedefinition und die damit verbundenen Begrifflichkeiten im zweiten, empirischen Teil dieser Untersuchung die Aufmerksamkeit auf ansonsten eher verdeckte Prozesse der Handlungskoordination von AkteurInnen in der schulischen Autonomieentwicklung lenken. Die governancetheoretische Annahme ist, dass mittels der Analyse durch diese Begrifflichkeiten sowohl spezifische Phänomene des Wandels innerhalb der Autonomieentwicklung allererst als solche entdeckt werden als auch andererseits disparat scheinende Formen der Transformation von Autonomie als auf einen gemeinsam geteilten Modus der Handlungskoordination rückführbar erkennbar werden.

4. Metamorphosen von Autonomie beim Übergang vom Autonomieparadigma zum Leitbild einer evaluationsbasierten Steuerung

Im Folgenden sollen – in der Funktion eines sensibilisierenden Konzeptes (vgl. Flick 1991) und einer Situierung der späteren empirischen Untersuchungen – mithilfe der governancetheoretischen Betrachtungsweise drei unterschiedliche Formen der Autonomie beschrieben werden, wie sie sich historisch in den letzten Jahren der Schulentwicklung nacheinander herausgebildet haben. In den jeweils nachfolgenden Formen sind die vorausgehenden noch enthalten, jedoch kommt es zu charakteristischen Bedeutungsverschiebungen, die ich dadurch kenntlich machen möchte, dass ich den drei unterschiedlichen Formen – wie ich hoffe – „sprechende Bezeichnungen" gebe. Ich werde im Folgenden von *„Grauzonenautonomie"*, *„Gestaltungsautonomie"* und *„evaluationsbasierter Autonomie"* sprechen.

4.1 *Grauzonenautonomie*: Selbstgesetzgebung im Kontext von Eigenverantwortung und autonomer Rechenschaftslegung

Die Enttäuschung über die misslungenen Reformen der Gesamtsystemstrategien in den 70er Jahren provozierte in Deutschland (vgl. Tillmann 1987; Gruschka 1988, 13ff.) wie in Österreich (vgl. Sertl 1993) in den 80er Jahren eine Ambivalenz in der Reformhaltung der LehrerInnenschaft: Während sich bei vielen Resignation über die Misserfolge und die bildungspolitische Stagnation breit machte, besannen sich einige LehrerInnen – zuweilen in Kooperation mit Eltern – der eigenen Handlungsmöglichkeiten (vgl. Altrichter/Brüsemeister/Heinrich 2005). Die Innovationskraft dieser Gruppe von LehrerInnen speiste sich aus der Enttäuschung über die Ohnmacht der SystemreformerInnen und der intrinsischen Motivation, an der eigenen Arbeitssituation etwas verändern zu können. Wenn Bastian (1998b; vgl. Kap. 1) konstatierte, dass bis Ende der 80er Jahre noch kein übergreifendes Reformklima spürbar gewesen sei, dann aber die Bildungspolitik, Kultusministerien und ExpertInnengruppen die an vielen Stellen des Schulsystems sichtbar werdende praktische Entwicklungsarbeit von LehrerInnen in den 90er Jahren aufgegriffen hätten, dann indiziert diese Beschreibung einen Wechsel der Akteurskonstellation. Die Darstellung Bastians soll im Folgenden noch einmal kritisch auf einer governancetheoretischen Folie befragt werden.

In der Zeit der bildungspolitischen Stagnation hatten jene LehrerInnen-gruppen die lokal orientierte und fundierte Entwicklungsarbeit vielfach gegen administrativen Widerstand und bürokratische Ineffizienz durchsetzen müssen: „Spätestens seit Mitte der 70iger Jahre ist Schulreform eine Reform von unten." (Bastian 1998b, 15) Sie waren damit darauf angewiesen, Nischen zu finden, innerhalb derer nicht durch bürokratische Verregelung Optionen versperrt waren, sondern vielmehr bereits durch gesetzlich vorgegebene Freiräume oder unbemerkte Grauzonen Handlungsmöglichkeiten bestanden (vgl. Kohl/Kohl 1982; Böttcher/Brandt/Rösner 1996; Schüler 1996; Heinrich 1997a, 21f.). Autonomie fand dann bei einigen Engagierten als LehrerInnenautonomie ihren Ausdruck, indem die pädagogische Freiheit als Raum einer qua Professions-norm existierenden Verantwortlichkeit erkannt wurde, innerhalb dessen auch bislang ungeahnte bzw. unbemerkte Verfügungsrechte bestanden: „Damit hat ein Prozess begonnen, der ohne autonomes Denken und Handeln der Beteilig-ten, ohne Eigensinn von Lehrerinnen und Lehrern, gar nicht realisierbar gewe-sen wäre." (Bastian 1998b, 15f.) Bezeichnenderweise koppelt Bastian innerhalb dieses Raumes der pädagogischen Freiheit „*autonomes* Denken" und „*Eigen-sinn*".

Bastians Darstellung darf hier indessen nicht die Differenz verdecken, die zwischen einem emphatischen Autonomiebegriff und dessen Nutzung bei einem Teil der Profession bestand und den demgegenüber ungleich nüchterneren bzw. weniger emphatischen Adaptionen. Es gab und gibt in der Schulentwicklungs-forschung immer wieder „Good-practice-Beispiele", die solchen Gestaltungs-willen und auch die Übernahme von Verantwortlichkeiten dokumentieren. Es ist allerdings unwahrscheinlich, dass – auch in dieser Phase – die Orientierung an einer emphatischen Leitidee von LehrerInnenautonomie ein durchgehend oder auch nur dominant vorherrschendes Professionsbewusstsein gebildet hätte. Es besteht also die Gefahr, dass die Vorstellung der Phase einer *Grauzonenauto-nomie* ein kollektiv geteiltes Professionsbewusstsein insinuiert, das in dieser Form empirisch wohl nur schwer nachweisbar gewesen wäre. Womöglich war in vielen Fällen die *Grauzonenautonomie* Einzelner überhaupt nur möglich, weil andere, weniger engagierte LehrerInnen sich nicht um die Entwicklung der Schule kümmerten. Freiräume in Schulen müssen schließlich nicht nur gegen-über der Administration oder der Schulleitung erkämpft werden, sondern zuwei-len – und dies sollte nicht unterschätzt werden (vgl. Kap. 9.4.1) – auch gegen-über KollegInnen und deren angestammten Interessen und Besitzstandsrechten. Viele Aktivitäten innerhalb der Phase der *Grauzonenautonomie* waren somit als informelle Formen der Handlungskoordinationen vor Ort womöglich sogar konstitutiv angewiesen auf das Desinteresse vieler anderer Lehrkräfte.

Die Autonomie der LehrerInnen, ihre lokalen Entwicklungsprojekte voranzutreiben, wandelte sich in dem Moment, in dem die unter Legitimationszwang
und Paralyse leidende Bildungspolitik und -administration auf diese Entwicklungen aufmerksam wurden und sie für ihre Interessen funktionalisierten. Die
bereits in Kapitel 1.1 zitierte Darstellung Bastians erscheint dann in einem
anderen Licht bzw. wird als Formulierung aus einer Außenperspektive kenntlich, die von den je eigenen Interessenslagen der verschiedenen AkteurInnen
(LehrerInnen und Administration/Politik) abstrahiert:

> „Die Autonomiediskussion hat ihre Basis in der Reformpraxis der 80iger und
> 90iger Jahre. Ohne die vertrauensbildenden Maßnahmen derer, die durch ihre Ar-
> beit bewiesen haben, dass Schulreform von unten notwendig und möglich ist, hätten
> weder Kultusminister noch Expertenkommissionen die Idee von Autonomie so
> ‚zündend' vortragen können." (Bastian 1998b, 18)

Wenn in dieser Phase der „Veröffentlichung" dieser Tendenzen der Schulmo-
dernisierung zu Beginn der 1990er Jahre die Schlagworte „Schulautonomie",
„Dezentralisierung/Deregulierung" (vgl. Marx/van Ojen 1993) und „Erhöhung
schulischer Gestaltungsspielräume" geprägt wurden, dann geben schon diese
schlagwortartigen Verdichtungen im Vergleich zu den vorgängigen pluralen
Praxen vor Ort eindeutig eine veränderte Perspektive wider. Der Prozess, der
hier stattgefunden hat und den Bastian beschrieben hat, lässt sich als der klassi-
sche Dreischritt von *Beobachtung, Beeinflussung* und *Verhandlung* (vgl. Lan-
ge/Schimank 2004b in Kap. 3.2.4) rekonstruieren. In dem Moment, in dem die
im Schulsystem über zahlreiche Verfügungsrechte (d.h. Macht und Ressourcen)
verfügenden AkteurInnen der Administration und Politik die Autonomietenden-
zen *beobachteten*, entschlossen sie sich zur *Beeinflussung*. Dieser Anspruch auf
Einflussnahme provozierte die Notwendigkeit von *Verhandlungen*. Es stellt
damit wiederum eine von der Perspektive der engagierten, „*autonom* denken-
den" und „*eigen*sinnig handelnden" LehrerInnen abstrahierende Sichtweise dar,
wenn Bastian formuliert:

> „Denn bei aller Kontroverse über Einzelaspekte gibt es einen weitgehenden Kon-
> sens: Das Verhältnis zwischen eigenverantwortlichen Entscheidungen vor Ort und
> staatlicher Gesamtverantwortung muss neu ausbalanciert werden." (Bastian 1998b,
> 18)

Die Notwendigkeit einer solchen Konsensfindung wurde streng genommen erst
durch die veränderte Akteurskonstellation geschaffen. Solange Verwaltung und
Politik diesen Bereich der Schulentwicklung aufgrund ihrer eigenen gesamtsys-
temischen Ausrichtung unbeachtet ließen, waren keine Verhandlungen notwen-

dig.[14] Dies änderte sich erst, als diese sich dem Autonomiethema – dann jedoch auf ihre Weise – annahmen.

Wenn die Kultusadministration und die Bildungspolitik nun systematisch den Handlungsspielraum der Einzelschule erweitern wollten, dann geschah dies zum Teil durch ein Eingeständnis des „wahren Kerns" der Bürokratiekritik (vgl. Lange 1999b; Maritzen 1998a) und das in der Folge dann gestiegene Bewusstsein von der Notwendigkeit, die Qualität und Effizienz schulischer Arbeit zu steigern (vgl. Rolff 1999; Kuper 2002). Die innerhalb dieser Akteurskonstellation mächtigen AkteurInnen demonstrierten damit zugleich aber auch ihre Definitionsmacht über die Situation, was erklärt, warum die nun von Amtswegen „angediente Autonomie" an einigen Orten zu einer Aufbruchstimmung führte, andernorts aber auch auf eine ablehnende Haltung bei reformorientierten LehrerInnen und LehrerInnenverbänden stieß, wenn hinter diesen Reformabsichten Sparmaßnahmen vermutet wurden (vgl. demgegenüber die ausgewogene Darstellung bei de Lorent 1998). Der an der individuell vorfindlichen Praxis orientierten Autonomie trat nun eine durch Steuerungsüberlegungen, Qualitätserwägungen und organisationsentwicklerische Intentionen geleitete Autonomievorstellung der Einzelschule entgegen (vgl. Maritzen 1996; 1998a; 1998). Die Rede von der *„Schulautonomie"* bzw. der *„Autonomie der Einzelschule"* indiziert diese Transformation des Autonomiegedankens, der oben ja zunächst als Moment der *„LehrerInnenautonomie"* gekennzeichnet wurde.

Es wäre damit kurzschlüssig, die damalige Skepsis oder gar Ablehnung einiger LehrerInnen nur als irrationale Renitenz abzuqualifizieren, da es doch nur im Sinne gerade der engagierten LehrerInnen sein könne, wenn die Gestaltungsfreiräume der Einzelschule erhöht würden. Der Zweifel und der Widerstand lassen sich vielmehr auch dadurch erklären, dass diesen LehrerInnen de facto ein Freiraum genommen wurde: ein Raum, innerhalb dessen sie – da unbeobachtet und frei von Qualitätserwägungen, Feedbackzyklen und Evaluationsforderungen – über Autonomie, d.h. *Selbst*gesetzgebung verfügten. Innerhalb dieses Freiraums, in dem die LehrerInnen Definitionsmacht und weitreichende Verfügungsrechte besaßen, genügten auch Formen der Rechenschaftslegung, die selbst wiederum autonom gestaltet werden konnten. Beispielsweise konnten so etwa engagierte LehrerInnen sich der Instrumente der – mehr oder weniger systematischen – Selbstevaluation bedienen, wenn sie eines ihrer eigenen Entwicklungsprojekte vorantreiben wollten. Aufgrund dieses Freiraums waren sie aber nur vor dem Richterstuhl ihrer eigenen pädagogischen Vernunft rechen-

---

14 Ausnahmen bildeten hier nur Aktivitäten einzelner LehrerInnen, die selbst über eine Sensibilisierung der Öffentlichkeit ihre Interessen durchzusetzen suchten, wie dies beispielsweise in Österreich durch VertreterInnen des Inklusionsgedankens geschah (vgl. Feyerer/Prammer 2003, 23ff.).

schaftspflichtig – das typische Merkmal der Autonomie der Profession, wie sie in der pädagogischen Freiheit der LehrerInnen besteht, d.h. eben als *„LehrerInnenautonomie"* und nicht als *„erweiterte Gestaltungsfreiräume durch Schulautonomie".*[15]

Aus der Perspektive der Bildungsadministration und der Bildungspolitik stellte sich diese Situation notwendig anders dar, da aus deren Sicht versucht wurde, durch Übergabe von Verantwortung (Gestaltungsfreiräume für autonome Schulen) die (offiziellen!) Verfügungsrechte der AkteurInnen vor Ort auszuweiten, zu spezifizieren oder zu transformieren und damit die bestehende Tendenz konstruktiv zu fördern. Der Widerstand einiger LehrerInnen gegenüber einer Erweiterung der Verfügungsrechte musste da schwer verständlich sein, resultierte aber wohl aus deren Bewusstsein der Dialektik von Verantwortungsübergabe und Legitimationszwang. In dem Moment, in dem die Schulbehörden und die Politik die „autonomen Zonen" wahrnahmen, mussten sie qua Professionsauftrag Verantwortung für eben diese Entwicklungen übernehmen – und sei es nur durch die *Delegation von Verantwortlichkeiten,* die dann aber durch die „Veröffentlichung" dieses Tatbestandes an öffentlich nachvollziehbare Formen der *Rechenschaftslegung* gekoppelt sein musste (vgl. Knauss 2003).

4.2 *Gestaltungsautonomie*: Selbstgesetzgebung als Autonomie der Wege und der Ziele im Kontext von freiwilliger Selbst- und Fremdevaluation

Als von der Bildungspolitik und der Kultusadministration Autonomie zunehmend als mögliche – zudem weitgehend kostenneutrale – Option der inneren Schulreform, d.h. Schulentwicklung erkannt wurde, mussten diese qua Amt für eine rechenschaftspflichtige bzw. zumindest rechenschaftsfähige Handlungskoordination innerhalb der Schulen sorgen. An diesem Punkt zeigte sich allerdings, dass die traditionellen Formen der Handlungskoordination in dieser Situation nicht mehr zu passen schienen. Aufgrund der auf der Mikroebene

---

15 Es dürfte im Nachhinein schwierig sein, zu entscheiden, inwieweit es sich bei den LehrerInnen um ein tendenziell gegenüber Formen der Organisationsentwicklung widerständiges Klientel handelt (vgl. Krainz-Dürr 1999; 2000), oder inwieweit nur der Transformationsprozess von einer traditionellen Professionsorientierung hin zu einem organisationsentwicklerischen Ansatz einer gewissen Übergangzeit bedurfte (vgl. Rolff 1995c). Unbestreitbar ist sicherlich, dass die gesellschaftlichen Entwicklungen und der durch die Bildungspolitik kommunizierte Veränderungs- und Effektivierungswille die Einzelschulen und daher vermittelt die Mitglieder der LehrerInnenprofession unter Druck setzten. In den deutschsprachigen Ländern waren wohl zudem auch „internationale Nachzieheffekte" spürbar, da die Aktivitäten der OECD im Sektor der Verwaltungsmodernisierung in diesen Jahren stark zugenommen hatten (vgl. OECD 1991; 1997; 2003; 2004).

durch die LehrerInnenautonomie emergierenden Heterogenität waren der Schulaufsicht und der Bildungspolitik die Möglichkeiten direkter Beeinflussung genommen. Innerhalb dieser Konstellation schienen sie oftmals über immer weniger Verfügungsrechte zum Treffen von Entscheidungen zu verfügen.[16] Die Vorstellung des Verfügungsrechts muss hier so interpretiert werden, dass ein Verfügungsrecht immer dann ein starkes Recht darstellt, wenn in ihm viele Ressourcen und Macht gebündelt sind. Durch die Pluralisierung der Entwicklungen diffundierte aber diese Kraft administrativer Verfügbarkeit, da sich nicht mehr generalisierbare Entscheidungen fällen ließen, die dann gleichbedeutend für alle AkteurInnen auf der Schulebene wirksam werden würden. Für eine zur Aufrechterhaltung von Verfügungsrechten im Kontext solcher Heterogenität dann aber notwendig werdende „einzelfallbezogene Steuerung" fehlten den Schulaufsichten jedoch die personellen Ressourcen. Vor diesem Hintergrund einer Diffusion von Verfügungsrechten der Schulaufsichten durch verstärkt in Anspruch genommene LehrerInnenautonomie erscheint die bereits zitierte Aussage (vgl. Kap. 1.2) des Hamburger Schulaufsichtsbeamten auch in einem anderen Licht:

> „Bildungsverwaltungen werden insofern immer nachdrücklicher mit dieser Frage konfrontiert, als immer stärker zentrifugale Entwicklungstendenzen im Bildungssystem und ein Auseinanderdriften sozio-ökonomischer Kontextbedingungen ebenso wie der schulischen Angebotsvielfalt sichtbar werden." (Maritzen 1999, 96)

Das Zitat zeigt das Koordinations-Dilemma, in dem sich die Schulverwaltungen seit dieser Zeit der inneren Schulreform durch Autonomisierung befinden: In ihrer Funktion als „Schul*aufsicht*" sind die Kultusbehörden gegenüber der bildungspolitischen Öffentlichkeit rechenschaftspflichtig, wenn sie begründen wollen, dass sie ihren gesellschaftlichen Verantwortlichkeiten gerecht geworden sind (bspw. Verhinderung des „Auseinanderdriftens sozio-ökonomischer Kontextbedingungen" (s.o.) in Schulen; vgl. bereits Baumert 1980). Andererseits wäre es im damaligen Reformkontext kaum legitimierbar gewesen, ganz offensichtlich diese Formen der *Gestaltungsautonomie* durch Verregelung einzuschränken. Zwar hätten damit wieder die alten Formen der Handlungskoordination im Sinne weitreichender Verfügungsrechte gegriffen, doch bildungspolitisch hätte das eine weitere Diskreditierung der Verwaltung bedeutet: Die

---

16 Für Österreich ist in diesem Zusammenhang beispielsweise auf die schulautonomen Lehrpläne (vgl. Altrichter/Posch 1995) zu verweisen, deren spezifische Ausfüllung schulintern im Schulpartnerschaftsgremium (vergleichbar den deutschen Schulkonferenzen) beschlossen wurde. Die Schulaufsicht konnte diese schulinternen Lehrpläne zwar prüfen, musste jedoch begründeten Einspruch gegen diese erheben können, um deren Implementierung zu verhindern.

Bürokratie hätte dann mit Bürokratie auf die aus der Bürokratiekritik ihren Impetus schöpfenden Autonomiebestrebungen reagiert. Ein Vertrauensverlust und damit eine weitreichende Marginalisierung verwaltungsrechtlicher Entscheidungen für die reale Schulpraxis qua pädagogischer Work-arounds wären die Folge gewesen. In diesem Sinne ist die ebenfalls bereits zitierte Diagnose Maritzens als reale Ohnmachtsbedrohung zu lesen: „Es gibt offensichtlich ein Steuerungsproblem dergestalt, daß die Herstellung von Verbindlichkeiten angesichts zunehmender Heterogenität im Bildungssystem immer schwerer zu leisten ist." (Maritzen 1999, 96)

Die Vorstellung der (Wieder-)Herstellung von Verbindlichkeiten ist hier Ausdruck des Wunsches nach einer durch Explizierbarkeit von Handlungsrationalität rechenschaftsfähigen Handlungskoordination. Eben in dieser Situation stellte sich im Kontext der durch LehrerInnenautonomie und in der Folge auch Schulautonomie erzeugten Heterogenität eine Koordinationsproblematik, wie sie Brüsemeister (vgl. Kap. 3.2.3) beschrieben hatte: Die Koordinationsprobleme werden in dem Moment virulent, in denen im Mehrebenensystem verschiedene AkteurInnen unterschiedliche Handlungsorientierungen und belief-systems haben. In der von Maritzen beschriebenen Situation der Koordinationsproblematik fielen die belief-systems, vor deren Hintergund Handlungskoordination ermöglicht werden sollte, aufseiten der LehrerInnen und aufseiten der Administration und Politik auseinander.

„Wenn eine selbständigere Schule durch die Kontrolle von Regelbefolgung nicht mehr hinreichend zu steuern ist, was kann dann der Staat, was kann die Bildungsverwaltung noch tun?" (Maritzen 1999, 96) Diese Frage von Maritzen wurde in der Folge mit dem Mechanismus einer systematischen Delegation von Verantwortlichkeiten an die LehrerInnen beantwortet. Um wieder eine kommunikationsfähige und damit koordinationsfähige Form der Regelung herzustellen, mussten innerhalb dieser Akteurskonstellation Verfügungsrechte neu definiert und verteilt werden. Am Beispiel wird das deutlich: Das oben von Maritzen formulierte Problem der Schulaufsicht, das „Auseinanderdriften sozioökonomischer Kontextbedingungen" (s.o.) in Schulen wurde (zumindest zum Teil) als Problem an die Einzelschulen verwiesen. In Schulprogrammen etwa sollten sie Rechenschaft darüber ablegen, inwieweit sie mit ihrem Programm die vor Ort existierenden „sozio-ökonomischen Kontextbedingungen" berücksichtigten (bspw. HSchG 1999; § 127b, Abs. 3). Diese Delegation von Verantwortlichkeiten war nur möglich durch eine Nutzung der eigenen Definitionsmacht: Wenn schon die Verfügungsrechte zum Treffen wirksamer (!) Entscheidungen schwanden, so musste die verbleibende Definitionsmacht genutzt werden, um die Probleme der Schulaufsicht zu den Problemen der Schulen und darüber vermittelt der LehrerInnen werden zu lassen. Und tatsächlich gelang es, den

Diskurs von der Verantwortlichkeit der Schulaufsichten und der Bildungspolitik hin zu einem Diskurs über die Verantwortlichkeiten der LehrerInnen zu transformieren. Am Beispiel: Die Fragen, wie die Bildungspolitik durch geeignete Steuerungsmaßnahmen soziale Brennpunkte vermeiden könnte und die Schulaufsicht durch Sprengelpolitik „pädagogische Verslummungen" verhindern könnte, wurde transformiert in die Fragen, welche Maßnahmen Schulen treffen können, um mit schwierigem Klientel umzugehen (Streitschlichtergruppen, Mediation etc.), und wie die LehrerInnen lernen könnten, sich in ihrer neuen LehrerInnenrolle, die eben auch verstärkt erzieherische/disziplinierende und sozialpädagogische Aspekte integriert, zurecht zu finden (vgl. Beckmann 1997; Struck 1994; Lohmann 2003).

Durch das seit Jahren sinkende Image der LehrerInnenprofession war die Definitionsmacht zu einer solchen Delegation von Verantwortlichkeiten eines der wenigen verbleibenden Verfügungsrechte der Bildungspolitik innerhalb dieser Akteurskonstellation. Entsprechend kann aus dieser governancetheoretischen Perspektive auch das bereits zitierte Argument des damaligen Staatsrats Lange gelesen werden, dass die neuen Modelle der Steuerung alles andere als einen Steuerungsverzicht darstellten: „Man muß sie vielmehr als den Versuch einer Rückgewinnung und Effektivierung von Steuerung verstehen." (Lange 1999a, 426)

Für die LehrerInnen bedeutete diese Transformation je nach Standort sehr Unterschiedliches. Während in Österreich tatsächlich durch die Autonomiegesetzgebung (die Novelle des Schulorganisationsgesetzes von 1994, vgl. Altrichter/Posch 1995; Seel/Scheipl 2004) zum Teil auch real ein größerer Gestaltungsspielraum für pädagogische Freiheiten und damit für reale LehrerInnenautonomie geschaffen wurde (etwa durch die schulautonomen Lehrpläne), bedeutete dies in vielen deutschen Bundesländern aus der Perspektive der einzelnen LehrerInnen vielfach nur, unter den gleichen Bedingungen nun explizit auf die vorhandenen Freiräume hingewiesen zu werden.[17] Die Rede von der Schulautonomie wurde an diesen Orten dementsprechend auch mit gemischten Gefühlen aufgenommen, da zwar die Übertragung neuer Verantwortlichkeiten bzw. die öffentliche Nötigung zur Übernahme vermehrter Verantwortung spürbar wurde, gleichzeitig aber für die meisten LehrerInnen keine Gegenleistungen (etwa in Form von Entlastungsstunden o.Ä.) angeboten wurden.

Als wesentliches Merkmal dieser veränderten Konstellation von Verantwortlichkeiten wurde dann auch die veränderte Anforderung an die Explikation von Handlungsrationalität durch Rechenschaftslegung deutlich. Die „autonomen

---

17 Hier zeigt sich erneut eine Differenz zwischen den Entwicklungen in Österreich (vgl. Bachmann et al. 1996) und der Situation in den meisten deutschen Bundesländern (vgl. Avenarius/Kimmig/Rürup 2003).

Formen von Rechenschaftslegung", wie sie noch für die LehrerInnenautonomie im Sinne der *Grauzonenautonomie* (s.o.) beschrieben wurden, transformierten sich zusehends.

Während zunächst schon systematische Konzepte von Selbstevaluation aufgrund der in ihnen explizierten Nachvollziehbarkeit als Verstärkung der Rechenschaftslegung anerkannt wurden (vgl. Klawitter 2002), wurde zunehmend der Ruf nach ergänzenden Maßnahmen laut, die zum Aufbau einer für alle verbindlichen „innerschulischen Evaluationskultur" führen sollten (vgl. BSBJ 1998b; Hessisches Kultusministerium 1998; MSWF 2002), was zunehmend eben auch externe Evaluationen notwendig machen würde.

Die Frage nach der Autonomie zeigte sich – bewirkt durch die Neudefinition von Schulaufsicht und Bildungspolitik – auch für die LehrerInnen zusehends in dem Gewand der Frage nach einer Systemsteuerung von autonomer agierenden Einzelschulen (vgl. Hutmacher 1998). Die Konzepte, innerhalb derer diese Transformation deutlich wurde, sind der Ruf nach Implementierung von Selbst- und Fremdevaluation, die als Vertragsschluss zwischen Schulaufsicht und Schulen konzipierte Schulprogrammarbeit, neue Formen der Schulaufsicht und der Schulleitung, Vergleichsarbeiten etc.

Ein wesentliches Merkmal dieser *Gestaltungsautonomie* ist jedoch, dass zwar die Form der Handlungskoordination durch einen Wechsel der Verfügungsrechte sich verändert hatte, indem nun Begriffe wie Selbst- und Fremdevaluation als Formen der Rechenschaftslegung kommuniziert wurden, diese aber insoweit noch die „primären Handlungsorientierungen" und „belief-systems" (s.o.) der LehrerInnen in Rechnung stellten und „gegebene kritische, identitätsbesetzte Stellen berücksichtigten" (s.o.), insofern sie die pädagogische Freiheit der LehrerInnen geradezu herausforderten. Die Autonomie der LehrerInnen erwies sich in dieser Phase zwar als eine rechenschaftspflichtige, aber dennoch mit weitreichenden Verfügungsrechten und sogar Definitionsmacht ausgestattete Form der *Selbstgesetzgebung*. Deutlich wird das an der Schulprogrammarbeit, innerhalb derer die Ziele der pädagogischen Innovationen von den LehrerInnen selbst formuliert werden konnten – wenn auch mit Hinweis auf die Notwendigkeit einer Operationalisierung und Evaluierung dieser Ziele. Diese Form der *Gestaltungsautonomie* sollte aber in den darauf folgenden Jahren noch eine weitere Transformation erfahren.

4.3 Evaluationsbasierte Autonomie: Autonomie der Wege im Kontext fremdgesteuerter Fremdevaluation durch Bildungsstandards und Monitoring

Nicht zuletzt durch die Wirkungen des TIMSS- und PISA-Schocks wurden Bildungspolitik und Kultusadministration von einer zusehends verunsicherten Öffentlichkeit (vgl. Thurn 2000; Gruschka/Heinrich 2001/02; Adam 2002; Baumert 2002; Oelkers 2002) dazu gezwungen, ihre erhöhte Bereitschaft zur Übernahme von Verantwortung auch öffentlich zu demonstrieren, was zu einer Reaktivierung bzw. Forcierung des Gedankens schulübergreifender Steuerung führte. Als mittelbare Reaktion auf den PISA-Schock muss wohl in diesem Kontext auch die Diskussion um Bildungsstandards gelten (vgl. Klieme et al. 2003; Böttcher 2004; Altrichter/Posch 2004; Neuweg 2004; Strittmatter 2004). Durch die Identifikation von länderübergreifenden Kerncurricula ist schon in den TIMSS-Studien (vgl. Baumert et al. 2000) und den PISA-Studien (vgl. Baumert et al. 2001; 2002) implizit von einer Definitionsmacht Gebrauch gemacht worden und zwar in zweierlei Hinsicht: Zum einen in der Überwindung der zuvor immer wieder von vielen PädagogInnen formulierten Vorstellung, dass sich Schulleistungen im Sinne von Bildungswirkungen nicht in dieser Form messen ließen und zum anderen in Definitionen solcher Leistungen durch die Festlegung von Kompetenzniveaus.

Diese in den PISA-Untersuchungen noch implizit angelegte und durch die breite Rezeption potenzierte Definitionsmacht wird in der Suche nach Bildungs-standards nun offensiv gewendet: Der Bildungspolitik – unter Mithilfe der Administration, ErziehungswissenschaftlerInnen und einiger weniger LehrerInnen – soll nun öffentlich die Definitionsmacht über Kernbereiche von Schüle-rInnenleistungen übertragen werden, indem diese „Mindeststandards" oder „Regelstandards" für schulische Kernkompetenzen formuliert.

Die Autonomie für die LehrerInnen erfährt damit noch eine weitere Trans-formation, indem ihnen – zumindest in der eigenen Wahrnehmung – weitere Verfügungsrechte genommen werden. Zwar galten auch schon vorher Curricula, denen zufolge die LehrerInnen ähnliche Kompetenzen hätten vermitteln sollen, doch hatte sich vielerorts eine Praxis eingespielt, innerhalb derer – neben den routinisierten Formen der Benotung – nicht nach Rechenschaftslegungen in diesem Bereich gefragt wurde. Wie wenig Bedeutung diesen Curricula im alltäglichen Schulleben zugemessen wurde, wurde in einigen Bundesländern Deutschlands immer wieder dann deutlich, wenn sich StudienrätInnen, die zuvor problemlos drei Jahre einen Oberstufenkurs geführt hatten, auf einmal vor der Aufgabe sahen, Vorschläge für Abituraufgaben vor dem Hintergrund der Rah-menlehrpläne und Richtlinien zu begründen. In diesem Moment der Rechenschaftslegung wurde deutlich, wie weit hier zuvor die pädagogische Freiheit – auch jenseits des gesetzlich verfügten Curriculums – interpretiert und in Anspruch genommen wurde. Mit den gegenüber den Curricula eher bescheideneren Bildungsstandards als Mindeststandards oder Regelstandards werden den LehrerInnen vor dem Hintergrund einer juridisch kodifizierten Professionsautonomie damit auf den ersten Blick keine weiteren Freiräume genommen, de facto können diese Standards aber als Freiheitsbeschränkung und damit Reduzierung von Verfügungsrechten innerhalb der eigenen pädagogischen Praxis interpretiert werden, da durch diese Form der öffentlichkeitswirksamen Explizierung und Evaluierung die LehrerInnen in Legitimationszwänge geraten und Konsequenzen erwartet werden: Reform des Unterrichts oder Teaching to the test? (Vgl. Neuweg 2004)

Im Zuge dieser Neufassung von Autonomie für die LehrerInnen wird nun von einer „Autonomie der Wege" (Heid 2003) gesprochen. Der Weg (griech. *methodos*), d.h. die Methode, mit derer die LehrerInnen die von außen gesteckten Ziele erreichen, soll den Fokus der pädagogischen Freiheit darstellen. Eine euphemistisch verstandene Rede von der „Autonomie der Wege" macht damit eigentlich nur auf Verfügungsrechte der LehrerInnen aufmerksam, über die sie qua Professionsnorm und Schulgesetzgebung schon lange verfügten d.h. über die Autonomie innerhalb des Klassenzimmers weitgehend über die Formen der Vermittlung verfügen zu können. Aus dem Blick gerät dabei, dass mit dem Schlagwort der „Autonomie der Wege" zugleich in ihrer Praxis implizit eine nicht mehr bzw. nicht mehr so weit reichende Autonomie der Ziele für die LehrerInnen weggefallen ist.

Damit die hier formulierte These von der „Reduzierung der Autonomie der Zielbestimmung für die LehrerInnen"[18] im Zuge der Transformation zur *evaluationsbasierten Autonomie* nicht missverstanden wird, sei an dieser Stelle noch einmal darauf hingewiesen, dass sich durch die PISA-Diskussion und die Bildungsstandards keine juridisch kodifizierte Verschärfung und damit Einschränkung der pädagogischen Freiheit der LehrerInnen ergibt – wohl aber de facto durch die daraus resultierende veränderte Aufmerksamkeit in der Öffentlichkeit für die Notwendigkeit einer Rechenschaftslegung in Form von Leistungstests (vgl. Ackeren/Klemm 2000; Ackeren 2002), Evaluationen und einem System-Monitoring (vgl. Ackeren 2003) die Gestaltungsfreiräume für LehrerInnen, d.h. ihre LehrerInnenautonomie weiter eingeschränkt werden, wenn sie ihre Unterrichtspraxis nunmehr gegenüber verstärkten Nachfragen von Eltern und Öffentlichkeit als „zielführend" (im Sinne der andernorts von anderen Akteu-

---

18 Zum Phänomen des Wechsels von Zielbestimmungsmöglichkeiten durch substantielle Vorgaben des Staates als allgemeinem Trend vgl. Lange/Schimank (2004b, 30).

rInnen formulierten Ziele) legitimieren müssen (vgl. demgegenüber Maritzen 2001b).

Hier zeigt sich, wie sich durch den abstrakten kollektiven Akteur einer bildungspolitischen Öffentlichkeit innerhalb eines Mehrebenensystems Akteurskonstellationen verschieben (vgl. Weishaupt/Weiß 1997; Weishaupt 1998), auch wenn sich auf der Oberfläche im Sinne juridisch kodifizierter Regelungen nicht viel ändert, auf der Ebene von Regelungsstrukturen für die Handlungskoordination aber durch andere Formen der Verhandlung ganz neue Konstellationen und Verteilungen von Verfügungsrechten entstehen.

Die hier beschriebene historische Abfolge von Autonomieformen soll jedoch nicht den Eindruck erwecken, dass die *Grauzonenautonomie* und die *Gestaltungsautonomie* aufgrund der Entwicklung hin zur *evaluationsbasierten Autonomie* nicht mehr existieren würden. Es handelt sich im Fortgang der historischen Transformationen nicht um eine vollkommene Substitution des ersten Autonomieverständnisses durch das zweite und schließlich das dritte.[19] Vielmehr handelt es sich um unterschiedliche Akzentuierungen des Autonomiethemas, die aber für die jeweils relevanten AkteurInnen weitreichende Konsequenzen haben. Natürlich existieren auch noch im Kontext der PISA-Debatte und der Diskussion über die Bildungsstandards die Formen der LehrerInnenautonomie und die Schulautonomie fort. Bildungsstandards regulieren ja nicht im umfassenden Sinne den gesamten Unterricht und auch nicht die Schulprogrammarbeit, doch müssen diese Autonomieräume zusehends gegenüber dem neuen, an Fremdevaluation, Standards und System-Monitoring ausgerichteten Autonomieverständnis der „Autonomie der Wege", innerhalb derer bestimmte Ziele festgeschrieben sind, verteidigt werden. Diesen Mix von Autonomieverständnissen, der in den gegenwärtigen Formen der Handlungskoordination zu finden ist, möchte ich im Folgenden als die Frage nach den Bedeutungs- und Wirkungsweisen von „Autonomie innerhalb des Kontextes einer evaluationsbasierten Steuerung" diskutieren.

---

19 Eine solche Darstellung wäre reduktionistisch gegenüber den ineinandergreifenden Transformationsprozessen. Dies lässt sich beispielsweise exemplifizieren an der sukzessive raumgreifenden Tendenz der „Verbetrieblichung" in Schulen. Innerhalb der Grauzonenautonomie waren zuweilen EinzelkämpferInnen auch dazu gezwungen sich in kleinen Gruppen zu organisieren, um ihre Interessen durchzusetzen. Solche Formen der Bildung von Mini-Netzwerken können dann schon als endogene Kräfte der Bindung von Berufstätigen beschrieben werden und damit als eine professionsinterne Tendenz. Die „Verbetrieblichungstendenz" kann somit nicht nur als Effekt exogener Einflüsse erklärt werden. In diesem Zusammenhang erscheint dann auch die Klage über die Mehrbelastung durch Schulentwicklung in einem anderen Licht. Die Intensivierung der Arbeit ist zum Teil auch durch diese neuen Organisationsformen bedingt. Das Gefühl „mehr arbeiten zu müssen" ist insofern nicht zufällig mit dieser Modernisierung der Organisationsform der schulischen Arbeit verbunden. Der durch die Gestaltungsautonomie geschaffene Freiraum geht mit einer verstärkten „Einbindung in kollektivierte Prozesse" einher.

5. Governancetheoretische Fragestellungen zur Autonomie in der evaluationsbasierten Steuerung

„Was ich mit diesen Steuerungsüberlegungen nachdrücklich unterstreichen will, ist die Notwendigkeit, in Fragen der Qualitätsentwicklung und -sicherung im Bildungsbereich, bei welchen Maßnahmen auch immer, seien es groß angelegte Schulleistungsuntersuchungen oder Schulentwicklungsprogramme, eine systemische Vorstellung vom Zusammenhang der Handlungs- und Verantwortungsebenen zu gewinnen."
(Maritzen 2000, 222)

Beschreibt man die Modernisierung des Schulwesens (Brüsemeister/Eubel 2003) in den – inzwischen gebräuchlichen – Termini von „Überregulierung" und „Deregulierung" oder „Dezentralisierung" und „Re-Zentralisierung", dann besteht die Gefahr, dass man sich selbst dabei schon in die Immanenz der neuen Steuerungsrhetorik begibt, ohne dabei mit reflexiver Distanz diese neu entstandene Konzeptionalisierung kritisch zu befragen. Die rhetorische Übernahme der Begriffe aus Betriebswirtschaftslehre und Managementwissenschaft, Organisationstheorie und Verwaltungswissenschaft sowie Soziologie und Politikwissenschaft insinuiert, dass eine Adaption der hinter diesen Begriffen liegenden Konzeptionalisierungen für das pädagogische Feld durch die verschiedenen AkteurInnen bereits stattgefunden hätte. Eine solche Adaption kann aber, worauf Lorenz Lassnigg hinweist, nicht nur in einer isolierten, eklektischen Anwendung einzelner Erkenntnisse der jeweiligen Diskurse auf das neue Feld bestehen, sondern muss sich in der komplexen, nicht nach wissenschaftlichen Disziplinen strukturierten pädagogischen Wirklichkeit und deren Akteurskonstellationen behaupten können:

„Die produktive Beteiligung an diesen Debatten erfordert paradoxerweise im praktisch-politischen Feld ein höheres Reflexionsniveau als es die Entwickler der Argumentationen in den wissenschaftlichen Quellen-Disziplinen meistens haben, da letztere nur die jeweils konsistente Argumentation innerhalb ihres disziplinären begrifflichen Rasters berücksichtigen müssen, während sich diese disziplinären Zugänge im praktischen Feld notwendigerweise überschneiden." (Lassnigg 2000, 110)

Damit liegt die höhere reflexive Herausforderung nicht in der auf theoretische Konsistenz abzielenden Reflexion, sondern in der konkreten Operationalisierung der theoretischen Diskurse für Steuerungshandlungen in der Praxis. In seinem Beitrag beschreibt Lassnigg zunächst wichtige theoretische Lücken zwischen den verschiedenen disziplinären theoretischen Zugängen zu den

Steuerungsmechanismen. Hierbei stellt er als zentrales Merkmal heraus, dass der Fokus des bildungspolitischen Diskurses in den letzten Dekaden auf einer Dichotomisierung von ‚Steuerung durch staatliche Bürokratie' und – als Alternative – ‚Steuerung durch den Markt' gelegen hätte, die schließlich in einer Prädominanz der Marktmechanismen gegenüber bürokratischen Steuerungsformen gemündet wäre: „Die Beziehung zwischen dem Staat und dem Bildungswesen wird reformuliert, indem neue intermediäre Körperschaften (‚trusts', ‚agencies' etc.) eingeschoben werden, die anstelle der traditionellen Strukturen verstärkt ‚leadership' und Management-Methoden einsetzen." (Lassnigg 2000, 111) Innerhalb dieses neuen Paradigmas verortet er folgende „Lücken" in der Steuerungstheorie:

- *Das Organisationskonzept der Einzelschule im Spannungsfeld zwischen betrieblichem und institutionellem Modell:* Innerhalb des institutionalistischen Modells würde die Rationalität der Bildungsorganisationen gerade jener der Produktionsbetriebe entgegen gesetzt, indem begrifflich zwischen „technischen" und „institutionellen" Operationen differenziert werde: „Der wesentliche Punkt ist, dass der Lehr-Lernprozess in der Schule als ‚inherently non-technical' eingestuft wird. Daher kann diese Organisation nicht auf ihren technischen Funktionen aufgebaut werden, vielmehr fungiert die Organisation als eine Art Schutzschirm gegen die unlösbaren Konflikte über die ‚right technique' für die Prozesse in ihrem Inneren." (Lassnigg 2000, 114)

- *Die Vernachlässigung der komplexen Eingebettetheit der Einzelschule innerhalb eines unterkomplexen „Zwei-Ebenen-Aggregationskonzepts":* Lassnigg verweist auf die Bedeutung der intermediären Steuerungsebenen, die im Diskurs oftmals durch eine vereinfachende Polarisierung sträflich vernachlässigt würden: „In einer sehr allgemeinen Betrachtung als Teil der staatlichen Verwaltung, im abstrakten Verhältnis zwischen der (Zentral-)Regierung und den Einzel-Schulen, fällt es leicht, das Bildungswesen als Bürokratie zu sehen. Wenn man jedoch näher die verschiedenen Aggregationsebenen unterscheidet, so wird deutlich, dass die Lokalisierung der Steuerungsmechanismen sowohl auf der theoretischen Ebene als auch auf der empirischen Ebene mit beträchtlichen Lücken und Inkonsistenzen behaftet ist." (Lassnigg 2000, 115)

- *Konkurrierende Entwicklungskonzepte und Brüche zwischen Top-down und Bottom-up in den Feedback-Mechanismen:* In den Vorstellungen über Entwicklungen im Bildungssystem qua Steuerung werde vielfach idealtypisch zwischen Zielen, Mitteln, Ergebnissen unterschieden und auf einfache kybernetische Modelle der Feedback-Steuerung rekurriert, ohne dass vorausgesetzt werden könnte, dass diese überhaupt angesichts der Komplexität der Praxen auch ihr Pendant in der Wirklichkeit finden könnten, was weitreichende Konsequenzen für die Steuerungsfrage hätte, ganz gleich, ob ein System nun eher zentralistisch oder dezentral gesteuert werden solle: „Beispielsweise erwarten zentralisierte Systeme Anstösse für die Reformdynamik aus Schritten zur Dezentralisierung. Dadurch ergibt sich tatsächlich mehr Veränderung und eine Stärkung innovativer Aktivitäten. Es verschärft jedoch die Steuerungsproblematik, indem höhere Anforderungen entstehen. Auf der anderen Seite scheinen gezielte Reformen in dezentralisierten Systemen viel schwerer durchführbar zu sein, wo der Aktivitäts- und Innovationslevel zwar sehr hoch ist, aber die Instrumente fehlen, um die Richtung zu bestimmen." (Lassnigg 2000, 117f.)

- *Die unzureichende empirische Fassung der Steuerungsregimes:* Am Beispiel der Versuche der OECD (1997), eine vergleichende Analyse der Entscheidungsstrukturen in den Bildungssystemen durchzuführen, und anhand verschiedener Charakterisierungsversuche der Entwicklung der Steuerungsstrukturen in den letzten Jahrzehnten exemplifiziert Lassnigg, welche Lücken bei der „Umsetzung der stilisierten Steuerungs- und Koordinationsmodelle in die Analyse und Beurteilung empirisch vorfindlicher Systeme" (Lassnigg 2000, 118) bestehen.

- *Konkurrierende Begründungskonzepte zwischen Marktversagen und Staatsversagen:* Während der Markt zunächst angesichts der Bürokratiekritik als effektiverer Mechanismus gehandelt wurde,[20] hätte sich dieser Optimismus zunehmend verflüchtigt. So habe beispielsweise David Finegold gezeigt, „dass die Schaffung von ‚market analogons' zur Überwindung von Staatsversagen zu neuen Formen des Staatsversagens und des Marktversagens geführt hat" (Lassnigg 2000, 123). Die falsche Dichotomie zwischen nachlässigen Bürokratien und perfekten Märkten – so Finegold (1996, 250) – müsse zugunsten einer realistischen Auffassung von einem Mix aus unvollkommenen Märkten und unvollkommener staatlicher Steuerung aufgegeben werden.

Lassniggs These, dass in den theoretischen Konzeptualisierungen einer neuen Steuerung (vgl. Koch/Gräsel 2004), die in der gegenwärtigen Debatte vorgetragen und mit sehr weitgehenden Hoffnungen verbunden werden, recht weite – und unnötig große – argumentative Lücken bestehen, möchte ich im Folgenden

---

20 Vgl. die Diskussion um die „Ökonomisierung der Bildung" (vgl. Krüger/Olbertz 1997; Oelkers 1997; Maritzen 1997; Radtke 1997; Lohmann/Rilling 2002; Mangold/Oelkers 2002; Wild 1997; Weiß 1995; 1997; 1999) und den Diskurs um Bildungssysteme als Quasi-Märkte (Radtke/Weiß 2000; Böttcher 2002; Weiß 1993; 2002; bereits in den 80er Jahren Timmermann 1987).

stützen, indem ich vor dem Hintergrund empirischer Studien über die Implementierung von Teilelementen „neuer Steuerungsmodelle" auf einige „Gaps" hinweise, die in derzeitigen Konzeptualisierungen und Implementierungsvorschlägen existieren (vgl. ausf. Altrichter/Heinrich 2006).

Im Anschluss an Lassniggs Argumentation beginne ich meine Hinweise auf konzeptuelle Lücken mit der Enttäuschung über die selbstregulierende Kraft des Marktes.

Schulautonomie wurde in den letzten Jahren vielfach auch mit dem Profilgedanken verbunden (zum Folgenden vgl. ausf. Altrichter/Heinrich 2005). Wenn eine Schule sich ein Profil gibt und dieses nach außen hin kommuniziert, resultiert daraus unmittelbar eine Form der externen Evaluierung. Instanz dieser Evaluierung sind die KonsumentInnen (vgl. Kogan 1986; 1996). Durch diese Rolle der KonsumentInnen kann schulische Profilbildung leicht von der Vorstellung der bewussten Gestaltung eines Freiraums im Sinne der Schulautonomie zu einer Form der sich verselbständigenden Kontrolle durch einen Markt mutieren (vgl. Johanns/Horak 2001, Horak 2005). Profilierung ist dann nur noch bedingt Ausdruck einer Definitionsmacht von LehrerInnen, ihrer eigenen Schule ein neues Gesicht zu geben. Wenn eine solche Neu-Definition erst einmal öffentlich vorgenommen wurde (bspw. „Gymnasium mit Musikzweig"), können die daraus resultierenden Verfügungsrechte der LehrerInnen zum Treffen von Entscheidungen recht bald eingeschränkt werden durch das Wahlverhalten der Eltern.[21] Profilierung als Ausdruck von Schulautonomie und pädagogisch motiviertem Gestaltungsfreiraum wandelt sich dann – zuweilen hinter dem Rücken der InitiatorInnen – zu einem Instrument, dessen Handlungsrationalität und Erfolgsfaktor sowie daraus resultierend dessen Maßstäblichkeit darin besteht, in einer Situation des Wettbewerbs um möglichst viele Kinder einer bestimmten Klientel, eben an diese SchülerInnen zu gelangen.

Es zeigt sich hier, wie sich durch eine spezifische Form der Operationalisierung von Schulautonomie die Autonomie für die AkteurInnen innerhalb und außerhalb der Schule verändert. Zwar hatten Eltern zuvor schon vielfach das Verfügungsrecht über eine für Schulen bedeutsame Entscheidung, nämlich ihr Kind hier oder dort anzumelden. Dieses Verfügungsrecht bekommt aber eine neue Qualität, wenn sich die Eltern nun zunehmend zwischen einander konkurrierenden und sich dadurch in ihrem Angebot ausdifferenzierenden Schulen entscheiden können. Für die LehrerInnen wiederum zeigen sich neue Abhängigkeiten, wenn sie beispielsweise mit den Eltern in Verhandlungen treten müssen, da diese mehr Einfluss reklamieren, wenn beispielsweise ein Musikzweig eingerichtet wird und sich dadurch vermehrt musikalisch engagierte Eltern an

---

21 Die Profession ist vielfach nicht darauf vorbereitet andere Formen der Handlungskoordination mit Eltern zu haben (vgl. Altrichter/Heinrich 2005, 133-136).

einer Schule einfinden (vgl. Ackermann 1998). Durch die Profilbildung erwächst schließlich auch eine neue Anspruchshaltung der Eltern, die vordem nicht vorhanden war. Damit werden die Verhandlungen für die LehrerInnen schwieriger, da sie nun eine Rechenschaftslegung für einen Bereich vorlegen müssen, der zuvor nicht existierte.[22] Ganz konkret bedeutet dies, dass beispielsweise die Fachkonferenz Musik, in der auch zuvor Eltern vertreten waren, eine neue Akteurskonstellation darstellt und veränderte Formen der Handlungskoordination und Verhandlung zeigt, wenn das Fach Musik nun als Kernbereich der schulischen Profilierung angesehen wird. Die Idee der Einzelschule als pädagogischer Handlungseinheit in den 80er Jahren und die damit verbundenen Aktivitäten einzelner LehrerInnen, die zu pädagogisch-didaktischen bottom-up Innovationen geführt haben (*Grauzonenautonomie*), sind dann durch solche Institutionalisierung in einen anderen Kontext der Handlungskoordination eingestellt.

An anderer Stelle haben wir darauf hingewiesen, welche Steuerungsproblematiken aus einer solchen Profilbildung erwachsen können:

„Die Rekrutierungserfolge und Aufnahmeentscheidungen weiterführender Schulen in Frankfurt provozieren Deregulierungseffekte, die wiederum neuen ‚Steuerungsbedarf' im kommunalen Schulwesen nach sich ziehen: Das kommunale Schulamt muss einerseits zu wenig nachgefragte Hauptschulstandorte im Sinne der im gegliederten Schulsystem gewollten schulformbezogenen Selektionsprozesse sichern, versucht aber gleichzeitig, durch Ausweitung der Aufnahmekapazitäten an ‚beliebten Schulen' den durch die Profilierung dort entstandenen Bedarf zu decken. Die Versuche an ‚Erstwunsch-Schulen' die Situation zu entspannen, führten aber zu einer steigenden Nachfrage an den überlaufenen Schulen – und erhöhten damit noch deren Auswahlpotenzial (Horak 2005). Die (bewusst oder unbewusst geschehene) partielle Forcierung des Wettbewerbsparadigmas durch erhöhte Gestaltungsspielräume und die Aufforderung zu eigeninitiativer Schulprofilierung bei gleichzeitiger Beibehaltung traditioneller schulpolitischer Ordnungsvorstellungen produziert also offenbar eine Reihe von Friktionen, die immer wieder weitere administrative Regulierungsversuche hervorrufen." (Altrichter/Heinrich 2005, 132)

In der neuen Akteurskonstellation ist die Schulaufsicht dazu gezwungen reaktiv zu agieren, ohne noch über Regelungsstrukturen zu verfügen, die dem neuen Marktparadigma angemessen wären. So entsteht in der Außenwirkung eine unübersichtliche Konstellation von Deregulierung und Regulierung, die auch auf LehrerInnen- und Elternseite potenziell das Misstrauen gegenüber der

---

22 Durch die vermehrte Einbindung weiterer AkteurInnen in Entscheidungsprozesse lässt sich die Schulentwicklung der letzten Jahre governancetheoretisch auch als eine Genese kontinuierlich wachsender Ansprüche an die Profession rekonstruieren, die zuvor – aus Professionssicht – organisatorisch leichter abgepuffert werden konnten (vgl. Kogan 1996).

reklamierten Rationalität in externe – als zentralistisch empfundene – Steuerungsmaßnahmen noch erhöht: „Denen da oben" scheinen die Informationen (System-Monitoring) für eine weitsichtige Steuerung zu fehlen ... Die durch die Nachsteuerungsversuche offenbar werdende Inkonsistenz der Steuerungshandlungen lässt am Rationalitätsanspruch solcher Steuerung zweifeln (zum folgenden Absatz vgl. ausf. Altrichter/Heinrich 2005).

Die Vorstellung, dass die Handlungsrationalität bei Reformen und Schulentwicklungsversuchen durch eine Verbesserung der Informationssituation gesteigert werden könnte, ist unmittelbar plausibel. Aus dem Blick gerät dabei jedoch leicht die Differenz zwischen „Informationen über das System" und „Steuerungswissen" (vgl. Altrichter/Heinrich 2006). So vernachlässigt die Vorstellung outputorientierter Systemsteuerung durch breite Erhebung von auf Standards bezogenen Testleistungen beispielsweise die Übersetzungsprozesse, die nach einer solchen Evaluation von Leistungen in operationalisierbare methodisch-didaktische oder schulorganisatorische Maßnahmen durch die LehrerInnen noch geleistet werden müssen. So fällt es LehrerInnen vielfach schwer, das Innovationspotenzial solcher Leistungsrückmeldungen zu sehen (vgl. Schrader/Helmke 2003) und in der Konsequenz solches Feedback als Korrektiv und Innovationsimpuls für ihren Unterricht zu nutzen (vgl. Rolff 2002; Peek 2004; Schrader/Helmke 2004. Es wird deutlich, dass in dieser Akteurskonstellation zwischen den Ebenen unterschiedliche belief-systems vorherrschen und hier nicht nur auf den verschiedenen Ebenen – beispielsweise bei den LehrerInnen (vgl. Klug/Reh 2000), aber auch bei den KultusbeamtInnen (vgl. Tillmann/Vollstädt 2001; Dedering/Kneuper/Tillmann 2003) – die Kompetenzen fehlen, derartige Informationen kontextbezogen zu adaptieren und in wirkungsvolle Steuerungsinterventionen umzusetzen (vgl. Specht/Freudenthaler 2004). Aus der mangelnden Praxisnähe und dem daraus resultierenden „Unverständnis" gegenüber dem Sinn oder Unsinn solcher evaluationsbasierter Steuerungsvorstellungen (vgl. Klemm 1998) resultiert eine mangelnde Bereitschaft der LehrerInnen, einem solchen Steuerungsanspruch der Bildungsverwaltungen zu folgen.

Die – auch international zu verzeichnende (vgl. Wissinger 2002) – Tatsache der gewünschten Aufwertung der Schulleitungen hin zu „transformational leaders" (vgl. Dubs 1994) bzw. „change agents" (Schratz 1998) kann im Kontext der zuvor beschriebenen Entwicklungen auch interpretiert werden als ein Versuch des Staates/der Bildungsadministration, die Rückgewinnung von Steuerung über eine „Internalisierung der organisationsexternen Vorgaben" zu betreiben. Die Schulleitung in ihrer Zwitterstellung – einerseits schulintern, andererseits Teil der Schuladministration – könnte hier als Vermittlungsinstanz fungieren. Diese Rolle zu erfüllen, stellt aber einen Drahtseilakt dar, innerhalb einer Zeit, in der nach jahrelanger Protegierung des Gedankens einer kollegial-partizipativen Schulentwicklung durch Schulautonomie die Vorstellung kollegialer Mitbestimmung forciert wurde.

Vor dem Hintergrund der zuvor beschriebenen Spannungsfelder wird deutlich, mit welchen Akzeptanzproblemen in der Schule die Ideen einer evaluationsbasierten Steuerung zu rechnen haben. Die Konzepte einer organisationsinternen evaluationsbasierten Qualitätsentwicklung haben vielerorts noch mit Akzeptanzproblemen zu kämpfen, die aus der traditionellen Verfasstheit der LehrerInnenprofession stammen (vgl. Altrichter 1996; 2000b; Heinrich/Altrichter 2007). Und dort, wo sich die Vorstellungen einer organisationsintern konzeptionalisierten evaluationsbasierten Qualitätsentwicklung etablierten, geschah dies in klarer Abgrenzung gegenüber externen Vorgaben, oftmals unter Verweis auf das mangelnde Know-how der Bildungsadministration. In der derzeitigen ExpertInnenorientierung (vgl. Leistungstests, Bildungsstandards, System-Monitoring) wird nun das (Handlungs-)Wissen der Profession in seiner Bedeutung marginalisiert (vgl. Altrichter 2004). In dieser Konstellation treffen nun mehrere ungünstige Faktoren (vgl. Altrichter/Brüsemeister/Heinrich 2005) zusammen:

- An vielen Schulen hat sich die Idee einer evaluationsbasierten Schulentwicklung noch nicht durchgesetzt.
- Dort, wo sie sich durchgesetzt hat, blieb auf LehrerInnenseite die Skepsis gegenüber der Kompetenz externer Expertise erhalten.
- In dieser Situation wird nun von der Bildungspolitik eine Außensteuerung substanzieller Ziele durch den Staat forciert, ohne allerdings die dafür notwendige Kompetenz durch an der Basis auch verwertbare Evaluationsinformationen unter Beweis stellen zu können.

Das „evaluationsbasierte Steuerungskonzept" trifft derzeit auf eine Praxiskonstellation, innerhalb derer die Re-Zentralisierung von „Zielbestimmungsrechten" als Rücknahme eines Verfügungsrechtes der zuvor propagierten erweiterten Gestaltungsautonomie der Einzelschulen erscheint. Diese Interpretation wird bei in der Schulentwicklung aktiven LehrerInnen sehr wahrscheinlich als Frustrationserlebnis spürbar werden. Die angesichts solcher Enttäuschung antizipierbare Kritik der Basis wird derzeit noch dadurch genährt, dass die Apologeten einer „evaluationsbasierten Steuerung" noch keine Modernisierungspfade angeben konnten, die für die einzelnen AkteurInnen vor Ort die Evaluationsinformationen in Handlungswissen transformieren könnten. Der Vorwurf einer Restituierung des alten Zentralismus und damit eines Endes der „Autonomieidee" liegt so nahe.

Die Interpretation von der Restituierung zentralistischer Steuerung entspricht vielleicht mancherorts der subjektiven Befindlichkeit, wenn AkteurInnen vor Ort sich um die Zusagen von vermehrtem Gestaltungsspielraum betrogen fühlen, vor dem Hintergrund der neuen Konstellationen von Mechanismen der Steuerung und AkteurInnen wäre eine solche Kennzeichnung aber verkürzt. Vielmehr zeugt die neue Governance-Formation von einem Mix aus Autonomievorstellungen (vgl. Kap. 4.3), die in dieser Konstellation neu sind und sich aufgrund der Heterogenität und der unterschiedlichen Ansatzpunkte auch nicht reduktionistisch als „Ende der Autonomie" bzw. „zentralistische Steuerung" beschreiben lassen.

Auf der anderen Seite erscheint es jedoch als zu euphemistisch, bereits von einem ausgereiften Konzept einer „evaluationsbasierten Steuerung" zu sprechen, in dem die vorgängigen Autonomievorstellungen systematisch aufgehoben wären. Zwar gehen die neueren Konzeptionen der Bildungsreform in Österreich (vgl. u.; Zukunftskommission 2003; 2005) mit ihren umfassenden Vorstellungen eines System-Monitoring von einer Vernetzung und produktiven Ergänzung der verschiedenen Reformbemühungen und Mechanismen auf den unterschiedlichen Ebenen aus. Solange aber die beschriebenen Lücken innerhalb der Konzeption – und auch innerhalb der unterschiedlichen Praxen – fortbestehen, kann die Idee einer „evaluationsbasierten Steuerung" derzeit nur als – wohl wünschenswerte, aber bislang noch weitgehend uneingelöste – Zielvorstellung gelten.

Dass das Problem der Steuerung als zentraler Aspekt der Modernisierung des Schulwesens zunehmend erkannt wurde (vgl. Oelkers 1995; Rolff 1995b; Risse 1999; Maritzen 2001a), ist dabei als Positivum zu werten. Mit dem inflationären Begriffsgebrauch geht inzwischen auch eine zunehmende Ausdifferenzierung der Steuerungsvorstellungen einher (vgl. Maritzen 2000). Diese ist notwendig, damit die evaluationsbasierten Steuerungskonzeptionen sukzessive von dem Anfangsstadium – in dem sie durch pointierende Fokussierung zugleich aufklären, aber auch subtilere Differenzen verdecken – in einem reiferen Stadium auch eine Aufklärung der Praxis bewirken können. Erst dann werden auch die Differenzen zwischen „talk" und „action" in der Steuerung (vgl. Brunsson 1989) vollends kenntlich. Während auf vielen Steuerungsebenen noch wenig reflexiv durchdrungener, vermeintlich innovativer „Steuerungstalk" herrscht, zeigen die teilweisen Implementationsversuche von neuen Steuerungselementen derzeit noch eine Kollision mit „traditioneller action" (bspw. dem vorgängigen Autonomieparadigma).

Im Folgenden soll anhand einiger Ausführungen über eine prominente Reformkonzeption in Österreich beispielhaft dargestellt werden, wie die Idee einer „evaluationsbasierten Steuerung" derzeit konzeptionalisiert wird.

5.1 Das Konzept der Zukunftskommission als Ansatz „evaluationsbasierter Steuerung"

Im Frühjahr 2003 wurde in Österreich von der Bundesministerin Elisabeth Gehrer eine ExpertInnengruppe („Zukunftskommission") zur Erarbeitung eines Reformprogramms für die Schule eingesetzt, die Eckpunkte eines Innovationskonzepts sowie konkrete Umsetzungsmaßnahmen für das österreichische Schulwesen erarbeiten sollte. Das Reformkonzept dieser Zukunftskommission liegt inzwischen in einer Erstfassung vom Oktober 2003 und in einem Abschlussbericht vom April 2005 vor. Im Folgenden sollen nicht alle einzelnen Elemente dieses Reformkonzeptes dargestellt werden, sondern vielmehr herausgearbeitet werden, welche Vorstellungen von Steuerung mit diesem Konzept verbunden sind sowie der Status der Autonomie innerhalb dieser Steuerungskonzeption.

5.1.1 Umfassender Anspruch als Voraussetzung evaluationsbasierter Steuerung

Bezogen auf das Reformkonzept der Zukunftskommission ist zunächst der mit ihm verbundene Anspruch zu vermerken. Im Vorwort zur Erstfassung heißt es hierzu, es solle in der avisierten Reform „nicht in erster Linie um die von Zeit zu Zeit notwendigen kleinen Anpassungen in Detailbereichen gehen" (Zukunftskommission 2003, 6). Aus einer übergreifenden Steuerungsperspektive argumentierend wurde vielmehr eine umfassende Reform angestrebt, „die alle wesentlichen Bereiche der Schule, die Ziele, den Unterricht, die Qualitätssicherung, die Schulorganisation und die Lehrerbildung betreffen konnte" (Zukunftskommission 2003, 6). Mit diesem Anspruch war indessen keine uneinlösbare Steuerungsphantasie formuliert, wohl aber die Notwendigkeit zur Einnahme einer solchen Systemperspektive ausgesprochen:

> „Die vorgeschlagenen Maßnahmen beanspruchen <u>nicht</u>, eine Lösung für sämtliche Herausforderungen und Systemprobleme zu sein. Sie streben aber an, an zentralen Punkten ernsthafte und deutlich erkennbare Veränderungsimpulse zu setzen. Die Auswahl der Handlungsbereiche und Einzelmaßnahmen wurde dabei besonders unter dem Aspekt der optimalen gemeinsamen Wirkung getroffen. Das Reformkonzept sollte daher möglichst in seiner strategischen Gesamtkonzeption, seinen übergreifenden Perspektiven gesehen und beurteilt werden." (Zukunftskommission 2003, 8)

Das angeführte Zitat zeigt, dass die AutorInnen die Gefahr einer selektiven – die Komplexität von Akteurskonstellationen und Koordinationsmechanismen in einem Mehrebenensystem vernachlässigenden – Rezeption antizipierten und demgegenüber eine „umfassende Diskussion der Reformkonzeption" reklamierten. Damit ist – in aufgeklärter Weise – eine zugleich in den erwartbaren Wirkungen einer solchen Steuerungsintervention realistisch beschränkte Wirkungsvorstellung formuliert, gleichzeitig aber auch ein der Extension nach aber umfassender Steuerungsanspruch erhoben, der die Notwendigkeit einer Handlungskoordination auf allen Ebenen berücksichtigt – ein typisches Merkmal der Vorstellung evaluationsbasierter Steuerung.

Seit der Nachkriegszeit sind in Deutschland immer wieder öffentlichkeitswirksame Positionspapiere zur Schulreform mit einem solchen Anspruch publiziert worden, wie beispielsweise:

▪   der Rahmenplan des Deutschen Ausschusses für das Erziehungs- und Bildungswesen (1959, vgl. Deutscher Ausschuß für das Erziehungs- und Bildungswesen 1966),
▪   der Strukturplan des Deutschen Bildungsrates (1971),
▪   der Bildungsgesamtplan der Bund-Länder Kommission für Bildungsplanung und Forschungsförderung (1973) und schließlich
▪   die Denkschrift der Rau-Kommission: „Zukunft der Bildung – Schule der Zukunft" (1995).

Schon der Titel „Zukunft: schule" rückt die Schrift der Zukunftskommission in die Nähe der zuletzt angeführten Denkschrift der Rau-Kommission: „Zukunft der Bildung – Schule der Zukunft" lautete das Programm damals, in dem ebenfalls schon weiter reichende Veränderungen der Steuerungsmodi anvisiert wurden (vgl. Bremer/Gruschka 1997). In dem Reformkonzept „Zukunft: schule" beschreibt die *österreichische* Zukunftskommission ihren Auftrag nun wie folgt:

„Der Weg in die ‚Wissensgesellschaft', auf dem sich Europa und die Welt befinden, ist mit einem raschen strukturellen Wandel in wirtschaftlicher, gesellschaftlicher und kultureller Hinsicht verbunden, den jeder in seiner Lebenswelt gut beobachten kann. Der Bildungsbereich muss die Basis legen, damit die Menschen mit diesem Wandel, der alle Lebens- und Arbeitsbereiche erfasst, erfolgreich umgehen können. Wir sind immer stärker auf konkrete Bildungserfolge angewiesen – die Notwendigkeit des Lebenslangen Lernens ist längst Realität geworden. Damit steigt auch die Bedeutung aller Bildungseinrichtungen und jedes Land muss und möchte daher sein Bildungssystem ständig optimieren und an die zukünftigen Erfordernisse anpassen. Pädagogisches Denken muss in seinem Kern daher stets einen Teil Utopie enthalten. Schule als aktives Element einer modernen Gesellschaft sollte sich

sowohl selbst in einem ständigen dynamischen Prozess der Verbesserung und Veränderung befinden als auch der Gesellschaft laufend helfen, ihre ‚Utopien' über
Bildungsprozesse zu verwirklichen." (Zukunftskommission 2003, 5)

Eine bemerkenswerte Formulierung in diesem Passus ist die Vorstellung einer
„Verwirklichung der gesellschaftlichen Utopien durch Bildungsprozesse".
Ermöglicht werden soll dies durch die im Zentrum des Konzepts stehenden
„Strategien und Maßnahmen zur Qualitätsentwicklung" (vgl. ebda.). In der
Qualitätsentwicklung – so ist dann zu folgern – sollen die Ansprüche sowohl der
Subjekte als auch die des Systems aufgehoben sein. Hier wiederholt sich eine
Verknüpfung von *pädagogischem und gesellschaftlichem Fortschrittsoptimis-
mus,* wie sie schon in Schulreformkonzepten der Aufklärung ersichtlich war,
deren Aufklärungsoptimismus von der Idee einer Harmonie der individuellen
und der gemeinschaftlichen Interessen beseelt war, welcher auf die mögliche
Identität dieser Ansprüche im Medium rationaler Handlungskoordination auf
vielen Ebenen des Schulsystems setzte (vgl. ausf. Heinrich 2001a, 130-152).
Evaluationsbasierte Qualitätsentwicklung scheint hier der Statthalter für
dieses Rationalitätsversprechen: Wer könnte sich schon der Forderung entge-
genstellen, dass ein Bildungswesen nachweislich eine gewisse Qualität haben
sollte, da dies sowohl den Subjekten der Bildung als auch der Gesellschaft
zugute käme? Evaluationsbasierte Qualitätssicherung erscheint damit nicht nur
als Gebot der Marktrationalität und damit der Bildungsökonomie, sondern auch
als Gebot der pädagogischen Vernunft.

Als Realpolitiker hatte jedoch bereits Condorcet im 18. Jahrhundert bei
seiner Neukonzeptionalisierung des Bildungssystems die potenziellen Widersprüche zwischen einzelnen AkteurInnen und dem kollektiven Akteur der
bildungspolitischen Öffentlichkeit sehr genau bemerkt und entsprechend für
seinen nationalen Bildungsplan auf jeder Stufe des Bildungswesens immer
wieder kompensatorische Maßnahmen vorgesehen, die sowohl eine Durchlässigkeit des Bildungswesens als auch ein lebenslanges Lernen ermöglichen
sollten (vgl. Alff 1976; Dammer 1996, Heinrich 2001a, 111-130). Angesichts
dieser Lehre aus der Geschichte möchte ich das evaluationsbasierte Steuerungskonzept der Zukunftskommission auf solche kompensatorischen Maßnahmen
hin untersuchen, innerhalb derer die Widersprüche eines solchen Qualitätskon-
zepts aufgehoben sein könnten. Hierzu soll zunächst die Form der Zielsetzungen
der AutorInnen befragt werden.

5.1.2 Transintentionale Effekte bei evaluationsbasierter Steuerung

Der systematische Anspruch beginnt mit der Feststellung der Zielfindung auf ganz unterschiedlichen Ebenen:

> „Dem Reformkonzept der Zukunftskommission liegen Ziele und Qualitätsvorstellungen auf drei unterschiedlichen Ebenen zugrunde: Systemziele, die das Schulwesen als Ganzes und seine Subsysteme betreffen, Bildungsziele für die Lernenden, und Qualitätsziele für den Unterricht. Sie bilden in ihrer Gesamtheit die von uns angestrebte Zielstruktur." (Zukunftskommission 2003, 35)

Mit dieser Ansiedlung der Ziele auf den unterschiedlichen Ebenen ist in nuce der Anspruch der „Verwirklichung der gesellschaftlichen Utopien durch Bildungsprozesse", d.h. einer Reformierung der Verhältnisse im Mehrebenensystem von der Ebene des Individuums über die Organisationen bis hin zur Gesamtgesellschaft gedacht. Es drängt sich die Frage auf, wie diese Vermittlung zwischen den verschiedenen Ebenen vom System bis zum Individuum geleistet werden soll. Im Folgenden heißt es hierzu:

> „Diese Systemziele gelten für alle Ebenen des Bildungswesens. Sie sind als Qualitätskriterien auf einzelne Schulklassen ebenso anwendbar wie auf Schulen, Bildungsregionen und das Schulsystem als Ganzes." (Zukunftskommission 2003, 36)

Und:

> „Die [...] angeführten Systemziele bedürfen der inhaltlichen Spezifizierung in der Form von Bildungszielen, die im konkreten Bildungsprozess anzustreben sind. Diese Bildungsziele gelten prinzipiell für *alle* Schüler/innen, jedoch abgestimmt auf deren individuelle Lernvoraussetzungen und Entwicklungsstufen." (Zukunftskommission 2003, 36).

Als zentralen Ort für die Realisierung dieser Transformation nennt die Zukunftskommission im Folgenden immer wieder den Unterricht. *Sind Bildungsziele damit im Medium von Unterricht inhaltlich spezifizierte Systemziele?* Wenn dem so wäre, dann stünden die Systemziele und nicht die Bildungsziele als „hidden concept" im Hintergrund. Das Reformkonzept müsste sich dann daran messen lassen, wie gut es die „Steuerung von Systemzielen" bewältigen kann, ohne dabei die Bildungsziele der SchülerInnen und die Vorstellungen geeigneter Vermittlungsformen und -möglichkeiten der LehrerInnen aus dem

Blick zu verlieren.[23] Damit steht in dieser Steuerungsvorstellung die Frage nach der Handlungskoordination in der Wechselwirkung der unterschiedlichen Autonomieformen, wie sie in Kapitel 4 beschrieben wurden, zur Diskussion. Befunde der Innovationsforschung (vgl. Altrichter/Wiesinger 2004) belegen, dass die Interdependenzen der verschiedenen Ebenen Interessenkonflikte produzieren. Infolge solcher Widerstände und Friktionen kann die Rationalität der Strategien evaluationsbasierter Handlungskoordination in ihrer Wirkung leicht in Irrationalität umschlagen:

> „In einer Gesellschaft, in der das Rationalitätsparadigma dominiert, ist man darauf angewiesen [...], sich als rational darzustellen. Organisationen bauen deshalb Fassaden rationaler Prozeduren auf, die auch zeremoniell-rituell abgestützt sind, um sich auf diese Weise nach innen Freiraum zu verschaffen. Diese Abschottung dient der Entkopplung von Umweltverhalten und faktischem Binnenverhalten." (Türk 1995, 33)

Solche Differenzen müssen wiederum auf der persönlichen Ebene der AkteurInnen je individuell bearbeitet werden (vgl. Arens 1997) – was nicht nur für das Handeln innerhalb von Organisationen, sondern innerhalb der Gesellschaft insgesamt gilt (vgl. Heinrich 2005b).[24] Die ausweichenden, kompensierenden Handlungsmuster müssen dann nicht unbedingt dem gewünschten Ziel zuarbeiten. Die Rationalitätsversprechen der Steuerungsstrategien der letzten Jahre enthalten insofern eine Rationalitätshoffnung, die sich vor Ort nicht in dieser Weise erfüllen muss, sondern auch weitestgehend unvorhergesehene, transintentionale Effekte evozieren kann. Evaluationsbasierte Steuerung hat damit immer auch zahlreiche Implikationen für die AkteurInnen, indem sie neue lokale Verhandlungskonstellationen auf den unterschiedlichen Ebenen generiert

---

23 Diese Steuerung soll den AutorInnen zufolge primär am Unterricht ansetzen (vgl. Kap. 3.2 des Reformkonzepts der Zukunftskommission), d.h. von dieser real recht weit unten angesiedelten Aggregatsebene sollen die höheren beeinflussbar gemacht werden: „Das zentrale ‚Medium', über welches Wissen und Kompetenzen in der Schule vermittelt und gefördert werden, ist der Unterricht. Obwohl kein ‚Ziel an sich', ist für uns daher konsequenterweise ‚guter' Unterricht, der es ermöglicht, die Bildungsziele zu erreichen, ein Kernanliegen." (Zukunftskommission 2003, 37) Die Formulierung drückt die bestimmte Unbestimmtheit in der Steuerungsvorstellung aus: „ein Kernanliegen" Die Formulierung ist zwittrig: „ein Anliegen neben anderen" oder „das wichtige und damit das Kernanliegen". Auch hier zeigt sich die Spannung zwischen bestimmtem Reformwillen und der adäquaten, da realistischen Rücknahme eines allzu starken Steuerungsanspruchs.

24 Normativ gewendet ergibt sich für viele in solchen Konstellationen auch ein moralisches Problem, sich gemessen am eigenen Rationalitätsanspruch nicht irrational zu verhalten. Das Realitätsprinzip, das die AkteurInnen zur scheinbar rationalen Handlung im irrationalen Kontext zwingt, erscheint dann gegenüber dem eigenen reflexiven Wissen geradezu als verwerflich (vgl. Heinrich 1999/2000; Heinrich/Uecker 2000).

(Systemziele, Ziele der Subsysteme, Bildungsziele). Produktive Formen sind dann vielfach abhängig von guten persönlichen Kontakten, die auch bei einer Transformation der Akteurskonstellationen Bestand haben. Oftmals werden auch bislang nur strukturell angelegte, aber noch nicht aktivierte Beziehungen neu konstituiert. Brüsemeister verweist in diesem Zusammenhang auf die im Hintergrund der Innovations-Technologie wirksam werdende Sozialtechnologie:

> „Die eingeführten Qualitätsmanagements [...] sind nicht nur eine Technologie, die technische Verfahren zur Beobachtung von Inputs und Outputs beinhalten. Vielmehr ist erkennbar, dass sich im Schatten der technologischen Revolution eine soziale Revolution ereignet. Unter dem Begriff ‚Sozialtechnologie' lässt sich mit Wolfgang Zapf (1989) die Anwendung von Wissen durch Akteure, das Geschick der Akteure, die ‚Zähigkeit von Praktikern', wie Zapf schreibt (1989, 182), verstehen. Wesentlich ist nach Zapf, dass sich die Individuen angesichts einer neuen Technologie gleichsam neu erfinden. Sie entwickeln neue Selbst-Sichten und praktizieren andere Formen der Partizipation." (Brüsemeister 2004b, 11)

Durch ein institutionalisiertes Berichtswesen im Sinne einer evaluationsbasierten Steuerung kann so beispielsweise die bislang eher kontingente Form der Datenerhebung in Kontinuität überführt werden, was potenziell die Gefahr von Missverständnissen in den Interaktionen verringern und damit eine nachhaltige Implementation begünstigen könnte. Über die tatsächlichen Effekte solcher Form des verstetigten Feedbacks liegen indes neben einzelnen Fallstudien (vgl. Ammon/Wendt 2001) noch kaum systematische Befunde vor. Die Hoffnungen in solche Verstetigung zielen neben der Kontrollierbarkeit auch auf eine Reduktion der Überlastung einzelner AkteurInnen. Dieser Effekt wird jedoch nur eintreten, wenn die einzelnen AkteurInnen à la longue ein solches Berichtswesen auch als Entlastung interpretieren. Ein solches Auditing kann sich indes auch im Sinne der Legitimationsfunktion verselbständigen, wenn ihm als Form der „Objektivierung" nur noch eine Entlastungsfunktion zugeschrieben wird, ohne dass dies für die Praxis in konkrete Formen der Transformation von Arbeitsprozessen überführt würde. Die gesellschaftliche Erwartungshaltung einer Rechenschaftslegung der Professionellen würde so in das Gegenteil des mit ihr beabsichtigten umschlagen.

Die erfolgreiche Handlungskoordination durch Evaluationswissen ist vielleicht „theoretisch denkbar", deswegen aber noch nicht „praktisch durchsetzbar" oder sogar „selbsterfüllend". Daran erweist sich der in solchen Steuerungstheorien notwendig latent angelegte Modellplatonismus, der immer schon die erfolgreiche Implementierung des Modells als Gelingensbedingung denken muss. Die einer solchen erfolgreichen Installation eines Modells vorausgehenden Umdeutungen der AkteurInnen, d.h. die sozialen Effekte sind in Manage-

mentmethoden kaum antizipierbar und somit kaum als Theoreme zu modellie-
ren. Die Umdeutungen der AkteurInnen können dabei mindestens in zwei Richtungen hin wirksam werden. Zum einen werden die AkteurInnen Situationen,
Phänomene und allgemeine Konstellationen neu interpretieren. Zum anderen
bleibt eine solche Umdeutung auch nicht ohne Folgen für das Selbstverständnis
der AkteurInnen, d.h. deren berufliche Identität (vgl. Altrichter/Bauer et al.
2004). Diese je nach spezifischer Konstellation differierende Neu-Konstitution
beruflicher Identitäten im Zuge von Veränderungsprozessen hat in der Innovationsforschung zu der Einsicht geführt, dass auch bei scheinbar gleichen oder
ähnlichen Kontextbedingungen nicht von einer einheitlichen Entwicklung
ausgegangen werden kann (vgl. Zapf 1989; 1996). Die subjektiven Deutungen
der AkteurInnen, die damit einhergehenden sozialen Prozesse der
(Selbst-)Interpretation und die damit verbundenen Transformationen beruflicher
Identität werden so bedeutsam.[25]

Die AutorInnen der Zukunftskommission wehren sich nun im dritten Kapitel der Erstfassung[26] in aufgeklärter Haltung – zu Recht – einerseits gegen
unzureichende, parzellierte und zugleich ungesteuerte Reformen und andererseits aber auch gegen das Gegenstück einer Übersteuerung, die sich in den
technokratischen Phantasien von „naiven Effektivitätstheorien" ausdrücke:

> „Eine Reform der Schule, die gleichzeitig Mängel beheben und Stärken pflegen
> will, kann nicht durch partikulare Einzelmaßnahmen auf den Weg gebracht werden.
> Immer schon ist es ein Problem der Schule gewesen, dass von Seiten einzelner Inte-
> ressengruppen oder auch der Bildungspolitik die Illusion geschürt wurde, Einzelin-
> novationen (‚das offene Lernen', ‚die Schulautonomie', ‚die Gesamtschule'…)
> könnten einen Qualitätssprung für das gesamte Bildungswesen bewirken.
> Solche naiven Effektivitätstheorien mögen in Einzelfällen kurzfristig zu sinnvollen
> Neuerungen führen, werden aber in der Regel durch unbeabsichtigte Nebenwirkun-
> gen konterkariert und sind deshalb von geringer Nachhaltigkeit. Wo sie (wie im ös-
> terreichischen Schulwesen) auf eine unterentwickelte Evaluationskultur treffen,
> bleibt ihre Begrenztheit jedoch oft unbemerkt." (Zukunftskommission 2003, 41)

Ex negativo wird damit eine „entwickelte Evaluationskultur" zur conditio sine
qua non von Reform. Damit verbunden ist die Abgrenzung zu Einzelinnovatio-
nen im Sinne der Hoffnungen auf eine umfassende Evaluationskultur, d.h.
letztlich auf „evaluationsbasierte Steuerung". Die AutorInnen beschreiben hier

---

25 Vgl. ausf. die Untersuchung zum Autonomie-Paritäts-Muster von Altrichter/Eder (2004).
26 In diesem Kapitel stellen die AutorInnen die übergreifende Konzeption dar. Hier ist der
    neuralgische Punkt, da die AutorInnen an ihrer Reformstrategie als Gesamtkonzeption gemes-
    sen werden wollen (vgl.o. das Zitat von S. 8 des Reformpapiers der Zukunftskommission).

zunächst sehr gut die realpolitische Begrenztheit wie auch die gegenwärtigen Grenzen einer evaluationsbasierten Qualitätsstrategie, erliegen *dann* aber der klassischen Dialektik der Aufklärung, indem sie nichtsdestotrotz dieser Einsichten – wenn auch auf höherem Niveau – Effektivitätsvorstellungen und Steuerungshoffnungen formulieren müssen, wenn ihre Vorschläge steuernd wirksam werden sollen:

> „Nachhaltige Reformmaßnahmen müssen daher versuchen, der Komplexität des Gesamtsystems möglichst gerecht zu werden. Das heißt zum einen, auf mehreren Handlungsebenen gleichzeitig und parallel anzusetzen, bedeutet aber auch, Rationalität und Steuerbarkeit dieses Systems nicht zu überschätzen. Mechanistische Modelle, die von einem in sich kohärenten Apparat ausgehen, der nur durch die ‚richtigen' Impulse in eine dynamische Bewegung gesetzt werden kann, sind mit Sicherheit zum Scheitern verurteilt. Immer ist von Kräften und Gegenkräften, Bewegungen und Gegenbewegungen, aber auch von divergierenden Zielsetzungen auszugehen, die dazu tendieren, sich gegenseitig zu neutralisieren." (Zukunftskommission 2003, 41)

Die AutorInnen versuchen also *einerseits* der Komplexität durch Steuerungstechnologie Herr zu werden (sei sie nun eher deregulierend, direktiv oder beides), *andererseits* aber nicht dem Luhmannschen Verdikt anheim zu fallen, dass sich solche Systeme nicht im Sinne einer Trivialmaschine lenken ließen (Luhmann/Schorr 1979; 1982). Gemäß der Maxime von der „umfassenden Reform" muss dann also dennoch versucht werden, den „Tiger zu reiten", d.h. der realen Komplexität des Phänomens mit einer theoretischen zu begegnen, die dann aber doch wieder eine Form der adäquaten Steuerung sein soll. Das ist wohl ein unumgängliches Dilemma, sobald man als TheoretikerIn bildungspolitisch praktisch werden will.[27]

Aus der Sicht der Zukunftskommission soll eine ausdifferenzierte Evaluationskultur helfen, die nicht intendierten Nebeneffekte ausfindig zu machen, um dann adäquat darauf reagieren zu können: „Schließlich geht es darum, mögliche unerwünschte Nebenwirkungen bereits in der Planungsphase mitzudenken, und, so weit als möglich, durch prophylaktische Maßnahmen zu entschärfen." (Zukunftskommission 2003, 41)

Auf diese Art und Weise wird dann versucht werden, „der Komplexität des Gesamtsystems möglichst gerecht zu werden" (vgl.o.). Hierin drückt sich damit

---

27 Dieses Dilemma ist vergleichbar demjenigen der vorliegenden Studie, einerseits darauf hinzuweisen, dass sich Akteurskonstellationen und die darin befindlichen Modi der Handlungskoordination aufgrund der Komplexität und Verdecktheit vieler Prozesse nie zureichend beschreiben lassen, andererseits dennoch den Versuch zu unternehmen, eine governancetheoretische Analyse von Autonomiephänomenen in einem Mehrebenensystem vorzulegen.

die neue Steuerungsabsicht aus. Im Sinne eines österreichweiten Auditing wäre das aber wieder der Versuch einer Rückgewinnung der zuvor verworfenen Steuerungsansprüche: *Paradox wird somit die Einsicht in die mangelnde Rationalität von evaluationsbasierter Steuerung mit ihrer flächendeckenden Einführung beantwortet.* Inwiefern ist aber eine solche evaluationsbasierte Steuerungsstrategie rationaler bzw. gegenüber nicht intendierten Nebeneffekten gefeiter als die zuvor betriebenen, wenn doch die Möglichkeit einer solchen umfassenden Steuerung gerade zuvor dementiert wurde?

Bereits in der Deskription des Ist-Zustandes wurde von den AutorInnen schon auf angenommene Kausalbeziehungen referiert, die nachher für die Gesamtkonzeption wesentlich werden:

„Die Schwächen im Bereich der Ergebnisse hängen ursächlich unter anderem mit drei Faktorenbündeln im Bereich der Rahmenbedingungen und der Steuerungsformen zusammen, die sich zu grundlegenden Systemproblemen kumulieren: Eine tief greifende Veränderung des Schulwahlverhaltens und der Schülerströme, strukturelle Probleme der Leistungsbeurteilung und des Verhältnisses von pädagogischen Funktionen und Selektionsfunktionen der Schule sowie Steuerungsprobleme des Schulwesens im Spannungsfeld von Autonomie und zentraler Kontrolle." (Zukunftskommission 2003, 17)

Hier wird das Dilemma eines aufgeklärten Bewusstseins evaluationsbasierter Steuerung deutlich: Einerseits wird vorsichtig argumentiert, wenn davon gesprochen wird, dass „unter anderem" drei Faktorenbündel ursächlich für die Schwächen der Ergebnisse sind. Andererseits werden doch diese Faktorenbündel als wesentliche herausgestellt, sodass damit subkutan in der Argumentation auch wieder eine nicht so unspezifische Ursachen-Wirkungs-Annahme daraus hervorgeht. Dieses Argumentationsmuster durchzieht das gesamte Reformkonzept und schlägt sich dann auch in den praktischen Forderungen nieder, so etwa, wenn im Folgenden ein Bündel von Reformimpulsen gefordert wird, die zwar in der Quantität eine starke Steigerung bedeuten würden, von denen aber nicht ganz deutlich wird, inwiefern sie sich qualitativ von den bislang erfolgten Anstrengungen unterscheiden würden. Die AutorInnen versuchen sich aber mit ihrem Gesamtkonzept immer wieder gegenüber den vorangegangenen Anstrengungen abzugrenzen, wie beispielsweise auch an folgender Formulierung deutlich wird:

„Seit der großen Schulreform 1962 und den im Anschluss daran erlassenen Gesetzen zur inneren Verfassung der Schule war die Schulentwicklung in Österreich, nicht zuletzt aufgrund der Bindung von Schulreformen an eine parlamentarische

Verfassungsmehrheit, durch eine ‚niederschwellige Reformpolitik' gekennzeichnet, in deren Gefolge nur eine kleinschrittige Anpassung der Schule an die laufenden gesellschaftlichen Veränderungen möglich war. Ausdruck dieser Situation sind die anfangs der 90er Jahre einsetzenden Bemühungen um eine neue Steuerungsphilosophie im Schulsystem, die mit den Leitbegriffen der Schulautonomie, Deregulierung und Dezentralisierung verbunden sind und den Schulen erweiterte Möglichkeiten der Selbstorganisation brachten." (Zukunftskommission 2003, 20f.)

Dieses Abgrenzungsbedürfnis ist zwar verständlich, setzt die AutorInnen aber unter den argumentativen Druck, belegen zu können, inwieweit ihre Gesamtkonzeption etwas qualitativ Neues darstellt. An anderer Stelle argumentieren die AutorInnen die Möglichkeit solcher Abgrenzung wie folgt:

„Aus all dem folgt, dass die Umsetzung von zentralen Qualitätszielen aus der Sicht der Systemsteuerung *komplexer* wird und *längerfristig* auf *Gesamtwirkung* verschiedenster Komponenten hin angelegt werden muss, da wünschenswerte Veränderungen in einem künftig noch stärker autonomen System hauptsächlich über die *Steuerung von Kontextbedingungen* herbeigeführt werden können." (Zukunftskommission 2003, 42)

Hatten die AutorInnen des Papiers zuvor noch „Steuerungsprobleme des Schulwesens im Spannungsfeld von Autonomie und zentraler Kontrolle" (Zukunftskommission 2003, 17) als wesentliche Beschränkung von erfolgreichen Steuerungsformen beschrieben, so wird hier mit dem Gedanken einer Steuerung über Kontextbedingungen die Vorstellung einer deregulierten Governance formuliert, die sich in einer Politik der Zurückhaltung des Staates konkretisieren und damit zu verstärkter Autonomie auf den unteren Ebenen des Systems führen müsste. Die AutorInnen fügen an dieser Stelle jedoch erläuternd hinzu:

„Solche Kontextbedingungen sind aus unserer Sicht in erste Linie:
- die Präzisierung und starke Kommunikation der Ziele,
- die gezielte Aus- und Fortbildung des Personals,
- die Optimierung von Organisationsstrukturen und Rahmenbedingungen,
- das Setzen innovationsförderlicher Anreize,
- die gezielte Unterstützung von Entwicklungsprozessen,
- die regelmäßige Qualitätsprüfung (Evaluation)
- und die konsequente Ergebnis-Rückmeldung."
(Zukunftskommission 2003, 42)

Diese Maßnahmen entheben jedoch nicht der zuvor formulierten „Steuerungsprobleme des Schulwesens im Spannungsfeld von Autonomie und zentraler Kontrolle" (s.o.), da sie nicht im strengen Sinne als Steuerungsversuche über

Kontextbedingungen zu begreifen sind. Die genauere Betrachtung zeigt vielmehr, dass dies gezielte Steuerungsmaßnahmen einer evaluationsbasierten Qualitätsentwicklung sind, die stark an den beiden gängigen Maximen *traditioneller Qualitätskonzepte* orientiert sind: Output-Kontrolle und Wettbewerb.

Auch die im Hauptteil der Erstfassung des Reformkonzepts vorgestellten Handlungsbereiche lassen sich in ihren Operationalisierungen nicht umstandslos als Kontextsteuerung begreifen. Bei deren Einführung betont die Zukunftskommission erneut, dass die vorgeschlagenen Reformmaßnahmen nicht eine Lösung für sämtliche Herausforderungen und Systemprobleme zu sein beanspruchen, aber an zentralen Punkten ernsthafte und deutlich erkennbare Veränderungsimpulse setzen sollen. Herausgestellt wird wiederum bei allen Einschränkungen die Rationalität des übergreifenden Reformansatzes: „Die Auswahl der Handlungsbereiche und Einzelmaßnahmen wurde dabei besonders unter dem Aspekt der optimalen gemeinsamen Wirkung getroffen." (Zukunftskommission 2003, 43) Die Kommission ist daher besorgt darum, dass das Reformkonzept nicht in seiner strategischen Gesamtkonzeption und seinen übergreifenden Perspektiven gesehen und beurteilt wird, sondern nur über Details und Einzelmaßnahmen diskutiert werden könnte. Einer solchen Dynamik des öffentlichen Diskurses, die in Relativismus und Beliebigkeit mündet, wollen die AutorInnen vorbeugen: „Es wäre jedenfalls nicht im Sinne der Intention der AutorInnen, einzelne Elemente aus dem Konzept isoliert umzusetzen, zu verwerfen oder mit anderen Ideen beliebig zu versetzen." (Zukunftskommission 2003, 43) Immer wieder wird also auf die Rationalität der inneren Strukturiertheit des Gesamtkonzepts verwiesen: „Der hohe Anspruch an das Konzept beruht gerade auf den Erwartungen an die Wirkungen der spezifischen Kombination der ausgewählten Maßnahmen." (Zukunftskommission 2003, 43) Die damit evozierte Erwartungshaltung auf eine ausdifferenzierte Systematik, die trotz aller nicht intendierten Nebeneffekte systematisch evaluationsbasierte Steuerung möglich machen würde, wird beantwortet mit fünf Prinzipien.[28] Die fünf Prinzipien eröffnen – aufgrund ihrer notwendigen Abstraktheit als Prinzipien – zahlreiche Ansatzpunkte für eine evaluationsbasierte Qualitätssicherung, die im Sinne

---

28 „Nach gründlicher IST-Stand-Analyse der Stärken und Schwächen, der Setzung allgemeiner Ziele und der sorgfältigen Abwägung möglicher Chancen und Konsequenzen schlägt die Zukunftskommission ein breites Spektrum notwendiger Maßnahmen vor. Diese folgen einer Gesamtstrategie, die an fünf Prinzipien orientiert ist, die wir als zentral wichtig annehmen." (Zukunftskommission 2003, 44) Die fünf Prinzipien lauten dann:
   1. Systematisches Qualitätsmanagement
   2. Mehr Transparenz durch System-Monitoring
   3. Mehr Autonomie und Eigenverantwortung der Schulen
   4. Professionalisierung des lehrenden Personals
   5. Deutlich mehr Ressourcen für Unterstützung, F & E

konkreter Reformmaßnahmen operationalisiert werden müssen.[29] Transparent wird im Folgenden aber nicht, *welche Kriterien* für die „gezielte Auswahl" (Zukunftskommission 2003, 47) grundlegend waren. Als Ergebnis werden als Derivate dieser Prinzipien 30 konkrete Maßnahmen zur Umsetzung der Reform genannt, die zudem sieben Handlungsbereichen zugeordnet sind (vgl. Zukunftskommission 2003, 47ff.).[30] Viele der Maßnahmen erscheinen in der Folge als sinnvoll und angemessen. Unklar bleibt aber gerade der anvisierte, für ein umfassendes evaluationsbasiertes Steuerungskonzept notwendige innere Zusammenhang. Da dieser für die „umfassende Reform" unabdingbare Zusammenhang nicht transparent kommuniziert wird, wird die angestrebte Differenz zu den bereits laufenden Bemühungen nicht deutlich.[31]

Verstärkt wird dieser Eindruck durch die additiv, d.h. kontextuell nicht angeschlossenen Forderungen, die im Anschluss an die fünf Prinzipien erhoben werden: „Zusätzlich empfehlen wir dem BMBWK[32] drei konkrete neue Forschungsvorhaben. Deren Ergebnisse könnten zu weiteren wichtigen Reform-

---

29 Zu dieser Operationalsierung heißt es im Bericht der Kommission: „Zur praktischen Umsetzung dieser Strategien wird aus der Fülle möglicher Handlungsalternativen eine gezielte Auswahl von konkreten Handlungsempfehlungen vorgeschlagen. Diese sind selbstverständlich nur ein Teil aller potentiell möglichen Eingriffsmöglichkeiten oder bildungspolitischen Handlungsfelder. Die Auswahl wurde von Überlegungen zu den Stärken und Schwächen des Systems [...], den angestrebten Qualitäts-, Bildungs- und Unterrichtszielen sowie zu unseren Effizienz-Kriterien [...] geleitet." (Zukunftskommission 2003, 47)

30 Bezogen auf die avisierte Systematik bleiben dann an dieser Stelle viele Fragen offen: Warum 30 konkrete Maßnahmen und nicht 20 oder 40? Eine Beschränkung ist selbstverständlich notwendig, aber warum gerade diese Maßnahmen und nicht die 50 anderen? Lassen diese 30 konkreten Maßnahmen sich nur zufällig sieben Handlungsbereichen zuordnen, oder waren die sieben Handlungsbereiche das „latente systematische Kriterium", das die Auswahl der 30 Maßnahmen bestimmte? Demgegenüber betont die Zukunftskommission eine andere Funktion der sieben Handlungsbereiche als Strukturgitter für die Einzelmaßnahmen: „Zugunsten eines besseren Überblicks sind sie [die Maßnahmen; M.H.] nach ihrer inneren Logik zu sieben Gruppen zusammengefasst, die wir als ‚Handlungsbereiche' bezeichnen; jeder diese Bereiche umfasst also mehrere Maßnahmen." (Zukunftskommission 2003, 51)

31 Diese Ambivalenz zwischen dem Anspruch des Gesamtkonzepts und der Operationalisierung in den 30 Handlungsfeldern wird auch an dem immer wieder einschränkenden Formulierungen deutlich. Immer wieder verweisen die AutorInnen auf die Notwendigkeit einer langfristig angelegten und nachhaltigen Reform. In dem Moment aber, in dem sie ihre konkreten Maßnahmen vorstellen, schreiben sie: „Die Reformvorschläge basieren ausschließlich auf ‚pädagogisch' orientierten Strategien. Vorschläge, die Struktur, Verwaltung und ökonomische Aspekte des Schulwesens berühren, erfolgen stets unter der Perspektive, kurz- oder mittelfristig eine Verbesserung des Lehrens und Lernens in der Schule zu erleichtern. Reformvorschläge, die keinen direkten Bezug zu diesem Ziel aufweisen, wurden nicht berücksichtigt." (Zukunftskommission 2003, 48). Das heißt streng genommen: Nur kurz- oder mittelfristige Ziele wurden berücksichtigt, gerade aber nicht langfristige und nachhaltige.

32 BMBWK = Österreichisches Bundesministerium für Bildung, Wissenschaft und Kultur; Anm. M.H.

schritten in zentralen pädagogischen Feldern führen." (Zukunftskommission 2003, 45) An dieser Stelle ergeben sich Irritationen hinsichtlich der notwendigen inneren Strukturiertheit der Gesamtkonzeption. Es könnte sein, dass sich in diesen zusätzlich geforderten Projekten schon die Steuerungsabsicht ausdrückt, die nicht intendierten Nebeneffekte prophylaktisch zu bearbeiten (vgl.o.), da es sich bei diesen Projekten insgesamt um Qualitätsmaßnahmen handelt, die kompensatorisch wirksam wären gegenüber allzu starken, primär von Systemzielen aus gedachten Effektivitätsvorstellungen. Schließlich zielen diese Projekte auf (humanistische), am Individuum ausgerichtete Bildungsziele, die sonst wohl verloren zu gehen drohten, nämlich: Kompensation, Ganzheitlichkeit, Integration.

- *Kompensation* = „Überprüfung der Effektivität des Förderunterrichts unter Einbeziehung möglicher neuer Alternativen" (Zukunftskommission 2003, 46),
- *Ganzheitlichkeit der Bildung* = „Entwicklungsarbeiten für ‚Flächenfächer' in der Sekundarstufe I" (Zukunftskommission 2003, 46),
- *Integration* = „Struktur- und Prozess-Standards zur Sicherung von Qualität in der Sonderpädagogik – auf der Grundlage einer fokussierten Evaluation des gesamten sonderpädagogischen Bereiches." (Zukunftskommission 2003, 46)

Deutlich wird an diesen „Zusatzforderungen" die Notwendigkeit kompensatorischer Maßnahmen innerhalb des Gesamtkonzepts. Die Zukunftskommission zeigt damit erneut ihr Problembewusstsein, das sie insbesondere im ersten Kapitel der Erstfassung bei der Beschreibung der Ausgangslage unter Beweis gestellt hatte. Dort hatte sie beispielsweise die negativen Folgen von Wettbewerb autonomerer Schulen kritisiert (vgl. Zukunftskommission 2003, 21) und unerwünschte Effekte einer Fixierung auf Noten und Berechtigungen für das nachhaltige Lernen angeführt (vgl. Zukunftskommission 2003, 20). Auf diese unproduktive unterrichtsinterne Form evaluationsbasierter Steuerung (Noten sind nichts anderes als eine summative Evaluation) und die unerwünschten Nebeneffekte des Wettbewerbs reagiert sie indessen im Hauptteil ihres Gesamtkonzepts mit einer Qualitätsstrategie, die als Gesamtstrategie betrachtet gerade diese beiden Faktoren potenziert: Wettbewerb und Output-Kontrolle.

An dieser Stelle ergäbe sich im Sinne eines umfassenden Konzepts evaluationsbasierter Steuerung das Desiderat einer systematischen Integration kompensatorischer Maßnahmen als Antizipation nicht intendierter Nebeneffekte. Dieses wurde von der Zukunftskommission selbst formuliert. In dem Konzept ist auch die Antizipation unerwünschter Nebeneffekte verwirklicht, aber kaum eine systematische Integration kompensatorischer Maßnahmen, sondern primär die Fortschreibung evaluationsbasierter Steuerungsversuche. Wie kommt es zu dieser Diskrepanz im Papier der Zukunftskommission? Eine Hypothese hierzu wäre, dass die Kommission gleichsam subkutan doch dem Mythos der gesteuerten Qualitätsentwicklung im Bildungssystem (vgl. Brüsemeister 2002b) erlegen ist. Hinter dem Rücken der Subjekte hat sich damit der alte sozialtechnologische Fortschrittsoptimismus durchgesetzt, den man durch die Kritik an den transintentionalen Wirkungen der neuen Steuerungsmodelle immer schon überwunden glaubte.

Trotz einiger konzeptioneller Veränderungen und Straffungen bleibt die Grundorientierung einer evaluationsbasierten Steuerung im Endbericht der Kommission aus dem Jahre 2005 erhalten. Die Veränderungen vom Erstentwurf zum Endbericht müssen hier nicht analysierend einander gegenübergestellt werden, da das Reformkonzept – ohne eine Diskussion der einzelnen Handlungsfelder – nur zur Veranschaulichung der Orientierung an evaluationsbasierter Steuerung dienen sollte.[33] Auch das Papier aus dem Jahre 2005 orientiert sich an diesem Leitbild und kehrt dabei als eines der vier wichtigsten Prinzipien dieser Konzeption auch die Bedeutung von Autonomie innerhalb dieser evaluationsbasierten Steuerung hervor,[34] wobei die AutorInnen explizit auf den in

---

33 Die AutorInnen des Endberichts stellen selbst folgende Veränderungen gegenüber der Erstfassung heraus:
    – „Manche Reformmaßnahmen wurden weiter detailliert, mehrere Reformmaßnahmen neu aufgenommen (etwa zur Lehrerbildung, zum Förderunterricht, zur Schulpartnerschaft), einige Inhalte haben sich aufgrund von intensiven Expertendiskussionen verändert (z.B. Früherziehung, LehrerInnenausbildung).
    – Die Strukturierung wurde auf fünf Handlungsbereiche gestrafft: Systematische Qualitätsentwicklung an Schulen, Ergebnisorientierung und Qualitätssicherung, Innere Schulorganisation und Autonomie, Professionalisierung und Stärkung des Lehrberufs, Forschungs- und Unterstützungsleistungen und durch ‚Entwicklungsbereiche' (Sonderforschungsprogramme bzw. Expertengruppen) ergänzt.
    – Den meisten Bereichen und Maßnahmen wurden zum besseren Verständnis der Empfehlungen und zur Transparenz der Zusammenhänge innerhalb des abgestimmten Konzepts Umsetzungshinweise und Querverweise hinzugefügt." (Zukunfstkommission 2005, 10)
34 Die Zukunftskommission unterscheidet dabei auch unterschiedliche Formen der Autonomie: „Konkret betrifft die Forderung nach mehr Autonomie zumindest vier Bereiche:
    – Autonomie hinsichtlich der standortbezogenen Nutzung der Spielräume in den Lehrplänen (Schwerpunkte), hier wurden z.B. durch die Definition von Kern- und Erweiterungsbereichen, aber auch durch die Rahmenstundentafeln und die Möglichkeit spezifischer Profilbildung bereits neue Freiräume geschaffen;
    – Autonomie hinsichtlich innerer Organisation, der Stundentafel, der Verteilung der Unterrichtszeit, der Schulorganisation und der Betreuungsformen,
    – Autonomie hinsichtlich personeller Fragen (Lehrereinstellung und Schulleitung)
    – sowie Autonomie hinsichtlich der finanziellen Ressourcenverwendung (so genannte Globalbudgets). Von der Autonomieforderung ausgeschlossen bleibt die Schülerselektion, d.h.

Kapitel 3.3 benannten Zusammenhang von Verantwortungsübertragung, wechselnden Verfügungsrechten und der Nötigung zur Explikation von Handlungsrationalität durch Rechenschaftslegung verweisen. Schlagwortartig und in Fettdruck hervorgehoben formulieren die AutorInnen der Zukunftskommission (2005, 19) als zweites Grundprinzip:

„Mehr Autonomie und mehr Selbstverantwortung – erhöhter Handlungsspielraum bei transparenter Leistung und Rechenschaftspflicht"

Die darin im Kern enthaltene Vorstellung eines unmittelbaren Zusammenhangs zwischen Autonomie als Verantwortungsübernahme und Evaluation als Explikation von Handlungsrationalität durch Rechenschaftslegung soll im Folgenden durch einen etwas längeren Passus aus dem Endbericht der Kommission illustriert werden:

„In konsequenter Weiterführung einer bestehenden bildungspolitischen Initiative soll die Selbstständigkeit und Eigenverantwortung der einzelnen Schulen weiter gestärkt werden (z.B. durch personelle und finanzielle Autonomie, Leistungsvereinbarungen und Planungssicherheit), bei gleichzeitiger Beseitigung von unterrichtsorganisatorischen Barrieren (z.B. Eröffnung neuer pädagogischen Möglichkeiten im Bereich der Unterrichtszeit, der Arbeitszeitregelungen) und der Optimierung mancher Bereiche der Schulorganisation (z.B. sprachliche Frühförderung, optimierter Schulbeginn, Schulsprengel und Wettbewerb). Jede Erhöhung von Autonomie bedeutet allerdings gleichzeitig eine vermehrte Rechenschaftspflicht der Schulen über die erzielte Schulqualität.
Auch dieses Prinzip soll auf allen Ebenen wirksam werden. Jede einzelne Lehrperson, jede Schule, aber auch das Schulsystem als Ganzes müssen zur Steuerung ihrer Aktivitäten über möglichst objektive diagnostische Daten verfügen. Jede systematisch geplante Entwicklungsarbeit bedarf solcher aussagekräftiger Diagnosesysteme im Hinblick auf die Bewertung von Ausgangsbedingungen und Wirkungen von Innovationen. Wichtig ist dabei auch die Erhöhung der ‚Systemtransparenz' durch Schaffung bzw. Ausbau von geeigneten, zusammenhängenden Datenbeständen, vor allem von Indikatoren zur jeweiligen Systemqualität, insbesondere der Qualität der Ergebnisse." (Zukunftskommission 2005, 19f.)

Die Vorstellungen von *Gestaltungsautonomie* (vgl. Kap. 4.2) sind damit in dem evaluationsbasierten Steuerungsmodell der Zukunftskommission immer noch als tragendes Element enthalten: „Die Zukunftskommission empfiehlt, die Schulautonomie der Standorte weiter zu vergrößern und den Schulen mehr

---

öffentliche Schulen dürfen sich ihre SchülerInnen nicht selbst aussuchen." (Zukunftskommission 2005, 61)

Freiheit, Selbstständigkeit und Eigenverantwortung zu geben." (Zukunftskommission 2005, 61) Auffällig ist allerdings, dass die Form der *Grauzonenautonomie*, die von Bastian als Nukleus der Autonomiereform beschrieben wurde (vgl. Kap. 4.1), hier nicht mehr thematisch ist. Selbst die stärker regulierte und durch die Schulautonomie verstärkt institutionalisierte Form der LehrerInnenautonomie (*Gestaltungsautonomie*) wird hier mit einem deutlichen Akzent hin zum Evaluationsaspekt thematisiert. Die für solche Evaluationen auch benötigte Diagnosefähigkeit wird breit thematisiert, während die Autonomie der Ziele kaum noch Erwähnung findet und indirekt sogar als eingeschränkt erscheint, wenn auf eine Abstimmung der Ziele insofern referiert wird, als im Sinne einer „Erhöhung der ‚Systemtransparenz'" die Schaffung bzw. der Ausbau von „geeigneten, zusammenhängenden Datenbeständen" und „vor allem von Indikatoren zur jeweiligen Systemqualität, insbesondere der Qualität der Ergebnisse" (s.o.) gefordert wird. Es ist innerhalb einer solchen evaluationsbasierten Argumentation leicht vorstellbar, wie die Kreativität der autonomen Zielsetzung von LehrerInnen durch eine solche Koordination im Hinblick auf eine gemeinsame Datenbasis und ein Indikatorensystem gelähmt wird. Gleichzeitig erscheint die Autonomie aber weiterhin als eine Kraft der Systemreform, auf die die AutorInnen der Zukunftskommission innerhalb ihres Konzeptes einer „evaluationsbasierten Steuerung" nicht verzichten können.

5.2 Eine *Reduktionsthese* und eine *Optionenthese* zum Status von Autonomie innerhalb der Konzeption einer evaluationsbasierten Steuerung

> *„Beim metaphorischen Gerede über ‚entwickeln', ‚steuern', neuerdings auch ‚vermessen' scheint man den semantischen Unterschied von Bildspender und Bildempfänger gelegentlich zu vergessen. In dieser Sprachvergessenheit kommt vielleicht der illusionäre Charakter von Allmachts- und Ohnmachtsphantasien zum Vorschein, die Entwicklern wie Steuerleuten und Vermessern allesamt eigen sind."*
> *(Maritzen 2000, 216)*

Der Status der zuvor (vgl. Kap. 4) beschriebenen unterschiedlichen Autonomieformen (*Grauzonenautonomie, Gestaltungsautonomie, evaluationsbasierte Autonomie*) im Kontext des evaluationsbasierten Steuerungsmodells der Zukunftskommission erscheint – zumindest für die LehrerInnen – als ambivalent. Einerseits wird auf die vorgängige Autonomiepraxis als notwendige und schützenswerte Reformpraxis verwiesen, andererseits ist sie aber durch die neue

Qualität der Evaluationsorientierung überformt. An dieser Stelle wird deutlich, wie sich innerhalb der Reformpraxen der letzten Jahre die Wahrnehmungsweise verschoben hat, indem das Fundament, von dem aus argumentiert wird, verändert wurde:

- Die Schulentwicklung in den 90er Jahren war eine „autonomiebasierte Schulreform", innerhalb derer (insgesamt betrachtet) zunehmend die Notwendigkeit zusätzlicher Evaluationsmaßnahmen akzeptiert wurde.
- In etwa mit der Jahrtausendwende scheint dieser Zusammenhang zunehmend „von den Füßen auf den Kopf" gestellt zu werden, indem die Vorstellung der „evaluationsbasierten Steuerung" zum Fundament wird, von dem aus der Sinn und der Zweck von Autonomie innerhalb der Schulentwicklung bestimmt wird.

Mit dieser Diagnose eines Wechsels der Basis (von „autonomiebasiert" zu „evaluationsbasiert") ist der Angelpunkt benannt, an dem analysiert werden muss *ob, wie* bzw. *an welchen Stellen nicht* dieser Perspektivenwechsel auch von allen AkteurInnen innerhalb des Mehrebenensystems vollzogen wurde.

An anderer Stelle haben wir (Altrichter/Heinrich 2006) beschrieben, wie dabei der Evaluation gegenwärtig im Spannungsfeld gewachsener „Schulautonomie" und neu gewonnenen Gestaltungsfreiräumen einerseits und Steuerungs- und Legitimationsbedürfnissen im Mehrebenensystem andererseits eine Doppelfunktion zukommt, die darin besteht, LehrerInnen sowie Schulen zur Formulierung und „Selbstevaluation" ihrer Ziele (in Schulprogrammen) anzuregen, um sie so zur aktiven Nutzung von Gestaltungsfreiräumen, d.h. ihrer Autonomie zu bewegen, und andererseits durch externe Evaluationen, auf Bildungsstandards bezogene Leistungsuntersuchungen und „Systemmonitoring" Ergebnisse dokumentiert und kontrollierbar gemacht werden, die dann den übergeordneten Ebenen Daten und Zugriffsmöglichkeiten für ihre Steuerungsabsichten liefern sollen:

„Durch diese *Doppelfunktion der Evaluation* erzeugt die prima facie so plausible Vorstellung eines ,*evaluationsbasierten Steuerungskonzeptes*' Irritationen. Zwar wird kaum ein Diskutant bestreiten, dass jedwede Form der Steuerung der Information bedarf und daher ein Steuerungskonzept nicht auf Daten aus Evaluationen verzichten kann. In der gegenwärtigen Konstellation treffen aber unterschiedliche, in deutschsprachigen Bildungssystemen ohnehin nicht tief verwurzelte Konzepte von Evaluation und Steuerung aufeinander, die das scheinbare Einverständnis stören. Die Skeptiker der internen Evaluation und der Selbstevaluation sehen sich in ihrem Vorurteil bestätigt, dass Evaluation letztlich immer auf Kontrolle hinauslaufe, wenn nun parallel eine Re-Zentralisierungstendenz einsetzt und eine verschärfte Rechen-

schaftslegung von Qualitätsmanagement und Systemsteuerung reklamiert wird."
(Altrichter/Heinrich 2006, 55f.)

Die dort angeführten Irritationen indizieren Brüche im Konzept einer evaluationsbasierten Steuerung. In jenem Beitrag haben wir vier Thesen über Stolpersteine der Realisierung eines evaluationsbasierten Steuerungskonzeptes zur Diskussion gestellt, wobei diese Thesen ein (near) worst case-Szenario beschrieben und in der Hoffnung formuliert wurden, das Eintreten eines solchen zu verhindern.[35]

In der vorliegenden Arbeit soll nun näher bestimmt werden, welche Rolle den sich transformierenden Autonomievorstellungen innerhalb dieses Problemkomplexes zukommt, wenn danach gefahndet wird, wo durch Akzeptanzprobleme der AkteurInnen die Rationalität eines evaluationsbasierten Steuerungsmodells konterkariert wird. Benz hat aus governancetheoretischer Sicht beschrieben, wie eine solche Transformation von einem gewachsenen Status quo zu einer Neuerung vorstellbar ist. Wendet man dessen politikwissenschaftlichen Ansatz auf die Bildungspolitik an, dann wir deutlich, an welchen Stellen die Beobachtung ansetzen muss, um den Übergang von der autonomiebasierten Schulentwicklung zur evaluationsbasierten Steuerung als ein Phänomen zu diskriminieren, mit dem versucht wird, auf ein Reformproblem zu reagieren:

„Wie ein Problem zu lösen und wie eine Aufgabe zu erfüllen ist, entscheidet sich in politischen Prozessen. Kriterien für ein objektiv richtiges Politikergebnis gibt es daher grundsätzlich nicht. Allerdings lassen sich zwei generelle Kriterien definieren, an denen sich die Analyse von Governance im Mehrebenensystem orientieren

---

35 An dieser Stelle (vgl. ausf. Altrichter/Heinrich 2006) haben wir die folgenden vier Thesen zu Evaluations-Steuerungs-Brüchen formuliert und argumentiert:
These 1 (Unterkomplexe Steuerungsmodelle): Das Wirkungsmodell der Innovation „Rationalisierung der Steuerung durch Evaluation" ist an entscheidenden Stellen lückenhaft und nicht durch plausible Argumentation und empirische Erfahrung gestützt.
These 2 (Akzeptanzprobleme): Schulentwicklung und „Neue Steuerungsmodelle" unterstellen ein (partiell) verändertes Bild des Lehrerberufs. Bisher ist es nicht gelungen, LehrerInnen realistische und einigermaßen akzeptable Pfade für die Transformation von Berufsbewusstsein und -qualifikation anzubieten. Daraus entstehende Akzeptanzprobleme konterkarieren die Bemühungen zur Rationalisierung von Steuerung durch Evaluation.
These 3 (Dünne Implementationskonzepte): Angesichts des zunehmenden Wunsches, die Innovationen nicht nur in Modellprojekten, sondern auch „auf ganzer Breite" umzusetzen, und steigender budgetärer Beschränkungen besteht die Gefahr, dass die Unterstützung der Implementation der Neuerungen immer lückenhafter wird.
These 4 (Redimensionierung der Innovation): Angesichts lückenhafter „Wirkungsmodelle", des wachsenden Widerstands der LehrerInnenschaft und unzureichender Implementationsvorbereitung, -begleitung und -kontrolle werden die Steuerungsinnovationen höchst partial implementiert und an die bestehende Kultur der Schule angepasst.

kann: Zum einen kann davon ausgegangen werden, dass Entscheidungen, die auf der Tagesordnung eines politischen Systems stehen, darauf gerichtet sind, einen bestehenden Zustand zu ändern. Ob und in welchem Maße Politik dazu in der Lage ist, kann als ein Qualitätsmerkmal gelten. Zum zweiten müssen politische Entscheidungen bei den Betroffenen akzeptiert werden. Das Ausmaß der Akzeptanz stellt daher ein zweites Qualitätskriterium für die Bewertung von Politik dar. In Mehrebenensystemen ist die gleichzeitige Erreichung von Entscheidungen, die den Status quo ändern und die Zustimmung innerhalb der jeweiligen Gebietseinheiten (und zwar sowohl der größeren wie der kleineren) alles andere als leicht zu erreichen. Deswegen ist mit diesen beiden zunächst fast trivial erscheinenden Kriterien bereits eine relativ hohe ‚Messlatte' angelegt. Die Qualität von Politikergebnissen ergibt sich aus der Kombination beider Maßstäbe [...]." (Benz 2004c, 132)

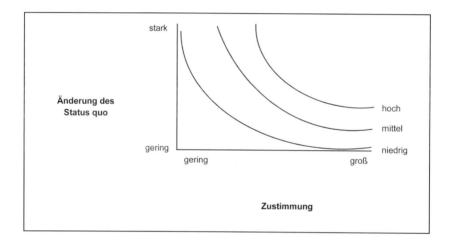

Abb. 2: Qualitätsniveaus von Politikergebnissen in der Mehrebenenpolitik nach Benz (2004c, 132).

Nimmt man diese Bestimmungen von Benz als Ausgangspunkt für den Status der Novellierung der Steuerung vom autonomiebasierten zum evaluationsbasierten Modell, dann wird deutlich, dass sowohl hinsichtlich der Handlungskoordination zur Änderung des Status quo als auch hinsichtlich der Zustimmungsfähigkeit gegenüber dem neuen Modell noch Lücken bestehen:

„Das grundlegende Problem der Politik im Mehrebenensystem besteht darin, dass beide Anforderungen an politische Steuerung in unterschiedlichen Strukturkontexten ('Arenen') zu erfüllen sind. Die Änderungen des Status quo erfordert die Koordination der Politik zwischen Ebenen oder Einheiten, weil die entsprechende Macht, dies zu bewirken, aufgeteilt ist. Die Zustimmung zu den Änderungen ist aber innerhalb der Ebenen zu erreichen, d.h. in Gesellschaften oder ihren Repräsentationsorganen, deren Wahrnehmungs- und Handlungshorizont in unterschiedlicher Weise territorial begrenzt ist." (Benz 2004a, 132)

Die Darstellung der Anforderungen an politische Steuerung im Mehrebenensystem verweist im Zusammenhang der Frage nach dem Status der Autonomie innerhalb der evaluationsbasierten Steuerung auf zweierlei:

1. Wenn erstens die Änderungen des Status quo die Koordination der Politik zwischen Ebenen oder Einheiten erforderlich macht, dann wird deutlich, dass dies innerhalb der Transformation von der autonomiebasierten zur evaluationsbasierten Steuerung noch nicht stattgefunden hat. Die Analyse des Reformkonzepts der Zukunftskommission beispielsweise hat gezeigt, dass die AutorInnen die Notwendigkeit eines Zusammenspiels der verschiedenen Reformansätze (autonomiebasiert sowie evaluationsbasiert) erkannt haben und eine koordinierte Vorgehensweise einforderten – allerdings ohne in ihrem Modell die Modi einer solchen konzertierten Aktion und die dafür notwendigen Steuerungswege angeben zu können, sodass ein übergeordneter Referenzrahmen fehlte, innerhalb dessen beispielsweise das Zusammenspiel der unterschiedlichen Handlungsbereiche im Sinne einer koordinierten, mit gleichen Maßstäben und Instrumenten arbeitenden Politik gedacht werden könnte. So hatte ja bereits auch Lassnigg die Vernachlässigung der komplexen Eingebettetheit der Einzelschule innerhalb eines unterkomplexen „Zwei-Ebenen-Aggregationskonzepts" inkriminiert und unter Verweis auf die Bedeutung der intermediären Steuerungsebenen angemerkt, dass bei näherer Betrachtung der verschiedenen Aggregationsebenen deutlich werde, „dass die Lokalisierung der Steuerungsmechanismen sowohl auf der theoretischen Ebene als auch auf der empirischen Ebene mit beträchtlichen Lücken und Inkonsistenzen behaftet ist." (Lassnigg 2000, 115)
2. Wenn zweitens die Zustimmung zu den Änderungen nach Benz innerhalb der Ebenen zu erreichen ist, dann wird angesichts der bereits beschriebenen Irritationen (vgl. ausf. Altrichter/Posch 1999; Altrichter 2000a; Altrichter/Heinrich 2006; Heinrich/Altrichter 2007) deutlich, dass zumindest auf der Einzelschulebene und der Ebene des Professionsbewusstseins einzelner LehrerInnen die Zustimmung zu diesem Wechsel von einer autonomiebasierten zu einer evaluationsbasierten Steuerung nicht vorauszusetzen ist, sondern vielmehr die vielerorts zu verzeichnenden Formen des Widerstands andeuten, dass hier noch eine mangelnde Akzeptanz gegenüber dieser Ver-

schiebung zu konstatieren ist. Die AutorInnen der Zukunftskommission verweisen selbst auf die im österreichischen Schulwesen „unterentwickelte Evaluationskultur" (Zukunftskommission 2003, 41)

Auf den ersten Blick erscheint der Versuch einer evaluationsbasierten Steuerung, wie er beispielsweise auch in dem Konzept der Zukunftskommission vorgestellt wurde, als nur geringe Veränderung der Steuerungsform, d.h. als niederschwellige Innovationsmaßnahme, wenn man die Evaluationsbasierung als konsequente Fortführung einer Autonomiepolitik mit daran gekoppelter Rechenschaftslegung liest. Eine solche Sichtweise negiert allerdings die aus der Professionstradition herrührende Wahrnehmungsweise von Autonomie durch die LehrerInnen, die ihre pädagogischen Verantwortlichkeiten primär an ihrem je konkreten Arbeitsplatz verwirklicht sehen und zunächst einmal nicht in Organisationsformen oder gar auf noch höherer Aggregationsebene in schulsystemrelevanten Größen denken (vgl. Altrichter/Gather-Thurler/Heinrich 2005; Gather-Thurler/Perrenoud 2005):

Diesen Tatbestand berücksichtigend erscheint es dann sinnvoller, wie oben ausgeführt wurde, den Wechsel von der „autonomiebasierten Schulreform" in den 90er Jahren (innerhalb derer insgesamt die Notwendigkeit zusätzlicher Evaluationsmaßnahmen allenfalls akzeptiert wurde) hin zu einer „evaluationsbasierten Steuerung" (innerhalb derer Evaluation zum Fundament wird, von dem aus der Sinn und der Zweck von Autonomie innerhalb der Schulentwicklung bestimmt wird) als kopernikanische Wende zu betrachten, d.h. Zentrum und Peripherie werden vertauscht.

Wenn man diese Charakterisierung des Wechsels von der Autonomiebasierung zur Evaluationsbasierung damit als eine „starke Änderung des Status quo" begreift und zudem – zumindest auf der Ebene der Einzelschule und der einzelnen Lehrkräfte – die „Zustimmung" zu diesem Wechsel als gering einstuft, dann ergäbe sich nach dem Modell von Benz (vgl. die Abb. oben) eine schlechte Bilanz für den vom evaluationsbasierten Steuerungsmodell ausgehenden Reformimpuls, i.e. ein „niedriges Qualitätsniveau" der Handlungskoordination im Mehrebenensystem.

Wenn auf der Ebene der Bildungspolitik nun zunehmend die Vorstellung einer evaluationsbasierten Steuerung Zustimmung findet, dann wird die Zustimmung zu diesem Neuen Modell auf den unteren Ebenen des Mehrebenensystems zum neuralgischen Punkt für eine Steigerung des Qualitätsniveaus dieser Innovation.

Wie aber ist die versagte bzw. bislang noch ausstehende Zustimmung der Basis zum Wechsel von der autonomiebasierten Steuerung zur evaluationsbasierten Steuerung zu erklären? Hierzu möchte ich zwei Thesen formulieren:

- *Reduktionsthese:* Im Zuge der Transformation von der autonomiebasierten Steuerung zur evaluationsbasierten Steuerung verändert sich die Akteurskonstellation in einer Weise, die dazu führt, dass sich die Verfügungsrechte und die Definitionsmacht zur Zielbestimmung für die LehrerInnen reduzieren.

- *Optionenthese:* Innerhalb der von der Bildungspolitik und vom erziehungswissenschaftlichen Diskurs – zum Teil auch durch Definitionsmacht – forcierten evaluationsbasierten Steuerung und der damit transformierten Autonomievorstellung (evaluationsbasierte Autonomie) schwindet bei den AkteurInnen in den Schulen das Bewusstsein von den Möglichkeiten, die durch die Autonomiepolitik der vorangegangenen Jahre durch zum Teil erhöhte Gestaltungsfreiräume geschaffen wurden (Gestaltungsautonomie) oder davor schon bestanden (Grauzonenautonomie) und immer noch bestehen.

Im nun folgenden empirischen Teil möchte ich diesen beiden Thesen nachgehen. Da es sich bei der in den Thesen behaupteten Entwicklung um eine Transformation handelt, die letztlich als für das ganze Schulsystem relevant behauptet wird, dieses als Ganzes in seiner Extension jedoch nur schwerlich Gegenstand einer qualitativen empirischen Untersuchung sein konnte, musste ein Fokus der Analysen gefunden werden, der einerseits eine Operationalisierung der Untersuchungen erlaubte, andererseits aber zugleich als für den gesamten Gegenstandsbereich aussagekräftig plausibilisiert werden konnte. Ich werde im folgenden Kapitel argumentieren, dass das Reformprojekt der „administrativ verordneten Schulprogrammarbeit" als Untersuchungsgegenstand diesen Kriterien in besonderem Maße entspricht.

6. Administrativ verordnete Schulprogrammarbeit als geeigneter Gegenstand für empirische Governanceanalysen zur Transformation von Autonomievorstellungen

> *„Die verbindliche Einführung von Schulprogrammen*
> *ist eine Mehrebenen-Unternehmung oder ein*
> *Jointventure des Lernens."*
> *(Maritzen 2000, 223)*

Die Schulprogrammarbeit erweist sich als geeignetes empirisches Substrat, an dem sich die Transformation der Autonomieidee hin zu Vorstellungen einer evaluationsbasierten Steuerung deutlich machen lässt, da sie beide zu analysierenden Elemente als zentrale Merkmale enthält: die Autonomievorstellung und die Evaluationsorientierung. Der in den beiden zuvor formulierten Thesen (*Reduktionsthese* & *Optionenthese*) infrage stehende Wechsel von der *Gestaltungsautonomie* zur *evaluationsbasierten Autonomie* wird allerdings hier nur in einer besonderen Konstellation bedeutsam, nämlich dann, wenn die Schulprogrammarbeit zum evaluationsbasierten Steuerungsinstrument wird, wie es ganz deutlich bei der *administrativ verordneten Schulprogrammarbeit* der Fall ist.

Als exemplarische Dokumentation für den Übergang von der autonomiebasierten zur evaluationsbasierten Steuerung kann die folgende Selbstdarstellung der nordrhein-westfälischen Initiierung der Schulprogrammarbeit durch das Kultusministerium gelten, die sehr deutlich die von Bastian (1998b) rekonstruierte Entwicklungsgeschichte der Autonomiebewegung und deren zunehmender Wahrnehmung durch die Kultusadministration bestätigt (vgl. Kap. 1.1)[36] und zugleich den Übergang zur evaluationsbasierten Steuerung markiert, innerhalb derer die Schulprogrammarbeit dann offiziell vorgeschrieben wird:

„Schulprogramme haben in Nordrhein-Westfalen eine über fünfzehnjährige Tradition. Im Jahre 1985 tauchte der Begriff Schulprogramm zum ersten Mal in den Richtlinien der Grundschule auf. In den Folgejahren wurde die Aufforderung an die Schulen, Schulprogramme zu erstellen in alle neu erscheinenden Richtlinien für die verschiedenen Schulformen aufgenommen.

In dieser *ersten Phase* der Schulprogrammarbeit in Nordrhein-Westfalen, die von 1985-1995 dauerte, erschienen zur Umsetzung der Impulse der Richtlinien erste noch sehr offene Orientierungen für die Schulen in der Form von meist schulform-

---

36 Als vergleichbare Dokumente einer solchen historischen Rekonstruktion vgl. für Hamburg: Maritzen (2000, 216ff.) und für Hessen in der Zusammenschau die Dokumente von Holzapfel (1996; 1997;1998) und Wolff (2001).

bezogenen Handreichungen und Materialsammlungen. Verschiedene Fortbil-
dungsmaßnahmen, in denen es um Unterstützung von Schulentwicklung ging, nahmen sich des Themas an. Schulprogrammarbeit begann in dieser Phase in den Schulen Fuß zu fassen. Die Entwicklung der Schulprogrammarbeit verlief, da ein konkreter Auftrag und ein einheitlicher Handlungsrahmen noch fehlten, relativ hetero-
gen getragen von dem Interesse und der Veränderungsbereitschaft vieler Schulen.
Die Denkschrift ,Zukunft der Bildung – Schule der Zukunft' der nordrhein-
westfälischen Bildungskommission vom Oktober 1995 leitete dann die *zweite Phase* der Schulprogrammarbeit in Nordrhein-Westfalen ein, die Ende des Jahres 2001
abgeschlossen wurde. Die Denkschrift enthielt Vorschläge für ein umfassendes
Qualitätssicherungssystem. Sie gab mit ausführlichen Hinweisen zur ,Selbstgestal-
tung und Verantwortung der Einzelschule' und zu Instrumenten wie Schulprogramm und Evaluation bedeutsame Impulse zur Verankerung von systematischer
Qualitätsentwicklung und Qualitätssicherung in Nordrhein-Westfalen.
Eine erste zusammenfassende Umsetzung der Impulse der Denkschrift in ein Handlungskonzept stellte dann das Entwicklungskonzept ,Stärkung der Schule' vom
März 1997 dar. Handlungsleitend waren dabei die Erkenntnisse über die Bedeutung
der einzelnen Schule als der für die Qualität schulischer Arbeit und ihrer Ergebnisse
zentral bedeutsamen Handlungseinheit.
Mit Erlass vom 25.06.1997 (BASS 12-23 Nr.1) wurde für alle eine verbindliche
Verpflichtung zur Erstellung von Schulprogrammen bis zum Jahr 2000 (später auf
das Datum 31.12.2000 präzisiert) festgelegt. Parallel wurde eine Präzisierung und
Vereinheitlichung des nordrhein-westfälischen Verständnisses von Schulprogramm
und Schulprogrammarbeit in Angriff genommen [...]. Gleichzeitig wurden die
grundsätzlichen Orientierungen für das Verständnis von Evaluation und für eine
Praxis vor allem von schulinterner Evaluation geklärt." (MSWF 2002, 7f.)

Aus der Sicht des Ministeriums markiert die bereits zuvor im Zusammenhang
mit der Zukunftskommission Österreichs erwähnte Denkschrift der Rau-
Kommission den Wendepunkt von einer heterogenen und auf Freiwilligkeit
beruhenden, d.h. autonomiebasierten Schulprogrammarbeit zur Schulprogrammarbeit als integrativem Moment eines „umfassenden Qualitätssicherungs-
systems" (s.o.), i.e. der Vorstellung einer evaluationsbasierten Steuerung.[37]
    Der Wechsel von der freiwilligen zur administrativ verordneten Schulpro-
grammarbeit stellt somit historisch gesehen einen Kristallisationspunkt dar, an
dem sich die „kopernikanische Wende von der Autonomiebasierung zur Evaluationsbasierung" (vgl. Kap. 5.2) vollzieht. Aus governancetheoretischer Perspektive wird damit das Schulprogramm zum Instrument des Versuchs der „Rückgewinnung und Effektivierung von Steuerung" (Lange 1999a, 426), wie sie in
Kapitel 4 beschrieben wurde: „Das Schulprogramm wird für die Schulaufsicht
also Anlass und Medium zugleich, [...] die verlorene Kontrolldichte und Schul-

---

37 Vgl. hierzu auch das 3-Phasen-Modell in Altrichter/Brüsemeister/Heinrich 2005.

nähe wiederherzustellen [...]." (Maritzen 2000, 218) Die Schulprogrammarbeit erhält damit – nimmt man die Aussage von Maritzen wörtlich („Anlass und Medium zugleich") – beim Übergang von der Autonomiebasierung zur Evaluationsbasierung eine Doppelfunktion: Einerseits ist die Nutzung des Instrumentes „Schulprogramm" bereits Ausdruck der Hinwendung zur Evaluationsorientierung, andererseits scheint die Weiterentwicklung eben dieses Instruments zu einem Steuerungsinstrument, wie sie von Maritzen beschrieben wurde, auch ein Movens des Wechsels zur Evaluationsorientierung gewesen zu sein. Der die unübersichtliche Heterogenität der *Grauzonenautonomie* aufgreifende und der die *Gestaltungsautonomie* steuerungstheoretisch fundierende Zugriff auf dieses Reforminstrument durch die administrative Verordnung kann auch als „Entwicklungsprozess der Steuerungspolitik" gelesen werden. Der forschungstheoretische Anspruch der folgenden empirischen Studien geht indessen nicht so weit, die Schulprogrammarbeit als „zentrales Movens" der Entwicklung von der Autonomiebasierung zur Evaluationsbasierung zu behaupten. Hierfür wären viel weiter reichende empirische Studien zu unternehmen. Aber es ist Ziel der folgenden Untersuchungen, die Arbeit mit dem Instrument der Schulprogrammarbeit als zumindest „*einen* Baustein" des Entwicklungsprozesses nachzuweisen – neben anderen zentralen Elementen wie beispielsweise dem internationalen Druck durch die TIMSS- oder PISA-Studien oder etwa der Diskussion um „Bildungsstandards". Wenn ich im Folgenden von der Schulprogrammarbeit als einem „Kristallisationspunkt" der Entwicklungen spreche, dann stellt dies den Versuch dar, anhand eines Ausschnitts der Schulentwicklung den Übergang von einer „Grauzone" zu einer „dezidierten Steuerungspolitik" innerhalb der Autonomiefrage zu rekonstruieren, oder metaphorisch formuliert: Licht in das Dunkel zu bringen, wie es von einer „Grauzonenpolitik" zu einer „offensiven Steuerungspolitik" kommen konnte.[38]

In den folgenden empirischen Untersuchungen wird Material vorgestellt und analysiert, das kurz nach dem Zeitpunkt der offiziellen Einführung administrativ verordneter Schulprogrammarbeit bzw. deren Bearbeitung (d.h. im Sommer/Herbst des Jahres 2002) erhoben wurde. Innerhalb dieses Zeitraums waren die Schulen verstärkt dazu aufgefordert, sich mit dem neuen Instrument auseinander zu setzen. Die dahinter stehende Annahme ist, dass sich die Spezifika eines Transformationsprozesses am klarsten herausarbeiten lassen, wenn die Datensammlung zu einem Zeitpunkt stattfindet, an dem die Vorstellungen über diese Wechsel mittels einer deutlichen Zäsur in den Diskurs eingebracht wurden. Die damit initiierte Aufforderung in „Verhandlungen" bzw. „Aushandlungsprozesse" einzutreten, bewirkt eine neue Qualität der Handlungskoordina-

---

38 Für erhellende Diskussion in diesem Punkt danke ich Thomas Brüsemeister.

tion: Selbst das Ignorieren einer solchen Aufforderung wäre dann Ausdruck einer neuen Akteurskonstellation. Die Bedeutung eines solchen initiierenden Aktes darf daher nicht unterschätzt werden. Die Entscheidung zur administrativen Verordnung von Schulprogrammarbeit ist bezogen auf das Autonomiethema leicht als bedeutsame Zäsur zu plausibilisieren, da mit der Verordnung eine Qualitätsüberprüfung als verbindlich gesetzt ist, die ein zentrales Merkmal evaluationsbasierter Steuerung darstellt.

6.1 Fokussierung einzelner Ebenen im Mehrebenensystem

Entsprechend dem in Kapitel 3.2.1 für diese Studie formulierten governancetheoretischen Anspruch muss das Phänomen der Transformation von Autonomie unter Berücksichtigung des Mehrebenencharakters des Gegenstands analysiert werden. Methodisch stellt sich indessen die Frage, *wie* eine solche „Berücksichtigung des Mehrebenencharakters" innerhalb einer empirischen Studie geleistet werden kann.

Aus rein governancetheoretischer Perspektive dürfte es prinzipiell gesehen kein Argument für eine Vernachlässigung eines bestimmten Teilsystems geben, ohne dass dabei wichtige Informationen und Erkenntnisse unberücksichtigt bleiben würden. Und auch für das hier infrage stehende Phänomen ließe sich anführen, dass beispielsweise gerade die Frage nach der Einbindung des nichtpädagogischen Personals in die Schulprogrammarbeit ein wichtiger Bestandteil der Handlungskoordination werden kann: Welche Raumgestaltung lässt sich vom Kollegium und dem Direktor/der Direktorin beispielsweise gegen den Willen des „Technischen Direktors/der Technischen Direktorin", i.e. der/die HausmeisterIn durchsetzen? Einmal auf der Suche nach AkteurInnen, die bedeutsam werden könnten, wird deutlich, dass sich hier eine umfangreiche Liste erstellen ließe:

- Welchen Einfluss haben die Eltern auf die Schulprogrammarbeit? (Vgl. Witjes/Zimmermann 2002)
- Wie wichtig ist die räumliche Nähe und Ausstattung von Sportvereinen für eine Schule, die in der Schulprogrammarbeit überlegt einen Schulformschwerpunkt im Bereich Sport zu setzen? (Vgl. Brückel 2003)
- Wie bedeutsam ist die gute oder auch schlechte Kooperation mit der nahe gelegenen Musikschule oder dem Konservatorium für das im Schulprogramm verankerte zusätzliche Angebot im Bereich Musik? (Vgl. Johanns/Horak 2001)

- Ist die Aktivität und Finanzkraft des Fördervereins ein wesentlicher Aspekt für die Überlegungen zur Einrichtung von Laptop-Klassen? (Vgl. Altrichter/Prexl-Krausz/Soukup-Alrichter 2005)
- Kann die Schulprogrammarbeit einer Berufsschule überhaupt ohne eine Analyse des betrieblichen Umfeldes durchgeführt werden? (Vgl. Teichmann 2000)
- Welche Bedeutung haben etwa die Einrichtungen des tertiären Sektors für die gymnasiale Oberstufe in einer Universitätsstadt?
- Inwiefern diktiert der „kollektive Akteur" des sozio-ökologischen Umfeldes eine Schulprogrammarbeit in Richtung Disziplinierungsmaßnahmen oder auch in Richtung Peer-Mediation? (Vgl. Wagner 1998)
- Etc.

Eine – governancetheoretisch streng genommen erforderliche – Berücksichtigung aller dieser Kontextfaktoren und der mit ihnen verbundenen AkteurInnen, die das multidimensionale Mehrebenensystem konstituieren, stellt für die meisten Untersuchungsdesigns – so auch für das vorliegende – eine Überforderung dar. Entsprechend musste eine Auswahl der zentralen Ebenen und – damit verbunden – relevanter Akteursgruppen vorgenommen werden. Eine solche Auswahl kann in qualitativer Sozialforschung nur, wenn sie nicht willkürlich sein soll (vgl. Bühler-Niederberger 1995), gegenstandsorientiert stattfinden (vgl. Strauss/Corbin 1996; Glaser/Strauss1998).

Im vorliegenden Fall der Frage nach dem Wandel der LeherInnenauffassungen zur Autonomie innerhalb der administrativ verordneten Schulprogrammarbeit lassen sich zumindest die folgenden Ebenen/AkteurInnen[39] relativ leicht als bedeutsam argumentieren:

1. Die Gesetzgeber als InitiatorInnen bzw. das Gesetz/der Erlass als zentraler Meilenstein für die Schulprogrammarbeit in dieser Form.
2. Die Schulaufsichten als Instanzen, die diese Aufgabe an die Schulen herantragen müssen.

---

39 Wenn man governancetheoretisch von Mehrebenensystemen spricht, dann wäre es eine Einschränkung hierbei nur auf hierarchisch unterscheidbare Ebenen (bspw. Obere Schulaufsicht/Untere Schulaufsicht/Schule etc.) zu referieren. Wenn man vielmehr von einer Multidimensionalität ausgeht, wären eben auch in einem mehrdimensionalen Modell Ebenen zu verorten. Bei einer solchen Bestimmung von Ebenen im multidimensionalen Mehrebenenmodell verschwimmen dann jedoch zuweilen die Grenzen zwischen „Ebenen" und „Akteursgruppen" bzw. es wird schwierig, hier trennscharf zu differenzieren: Sollte bei der Charakterisierung der oben angeführten Ebene 2 eher von „der Schulaufsicht" oder den „SchulaufsichtsbeamtInnen" gesprochen werden? Im Folgenden spreche ich daher auch wechselnd von Ebenen bzw. Akteursgruppen.

3. Die Einzelschule als durch die Schulprogrammarbeit zu entwickelnde Handlungseinheit, die sich in einem Schulprogrammtext ein entsprechendes pädagogisch-didaktisches Programm gibt.

4. Die Schulleitung als vermittelndes Glied zwischen der Schulaufsicht und dem Kollegium in der administrativ verordneten Schulprogrammarbeit.

5. Das Kollegium als kollektiver Akteur, da innerhalb dieses Kreises durch die Schulprogrammarbeit ein erhöhter Bedarf an Handlungskoordination entsteht.

6. Schließlich die LehrerInnen als für die durch die Forschungsfrage vorgegebene Richtung wesentlichsten AkteurInnen.

Die im Folgenden dargestellten Analysen beschränken sich dementsprechend auf diese sechs Ebenen/Akteursgruppen.

6.2 Methodische Operationalisierung der Analysen

Wenn mit dem sozialwissenschaftlichen Konzept „Governance" der Versuch unternommen wird, auf unterschiedlichen Ebenen des Bildungssystems und unter Berücksichtigung der divergierenden Interessen unterschiedlichster AkteurInnen die Komplexität deskriptiv zu fassen, so stellt dies – worauf bereits in der Einleitung dieser Studie hingewiesen wurde – ein Programm dar, das zumeist an der Hyperkomplexität sozialer Systeme scheitert.

Um die Interdependenzen zwischen den verschiedenen AkteurInnen gültig zu beschreiben, wäre es streng genommen notwendig, zunächst die beliefsystems und Modi der Handlungskoordination für die jeweilige Akteursgruppe zu identifizieren und dann einen jeden zur Untersuchung stehenden Teilaspekt aus der jeweiligen Perspektive und unter Berücksichtigung der für diese beliefsystems und Modi der Handlungskoordination immanenten Reproduktionsgesetzlichkeiten sozialer Regelungsstrukturen zu analysieren. Es wird rasch deutlich, dass dieser Anspruch einer Beschränkung bedarf, wenn sowohl Datenerhebung als auch Datenauswertung operationalisierbar bleiben sollen.[40]

---

40 Als weitere – untersuchungspragmatischen, -organisatorischen bzw. finanziellen Bedingungen geschuldete – Beschränkung kommt in der vorliegenden Untersuchung hinzu, dass für die Analyse der Ebenen 1-3 primär Dokumente herangezogen wurden und die Ebenen 4 und 5 nur durch LehrerInneninterviews – schließlich geht es ja um deren Sichtweisen auf die Dinge – in Augenschein genommen werden und nicht zusätzlich SchulleiterInneninterviews oder Feldbeobachtungen auf Schulprogrammkonferenzen stattfanden (vgl. Kap. 9.1).

Die methodische Frage des „*Wie*" einer „Berücksichtigung des Mehrebenencharakters" verlangt damit nach einem Fokus. Dieser Fokus lässt sich nur
sinnvoll unter Rekurs auf die Forschungsfrage finden. In den in Kapitel 5.2
formulierten Thesen (*Reduktionsthese* & *Optionenthese*) war der Ausgangspunkt die Feststellung, dass auf der Ebene der Bildungspolitik sich zunehmend
die Vorstellung einer evaluationsbasierten Steuerung durchsetzte, wodurch die
Zustimmung zu diesem Neuen Modell auf den unteren Ebenen des Mehrebenensystems zum neuralgischen Punkt für die Implementierungsqualität dieser
Innovation wurde. Die Thesen rankten sich entsprechend um die Frage, wie die
versagte bzw. bislang noch ausstehende Zustimmung der Basis zum Wechsel
von der autonomiebasierten Steuerung zur evaluationsbasierten Steuerung zu
erklären sei. Beide Thesen zielten daher zentral auf die Deutungsmuster der
LehrerInnen ab. Zwar ist deutlich hervorgehoben, dass sich diese nicht ohne
Berücksichtigung der Akteurskonstellation und damit entsprechend der von
diesen präferierten und praktizierten Modi der Handlungskoordination analysieren lassen, zugleich ist aber der Fokus des Erkenntnisinteresses auf die „belief-
systems" der LehrerInnen als zentraler AkteurInnen gelegt.

Aus governancetheoretischer Perspektive ist zwar unbestritten, dass auch
belief-systems beispielsweise von SchulaufsichtsbeamtInnen bedeutsam werden, wenn die Modi der Handlungskoordination der LehrerInnen bei der administrativ verordneten Schulprogrammarbeit mit denen der KultusbeamtInnen
konfligieren, aber es macht doch bei der Abwägung einer Reduktion des Unter-
suchungsanspruchs und einer entsprechenden Redimensionierung Sinn, die
LehrerInnensichtweisen bei der Datenerhebung als auch bei der Datenauswertung in den Mittelpunkt der Aufmerksamkeit zu stellen.

Bei den folgenden Untersuchungen zu den unterschiedlichen Ebenen bezogen auf die Autonomievorstellungen innerhalb administrativ verordneter Schulprogrammarbeit wird dem Anspruch auf Mehrperspektivität bei gleichzeitiger
Notwendigkeit forschungstechnischer Operationalisierbarkeit durch eine
Zweiteilung der empirischen Analysen nachgekommen.

In einem *ersten Teil* der empirischen Untersuchungen (vgl. Kap. 8) wird
mithilfe von Einzelfallrekonstruktionen die Analyse der – hierarchisch betrachtet – oberen Ebenen des Schulsystems betrieben. Durch diese Einzelfallrekonstruktionen auf Länderebene, intermediärer Ebene (untere Schulaufsicht) und
der Ebene der Einzelschule soll der Kontext deutlich werden, innerhalb dessen
sich die LehrerInnensichtweisen herausbildeten, die im darauffolgenden *zweiten
Teil* (vgl. Kap. 9) in Form von Argumentationsmustern vorgestellt werden
sollen. Die Einzelfallrekonstruktionen in Kapitel 8 erhalten damit ihre Funktion
als nähere Diskriminierung des Innovationsimpulses (vgl.o.), als dessen Reflexe

dann die Argumentationsmuster erscheinen, die in den LehrerInnensichtweisen (vgl. Kap. 9) deutlich werden.

Bevor allerdings die Einzelfallrekonstruktionen zu den oberen Ebenen vorgestellt sowie die Argumentationsmuster der LehrerInnen präsentiert werden, soll zunächst kurz der Forschungsstand zum Thema „Schulprogrammarbeit" rekapituliert werden (vgl. Kap. 7). Dieses Vorgehen verfolgt einen doppelten Zweck: Zum einen werden die LeserInnen damit in den Gegenstandsbereich eingeführt, anhand dessen die Untersuchungen vorgenommen wurden, zum anderen erlaubt die Rekapitulation des Forschungsstandes schließlich eine Einschätzung des Mehrwerts der dann folgenden Untersuchungen und deren „governancetheoretischer Ausrichtung".

7. Vorausgegangene Untersuchungen zur Implementierung und zu den Wirkungen von Schulprogrammen

„Sage noch einer,
Schulprogrammentwicklung
habe nichts mit Steuerung zu tun. "
(Maritzen 2004, 43)

„Schreiben Sie ein Schulprogramm!", lautet seit einigen Jahren ein Appell an die Lehrerkollegien. Die breite Propagierung von Schulprogrammarbeit als Reforminstrument ist als Phänomen nur im Kontext der (bereits in Kap. 1 & Kap. 5 beschriebenen) bildungspolitischen Entwicklungen der letzten Jahre verständlich (vgl. Bastian 1998b). Nachdem die in den 70er Jahren von Politik und Kultusverwaltung favorisierten Gesamtsystemstrategien zur Reformierung des öffentlichen Schulsystems weitgehend fehlschlugen und sich in den 80er und 90er Jahren der Blick zunehmend auf die Möglichkeiten innerer Schulreform richtete, bedurfte es konkreter Instrumente, um die intendierte Deregulierung, die die Handlungsspielräume der Schulen für eine solche innere Reform vergrößern sollte, vor Ort wirksam werden zu lassen. Das Schulprogrammkonzept erscheint als mögliches Instrument hierfür.

Damit die den einzelnen Schulen zugesprochenen Gestaltungsfreiräume nicht ungenutzt bleiben und die Deregulierung nicht in Ineffizienz und Orientierungslosigkeit der Einzelschule endet, werden die Kollegien dazu aufgefordert, Schulprogramme zu entwickeln, in denen sie pädagogische Zielsetzungen formulieren, diese operationalisieren und schließlich deren Umsetzung evaluieren. Entsprechend wurde auch die zentrale Funktion der Schulprogramme innerhalb des Reformkontextes von Neuem Steuerungsmodell und erweiterter Schulautonomie als Versuch einer standortbezogenen Neukonzeptualisierung der Steuerungsfrage im Schulwesen betrachtet (vgl. Lange 1999a, 426; Maritzen 1999; 2004). Angesichts der zentralen Bedeutung solcher programmatischen Konzeptionalisierungen für Entwicklungsprozesse erhält die Aufforderung an die Schulen, ein Schulprogramm zu erstellen, einen besonderen Stellenwert beim Übergang von der autonomiebasierten Governance zum Leitbild einer evaluationsbasierten Steuerung.

Die rechtliche Zulassung von Handlungsautonomie allein und die sie begleitende Empfehlung von Schulprogrammarbeit erschienen einigen Kultusadministrationen als Impuls zu schwach, um die AkteurInnen vor Ort zu weitreichenden Aktivitäten zu motivieren. Um die Implementierung des Reforminstrumentes zu forcieren, wurde die Schulprogrammarbeit in Deutschland (vgl.

Diegelmann/Porzelle 1998; 1999) daher – anders als in Österreich[41] – mancherorts flächendeckend verordnet, jedoch ein „Blick in die Schulreform-
Regelungen der Bundesländer verdeutlicht, dass das Schulprogramm durchaus
nicht in allen deutschen Bundesländern zu den präferierten Schulentwicklungs-
szenarien zählt. Und auch von den Bundesländern, in denen Schulen ein Schulprogramm erarbeiten sollen, haben bislang nur wenige das Schulprogramm
schulrechtlich verankert." (Holtappels 2004a, 21)[42]

Die folgenden Analysen zur Frage nach der Implementierung und den Wirkungen von Schulprogrammarbeit können nicht unabhängig von diesem Faktum
einer zum Teil verpflichtenden Schulprogrammarbeit diskutiert werden (vgl.
demgegenüber Baulecke 2004b). Dies gilt sowohl in der Hinsicht, dass ver-
pflichtende und freiwillige Schulprogrammarbeit andere Implementierungs- und
damit auch Wirkungsbedingungen vorfinden (vgl. Gruschka et al. 2003) als
auch innerhalb der rechtlich vorgeschriebenen Schulprogrammarbeit unterschiedliche Implementierungsvorstellungen und -konzeptionen vorliegen.[43]

---

41 Zum Versuch des Bundeskultusministeriums in Wien, die Schulprogrammarbeit gesetzlich
    verpflichtend zu machen (Posch/Altrichter 1998, 552; BMUK 1999) und der dann doch wieder
    zurückgenommenen verpflichtenden Regelung vgl. die Rücknahme nach heftigen Diskussionen
    bereits antizipierend Keppelmüller (2000, 252, Anm. 2).

42 Holtappels (2004a, 21) führt hierzu aus: „In den Ländern Baden-Württemberg, Bayern,
    Mecklenburg-Vorpommern, Saarland, Sachsen, Sachsen-Anhalt und Thüringen [ist Schulpro-
    grammarbeit; M.H.] schulrechtlich nicht festgeschrieben und gehört auch nicht zur Regelpraxis
    in der Schulentwicklung; Schulentwicklung wird indes aber durch eine Vielzahl von solchen
    Initiativen, Angeboten und Unterstützungssystemen gefördert, die mit Schulprogrammentwick-
    lung durchaus kompatibel wären. In allen anderen Ländern existieren schulrechtlich geregelte
    Verpflichtungen zur Schulprogrammentwicklung. In Berlin und Rheinland-Pfalz (hier als ‚Qua-
    litätsprogramm') werden Schulprogramme seit kurzer Zeit schulrechtlich verlangt. In Nord-
    rhein-Westfalen ist es auf dem Erlasswege festgeschrieben, in Brandenburg gesetzlich nur für
    ‚Schulen mit besonderer Prägung'. Gesetzlich festgeschrieben für alle Schulen haben das
    Schulprogramm die Länder Bremen, Hamburg, Hessen, Niedersachsen und Schleswig-Holstein.
    Bereits zur verpflichtenden Praxis von Schulentwicklung gehört das Schulprogramm aber erst
    seit längerem in Hamburg, Hessen und Nordrhein-Westfalen; Berlin, Bremen, Rheinland-Pfalz
    und Schleswig-Holstein kommen in neuerer Zeit hinzu. In Niedersachsen wird es zunächst noch
    in einem Pilotprojekt erprobt, in Bremen besteht eine Verpflichtung, aber keine terminliche Set-
    zung. Für sämtliche dieser Länder gilt, dass aller Voraussicht auch eine Evaluation oder der
    Dialog mit der Schulaufsicht demnächst zu den Steuerungsinstrumenten zählen soll."

43 Holtappels (2004a, 21) verweist beispielsweise auf folgende Unterschiede in der Systemsteue-
    rung dieses Instruments: „Abgesehen davon, dass Niedersachsen zunächst mit Pilotschulen SP-
    Arbeit erprobt, werden umfassende inhaltliche Elemente verlangt; dies geschieht in einem neue-
    ren Modellprojekt im Rahmen von Schulnetzwerken und in Verbindung mit der Arbeit nach
    Qualitätsstandards und -indikatoren (ähnlich wie in Schottland). Während Hamburg zentrale
    strukturelle Vorgaben machte, umfassende Beratung und Begleitung ermöglichte, die Genehmi-
    gung durch Schulaufsicht vorschreibt und nunmehr die Schulen auch zu interner Evaluation
    veranlasst, verzichtete Nordrhein-Westfalen weitgehend auf inhaltliche und strukturelle Vorga-

Hinzu kommt, dass die LehrerInnen vor Ort diese Implementierungsabsichten noch einmal in je spezifischer Weise interpretieren, wobei empirische Untersuchungen zeigen, dass sich dabei nur wenige an erziehungswissenschaftlicher Literatur orientieren, mehrere an Leitfäden der Schulaufsichten (vgl. Holtappels/Müller 2004, 98), viele aber erst im Prozess der konkretisierenden Arbeit am Schulprogramm eine Vorstellung von diesem Instrument entwickeln (vgl. Pilgrim 1998). In einer Interviewstudie zur Schulprogrammarbeit beschreibt eine Lehrerin, die in ihrem Kollegium über anderthalb Jahre an einer solchen Programmschrift gearbeitet hat, diesen Zusammenhang von der sich prozesshaft klärenden Vorstellung über Schulprogrammarbeit und den Implementierungsbedingungen und Wirkungen wie folgt:

> *„Und im Nachhinein hat sich jetzt eigentlich eher herauskristallisiert, wo wir jetzt an einem Punkt sind, wo wir auch ganz konkret das mit Inhalt füllen können – das heißt wir haben am Thema Elternarbeit ganz konkret gearbeitet und wir sind jetzt dabei, eine Schulordnung aufzustellen –, wo das für viele inhaltlich auch mehr gefasst wird und wo dann auch weniger [KollegInnen; d.V.] dem Ganzen negativ gegenüber eingestellt sind. Solange das nur so ein Schlagwort war und das noch nicht so inhaltlich gefüllt war, gab es auch viel mehr Kollegen, die dem Ganzen negativ gegenüber eingestellt waren."* [44]

Das Phänomen der unterschiedlichen Vorstellungen von Schulprogrammarbeit scheint es geboten sein zu lassen, zunächst selbst ein konturierteres Vorverständnis von dem zu gewinnen, was implementiert werden soll, bevor nach den Adaptionen durch die AkteurInnen, den Implementierungen sowie den Wirkungen von Schulprogrammarbeit vor Ort gefragt wird.

7.1 Was ist ein „Schulprogramm"?

Durch die Verknüpfung zweier Alltagsbegriffe – *Schule* und *Programm* – entsteht das komplexe Kompositum *Schulprogramm* mit seinen zahlreichen Implikationen:

- *Schule:* Klarer wird die Bedeutung des Begriffs innerhalb des Kompositums vor dem Hintergrund der Schulentwicklungsdiskussion der 80er/90er Jahre, innerhalb derer die Schule zum primären Ort von Entwicklungs- und

---

ben, setzt jedoch auf Dialoggespräche zwischen Schule und Schulaufsicht zur nachhaltigen Verstetigung."
44 Das Zitat stammt aus der in Kapitel 9.1 vorgestellten Untersuchung.

Veränderungsarbeit erklärt wurde (vgl. Fend 1986; 1988; Bastian 1998c). Die Einzelschule wurde damit zum bedeutsamsten theoretischen Konstrukt innerhalb des Diskurses über Bildungsreform – ohne dass bislang eine empirisch befriedigend fundierte Theorie der Schule existieren würde (vgl. Denecke et al. 2001), d.h. im Fachdiskurs Einigkeit darüber bestünde, was – jenseits des alltäglichen Sprachgebrauchs – unter dem Begriff „Schule" aus schultheoretischer Sicht zu verstehen wäre; eine empirisch gehaltvolle Theorie der Schule – im Sinne einer konsequenten Fortführung der Studien Fends (1980) – existiert bislang nicht.[45] Schon die definitiven Grenzen dieser Organisation zu ihrer Umwelt sind unklar: Gehören Eltern noch zur Schule? Sind Schulleitungen schon Organe der unteren Schulaufsicht? Etc.

- *Programm:* Im Programmbegriff ist der Anspruch auf zukunftsgerichtete Explikation der bestehenden (*Status-quo-Analyse*) und der gewünschten (*Zielformulierungen*) Prozesslogik der Organisation „Schule" enthalten. Im Medium der Explizierung von zuvor impliziter „Grammatik der Schule" (vgl. Tyack/Tobin 1994) liegt das Potenzial von Schulprogrammarbeit als Instrument der Reform: „Das Schulprogramm erhält eine Doppelfunktion als *Entwicklungsinstrument für die Schule* und als *Steuerungsinstrument der Systemebene.*" (Holtappels/Müller/Simon 2002, 217; vgl. auch Maritzen 2000) Diese – potenzielle – Doppelfunktion ergibt sich aus der Transparenz, die durch die Explikation der bestehenden Strukturen und der anvisierten Ziele einer Schule entsteht. Dieses Potenzial ist indessen zunächst nur ein Strukturangebot, das von den verschiedenen schulinternen oder schulexternen AkteurInnen auf unterschiedliche Art und Weise (bspw. schulinterne Entwicklung bzw. schulexterne Kontrolle) genutzt werden kann, aber nicht genutzt werden muss.

Wenn dieses Strukturangebot sowohl von der Schule als auch von der Systemebene genutzt wird, dann ergeben sich komplementär-ergänzende Modi der Nutzung wie beispielsweise die Legitimation der Schule nach außen mit der Intention einer Stabilisierung nach innen, die dem Bedürfnis nach externer Qualitätsbewertung auf der Steuerungsebene korrespondiert. Aber auch kontra-

---

45 Bezogen auf das Desiderat einer empirisch fundierten Schultheorie – im Sinne Roths – schreibt Schlömerkemper (2000, 8): „Wir haben in der Erziehungswissenschaft eine Schulforschung in vielerlei Gestalt: von narrativen, rhapsodischen Fallstudien, in denen die Besonderheit einzelner Schulen oder nur einzelner Personen in ihrer Vielschichtigkeit authentisch dargelegt werden, über themenbezogene Studien, in denen bestimmte Aspekte untersucht werden, bis hin zu den viel diskutierten weltweiten Erhebungen zu den Leistungen in bestimmten Bereichen. – Das alles gibt es, aber es ist daraus bisher keine allgemeine 'Kultur' einer selbstverständlichen (Selbst-)vergewisserung über die Ergebnisse pädagogischen Handelns in der Schule erwachsen."

diktorische Formen der Nutzung dieses Strukturangebots sind möglich, wenn beispielsweise Zielformulierungen der Schule mit Zielformulierungen der Systemebene in Zielkonflikt geraten. Im Zuge solcher Reflexionen über das allein schon qua Explikation gegebene Strukturangebot wird deutlich, wie reduziert und abstrakt die Rede von den beiden Akteurinnen „Schule" und „Systemebene" ist und wie weit eine solche Bestimmung angesichts der verschiedenen Akteursgruppen und AkteurInnen innerhalb dieser Gruppen ausdifferenziert werden müsste. Bevor der Blick auf die empirischen Implementierungsprozesse und Wirkungen gerichtet wird, soll jedoch noch die Programmatik der Schulprogrammarbeit selbst expliziert werden, um deutlich werden zu lassen, welche weiteren Strukturangebote – jenseits des Faktums der Explikation schulischer Arbeit – noch in diesem Instrument enthalten sind.

7.2 Zur Programmatik von Schulprogrammarbeit

Die „Textgattung" Schulprogramm hat zahlreiche historische Vorläufer wie Jahresberichte und Jubiläumsschriften (vgl. Phillip/Rolff 1999, 12f.), Profilbeschreibungen als Elterninformation (vgl. Holtappels 2004a, 13) und Schulkonzepte im Rahmen von Modellversuchen. International lassen sich ebenfalls verwandte Textformen ausmachen, wie etwa die niederländischen Schulwerkpläne (vgl. Liket 1993, 231f.), die schwedischen Schulentwicklungspläne (vgl. Ekholm 1997; Eikenbusch 1995) oder das im angloamerikanischen Raum verbreitete School Development Planning mit seinen School-Improvement Plans (vgl. Hargreaves/Hopkins 1991; Fullan 1999).

Im deutschsprachigen Raum haben sich im Zusammenhang der Schulentwicklungsdebatte die Begriffe *Schulprofil, Leitbild, Schulkonzept* und *Schulprogramm* eingebürgert, wobei mit letzterem zumeist die elaboriertesten Textformen verbunden werden (vgl. Phillip/Rolff 1999). Holtappels (2004a) unterscheidet beispielsweise:

- *Schulprofil: „Die* sichtbar zu machenden Elemente der Schulkultur einer Schule können in einem pädagogischen *Schulprofil* im Sinne von Schwerpunktsetzungen, gepflegten Traditionen und Besonderheiten der pädagogischen Arbeit zum Ausdruck kommen. […] Ein solches Schulprofil kommt aber möglicherweise ohne intendierte Ziele und planvoll entfaltete Konzepte zustande, ist mehr oder weniger deutlich bei jeder Schule erkennbar und bildet sich auch dann heraus, wenn man sich in der Schule dessen nicht bewusst ist." (Holtappels 2004a, 14f.)

- *Schulkonzept:* „Ein Schulkonzept beinhaltet schulpädagogisch begründete Arbeitsformen und Organisationsstrukturen, die die einzelnen Lern- und Erziehungsansätze sowie die innere Organisationsstruktur einer Schule ausmachen und verschiedene pädagogische Ansätze in einem abgestimmten Gesamtkonzept auf Schulebene integrieren und aufeinander beziehen. Die pädagogischen Handlungsansätze sollten demnach auf die jeweiligen Zielsetzungen der Schule bezogen werden; die spezifischen Rahmenbedingungen der einzelnen Schule und die pädagogischen Erfordernisse vor Ort wiederum sollten sich in den Zielen widerspiegeln. Einem Schulkonzept liegen also Reflexionen über Unterrichten und Erziehen zugrunde." (Holtappels 2004a, 15)
- *Schulprogramm:* „Schulkonzept und Schulprogramm unterscheiden sich […] dadurch, dass ein Schulprogramm Schulentwicklungsperspektiven enthält: die Weiterentwicklung […] pädagogischer Ansätze oder die Umsetzung neuer Vorhaben. Ein Schulprogramm geht über ein Schulkonzept hinaus, kann ein Schulkonzept aber auch zum Ziel haben; in aller Regel setzt ein Programm jedoch zumindest vorläufige konzeptionelle Vorstellungen einer guten Schule voraus." (Holtappels 2004a, 16)

Dalin/Rolff/Buchen (1995, 144) schlagen – in eine ähnliche Richtung zielend – folgende Begriffsbestimmung vor:

„'Schulprogramm' ist der übergreifende Begriff, der die Gesamtheit der bewußten Planung von curricularen und extracurricularen Ereignissen einer Schule umfaßt. Das Schulprogramm ist der Ausdruck der pädagogischen Zielsetzungen einer Schule, indem es den pädagogischen Konsens, das Schulkonzept und die pädagogische Philosophie einer Schule formuliert und eine Aktionsplanung für deren Realisierung enthält."

Wie in dem Hinweis auf die „Aktionsplanung" deutlich formuliert wird, sollen innerhalb dieser Schulprogramme auch die curricularen, finanziellen, organisatorischen und personellen Möglichkeiten der Schule *realistisch* eingeschätzt werden (vgl. Fleischer-Bickmann/Maritzen 1996). Der Begriff „Schulprogramm" scheint sich als ein Oberbegriff durchzusetzen, gegenüber dem Termini wie Leitbild oder Schulprofil in ihrem Erklärungsanspruch weniger weit reichen. Philipp/Rolff (vgl. 1999, 14) grenzen beispielsweise den Begriff des Leitbilds von dem des Schulprogramms ab, da dieser aus der Wirtschaft und der Verwaltung stamme und bei der Konzeptionalisierung nicht in ähnlicher Weise auf eine pädagogische Tradition bauen könne:

„Ein Leitbild ist so kurz gefasst und pointiert formuliert, dass es leicht auf Plakaten an der Klassenwand und sogar auf der Rückseite von Visitenkarten Platz findet und auf diese Weise augenfällig und allgegenwärtig ist. Ein Leitbild soll Ausdruck des gemeinsamen Grundes und des Zukunftswillens einer Schule sein. Im Leitbild werden die Grundideen artikuliert, nach denen sich eine Schule ausrichten will, nach innen wie nach außen." (Philipp/Rolff 1999, 15)

Der Unterschied zum Schulprogramm sei vor allem in der Ausführlichkeit und dem Konkretisierungsgrad zu sehen. Davon abzugrenzen sei – so Philipp/Rolff weiter – der Begriff des Schulprofils:

„Ein Schulprogramm bezeichnet das Ganze, ein Profil ist ein Profil – auf diese lapidare Formel lässt sich der Unterschied von Programm und Profil zuspitzen. Das Schulprogramm ist Ausdruck des ganzen Gesichts der Schule. Das Profil bezieht sich auf Teile des Gesichts, die besondere Farbe, das vorstehende Kinn. Weniger metaphorisch ausgedrückt ist das Programm der Ausdruck des pädagogischen Selbstverständnisses der Schulgemeinde und das Profil an Besonderheiten zu erkennen, wie dem Ruf der Schule, bestimmte Eigenarten (z.B. zweisprachiger Unterricht) oder Traditionen (z.B. altsprachliches Gymnasium zu sein)." (Philipp/Rolff 1999, 17)

Schulprogramm, Schulprofil und Leitbild sind damit unterschiedliche Ausdrucksformen der „Programmatik" einer Schule. Sie erfüllen unterschiedliche Funktionen nach „innen" und nach „außen": Während das Schulprogramm eher Dokument der internen Verständigung auf pädagogische Zielsetzungen ist, sind Schulprofil und Leitbild eher auf ihre Wirkung „nach außen" hin ausgelegt. Sie sind Instrument der Öffentlichkeitsarbeit der Schulen, d.h. Positionsbestimmung in der Stadt, der Kommunalpolitik, aber auch Eltern gegenüber, die überlegen, ihr Kind an einer bestimmten Schule einzuschulen.

Angesichts der zum Teil sich überschneidenden Differenzierungen in den vorangegangenen theoretischen Unterscheidungen ist allerdings erwartbar, dass diese begriffsanalytischen Trennungen der Funktionsbestimmung in der Empirie als abgrenzbare Verwendungsweisen nicht in dieser Art vorzufinden sind. Holtappels (2004c, 253) stellt jedoch heraus, dass sich in Studien (Holtappels/Müller 2002; Holtappels 2003) gezeigt habe, dass „die in Behördenleitfäden und Ratgebern sowie in der Schulberatungsarbeit als bewährt und sinnvoll dargestellten Prozessverläufe und Schritte der Programmerarbeitung von Schulen in der realen Schulprogrammarbeit beachtet werden", wenngleich er einschränkend hinzufügt: „[…] zumindest Bestandsaufnahme, Zielklärung und Maßnahmeplanung gehören fast durchgängig zu den praktizierten Schritten, indes fällt eine kritische Bilanzierung und Diagnose vielen Schulen eher schwer" (Holtappels 2004c, 253). Es macht demnach Sinn (vgl. Hameyer/Schratz 1998;

Hameyer/Schlichting 1998; Nissen 2001; Schratz 2003) auch jenseits der unklaren begriffstheoretischen Abgrenzungen (Schulprogramm, Schulprofil, Schulkonzept, Leitbild etc.) zumindest den im Folgenden dargestellten Prozessablauf der Schul- bzw. Programmentwicklung als weit verbreitetes (Ein-)Verständnis vorauszusetzen.

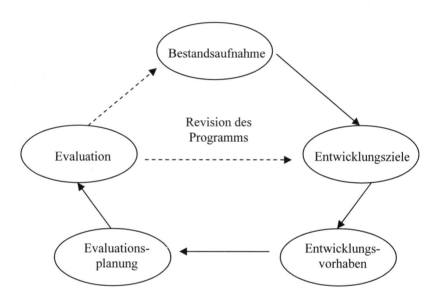

Abb. 3: Prozess der Programmentwicklung nach Holtappels (2004c, 252)

7.3 Charakterisierung des Stands der Forschung zur Schulprogrammarbeit

Über den Stand der Untersuchungen zur einzelschulischen Entwicklung in Deutschland insgesamt urteilte bereits 1998 Hans-Günther Rolff: „Entwicklung von Einzelschulen: Viel Praxis, wenig Theorie und kaum Forschung" (Rolff 1998a). Und noch im Jahre 2004 konstatierte Holtappels (2004a, 22), dass zur Schulprogrammarbeit „nur eine Handvoll empirischer Studien" existierten, wobei Erkenntnisse über Erwartungen und Einstellungen, die reale Schulprogrammarbeit und über die Inhalte von bereits verfassten Schulprogrammen vorlägen, aber über die Implementierung und die Wirkungen solcher Schulprogrammarbeit auf die Schulentwicklung und den Unterricht noch wenig empirisch fundiertes Wissen existiere[46]: „Weniger erforscht sind Wirkungen auf Innovationen und Qualitätsverbesserungen in der pädagogischen Schulgestaltung und erst recht auf die Ebene der lernspezifischen und sozialen Wirkungen bei Schüler/innen." (Holtappels 2004a, 22)

Dieser Tatbestand resultiert sicherlich auch aus der Tatsache, dass sich Einstellungen und Erwartungen sowie die Dokumentation von Programmarbeit methodisch sehr viel einfacher ermitteln lassen als eine Erhebung der hinter den mit diesen Intentionen verbundenen realen Wirkungen auf die Schule und insbesondere den Unterricht. Beispielhaft lässt sich das an den Ergebnissen einer Schulleitungsbefragung illustrieren, auf die Holtappels (2004, 23) verweist. Diese wurden im Rahmen der PISA-Studie durchgeführt. Weiß/Steinert (2001, 445ff.) stellen hierbei fest, dass in mehr als 40 % der Schulen der Sekundarstufe in Deutschland bereits ein Schulprogramm entwickelt wurde, jedoch nur in knapp einem Drittel der Schulen schriftlich Leistungsstandards festgelegt wurden und erst in 15 % der Schulen erste Evaluationen anhand von Qualitätsindikatoren zur Zielerreichung durchgeführt werden. Angesichts dieses Stands der Implementierung von Schulprogrammarbeit vor Ort war das Ergebnis erwartbar, dass die Leistungsergebnisse der SchülerInnen in Schulen, die mit dem Schulprogramm arbeiten, nicht nachweisbar besser ausfallen als an Schulen, die keine aktive Programmarbeit praktizieren. Derzeit lässt sich damit eine direkte Wirkung der Schulprogrammarbeit auf den Unterricht und die SchülerInnenleistungen (noch) nicht nachweisen. Nahe liegend ist an dieser Stelle der

---

46 Holtappels klammert hier allerdings aus, dass mehrere Erfahrungsberichte zur Schulprogrammarbeit vorliegen, wenngleich diese vielfach nicht im Sinne eines „Handlungsforschungsprojekts" konzeptionalisiert waren und dementsprechend auch keine Ergebnisberichte im klassischen Sinne qualitativer Forschung darstellen (vgl. bspw. Bieger/team schwartbuck 1997; Maritzen/Wassener 1997; Blüml 1997; Bartosz 1997; Hameyer/Fleischer-Bickmann/Reimers 2000; Oechslein 2002).

Verweis, dass solche Entwicklungen nicht innerhalb eines so kurzen Zeitraumes zu erwarten sind. Andererseits wird es methodisch auch längerfristig schwierig bleiben, im multifaktoriellen Gefüge von Schulentwicklungsarbeit die jeweils konkrete Wirkung von Schulprogrammarbeit als isoliertem Faktor nachzuweisen.

Wenn im Folgenden versucht wird, den Stand der Forschung zu Untersuchungen zur Implementierung und zu den Wirkungen von Schulprogrammarbeit zusammenzufassen, dann werden dies weniger Hinweise auf im Unterricht oder anhand von SchülerInnenleistungen messbare Effekte sein als vielmehr Dokumentationen einiger Erkenntnisse über die Adaption der Schulprogrammarbeit durch verschiedene AkteurInnen in der Schule (insbesondere LehrerInnen; Schulleitungen sowie die Schulaufsicht). Hinzu kommt eine Konzentration im deutschsprachigen Raum auf die deutschen Bundesländer Hamburg, Hessen und Nordrhein-Westfalen, da die Implementierung der Schulprogrammarbeit in diesen Ländern recht ausführlich analysiert wurde und zudem hier durch die schon seit längerer Zeit bestehende flächendeckende Einführung von Schulprogrammen gute Feldbedingungen vorlagen. Die demgegenüber weniger breit erforschten Schulprogrammprozesse in anderen Bundesländern Deutschlands (bspw. Rheinland-Pfalz[47], Niedersachsen[48] oder Brandenburg[49]) sowie in Österreich (bspw. Hinteregger 2001; Radnitzky 2001; Krainz-Dürr 2002; Krainz-Dürr/Posch/Rauch 2002) oder auch international (vgl. Stern 2004) werden in der folgenden Darstellung aktueller Befunde demgegenüber weniger stark berücksichtigt.

Die ausführliche Dokumentenlage zu Hessen, Hamburg und Nordrhein-Westfalen ergibt sich jedoch auch aus untersuchungsorganisatorischen Gründen: In diesen drei Ländern, in denen man sehr früh Schulprogrammarbeit verpflichtend einführte, standen die Kultusministerien angesichts dieser Steuerungsentscheidung unter entsprechendem Legitimationsdruck, sodass relativ viel in deren Erforschung investiert wurde (vgl. MSWF/LSW 2002; Hessisches Kultusministerium 1996ff.; Holtappels/Müller/Simon 2002). Eine Fokussierung auf die Ergebnisse der Untersuchungen aus den Ländern Hamburg, Hessen und NRW ist im Rahmen der vorliegenden Studie auch deshalb sinnvoll, da die im empirischen Teil analysierten Dokumente und Interviews aus eben diesen drei Ländern stammen und zudem der Erhebungszeitraum dieser Materialien nahezu identisch ist mit dem Ende des Erhebungszeitraums der aus diesen Ländern dokumentierten Ergebnisse, sodass deren Darstellung den Kontext der Schul-

---

47 Rheinland-Pfalz beispielsweise in Gruschka et al. (2003) neben den in dieser Untersuchung
    ebenfalls analysierten Ländern Hessen und Hamburg.
48 Vgl. Holtappels/Simon 2002.
49 Vgl. Ministerium für Bildung, Jugend und Sport, Land Brandenburg 1998.

programmarbeit beleuchtet, innerhalb dessen die vorliegenden Untersuchungen stattfanden.

Um eine lesbare – und dabei notwendig selektive – Darstellung anhand einer möglichst gegenstandsnahen Kategorisierung vorzunehmen, habe ich mich ferner an einer Bestimmung wesentlicher Dimensionen der Implementierung von Schulprogrammarbeit orientiert, wie sie von Arnold/Bastian/Reh (2000; 2004) entwickelt wurden.

7.4 Spannungsfelder von Schulprogrammarbeit als Dimensionen der Adaption dieses Reforminstruments

In einem zweijährigen Forschungsprojekt mit dem Titel „Schulentwicklung und Wandel der pädagogischen Arbeit. Arbeitssituation, Belastung und Professionalisierung von LehrerInnen in Schulentwicklungsprozessen" haben Eva Arnold, Johannes Bastian, Arno Combe, Sabine Reh, Carla Schelle u.a. in den Jahren 1997 bis 1999 Schulentwicklungsprozesse an sechs Hamburger Schulen verfolgt, die innerhalb dieses Zeitraums per Hamburgischem Schulgesetz vor der Aufgabe standen, ein Schulprogramm zu schreiben (vgl. Arnold u.a. 1999; Arnold u.a. 2000; Combe 1999). Mittels eines fallrekonstruktiven Forschungsverfahrens wurde analysiert, wie LehrerInnen und andere AkteurInnen typischerweise die zu bewältigenden Handlungsprobleme bearbeiteten. So konnten schulische Arbeits- bzw. Entwicklungsprozesse, Handlungsprobleme und Spannungsfelder identifiziert werden. Rekonstruiert wurde so die Handlungslogik, mit der LehrerInnen mit einzelnen Kolleginnen und Kollegen sowie dem gesamten Kollegium, der Schulleitung und der Schulaufsicht ihre Handlungsabstimmungen vollzogen. Dabei identifizierten die ForscherInnen folgende Spannungsfelder der Schulprogrammarbeit:

- „erstens die Spannungen zwischen unterschiedlichen Funktionen, die einem Schulprogramm von unterschiedlichen Seiten beigemessen werden,
- zweitens die Spannungen zwischen schuleigenen und bereichsspezifischen Entwicklungstraditionen und dem neuen Steuerungs- bzw. Entwicklungsinstrument ‚Schulprogramm' und
- drittens die Spannungen zwischen dem traditionellen Verständnis der pädagogischen Tätigkeit des Lehrers bzw. der Lehrerin als einer individuellen Arbeit und der in Schulentwicklungsprozessen notwendig werdenden Verbindlichkeit von Vereinbarungen und neu zu definierenden Gemeinschaftsaufgaben." (Arnold/Bastian/Reh 2004, 45f.)

In dem zitierten Beitrag haben die AutorInnen die beiden ersten Spannungsfelder noch einmal in zwei Unterbereiche gegliedert (vgl. Arnold/Bastian/Reh 2004, 46ff.), sodass insgesamt ein theoretischer Rahmen von fünf Spannungsfeldern entstand, der im Folgenden als Raster für die gegenstandsnahe Darstellung der Ergebnisse empirischer Untersuchungen zur Schulprogrammarbeit dienen soll:

- Schulprogramm als schulinternes Verständigungsinstrument und als Instrument der Öffentlichkeitsarbeit
- Schulprogramm als internes Verständigungsinstrument und als behördliches Steuerungsinstrument
- Autonome Entwicklungstradition einer Schule und verordnetes Entwicklungsinstrument
- Traditionen der Schulaufsicht und die neue Rolle der Schulberatung
- Individuelle LehrerInnenarbeit und die Verbindlichkeit von Vereinbarungen

7.4.1 Schulprogramm als schulinternes Verständigungsinstrument und als Instrument der Öffentlichkeitsarbeit

Schulen mit gleichem Einzugsgebiet konkurrierten seit jeher um eine bestimmte SchülerInnenklientel. Diese Formen des Wettbewerbs können nun durch die Schulprogrammarbeit professionalisiert werden. Die Publicrelations einer Schule müssen nicht weiter dem Zufall oder der Mundpropaganda überlassen bleiben. Der „gute Ruf" einer Schule soll vielmehr systematisch begründet werden. Werbemedium hierfür ist der Schulprogrammtext, der von einigen Schulen entsprechend auch als Hochglanzbroschüre aufgelegt wird. Als Dokument eines erfolgreichen „Schulentwicklungsprozesses" soll es zwar primär eine Wirkung „nach innen" haben, diese ist jedoch an die Außenwirkung dieses Papiers gekoppelt: Im Schulprogramm verpflichtet sich eine Schule auf bestimmte Ziele. Diese Selbstverpflichtung wird zum Maßstab für die Qualitätskontrolle vonseiten der Schulaufsicht, gleichzeitig aber auch für die „Evaluation" seitens der SchülerInnen sowie der Eltern. Diese können sich nun auf dieses Schulprogramm berufen, wenn sie Kritik am LehrerInnenhandeln üben wollen. Interessant ist ein solches Schulprogramm freilich besonders für diejenigen Eltern, die die Schulen noch nicht kennen – weder von Elternsprechtagen noch über die Berichte von ihren Kindern –, die aber darüber nachdenken, ein Kind an dieser oder jener Schule einzuschulen. Für sie dient ein solches Schulprogramm als Informationsbroschüre und umgekehrt fungiert es damit für diese

Schulen in seiner externen Funktion als Werbebroschüre. Beliebtes Werbemedium zur Verbreitung der Programme ist auch das Internet. Auf den Web-Sites
von vielen Schulen findet man inzwischen solche „Schulprogramme" resp.
„Schulprofile", „Schulkonzepte", „pädagogische Leitbilder" etc.

Der Werbeeffekt solcher „Schulprogramme" wird derzeit von den Lehrer-
rInnenkollegien noch unterschiedlich eingeschätzt. In einer vom Hessischen
Kultusministerium im Rahmen der wissenschaftlichen Begleitung des Vorhabens „Schulprogramme und Evaluation" durchgeführten Begleituntersuchung
erforschte Jörg Schlömerkemper (1999; 2002a; 2004) Vorstellungen, Erwartungen und/oder Befürchtungen von LehrerInnen gegenüber den Konzepten
„Autonomie", „Schulprogramm" und „Evaluation". Das Design der Studie sah
eine schriftlichen Befragung einer repräsentativen Stichprobe von LehrerInnen,
WissenschaftlerInnen und BildungspolitikerInnen vor sowie ergänzende qualitative Fallstudien auf der Grundlage von Interviews und der Analyse von Dokumenten und Protokollen einzelner Schulen. Schlömerkemper konstatiert hier:
„Dass Schulprogramme ‚Werbebroschüren sind, mit denen Schulen um neue
‚Kunden' (= Eltern, SchülerInnen) werben', findet immerhin bei 40 % der
Befragten Zustimmung, aber ein Drittel lehnt es ab (M=‚52; dA=‚25)." (Schlö-
merkemper 2004, 65)

Als unumkehrbarer Trend scheint sich jedoch abzuzeichnen, dass immer
mehr Schulen die erweiterten Spielräume nutzen, um sich besondere Profile zu
verschaffen, die für eine genügend große Zielgruppe attraktiv sein sollen.[50]
Diese Perspektive auf die Einzelschule als pädagogischer Handlungseinheit
zeigt, wie sich ursprüngliche Intentionen einer pädagogischen Innovation qua
Schulprogrammarbeit durch die realen Zwänge zur Sicherung des jeweiligen
Standorts transformieren können. Wenn in dieser Drucksituation Schulen die
Gestaltungsspielräume nutzten, um ihre Wettbewerbsposition zu verbessern

---

50 Diesen Tatbestand beobachteten Horak/Johanns mit Skepsis: „Innerhalb der deutschen Diskussion bleiben nicht nur kritische Interventionen gegenüber der Deregulierungspolitik weitgehend
   unberücksichtigt (vgl. Zymek 1993, Friedeburg 1995, Radtke 1997), sondern die Rezeption
   internationaler Forschungsergebnisse erfolgte bislang einseitig. Sie bezogen sich vornehmlich
   auf beispielgebende Effekte von Schulautonomieregelungen in Schweden, in den Niederlanden
   oder in Dänemark (vgl. Jach 1993). Es entsteht der Eindruck, als solle der Verweis auf Länder
   mit sozialdemokratischen Regierungen oder Regierungsbeteiligungen verbürgen, dass es sich
   bei der neuen bildungspolitischen Ausrichtung von Schulentwicklung keineswegs um die Einführung eines neoliberalen Modells zur Bildungspolitik handele. In angloamerikanischen Ländern hingegen setzte bereits Mitte der achtziger Jahre eine theoretische und empirische Rezeption der neuen schulpolitischen Differenzierungsprozesse dieser Länder ein (vgl. zusammenfassend Boyd 1993, Whitty 1994). Mögliche bildungspolitische Ungleichheitsentwicklungen zwischen Schulen und neue sozialpolitische Verwerfungen werden im Gegensatz zur deutschen
   Diskussion nicht nur als Folgewirkungen, sondern als immanentes Entwicklungsmoment von
   ‚Schulautonomie' beschrieben." (Horak/Johanns 2001; vgl. auch Horak 2005).

(vgl. Altrichter/Prexl-Krausz/Soukup-Altrichter 2005), dann können sich auch die handlungsleitenden Motive transformieren von pädagogisch-didaktisch inspirierten zur Standortsicherung (vgl. Horak 2005).

Andererseits kann dieser Zwang zur Standortsicherung auch wiederum positiv gedeutet werden, da die Schulen auf diese Weise dazu gezwungen werden, sich mit ihrem Umfeld zu beschäftigen, d.h. der alten Kritik zu begegnen, dass es sich bei Schulunterricht um eine lebensferne Veranstaltung handele (bspw. prominent v. Hentig 1993, 10, früher schon Adorno 1971, 80).[51] Das Thema „Öffnung von Schule" (vgl. Pulpanek 1996) gewinnt durch die Schulprogrammarbeit damit neue Bedeutung. Eiko Jürgens (2004; vgl. ausf. Jürgens/Niederdrenk/Pahde 2002) schreibt beispielsweise bei der Ergebnisdarstellung einer Studie zur Erstellung, Umsetzung und Wirkung von Schulprogrammen mit 600 Schulleiterinnen und Schulleitern von Grund- und allgemeinbildenden weiterführenden Schulen des Landes NRW: „Über 41 % aller befragten Schulen arbeiten zudem an einem Schwerpunkt, der sich mit der ‚Öffnung von Schule' bzw. mit der ‚Kooperation mit Externen' beschäftigt." (Jürgens 2004, 106) In der Ergebnisdarstellung einer schriftlichen Befragung von Schulleitungen und LehrerInnen aus 210 nordrhein-westfälischen Schulen diagnostiziert Michael Kanders (2004) ebenfalls, dass das Thema „Öffnung von Schule" nach Einschätzung von rund zwei Dritteln der befragten Lehrkräfte ein wichtiger Bestandteil ihres Schulprogramms sei, „vor allem Lehrerinnen und Lehrer aus Real-, Haupt- und Gesamtschulen attestieren hier umfassende Behandlung." (Kanders 2004, 125)

Nähere Informationen über solche Profilierungsschwerpunkte sind den Programmtexten selbst zu entnehmen. Über die Inhalte von Schulprogrammen forschten Heinz Günter Holtappels und Sabine Müller mittels einer Inhaltsanalyse aller Hamburger Schulprogrammtexte vom Ende des Schuljahres 1999/2000 (vgl. Holtappels/Müller 2004). Eine Sondierung von Profilierungsschwerpunkten zeige, „dass gut zwei Drittel der Gestaltungsschwerpunkte sich auf pädagogische Gestaltungsansätze in Unterricht und Schulleben beziehen,

---

51 Messner (1995, 216) warnt in diesem Zusammenhang allerdings vor überzogenen Erwartungen: „Gegenwärtig scheint alle Welt der Schule, oft unter Hinweis auf deren Autonomie, empfehlen zu wollen, was sie alles sein, verändern und in einem gewandelten Profil verkörpern soll. Der Schule wird damit oft ein Wandel nach dem Muster der ‚Identifikation mit dem Aggressor' zugemutet. Es wird von ihr erwartet, dass sie Lebensprobleme, die in der gesellschaftlichen Alltagspraxis dringlich werden, aber dort oft nicht mehr bearbeitbar erscheinen, zu ihrer Aufgabe macht (ohne sie dazu allerdings besser auszustatten). Die früher als künstliche und lebensferne Lernanstalt gescholtene Einrichtung wird nun zum zentralen Ort der Kompensation entgangener Lebenserfahrung erklärt. Dies bedeutet für die Schule zwar gesteigerte Anerkennung, aber auch eine potentielle Überforderung, welche die spätere Enttäuschung über das nicht Leistbare schon mit sich trägt."

während curriculare Profilbildungen und besondere Organisationsformen nur mit knapp einem Drittel vertreten waren." (Holtappels/Müller 2004, 89f.)

Die von Holtappels/Müller aufgezeigten Verteilungen (vgl. zum Überblick die Tabelle in Holtappels/Müller 2004, 90) legen gegenüber der obigen Hypothese nahe, dass nicht erst, wenn vor Ort realer Profilierungszwang besteht, das Instrument der Schulprogrammarbeit als probates Mittel der Schulentwicklung mit Außenwirkung genutzt wird. Vielmehr liegt diesen Angaben zufolge der Schwerpunkt der Schulprogrammarbeit mit 63 % auf den „pädagogischen Gestaltungsansätzen im Unterricht und Schulleben", sodass sich vermuten lässt, dass diese auch vielfach den Ausgangspunkt für die Programmarbeit darstellen, da sich für profilierungswirksame Maßnahmen auf den ersten Blick andere Schwerpunktbildungen anbieten würden, die einen größeren Werbeeffekt haben, wie beispielsweise Profilierungen durch Förderungen im Bereich Informations- und Kommunikationstechnologien (Laptop-Klassen etc., vgl. Altrichter/Prexl-Krausz/Soukup-Altrichter 2005) oder Musik (vgl. Horak 2005a).

Nimmt man diese Zahlen als Indikator, dann scheint sich die oben formulierte Hypothese nicht zu bewahrheiten, der zufolge das pädagogisch-didaktische Denken durch Profilierungszwänge und Wettbewerbsdenken in den Hintergrund gedrängt wird. Allerdings sollte diese Dominanz der „pädagogischen Gestaltungsansätze im Unterricht und Schulleben" nicht linear in dieser Richtung gelesen werden. Drei Gründe sprechen dafür, hier in der Interpretation zunächst vorsichtig zu verfahren:

1. Es ist durchaus denkbar, dass sich hinter den Maßnahmen zu „pädagogischen Gestaltungsansätzen im Unterricht und Schulleben" auch Profilierungsabsichten verbergen. Schließlich sind im Zuge der PISA-Kritik gerade auch andere Unterrichtsansätze und das Schulleben als bedeutsame Faktoren für eine erfolgreiche Schulkarriere und Qualifikation diskutiert worden. Es wäre demnach nahe liegend, sich als pädagogische Organisation gerade mit „hauseigenen" Qualitäten zu profilieren.

2. Es sollte nicht aus dem Blick geraten, in welchem Kontext die Hamburger Schulprogramme, die hier von Holtappels/Müller untersucht wurden, entstanden sind: Alle Schulen Hamburgs waren zur Erstellung der Programme verpflichtet und diese mussten genehmigt werden – was fallweise auch zur Rücksendung der Programme mit Überarbeitungshinweis geführt hat. Die Schulen wussten nach der Lektüre des Leitfadens zur Erstellung von Schulprogrammen (vgl. BSJB 1998a; 1998b), dass sie sich in diesen Programmtexten pädagogisch-didaktisch legitimieren mussten.

3. Die oben zitierte Verteilung, die zu 63 % bei den „pädagogischen Gestaltungsansätzen im Unterricht und Schulleben" führt, resultiert aus einer

Auswertungspraxis, deren Kriterien womöglich gerade Profilierungen unberücksichtigt bleiben lässt, die primär mit dem Hintergedanken einer
Wettbewerbstauglichkeit und daher schlagwortartig vorgenommen wurden,
ohne aber pädagogisch-didaktisch begründet zu sein: „Den geplanten Ent-
wicklungsschwerpunkten und Maßnahmen wurde in den analysierten
Schulprogrammtexten viel Raum gegeben. In der Auswertung wurden dabei nur solche Entwicklungsschwerpunkte akzeptiert, die nicht nur benannt
werden, sondern auch konzeptionell ausgearbeitet und beschrieben sind,
ganz gleich in welcher Ausführlichkeit dies geschieht." (Holtappels/Müller
2004, 91)

Christoph Burkard reflektiert über die Funktionen und Schwerpunkte von
Schulprogrammen aus der Perspektive der Schulaufsicht anhand einer Evaluati-
on der Schulprogrammarbeit, die mittels einer Erhebung unter Schulaufsichts-
beamtInnen zum Stand der Schulprogrammarbeit an nordrhein-westfälischen
Schulen durchgeführt wurde. In dieser Studie wurden ergänzend zu einer Reprä-
sentativbefragung von Lehrkräften und Schulleitungen sowie qualitativen
Schulstudien die Sichtweisen der Schulaufsicht kontrastierend den anderen
Analysen gegenüber gestellt (vgl. Burkard 2004, 137f.) Im Rahmen seiner
Auswertung kommt Burkard insgesamt zu dem allgemeinen Befund: „Schulprogrammarbeit trägt offensichtlich stark dazu bei, die Profilbildung der einzel-
nen Schulen zu unterstützen." (Burkard 2004, 143)[52]

---

52 Burkard begründet seine These mit den folgenden Ausführungen: „So zeigt sich beispielsweise
    [...], dass viele Schulen aller Schulformen im Rahmen der Schulprogrammarbeit besondere
    Schwerpunkte in den Bereichen Schulleben und Erziehungsarbeit setzen. Weitere in allen
    Schulformen wichtige Inhalte sind Berufsorientierung (mit Ausnahme der Grundschulen und
    des ZBW), fächerübergreifendes Lernen und Öffnung der Schulen. Fachbezogene Schwerpunk-
    te in bestimmten Fächern werden dagegen in deutlich weniger als der Hälfte der Schulpro-
    gramme gesetzt. In besonderer Weise in den Schulen des ZBW (51 %), den Gesamtschulen
    (48 %) und Gymnasien (41 %), in vergleichsweise geringem Ausmaß in den Realschulen
    (22 %). Bei der differenzierten Betrachtung nach Schulformen wird weiterhin deutlich, dass
    sich offensichtlich schulformspezifische pädagogische Herausforderungen auch in den im
    Schulprogramm gewählten Schwerpunkten spiegeln. So wird beispielsweise Elternarbeit als
    Schulprogrammschwerpunkt insbesondere bei den Grundschulen und Sonderschulen gewählt.
    Die Ausbildungsreife und Vermittlung von Basisqualifikationen ist ein spezifischer Schwer-
    punkt bei den Schulprogrammen der Hauptschulen. Leistungsbewertung hat besonderes Ge-
    wicht bei den Grundschulen und die Förderung des Lernens des Lernens bei den Gymnasien
    und Schulen des zweiten Bildungsweges. Ergänzend zu den vorgegebenen Schwerpunkten wur-
    de eine Fülle weiterer unterschiedlicher Stichworte und Arbeitsfelder aufgeführt. Besonders
    häufig genannte Bereiche sind: Beratung/Beratungskonzepte, Bewegte Schule, Förderkonzepte,
    Gemeinsamer Unterricht, Gesundheitserziehung, Gewaltprävention, Mädchen-/Jungen-
    förderung, Musisch/künstlerische Förderung, Verkehrserziehung und Werteerziehung." (Bur-
    kard 2004, 145)

7.4.2 Schulprogramm als internes Verständigungsinstrument und als behördliches Steuerungsinstrument

Das Schulprogrammkonzept erschien vielen lange Zeit als probates Mittel für die intendierte kontrollierte Deregulierung, da es neben dem Autonomiefaktor – der zur Nutzung bisher brach liegender Ressourcen motivieren sollte – auch die Evaluation der Leistungen und damit die Kontrolle der Wirksamkeit der Handlungsautonomie vorsah.

In der bereits zitierten Studie von Burkard hebt dieser hervor, dass bis zum verbindlichen Stichtag (31. Dezember 2000) nahezu alle Schulen (94 %) in Nordrhein-Westfalen ein schriftliches Schulprogramm entwickelt hatten (vgl. Burkard 2004, 140), während Kanders zum Zeitpunkt seiner Erhebung (Mitte 2001) jedoch feststellen musste, dass nur bei weniger als der Hälfte der nordrhein-westfälischen Schulen schriftlich fixierte Ergebnisse oder Dokumente zur Evaluation vorlagen, wobei diese Zahl je nach Schulform variiert (besonders selten an Realschulen, überdurchschnittlich häufig wiederum an Grund- und Gesamtschulen): „Dieser für die Schulen sicherlich ungewohnteste Arbeitsschritt der Schulprogrammarbeit wird von 17 % der Schulen als sehr wirksam, von 62 % als wirksam und von einem Fünftel als nicht oder kaum wirksam für die pädagogische Arbeit beurteilt." (Kanders 2004, 120)

Die Berücksichtigung von Aussagen zur Evaluation in Schulprogrammen scheint stark davon abhängig zu sein, wie deutlich die Vorgaben hierzu vonseiten der Administration formuliert werden.[53] Die durch einen klaren resp. strikten Leitfaden der Schulaufsicht zur Erstellung von Schulprogrammen geforderten Angaben erzeugen in Hamburg – entsprechend dieser Implementierungsstrategie – für das Land bessere Zahlen:

> „Mit der Maßgabe, Kriterien für die Zielerreichung im Hinblick auf die Entwicklungsschwerpunkte zu benennen, waren die Schulen verpflichtet, eine *Evaluationsplanung* vorzunehmen und in den Schulprogrammen zu dokumentieren. Diesen Anforderungen ist der überwiegende Teil der Schulen nachgekommen, wobei deutlich wird, dass viele Kollegien sich an den offiziellen Leitfäden zur Evaluation orientiert haben. Dies zeigt sich in den Gliederungen, die Ziele, Indikatoren, Methoden und Zielgruppen ausweisen. Alle Programme mit noch so dürftigen Aussagen zur Evaluation machen 88 % aus. Insgesamt 44 % der Schulprogramme enthalten jedoch konkrete und detaillierte Ausarbeitungen zur Evaluationsplanung. Ein Zeitplan für diese Vorhaben wurde in nur knapp einem Fünftel der Schulprogramme dokumentiert. Von den Schulen, die Angaben zur Evaluationsplanung gemacht

---

53 Zur Thematik der Implementierung von Evaluation im Rahmen der Schulprogrammarbeit vgl. Becker (1998); Gruschka et al. (2003, 289-309).

haben, gaben 51 % an, extern beraten worden zu sein." (Holtappels/Müller 2004, 98)

Neben den unterschiedlichen Formen der Implementierung von Evaluationsforderungen lassen sich neben der (mancherorts) unterstellten Verweigerung auch andere Gründe dafür finden, dass die arbeitsintensiven Evaluationen ausbleiben (vgl. Hagen-Döver/Hoffmann/Mischke/Wollenweber 1998). Kanders (2004, 131) betont in diesem Zusammenhang, dass nach Ansicht der befragten LehrerInnen (einschließlich der Schulleitungen) der erhöhte Aufwand und die Belastung der Lehrkräfte (vgl. Ulich 1996; Krauss 1997a; 1997b) das weitaus größte Problem bei der Schulprogrammarbeit darstellen: „Besonders häufig wird dies von den Lehrkräften von Gymnasien und Berufskollegs angeführt, auffallend selten von Sonderschullehrkräften. Aber auch für letztgenannte Gruppe ist es der wichtigste Problembereich." (Kanders 2004, 131) Kanders führt aber auch an, dass die Einschätzung des Instruments der Schulprogrammarbeit zur internen Verständigung auch unterschiedlich verteilt ist: „Ein Drittel der Lehrerinnen und Lehrer hält die Verweigerung bzw. die Ablehnungshaltung gegenüber dem Schulprogramm für ein ursächliches Problem bei der Schulprogrammarbeit. Überdurchschnittlich häufig äußern dies Lehrkräfte aus den Berufskollegs und den Gymnasien." (Kanders 2004, 131)

Dieser Widerstand (vgl. Bohnsack 1995; Altrichter 2000a; Heinrich 2005a; Heinrich/Altrichter 2007) ist leicht erklärbar, zielt die Aufforderung zur Schulprogrammarbeit doch unmittelbar auf die Routinen derjenigen AkteurInnen, die sich allein als SachwalterInnen eines weitgehend von oben verfügten Systems verstehen. Diese haben sich in ihrem Routinehandeln bequem eingerichtet.[54] Gegenüber solcher – im Verständnis der neuen Schulentwicklungsliteratur – nicht mehr verantwortbaren Routinisierung soll die Schulprogrammarbeit Veränderungspotenzial freisetzen (vgl. Gruschka/Heinrich 2001). Die Aufforderung zur Selbstreflexion soll – systemtheoretisch gesprochen – Differenz herstellen: Indem die unter den routinisierten Bearbeitungsmodi begrabenen pädagogischen Motivationen artikuliert und damit ins Bewusstsein gehoben werden, entsteht für jeden Einzelnen/jede Einzelne die Nötigung, das eigene Tun begrifflich zu fassen und es pädagogisch zu begründen. Dabei können im Kollegium divergierende Auffassungen über die Ziele und Methoden der Schule deutlich werden: Ausdruck der pädagogischen Freiheit einer jeden Lehrkraft. Da aber gleichzeitig die Schule als Institution mit einer beträchtlichen Außenwirkung nach Möglichkeit eine Corporate Identity haben soll (vgl. Lohmann/Hajek/Döbrich 1997; v. Lüde 1995), wenn sie als „gute Schule" erscheinen will, kann die

---

54 Zu den Schwierigkeiten von BeraterInnen, das neue Verständnis von Schulentwicklung qua Schulprogrammarbeit zu vermitteln vgl. Prijatelj/Braun (2000) und Brunner/Schweiger (2000).

Herstellung von Differenz eine Legitimationskrise induzieren: Nicht der Streit um die richtige Pädagogik, sondern die Konsistenz des pädagogischen Konzepts gilt letztlich als Qualitätsmerkmal einer Schule. Gerade diese Nötigung zur „produktiven Selbstfindung" – die durch den vorgegebenen Abgabezeitpunkt der Schulprogramme vielerorts zugespitzt wurde – sollte die ansonsten oftmals unbewegliche Institution zur (teil-)autonomen Praxis führen. Die Administration erhoffte sich von der Schulprogrammarbeit durch die damit hergestellten Verbindlichkeiten einen Autonomisierungsprozess, in dem die Schulen zukünftig stärker in die Verantwortung genommen werden könnten, wenn sie die selbst gesteckten Ziele nicht erreichten. Die solcherart kommunizierte Schulprogrammarbeit wird damit zum Moment gesteuerter Schulentwicklung (vgl. Maritzen 2004).

Für alle Beteiligten resultieren aus dieser veränderten Konstellation mitunter erhebliche Irritationen: Auf der einen Seite sollen die gleichen SchulaufsichtsbeamtInnen, die jahrelang in ihrem Selbstverständnis die einzelnen Schulen hinsichtlich ihrer korrekten Amtsausübung kontrollierten, nun vermehrt statt der Schul*aufsicht* eine beratende Funktion übernehmen. Auf der anderen Seite stehen LehrerInnen und Schulleitungen vor der Aufgabe, neue oder bislang unbemerkte Gestaltungsfreiräume zu nutzen. Das Schulprogramm als Reforminstrument der Autonomisierung zeigt die in ihm enthaltenen Ambivalenzen. Der problematische Funktionsantagonismus (vgl. Maritzen 2000) ist – wie bereits angeführt – schon seit längerem bekannt: „Das Schulprogramm erhält eine Doppelfunktion als *Entwicklungsinstrument für die Schule* und als *Steuerungsinstrument der Systemebene*." (Holtappels/Müller/Simon 2002, 217)

In diesem Zusammenhang kritisiert beispielsweise Jürgens (2004, 112), dass die überwiegende Mehrzahl der Schulen zu umfangreiche Programme (Ø 49 Seiten) vorgelegt hatten, was auf Ideenreichtum und Engagement hinweist, die Funktion eines Schulprogramms aber verfehlt:

„Ein Schulprogramm soll ja nicht der detaillierten Beschreibung gelungener Pflichterfüllung nach außen dienen, sondern primär für den inneren Gebrauch genutzt werden, d.h. ein konkretes Handlungskonzept mit konkreten Zielen und Maßnahmen für einen überschaubaren Zeitrahmen von drei bis fünf Jahren sein. Dafür dürften diese Langfassungen derzeit noch wenig geeignet sein." (Jürgens 2004, 112)

Für einen Schulprogrammtext, der als orientierendes Entwicklungsinstrument operationabel bleibt, schlägt Jürgens demgegenüber eine Textlänge von nicht mehr als 15 Seiten vor. Aus dem Tatbestand der in dieser Hinsicht „unbrauchbaren" Texte der überwiegenden Mehrheit der Schulen leitet (Jürgens 2004, 112) eine Unsicherheit der Schulen in der hier infrage stehenden Doppelfunktion von

Schulprogrammarbeit ab: „Viele Schulen scheinen hinsichtlich des methodischen Vorgehens der Rechenschaftslegung im Zusammenhang mit den im Schulprogramm genannten Aktionen und konkreten Vereinbarungen noch unsicher zu sein." (Jürgens 2004, 112) Die Evaluationsfrage rührt an den neuralgischen Punkt, wenn es neben der internen Schulentwicklung, die Formen der Selbstevaluation und des Peer-Reviews favorisiert (vgl. Klafki 1998; Burkard/Eikenbusch 1998), auch um die Frage der externen Legitimation der Schulprogrammarbeit geht (vgl. Franke/Kliebisch 2000). Wenn so etwa fast die Hälfte der von Jürgens (2004, 112) befragten Schulleitungen nach eigenen Angaben noch nicht überprüft hatten, ob die intendierten (Teil-)Ziele im gewünschten Maße erreicht wurden, so stellt sich die Frage, ob dahinter lediglich eine methodische Unsicherheit in den Formen der Rechenschaftslegung aufseiten der Schule liegt. Jürgens konstatiert selbst, dass die Schulen sich stark auf „qualitative Reports" stützten, während die Schulen auf die im Prinzip vorhandenen und leicht zugänglichen so genannten „Hard-Facts" bei ihren Bestandsaufnahmen kaum zurückgriffen: „Beispielsweise entfallen auf die ‚Auswertung von Schuldokumenten' nur knapp 20 % der Antworten, während das Item ‚Analyse der Schulstatistik' nur gut 15 % der Antworten auf sich vereinigt." (Jürgens 2004, 104)

Bemerkenswert in diesem Zusammenhang sind die Ergebnisse der Studie von Christoph Burkard, der die Aussagen von SchulaufsichtsbeamtInnen denen der Lehrkräfte und Schulleitungen kontrastierend gegenüber stellte. Bei dieser Gegenüberstellung fällt auf, dass die Schulaufsicht Schulprogrammen schon zu diesem Zeitpunkt recht weitgehende Effekte für die Qualitätsentwicklung zuschrieb, während die Kontrastierung mit den Ergebnissen der parallel durchgeführten LehrerInnenbefragung (Kanders 2004) hervorbrachte, dass die LehrerInnen den Nutzen und Stand der Schulprogrammarbeit deutlich schlechter bewerteten als die Schulaufsicht. Burkard nennt als Gründe für diese Abweichung, dass LehrerInnen womöglich in viel kürzerer Zeit konkrete Effekte und spürbare Veränderungen des Schulalltags erwarteten als die Schulaufsicht: „Möglicherweise neigten die Schulaufsichtsbeamten [...] auch zu eher ‚milden' Bewertungen, nicht zuletzt deshalb, weil sie sich aufgrund ihrer Beratung und Unterstützung der Schulprogrammarbeit ein Stück weit mit den erreichten Ergebnissen selbst identifizierten." (Burkard 2004, 153)[55]

---

55 Zum Aspekt der Erwartungshaltung kurzfristiger Effekte vgl. auch Sommer/Stöck (1998) und Kempfert (2002).

7.4.3 Autonome Entwicklungstradition einer Schule und verordnetes Entwicklungsinstrument

In der bereits zitierten Studie von Jörg Schlömerkemper (1999; 2002a; 2004) über Vorstellungen, Erwartungen und/oder Befürchtungen von hessischen LehrerInnen gegenüber den Konzepten „Autonomie", „Schulprogramm" und „Evaluation" hebt dieser hervor, dass Schulen Schwierigkeiten mit dem Instrument der Schulprogrammarbeit haben, wenn sie nicht bereits auf ein etabliertes spezifischeres Profil der Einzelschule zurückgreifen können. Dieser Befund aus Hessen lässt sich ebenfalls für Hamburg[56] und NRW[57] nachweisen:

„Die Befunde zeigen, dass es in der Tat für die pädagogische Schulentwicklung durchaus richtig zu sein scheint, den einzelnen Schulen jene Gestaltungsmöglichkeiten einzuräumen, die unter dem Leitbegriff der ‚Autonomie' gemeint sind. Es zeigt sich allerdings auch, dass sich Schulen sozusagen in der Notwendigkeit der Schulprogramm-Arbeit unterscheiden. Während einige Schulen sich auf ‚Profile' oder ‚Konzepte' beziehen können, aus denen sie ein offizielles ‚Schulprogramm' leicht ableiten können, benötigen andere Schulen einen deutlichen Anstoß, um aus Routinen herauszukommen und ein Konzept für die pädagogische Arbeit zu entwickeln." (Schlömerkemper 2004, 77)

Diesem Befund nach besitzt die administrative Forcierung der Schulprogrammarbeit und das damit verbundene Konzept allein augenscheinlich nicht Innovationskraft genug, um derart zu verfangen, dass sich auch Schulen damit beschäftigen würden, die vordem keine Entwicklungsarbeit betrieben haben (vgl. Gruschka et al. 2003). Schlömerkempers Diagnose ließe sich demnach auch in die folgende Richtung interpretieren: Unabhängig vom Reforminstrument der Schulprogrammarbeit haben sich schon vordem diejenigen Schulen um Profilierung bemüht, die entweder über genügend interne Reformkräfte verfügten, oder

---

56 Müller/Holtappels (2004, 88) konstatieren für Hamburg: „Schwierigkeiten und Probleme werden in den Programmen zumeist prägnanter benannt, konnten aber nur in knapp einem Fünftel der Fälle eindeutig identifiziert werden. Dabei wird zweierlei deutlich. Zum einen scheint Programmarbeit solchen Schulen leichter zu fallen, die in der Schulkultur ein gewisses Sockelniveau erreicht und bereits vorhandene Konzeptionen (z.B. Integrative Maßnahmen, Halbtagsschulkonzept in Grundschulen, Projekt- und Teamentwicklung in Gesamtschulen) entwickelt haben und daran anknüpfen können. Zum anderen zeigen sich – oftmals dieselben – Schulen dann als organisationsfähiger und innovationsfreudiger, wenn sie bereits über Erfahrungen mit Schulentwicklungsprozessen verfügen, somit zielorientierte und effektvolle Vorgehensweisen wählen." (Müller/Holtappels 2004, 88)

57 Kanders hält in seiner in NRW vorgenommenen Untersuchung fest: „Über 70 % der Lehrerinnen und Lehrer aller Schulformen (mit Ausnahme der Berufskollegs) halten bereits vorhandene pädagogische Konzepte oder Erfolge, also das Aufbauen auf bereits Bestehendem, für eine sehr wichtige Grundlage erfolgreicher Schulprogrammarbeit." (Kanders 2004, 128f.)

von außen einen entsprechenden Profilierungsdruck verspürten. Für diejenigen
Schulen, die bereits über solche vorgängigen Praxen der Profilierungsarbeit
verfügten, stellte das Schulprogramm somit zum Teil ein hilfreiches und daher
willkommenes Instrument dar, die bereits existierenden Arbeitsformen zu
überdenken bzw. auf den Begriff zu bringen. Interessant wäre an dieser Stelle
die empirische Untersuchung der Frage, inwieweit sich die Profilierungspraxis
durch die parallele Einführung der Schulprogrammarbeit in ihren Arbeitsweisen
und Prozessen verändert hat. Schlömerkempers Befund legt zumindest nahe,
dass die Schulprogrammarbeit als solche – gemessen an den mit ihr verbundenen Hoffnungen – zunächst ein „zahnloser Tiger" der Administration ist. Nur
wenn vor Ort parallel zur Einführung der Schulprogrammarbeit auch Reform-
wille oder auch realer Profilierungszwang besteht – so die Hypothese –, wird es
wahrscheinlich, dass das Instrument „Schulprogramm" als probates Mittel der
Schulentwicklung auch in Kollegien „mehrheitsfähig" wird (vgl. Kap. 9.4;
Heinrich 2005a). Hans Haenisch konstatiert beispielsweise in einer qualitativen
Studie zu den „Gelingensbedingungen für die Entwicklung und Umsetzung des
Schulprogramms" anhand von Interviews an 14 Schulen aller Schulformen aus
allen Bezirksregierungen des Landes Nordrhein-Westfalen (Haenisch 2004, vgl.
ebenfalls Haenisch 1998):

> „Für Lehrerinnen und Lehrer ist es wichtig, dass sie von Anfang an den Nutzen die-
> ser Arbeit für ihre Alltagspraxis erkennen. Die Schulprogrammarbeit muss also so
> ausgerichtet sein, dass sie die Bedürfnisse und Probleme der Lehrkräfte erreicht.
> Nur dort, wo dies geschieht, ist ein ernsthafter Einstieg in die Schulprogrammarbeit
> überhaupt möglich. Wo dies nicht der Fall ist und die Vorteile der Arbeit nicht
> deutlich werden, gibt es Konflikte. Auch Anordnungen helfen dann nicht weiter."
> (Haenisch 2004, 224f.)[58]

Auch Schlömerkemper (2004, 66) dokumentiert als Ergebnis seiner Befragung,
dass Schulprogrammarbeit mehrheitlich für sinnvoll und notwendig erachtet
werde, aber Wert darauf gelegt werde, dass sie freiwillig sein sollte.[59] Diejeni-

---

58 Auch in die Richtung der Akzeptanz vor Ort als eines bedeutsamen Faktors zielend hält Jürgens
    (2004, 108) für seine Studie zur Schulprogrammarbeit aus der Perspektive von 600 Schulleite-
    rinnen und Schulleitern von Grund- und allgemeinbildenden weiterführenden Schulen des Lan-
    des NRW als übergreifendes Ergebnis fest: „Ein wesentlicher Aspekt, der in dieser Untersu-
    chung noch einmal deutlich geworden ist, beinhaltet, dass Schulentwicklung von der Basis –
    also von der Einzelschule – ausgehen sollte. So genannte ‚top-down-Modelle' scheitern, weil
    von ‚oben' entschieden wird, was für die Einzelschule richtig und wichtig ist, ohne ihre konkre-
    te Situation zu berücksichtigen."
59 Bereits 1995 prognostizierte Rolff: „Vorgaben führen höchstens zur Verdinglichung von Zielen
    oder/und zur ‚inneren Kündigung' der Kollegien, die die Zielvorgaben auf der Oberfläche beja-
    hen (‚Leerformeln'), im praktischen Handeln jedoch negieren." (Rolff 1995, 112)

gen LehrerInnen, die die Weisung des Ministeriums erst einmal ernst nehmen, versuchen mit der aus dieser neuartigen Aufforderung resultierenden Irritation produktiv umzugehen. Ihre Reaktion entspricht der mit der Vorgabe intendierten Reformabsicht: Die LehrerInnen sollen über ihre Bildungsziele und Unterrichtsweisen reflektieren sowie über weitere außerunterrichtliche Aktivitäten nachdenken, durch die sich ihre Schule weiterentwickeln könnte. An zwei Punkten scheinen dann aber auch die Schulprogramme dieser im Prinzip reformwilligen Schulen nicht den mit der Verordnung intendierten Absichten zu entsprechen, wie aus Burkards Analyse (2004, 148) deutlich wird:

> *„In besonderer Weise eingelöst* (Mittelwerte unter 2)[60] wurde in den vorliegenden Schulprogrammen aus Sicht der Schulaufsicht
> - der Zusammenhang von Schulprogrammaussagen zu zentralen Vorgaben (bspw. Richtlinien und Lehrpläne)
> - der Bezug des Schulprogramms auf die besondere Situation der Schule und das Umfeld
> - sowie die Einbindung der Schulprogrammarbeit in die längerfristige Schulentwicklung
>
> Bislang in vergleichsweise noch geringerem Maße umgesetzt (Mittelwerte über 2,5) wurden
> - die Beteiligung der Schulgemeinschaft an der Schulprogrammarbeit
> - der Unterrichtsbezug des Schulprogramms und die Evaluation."

Die unzureichende Beteiligung der Schulgemeinschaft an Schulentwicklungsarbeit – der erste von den Schulaufsichten bemängelte Punkt (s.o.) – erweist sich in der Schulentwicklungsforschung immer wieder als neuralgischer Punkt. Zwar ist die Elternbeteiligung an der Schulprogrammarbeit einer Studie von Witjes/Zimmmermann (2000) zufolge sowohl von den Eltern (60 %) als auch von den Schulleitungen (65 %) gewünscht, doch besteht immer die Gefahr, dass sie als MitarbeiterInnen und MitgestalterInnen am Schulprogramm nicht wirklich ernst genommen werden (vgl. Soppart-Liese 1997), wie auch aus der folgenden Elternaussage hervorgeht, die Eikenbusch/Olschewski (2002) in ihrer Studie über „Erfahrungen von Eltern und SchülerInnen in der Schulprogrammarbeit" anführen:

> „Wenn Eltern zur Schule kommen, um belehrt zu werden, um sich Klagen von Lehrerinnen und Lehrern anhören zu müssen, um Ämter oder unbequeme Aufgaben zu bekommen, dann kommen sie nicht zur Schule, dann machen sie beim Schulpro-

---

60 Es handelt sich hierbei um Mittelwerte der von der Schulaufsicht vorgenommenen Einschätzungen auf einer 5er-Skala (1= „trifft voll zu" bis 5 = „trifft nicht zu").

gramm nicht mit. Schulprogramm muss hilfreich sein, muss entlasten, muss Einfluss ermöglichen. Es ist doch kein Arbeitsprogramm, was die Eltern alles machen müssen ..." (zit.n. Eikenbusch/Olschewski 2002, 286f.)

Bezogen auf die SchülerInnenmitwirkung liegen Eikenbusch/Olschewski (2002, 273) zufolge „noch weniger abgesicherte Erkenntnisse oder elaborierte Ansätze vor als bei den Eltern. SchülerInnen als (neben anderen Beteiligten) aktive Träger von Schulprogrammarbeit rücken erst allmählich in den Blick." Die AutorInnen verweisen in diesem Zusammenhang auf die Vorreiterrolle der skandinavischen Länder (vgl. Ekholm 1999). In ihrer Analyse der Hamburger Schulprogramme kommen indes Holtappels/Müller (2004, 86) zu einer recht positiven Bilanz, da entsprechend der Aussagen in den Schulprogrammtexten „immerhin in 86,5 % der Schulen das gesamte *Lehrerkollegium* an der Schulprogrammentwicklung partizipierte. In zwei Drittel der Fälle waren *Eltern* (z.T. nur Elternvertreter) intensiv beteiligt, in jeder dritten Schule auch die *Schülerschaft.*"[61] Die Beteiligung der Schulgemeinschaft an Schulentwicklungsarbeit erweist sich nicht zuletzt deshalb immer wieder als schwierig, da hierdurch zentrale Professionsvorstellungen der LehrerInnenschaft infrage gestellt werden bzw. Verfügungsrechte zum Treffen von unterrichtsrelevanten Entscheidungen nicht mehr allein beim Lehrerkollegium liegen (vgl. Altrichter/Heinrich 2005, 133-136). Das gilt damit insbesondere auch für die Schulprogrammarbeit (vgl. Bauer 1998).

Die Zurückhaltung gegenüber den externen Formen der Evaluation – der zweite von den Schulaufsichten inkriminierte Aspekt (s.o.) – formulieren dabei nicht nur LehrerInnen (vgl. Altrichter/Heinrich 2006), sondern auch Schulleitungen: „Insbesondere der externen Überprüfung der eigenen Arbeit steht etwas mehr als die Hälfte der befragten Schulleitungen skeptisch bis ablehnend gegenüber, während immerhin ca. 40 % angeben, diese Form der Fremdbeurteilung zumindest ins Kalkül gezogen zu haben." (Jürgens 2004, 113)

In der Gruppe der prinzipiell Reformwilligen nehmen diejenigen Schulen eine Sonderstellung ein, die auf einmal – manchmal nach jahrelangen Querelen

---

61 Interessant ist hierbei erneut die schulformbezogene Betrachtung, wobei die Gymnasien mit ihrer eigenen Professionstradition wiederum eine Sonderstellung einnehmen: „In Gymnasien wurde offenbar die kollegiumsweite Partizipation der Lehrkräfte weniger praktiziert (in 69,4 % der Schulen). Dafür rangieren sie hinsichtlich der Schülerbeteiligung mit 60 % fast gleich auf mit den Berufsschulen an der Spitze; GHR-Schulen und Gesamtschulen stehen hier weit zurück. Berufsschulen und Grundschulen unterscheiden sich in plausibler Weise diametral in der Eltern- und Schülerpartizipation; dennoch ist das weniger erwartbare Vorkommen von Schülerbeteiligung in der Grundschule und von Elternbeteiligung in Berufsschulen noch zu beachten. Bemerkenswert sind die Angaben zur breiten Lehrerpartizipation in Berufsschulen (95,3 %) angesichts der Unterschiedlichkeit der Schularten innerhalb des Gesamtkollegiums." (Müller/Holtappels 2004, 86)

mit der Schulaufsicht – als Avantgarde der neuen Schulentwicklungsbemühungen erscheinen: die schon immer gegenüber den „Normalschulen"
profilierten Reformschulen.[62] Derart profilierte Reformschulen können die
Forderung der Schulaufsichtsbehörden mit der prompten Gegenreaktion beant-
worten, dass sie seit Jahren über ein Schulprogramm verfügten. Aus der Sicht
dieser LehrerInnen besteht daher kein Bedarf dafür, den Modus des Schule-
Haltens und den der damit verbundenen Entwicklungs- und Evaluationsarbeit zu
verändern. Mit dem Anspruch, eine Reformschule zu sein, geht oftmals auch
das Selbstverständnis einher, zur permanenten inneren Reform bereit zu sein.
Wie Schlömerkemper hervorhebt, findet die Forderung, dass ein Schulprogramm nicht statisch sein dürfe, sondern veränderbar bleiben müsse, aber auch
bei der Gesamtheit der hessischen LehrerInnenschaft starke Zustimmung (,91)[63],
wobei er hinzufügt:

> „Dies scheint jedoch eher eine prinzipielle Feststellung zu sein, die sich nicht gegen
> eine entsprechend wahrgenommene Praxis richtet, denn die Aussage, ‚die Festle-
> gung eines Schulprogramms (führe) zu pädagogischer und organisatorischer Erstar-
> rung', wird von fast allen Befragten abgelehnt (,26)." (Schlömerkemper 2004, 64)

Demgegenüber formuliert Jürgens (2004, 114) eine gegenteilige Ansicht, wenn
er feststellt, dass Schulentwicklung wohl noch nicht von allen Schulen als
langfristiger und fortlaufender Prozess angesehen werde. Er begründet seine
Einschätzung dabei wie folgt: „Obwohl fast alle betonen, eine Weiterentwicklung nach Abgabe des Schulprogramms im Blick zu haben, geben dennoch
einige Schulen an, bereits alle angegebenen Schwerpunkte umgesetzt zu haben,
was wiederum einen Widerspruch darstellt." (Jürgens 2004, 114)[64] Aus diesem
Tatbestand zieht Jürgens sogar noch weiter reichende Schlussfolgerungen über

---

62 „Dem heutigen Verständnis und den Anforderungen an Schulprogramme schon recht ähnlich
    waren die Profil- und Konzeptbeschreibungen von Reformschulen, also Schulen besonderer
    pädagogischer Prägung. Damit stellen sich solche Schulen der wissenschaftlichen und schul-
    praktischen Diskussion in der Pädagogik und geben ihr zugleich Impulse; gleichzeitig sind be-
    sonders Reformschulen gehalten, Eltern, Schulträger und Schulaufsicht von ihrem besonderen
    Konzept zu überzeugen. Vor allem neu gegründete Gesamtschulen und Schulen in privater Trä-
    gerschaft machten bislang von Profilbeschreibungen und Elterninfos Gebrauch." (Holtappels
    2004a, 13)
63 Zur Einordnung der in Klammern nachgestellten Angabe: „Die referierten Werte sind Mittel-
    werte auf einer Einheitsskala mit den Endwerten ‚00 für die niedrigste (=Ablehnung) und 1,00
    für die höchst mögliche Ausprägung des Merkmals (=Zustimmung); in der Befragung selbst
    war eine Antwortskala von 0 bis 4 vorgegeben." (Schlömerkemper 2004, 63)
64 Zur Verknüpfung von Evaluation und Fortschreibung des Schulprogramms vgl. Obermeyer
    (2004).

das spannungsreiche Verhältnis von Schulprogrammarbeit als autonomer Entwicklungstradition einer Schule und verordnetem Entwicklungsinstrument:

> „Hier liegt die Vermutung nahe, dass die betreffenden Schulen lediglich der administrativen Verpflichtung zur Schulprogrammerstellung nachgekommen sind. Ihre Programme dienen primär der Pflichterfüllung nach außen, ohne eine besondere Bedeutung für den internen Gebrauch aufzuweisen. In diesem Zusammenhang lassen sich die befürwortenden Äußerungen zur Weiterentwicklung der Schulprogramme nur als Angaben im Sinne einer sozialen Erwünschtheit interpretieren." (Jürgens 2004, 114)[65]

7.4.4 Traditionen der Schulaufsicht und die neue Rolle der Schulberatung

Auf beiden Seiten (Schulaufsicht und Schule) handeln AkteurInnen, die – vielfach in alten Rollenmustern befangen – mit bereits assimilierten und bis dato oftmals bewährten Verhaltensmustern reagieren. So gibt es SchulaufsichtsbeamtInnen, die von den Schulen regelmäßige schriftliche Rückmeldungen über den Stand der Schulprogrammarbeit erbitten, um beratend tätig werden zu können, und gleichzeitig mit Fragebögen, die implizite Anforderungskataloge darstellen, meinen, ihrer Aufsichtspflicht nachkommen zu müssen (vgl. Kap. 8.3.3). Die Schulleitungen als in die Schule hineinreichendes Glied der Schulaufsicht einerseits und VertreterInnen der KollegInnen andererseits geraten hier in eine Zwitterstellung, die vielfach wohl nur durch entsprechende Diplomatie, Taktik und Takt zu bewältigen ist (vgl. Rauch 2000; Haenisch 2004, 243; Baulecke 2004a). Einige Schulleitungen reagieren entsprechend ihrer alten Rollenmuster auf die Nachfragen wie auf andere Erlasse mit Verwaltungshandeln: Die Fachkonferenzen werden aufgefordert, für ihr Fach einen Textbaustein zu produzieren. Nach einer Rückversicherung im KollegInnenkreis reagieren einige überlastete Kollegien auf diese Aufforderung, indem sie die jeweiligen Lehrpläne exerzieren oder gar fotokopieren und diese dann für eine Endredaktion zusammentragen. Dieser Textkorpus – bei einem nordrhein-westfälischen Gymnasium zudem ergänzt um ein Vorwort des Direktors zur Geschichte der Schule, das er der letzten Jubiläumsschrift entnommen hat – wird gebunden und mit

---

65 Vor diesem Hintergrund wäre die Aussage von Burkard zu relativieren bzw. neu zu kontextualisieren: „Ein erstes, sicherlich nicht ganz selbstverständliches Ergebnis der Evaluation ist, dass bis zum verbindlichen Stichtag 31. Dezember 2000 in der Tat fast alle Schulen (94 %) in Nordrhein-Westfalen ein schriftliches Schulprogramm entwickelt hatten. Schulprogramme sind nun nicht mehr Sache weniger Modellschulen, sondern sie liegen flächendeckend in allen Schulformen vor." (Burkard 2004, 140)

einer stattlichen Seitenzahl von 200 dem zuständigen Schulamt übergeben, in der Hoffnung, dass dieses keinen Einspruch erhebt, da schließlich das Programm aufgrund seines Entstehungshintergrunds kaum etwas enthalten kann, was den Richtlinien widerspricht (vgl. Heinrich 2001/02). Diese LehrerInnen verhalten sich taktisch, indem sie als BeamtInnen einer nachgeordneten Dienststelle reagieren, die sich darum bemüht, das Echo der Vorgesetzten zu sein, um auf diese Weise die Verantwortung wieder abgeben zu können: Euer Programm ist unser Programm und unser Programm ist euer Programm! Die Entwicklungsaufgabe der Verselbständigung ist damit abgewehrt. Je nach Amtsauffassung der im Schulamt zuständigen BearbeiterInnen ist es durchaus möglich, dass dieses Kalkül aufgeht. In diesem Zusammenhang verdienen die Implementierungsregelungen für die administrativ verordnete Schulprogrammarbeit in NRW noch besonderer Beachtung. In Nordrhein-Westfalen wurde die Schulaufsicht per Erlass in die Schulprogrammarbeit einbezogen (vgl. MSWF/LSW 2002). Alle Schulen in Nordrhein-Westfalen wurden verpflichtet, sowohl ein Schulprogramm zu erstellen als auch in einen Dialog mit der Schulaufsicht über ihr Schulprogramm und seine Umsetzung zu treten: „Umgekehrt wird auch die Schulaufsicht in die Pflicht genommen, diesen Dialog zu führen." (Bauer 2004, 155) Schulaufsicht und Schulen sollen in symmetrischer Kommunikation über das Schulprogramm und seine Umsetzung diskutieren, wobei durch die Vorgaben zur Gesprächsführung „Machtmissbrauch" seitens der Schulaufsicht vermieden werden soll: „Die Weisungsbefugnis der Schulaufsicht ist für die Dauer dieser Gespräche sozusagen außer Kraft gesetzt." (Bauer 2004, 155) In seiner qualitativen Analyse zum Verhältnis von Schulen und Schulaufsicht in den Dialoggesprächen kommt Bauer (2004, 166) zu dem Ergebnis, dass die Beratungskompetenzen seitens der Schulaufsicht durchaus vorhanden sind: „Die Kompetenzen sind da, sie sind offenbar Teil der professionellen Kultur der Schulaufsicht."[66]

An Bauers Schilderungen wird aber auch deutlich, wie „Schulprogramm-konzeptionalisierungen" innerhalb einer Schule gegen die Schulaufsicht durchgesetzt werden konnten, wobei die Schule gerade auch die Öffentlichkeitswirksamkeit solcher „Profilierungs- und Entwicklungsentscheidungen" (vgl. Kap. 7.4.1) als Argument ins Feld führte:

---

[66] „Auf der Grundlage von 15 Fallstudien wurde in diesem Beitrag gezeigt, dass Schulaufsichten in Nordrhein-Westfalen über gute Kompetenzen für Rückmelde- und Beratungsgespräche zur Schulprogrammarbeit verfügen und hochmotiviert sind, solche Gespräche in dialogischer Form zu führen. Sie gehen behutsam und selbstreflexiv vor, keiner von ihnen gebärdet sich als Elefant im Porzellanladen oder als kleinkarierter Bürokrat." (Bauer 2004, 171, vgl. ausf. Bauer 2002c)

„Im folgenden Fallbericht der Gesamtschule 2 […] ist der Ausgangspunkt nur eine
vorsichtig korrigierende Intervention der Schulaufsicht die an der Schule von
Schulleitung, Kollegium und Elternvertretung konstatierte Erziehungsproblematik.
Viele Schüler werden als undiszipliniert und unkooperativ geschildert, daraus entstehen Beanspruchungssituationen, denen Lehrkräfte sich zum Teil nicht mehr ge-
wachsen zeigen. Aus diesen Gründen wird mit dem Schulprogramm auch das Ziel
verfolgt, Regeln für die Zusammenarbeit in der Schule und das Schulleben aufzu-
stellen und auch Maßnahmen zur Durchsetzung dieser Regeln präzise zu benennen.
Der so entstehende Sanktionskatalog stößt bei der liberal eingestellten Schulaufsicht auf gelindes Entsetzen; und genau dieser Konflikt gibt dem Rückmeldegespräch die Würze. Während die Schulleitung auf ein System von Sanktionen, also
Strafen setzt, versucht die Schulaufsicht, andere Möglichkeiten der Verhaltenssteu-
erung zu empfehlen, die von ihr positiver bewertet werden. Den etwas abstrakt
bleibenden Argumenten der Schulaufsicht werden seitens der Schulleitung immer
wieder drastische Schilderungen von Vorfällen und Reaktionen der Beteiligten gegenübergestellt. Unterstrichen und bekräftigt werden diese anschaulichen Schilderungen auch durch Aussagen der Elternvertretung. Die Einwände der Schulaufsicht
werden nicht als brauchbare Hilfestellung betrachtet. Das Ergebnis dieser Szenen-
folge im Dialog ist eine sicherlich größere Klarheit und Gewissheit in der Schule,
dass der jetzt eingeschlagene Weg weiter verfolgt werden soll, allerdings mit der
Modifikation, dass Maßnahmen sorgfältig auf ihre Wirksamkeit überprüft werden
und Alternativen im Bereich der Prävention offen gehalten werden müssen." (Bauer
2004, 167f.)

Das Beispiel zeigt, dass die Frage der Akzeptanz eines Entwicklungsschwer-
punktes starken Einfluss auf den positiven oder eben negativen Fortgang der
Schulprogrammarbeit haben wird. Entsprechend kann die Akzeptanz solcher
Schwerpunkte auch als Gelingensbedingung von schulinterner Schulprogrammarbeit gelten, sodass jedoch gerade eine vom Schulprogrammkonzept her
gewollte hohe schulinterne Identifikation zuweilen zur Ablehnung externer
Beratung führen kann.

Insgesamt zeigt sich aber, dass die externe Beratung im Sinne der Schulentwicklung (vgl. Buhren/Rolff 1996) bei der Schulprogrammarbeit eine größere Rolle zu spielen scheint, als KritikerInnen ihr zuweilen zutrauen. Holtap-
pels/Müller (2004, 87) verweisen darauf, dass sich aus der Analyse der Schulprogramme sowie Hinweisen aus der Hamburger LehrerInnenfortbildung
ergebe, dass mindestens 53 % eine Unterstützung durch externe Beratung
erfahren hätten. Kanders (2004, 121) berichtet für NRW sogar, dass 86 % der
Schulen in irgendeiner Form externe Beratung in Anspruch genommen hätten.
Unterstützung durch die Schulaufsicht erhielten nach deren eigenen Angaben
dabei 80 % aller Schulen: „Im Schulformvergleich fällt dabei auf, dass im Be-

reich der Realschulen (66 %), Gymnasien (57 %) und Schulen des ZBW[67] (37 %) die Schulaufsicht eine teilweise deutlich geringere Rolle bei der Unterstützung der Schulprogrammarbeit spielte." (Burkard 2004, 145f.) Auch für Hamburg stellen Holtappels/Müller (2004, 87) hier schulformbezogene Differenzen fest, wobei sich Sonderschulen überproportional (65 %) extern beraten ließen, während Gesamtschulen (43 %) und Gymnasien (38 %) diese Beratung nur seltener in Anspruch nahmen. Auch Kanders (2004, 121) stellt für NRW die gleiche, mit 38 % auffallend niedrige Quote der Gymnasien fest, welche überhaupt Beratung durch die Schulaufsicht in Anspruch nahmen: „Stattdessen wurde von den Gymnasien überdurchschnittlich häufig die Beratung durch Wissenschaftler von der Universität sowie der Austausch mit anderen Schulen genutzt." (Kanders 2004, 121) Das vom System her strukturell bedingte Dilemma der unteren Schulbehörden, einerseits Aufsichtsfunktion und andererseits Beratungsfunktion zu haben, scheint damit trotz der guten Kompetenzen aufseiten der Schulbehörden (s.o.) in der Akzeptanz der Beratungspraxis durchzuschlagen.[68] Auch für Hessen konstatiert Schlömerkemper eine Reihung der präferierten AkteurInnen der Beratung, wobei die wissenschaftliche Beratung erfreulich gut abschneidet:

> „Die Evaluation von Schulpraxis und -programm soll von einzelnen LehrerInnen bzw. von der Gruppe der LehrerInnen durchgeführt werden, am wenigsten wird sie von externen Wirtschaftsunternehmen gewünscht. Hierbei rangiert die Erziehungswissenschaft deutlich vor Schulaufsicht, Kultusministerium u. a.!" (Schlömerkemper 2004, 66)

7.4.5 Individuelle LehrerInnenarbeit und die Verbindlichkeit von Vereinbarungen

An prominenter Stelle seiner repräsentativen Studie mit hessischen LehrerInnen erfragte Schlömerkemper Assoziationen zum Begriff „Schulprogramm", wobei am stärksten auf den Begriff der „Verantwortung" (,83) abgehoben wurde, „gefolgt von ,Kooperation' (,80). Am wenigsten verbunden werden ,Chaos' (,22) und ,Isolation' (,19)." (Schlömerkemper 2004, 63)[69] Auch wenn hier sehr

---

67 ZBW = Schulen des Zweiten Bildungsweges.
68 Siehe hierzu auch den Vergleich von Kanders: „Als zumindest teilweise förderlich für den Entwicklungsprozess der Schule wurden diese Beratungsformen [schulaufsichtliche Beratung; d.V.] von rund 90 % der Schulen beurteilt, die Beratung durch Moderatoren von 54 % sogar als sehr förderlich (schulfachliche Aufsicht: 28 %)." (Kanders 2004, 121)
69 Zur Bedeutung der in Klammern nachgestellten Werte vgl. Anmerkung 63.

stark Begriffe wie „Verantwortung" und „Kooperation" im Vordergrund stehen, so weist Schlömerkemper aber auch darauf hin, dass es ernst zu nehmende Befürchtungen gäbe, dass Regelungen die Entscheidungs- und Handlungsspielräume der einzelnen Lehrkräfte einschränken könnten, wenn diese für die „ganze Schule" verbindlich gemacht würden:

> „Um dem zu begegnen, sollte der Gedanke der pädagogischen ‚Autonomie' auch innerhalb der Schule auf den internen Ebenen zum Tragen kommen. Dies wäre nicht nur um der pädagogischen Freiheit der Lehrenden wichtig, sondern auch und gerade aus den gleichen Gründen, die für die Autonomie der Schulen benannt werden: Die konkreten Aufgaben können am besten ‚vor Ort' gelöst werden. Dabei müsste allerdings gesichert werden, dass eine solche interne Autonomie verantwortlich wahrgenommen wird. Bei einem professionellen Verständnis der pädagogischen Berufsrolle dürfte das allerdings kein Problem sein." (Schlömerkemper 2004, 77)

Eben dieses „professionelle Verständnis der pädagogischen Berufsrolle" (vgl. Leon 1982; Shulman 1983; Anderson 1991) ist indes traditionell vom Autonomie-Paritäts-Muster (APM; vgl. Lortie 1972; Altrichter/Eder 2004) geprägt, das die Implementierung von Innovationen in der Schule konterkarieren kann (vgl. Rolff 2001, 103; Heinrich/Altrichter 2007). Dies gilt insbesondere für die Schulprogrammarbeit, da diese expressis verbis in ihren Konzeptionen auf eine konsensorientierte Schulentwicklung abhebt, die dann für alle Beteiligten neue Verbindlichkeiten stiften soll und insofern von generalisierbaren Regelungen abhängig ist. Eine derart – als Organisationsentwicklung konzipierte – Schulprogrammarbeit konfligiert damit mit dem Autonomie-Paritäts-Muster, worauf Altrichter/Eder (2004, 199) hinweisen, da sie bei den LehrerInnen die Bereitschaft voraussetzt:

1. „einen Teil ihrer individuellen Autonomie zu Gunsten der ‚Autonomie der übergeordneten Handlungseinheit Schule' aufzugeben,
2. über den eigenen Unterricht hinausgehende Aufgaben entsprechend ihren individuellen Kompetenzen (und damit differentiell und das Paritätsgebot verletzend) zu übernehmen und
3. mit Kolleg/innen an der Weiterentwicklung der Schule und des eigenen Unterrichts zusammenzuarbeiten.
4. Schließlich werden durch die – in diesem Kontext immer mehr forcierten – Evaluationsmaßnahmen Informationen erhoben, aufgrund derer die Gleichheit der Lehrenden in Frage gestellt und formell oder informell zwischen Lehrer/innen differenziert werden könnte."

Es zeigt sich, dass Schlömerkemper in dem zuvor zitierten Passus damit schon ein qua Schulentwicklungsdiskurs revidiertes Professionsverständnis voraussetzt, dass das Autonomie-Paritäts-Muster überwunden hat. In ihrer Fragebogenuntersuchung mit einer Stichprobe von 537 LehrerInnen aus 16 mittleren und höheren Schulen kommen Altrichter/Eder (2004, 218) indes auch zu dem Ergebnis, dass das Autonomie-Paritäts-Muster nicht den Grad an Verbreitung aufweise, wie er aufgrund der theoriestiftenden Formulierung von Lortie (1972) vielfach vermutet wurde.[70] Ihren Daten nach lassen sich aber zwei weitere Cluster von LehrerInneneinstellungen identifizieren, die im Zusammenhang mit der hier infrage stehenden Sonderform von Schulentwicklungsarbeit, der Schulprogrammarbeit, bedeutsam werden:

> „Einerseits sind dies ‚berufliche Einzelkämpfer/innen', die aus dem APM gleichsam das ‚Autonomie-Element' übernehmen, aber die Gleichbehandlung ablehnen, ja im Gegenteil für ‚Leistungsträger/innen' der Schule, zu denen sie sich hinzuzählen dürften (Lehrer/innen der profilbildenden Gegenstände mit vielen Überstunden sind überrepräsentiert), zusätzliche Gratifikationen wünschen. Andererseits gibt es ‚Lehrer/innen mit ausgeprägter Teamorientierung', für die eine durchgehende Ablehnung der Charakteristika des APM charakteristisch ist." (Altrichter/Eder 2004, 218)

Entsprechend dieser Clusterbildung ist dann auch plausibel, dass in schulentwicklungsaktiven Schulen überproportional viele LehrerInnen mit Teamorientierung vertreten sind, während in den in schulentwicklerischer Hinsicht inaktiven Schulen LehrerInnen mit einer Professionsauffassung gemäß dem Autonomie-Paritäts-Muster oder einer EinzelkämpferInnenmentalität dominieren (vgl. Altrichter/Eder 2004, 218f.) Vor diesem Hintergrund wird dann auch das Ergebnis Holtappels (2004b, 178) interpretierbar, „dass in den Schulen, in denen Lehrer/innen intensiv bzw. regelmäßig an einer ‚pädagogischen Runde' zur Arbeit am Schulkonzept/-programm teilnehmen, von Schulleitungen seltener über Widerstände im Kollegium gegenüber Entwicklungsarbeit berichtet wird und ein höherer Anteil bereits ein schriftliches Schulprogramm vorliegen hat;

---

70 Die Autoren weisen allerdings auf die eingeschränkte Verallgemeinerungsfähigkeit ihrer Ergebnisse hin: „Eine Verallgemeinerung dieser Ergebnisse ist zunächst nur sehr eingeschränkt möglich. Die vorliegende Stichprobe beschränkt sich auf den Bereich berufsbildender Schulen, die durch ihre Nähe zur Wirtschaft und die stärkere Praxisorientierung ihrer Lehrer/innen vermutlich mehr Offenheit gegenüber kooperativen Arbeitsformen aufweisen als Schulen aus dem allgemeinbildenden Bereich. Es ist weiter anzunehmen, dass das insgesamt sehr positive Bild auch damit zusammen hängt, dass sich Lehrer/innen mit einer negativen Haltung zur Schulentwicklung – besonders in der Vergleichsgruppe – nicht im gleichen Ausmaß an der Befragung beteiligt haben. Insgesamt dürfte es sich also um eine Überschätzung der Situation in positiver Richtung handeln." (Altrichter/Eder 2004, 219f.)

der Anteil der Schulen mit Steuergruppe ist zudem höher als jener ohne solche Konzeptarbeit." (Holtappels 2004a, 178)[71] An anderer Stelle sprechen Holtappels/Müller (2004, 85) auf der Grundlage ihrer Ergebnisse aus der Hamburger Schulprogrammanalyse daher auch davon, dass die Einrichtung von Arbeitsgruppen „nicht nur ein Indikator für die Intensität der Programmarbeit, sondern auch für die breite Einbindung und schulweite Partizipation des Kollegiums" sei.[72] Und Kanders (2004, 120) berichtet für NRW, dass an ¾ der Schulen im Zuge der Schulprogrammarbeit eine diesbezügliche Arbeitsgruppe gebildet worden sei. Positive Befunde in dieser Hinsicht existieren auch für Niedersachsen.[73] Als eine aus seinen Interviewstudien abgeleitete Gelingensbedingung der Arbeit von Steuerungsgruppen hebt Haenisch (2004, 230) allerdings hervor:

> „Betont wird, dass diese Gruppe nicht von oben verordnet werden darf, sondern dass die Mitglieder vom Kollegium gewählt werden sollten, dass sie aber auch gleichzeitig offen bleiben sollte für Interessierte. So wechseln z.B. in einer Schule die Personen dieser Gruppe, wenn ein neues Jahresthema ansteht und deshalb neue Kompetenzen benötigt werden. Wichtig – so die Erfahrungen – ist, dass diese Gruppe sich mit inhaltlichen Vorgaben zurückhält und bestenfalls die im Kollegium vorhandenen Ideen bündelt und vorformuliert."

---

71 Vgl. hierzu auch den in die gleiche Richtung weisenden Befund von Kanders: „Stellt man die Einschätzung der Nützlichkeit von Schulprogrammarbeit in einen Zusammenhang mit der generellen Innovationsbereitschaft bzw. dem Innovationsklima an der Schule (gemessen an einer Skala, die aus zusätzlichen Items im Lehrerfragebogen gebildet wird und welche empirisch überprüft ist), so zeigt sich, dass dieser Zusammenhang überaus stark ist: Je stärker das generelle Innovationsklima an einer Schule nach Meinung der Befragten ausgeprägt ist, desto höher wird auch der Nutzen von Schulprogramm und Schulprogrammarbeit für die Schule beurteilt." (Kanders 2004, 134)

72 Wobei Holtappels/Müller (2004, 85) an dieser Stelle wiederum schulformdifferenzierend hinzufügen: „Dies scheint in Sonderschulen, Gesamtschulen und Grundschulen recht gut zu gelingen. Gymnasien dagegen haben nur zu 41,7 % das Schulprogramm in Arbeitsgruppen erarbeitet; hier kann die Beteiligung des gesamten Kollegiums keineswegs überall angenommen werden."

73 „Zur Arbeitsorganisation in der Schulentwicklungsarbeit wird aus Schulleitungsangaben (n=42) zu Einzelfragen Folgendes ersichtlich: In 79 % der Schulen besteht eine kontinuierliche ‚pädagogische Runde', die sich kontinuierlich zwecks Arbeit am Schulkonzept/Schulprogramm trifft. In jeweils sieben von acht Schulen (= 88 %) wurde eine Steuer- oder Planungsgruppe und Arbeitsgruppen des Kollegiums zur Entwicklung von Programmbausteinen gebildet. In 39 % der Schulen besteht die Steuergruppe aus einem kleinen Personenkreis von bis zu fünf Personen, in weiteren 39 % der Schulen sind es sechs bis zehn Personen. In etwa einem Fünftel der Schulen ist die Steuergruppe größer (bis zu 25 Personen). In gut der Hälfte der Kollegien arbeitete die Steuergruppe einmal im Monat zusammen, in jeder achten Schule tagte sie wöchentlich oder gar öfter." (Holtappels 2004b, 177)

Die Institutionalisierung solcher Arbeitsgruppen im Rahmen der Schulprogrammarbeit ist nicht nur selbst ein Indikator für Kooperationsintensität in den Kollegien, es zeigt sich auch, dass beispielsweise in Hamburg etwas mehr als die Hälfte der Schulen „Intensivierung der Lehrerkooperation oder sogar die Institutionalisierung von Teamformen (z.b. Einrichtung von Jahrgangsteams, Klassenleitungstandems)" zum Gegenstand der Schulprogrammarbeit macht: „Die vielfach konzeptionell ausgearbeiteten Vorhaben zeigen, dass es sich in einer Vielzahl von Schulen nicht nur um Absichtserklärungen sondern um durchgreifende Veränderungen handelt, die zumindest große Teile des Kollegiums betreffen." (Holtappels/Müller 2004, 96) Diese Bedeutungszuschreibung beim Thema Kooperationsintensität belegen auch die Untersuchungen aus NRW, wobei dies sowohl aus der Sicht der LehrerInnen zutrifft, wenn 2/3 der Befragten Kooperation und Teamarbeit als besonders wichtig einschätzen (vgl. Kanders 2004, 129)[74], als auch aus der Sicht der Schulleitungen, wenn 43,4 % der SchulleiterInnen „Kooperations- und Konsensfindung im Kollegium" als Entwicklungsschwerpunkt angibt (vgl. Jürgens 2004, 106). Bei diesen Angaben scheint es sich nicht nur um Ansprüche an die Schulprogrammarbeit zu handeln, sondern auch um bestätigte Erwartungshaltungen, wenn viele Schulleitungen in den bisher erfolgten Schulprogrammentwicklungen bereits auch eine intensivierte kollegiumsinterne Kooperation und Kommunikation verwirklicht sehen (vgl. Jürgens 2004, 108f.). Und auch Kanders vermerkt für die nordrheinwestfälischen LehrerInnen, dass über zwei Fünftel der Befragten den Eindruck habe, die Arbeit am Schulprogramm habe Verbindlichkeit über die gemeinsamen Ziele der Schule hergestellt, wenngleich auch ein knappes Drittel sich gegenteilig äußert (vgl. Kanders 2004, 131).

Fehlt ein solcher Konsens, so „neigen Lehrerkollegien dazu, in einem schriftlichen Schulkonzept oder Schulprogramm sensible Bereiche, die durchgreifende Veränderung betreffen, nicht allzu konkret zu bestimmen und festzulegen" wie Holtappels (2004a, 27) feststellt. Dies scheint entgegen den eigenen Wunschvorstellungen zu gelten, da Schlömerkemper in seiner Studie feststellt, dass die Begriffe „Konsens" (,69)[75] und „Klarheit" (,72) im Zusammenhang mit dem Schulprogramm hohe Zustimmung finden (vgl. Schlömerkemper 2004, 63). Derzeit beurteilt Holtappels (für Deutschland) den niedrigen Konkretisierungsgrad als typisches Spezifikum des Standes der Konzept- und Programmentwicklungen: „Insgesamt wird hier auch deutlich, dass die Förderung innerschulischer

---

74 Schulformbezogen zeigen sich die Gymnasien hier wiederum als „Ausreißer" bei dieser Einschätzung mit „nur 50 % der Gymnasiallehrkräfte – gegenüber 79 % bei den Sonderschullehrerinnen und -lehrern." (Kanders 2004, 129)
75 Zur Bedeutung der in Klammern nachgestellten Werte vgl. Anmerkung 63.

Entwicklungsprozesse durch die Erarbeitung von Schulprogrammen vermutlich derzeit noch Grenzen hat." (Holtappels 2004b, 181)[76]

Die vorausgehenden Aussagen differenzierend sei hinzugefügt, dass, wie aus Kanders Studie (2004, 131) hervorgeht, bei solchen Aussagen von AkteurInnen der Schulprogrammarbeit eine Abhängigkeit der Bewertung je nach Gruppenzugehörigkeit einzurechnen ist:

> „Generell wird die Nützlichkeit von Schulprogramm und Schulprogrammarbeit von Schulleitungsmitgliedern am höchsten beurteilt, es folgen die Mitglieder der Schulprogrammgruppe und dann die übrigen Lehrkräfte. Die Intensität der eigenen Schulprogrammarbeit bzw. die Involviertheit in die entsprechenden Prozesse beeinflusst die Beurteilung des Nutzens also in starker Weise." (Kanders 2004, 131)[77]

---

76 Schlömerkemper hält indessen für seine Befragung in Hessen fest, dass von den LehrerInnen „Eindeutigkeit" und „Veränderbarkeit" offenbar nicht als Gegensätze verstanden würden, sondern als wechselseitige Voraussetzung: „Die Klärung der aktuellen Situation und die Offenlegung der Ziele machen erst Veränderungen möglich; eine gute Organisation solcher Prozesse dürfte wichtig und hilfreich sein." (Schlömerkemper 2004, 64)

77 Vgl. hierzu auch die unterschiedlichen Perspektiven auf Schulprogrammarbeit aus der Sicht einer Schuldirektorin, eines Bezirksschulinspektors und eines externen Beraters (Simon/Goger/Schwetz 2000).

7.5 Vom „Nutzen" der Schulprogrammarbeit jenseits ihrer „Wirkungen auf der Unterrichtsebene"

Die Evaluation der Schulprogrammarbeit in Nordrhein-Westfalen resümierend schreibt Holtappels (2004b, 181):

> „Unter den berichteten Wirkungen der Programmarbeit finden sich die Diskussion über gemeinsame Ziele und die Erarbeitung verbindlicher Ziele an der Spitze der Lehrerzustimmungen. Eine Planungsgrundlage für die Schule, Hilfe zur Profilbildung oder pädagogische Impulse für die Schule werden nur von gut einem Drittel als Wirkung wahrgenommen. Persönlichen Nutzen, Wirkungen für den eigenen Unterricht oder die pädagogische Alltagsarbeit sehen nur je etwa ein Fünftel; Veränderungen im Unterricht der Schule gingen nach Meinung von nur 9 % von der Programmarbeit aus."

Diese Befunde über die Einschätzungen der LehrerInnen verweisen einerseits auf Implementierungserfolge der Schulprogrammarbeit im Sinne einer Förderung der Schulkultur und der inneren Schulentwicklung. Ein Merkmal ist allerdings immer wieder die nur geringe Einschätzung der Wirkungen der Schulprogrammarbeit auf der Unterrichtsebene, die nicht nur eine subjektive Beurteilung der LehrerInnen darstellt, sondern auch mit anderen Mitteln schwer nachweisbar scheint (vgl. Weiß/Steinert 2001, 445ff.) – und dies, obgleich nach Angaben von Schulleitungen die „‚Qualitätsentwicklung und -sicherung von Unterricht' ein besonders wichtiger Entwicklungsschwerpunkt in den Schulen ist (60 %)." (Jürgens 2004, 106) Die vorliegenden empirischen Studien zur Schulprogrammarbeit belegen damit erneut die in Kapitel 5 aufgezeigten Lücken in den Konzepten einer evaluationsbasierten Steuerung: Es wird wiederum deutlich, dass die Zusammenhänge zwischen autonomiebasierten Steuerungsinstrumenten wie der Schulprogrammarbeit und der mittels Bildungsstandards, flächendeckenden Leistungstests und insgesamt System-Monitoring intendierten evaluationsbasierten Steuerung bislang noch nicht hinreichend geklärt sind und entsprechend auch noch keine Implementierungskonzepte vorliegen, die hier eine systematische Verzahnung bewirken könnten.

Die Ambivalenz zwischen der mit Verweis auf die Qualitätsentwicklung verordneten Schulprogrammarbeit einerseits und den kaum nachweisbaren Wirkungen auf der Unterrichtsebene andererseits findet dann letztlich auch in der „gemischten Bewertung" der Frage ihren Ausdruck, wie die Lehrkräfte den Nutzen der Schulprogrammarbeit und des Schulprogramms für die eigene Schule einschätzten: Einem großen Mittelfeld von LehrerInnen, die einen „mittleren Nutzen" konstatieren (53 %) steht eine letztlich kleine Gruppe von Lehrkräften gegenüber, die einen „hohen Nutzen" in diesen Aktivitäten sieht

(18 %). Die Zahl derjenigen, die der Schulprogrammarbeit und dem Schulprogramm nur einen „niedrigen Nutzen" für die eigene Schule zuschreiben, ist
demgegenüber mit 29 %, fast einem Drittel, sehr hoch (vgl. Kanders 2004, 134).
Die in der vorliegenden Studie formulierten Annahmen über autonomiebasierte und evaluationsbasierte Steuerung (vgl. Kap. 5.2) legen es nahe, dass der
Grund für diese Ambivalenz auch darin besteht, dass die Lehrkräfte diesen
Wechsel von einer Autonomiebasierung zur Evaluationsbasierung als Leitbild
(noch?) nicht mitvollzogen haben. Die Frage danach, wie die LehrerInnen ihre
Gestaltungsspielräume innerhalb der Schulprogrammarbeit deuten und welche
handlungsleitenden Deutungsmuster sie daraus ableiten, wird damit zur zu
bearbeitenden Forschungsfrage. *Zur Erinnerung* – die beiden in Kapitel 5.2
formulierten Thesen lauteten:

- *Reduktionsthese:* Im Zuge der Transformation von der autonomiebasierten
  Steuerung zur evaluationsbasierten Steuerung verändert sich die Akteurskonstellation in einer Weise, die dazu führt, dass sich die Verfügungsrechte
  und die Definitionsmacht zur Zielbestimmung für die LehrerInnen reduzieren.

- *Optionenthese:* Innerhalb der von der Bildungspolitik und vom erziehungswissenschaftlichen Diskurs – zum Teil auch durch Definitionsmacht
  – forcierten evaluationsbasierten Steuerung und der damit transformierten
  Autonomievorstellung (evaluationsbasierte Autonomie) schwindet bei den
  AkteurInnen in den Schulen das Bewusstsein von den Möglichkeiten, die
  durch die Autonomiepolitik der vorangegangenen Jahre durch zum Teil erhöhte Gestaltungsfreiräume geschaffen wurden (Gestaltungsautonomie)
  oder davor schon bestanden (Grauzonenautonomie) und immer noch bestehen.

8. Einzelfallrekonstruktionen zur Transformation von Autonomievorstellungen in der Schulprogrammarbeit

In Kapitel 6.2 wurde darauf hingewiesen, dass es streng genommen aus governancetheoretischer Perspektive notwendig wäre, zunächst die belief-systems und Modi der Handlungskoordination für alle Akteursgruppen zu identifizieren und dann einen jeden zur Untersuchung stehenden Teilaspekt aus der jeweiligen Perspektive und unter Berücksichtigung der für diese belief-systems und Modi der Handlungskoordination immanenten Reproduktionsgesetzlichkeiten sozialer Regelungsstrukturen zu analysieren, um die Interdependenzen zwischen den verschiedenen AkteurInnen gültig beschreiben zu können. Dieser für eine empirische Untersuchung unrealistische theoretische Anspruch wurde aus forschungsmethodischen Gründen zurückgewiesen.

Mit Rekurs auf die Forschungsfrage (vgl. die in Kapitel 5.2 formulierte und im vorausgehenden Abschnitt in Erinnerung gerufene *Reduktionsthese & Optionenthese*) wurde die zentrale Bedeutung der LehrerInnensichtweisen für die Transformationsfrage hin zur evaluationsbasierten Steuerung herausgestellt. Die aus governancetheoretischer Perspektive zwar auch bedeutsamen beliefsystems beispielsweise von bildungspolitischen AkteurInnen, SchulaufsichtsbeamtInnen oder Schulleitungen wurden dementsprechend als nachrangig eingestuft. Gleichwohl ist deren Berücksichtigung als Interpretationsfolie bedeutsam, um eine governancetheoretisch aufschlussreiche Analyse des Kontextes geleistet zu haben, vor deren Hintergrund allein dann die LehrerInnenaussagen ihre spezifische Bedeutung erhalten.

In der vorliegenden Untersuchung sollte – so die Argumentation in Kapitel 6.2 – dem Anspruch auf Mehrperspektivität bei gleichzeitiger Notwendigkeit forschungstechnischer Operationalisierbarkeit daher durch eine *Zweiteilung der empirischen Analysen* nachgekommen werden, innerhalb derer zunächst mithilfe von Einzelfallrekonstruktionen die Analyse der – hierarchisch betrachtet – oberen Ebenen des Schulsystems betrieben werden sollte, bevor in Form von Argumentationsmusteranalysen (vgl. Kap. 9) die Bedeutung der LehrerInnensichtweisen für die Transformation hin zur evaluationsbasierten Steuerung thematisiert werden sollte.

Methodisches Desiderat für den ersten Teil der empirischen Untersuchung ist damit eine Methode, die eine spätere Integration der verschiedenen Ansprüche von AkteurInnen zulässt, und die die Differenz von Sein und Sollen im Sinne des Widerspruchs von autonomiebasiertem Anspruch und evaluationsbasierter Steuerung erfassen kann. Die Objektive Hermeneutik bietet sich hier aus zwei Gründen als geeigneter Zugriff an:

- Vermittelt über die Rekonstruktion subjektiver Deutungsweisen hebt die Objektive Hermeneutik auf die strukturelle Bedingtheit von Deutungsmustern ab. Über den methodischen Weg der Einzelfall*rekonstruktion* (– in Abrenzung zur Fallbeschreibung; vgl. ausf. Heinrich 2007) können anhand einer kleinen Fallzahl bzw. sogar anhand von Einzelfällen für einen Sachverhalt strukturell bedeutsame Merkmale eines Phänomens herausgestellt werden. Analysen mit dieser Methode bieten sich damit als forschungsmethodisch und forschungspraktisch geeignete Operationsform an, ein governancetheoretisch bedeutsames Untersuchungsfeld für weiterführende Analysen (vgl. Kap. 9) durch strukturelle Bestimmungen im Sinne einer hermeneutisch notwendigen Kontextualisierung „vorzustrukturieren".

- Auf diese Methode soll aber auch aus einem weiteren Grunde zurückgegriffen werden. Die empirische Analyse von Transformationsprozessen stellt aufgrund ihrer Prozesshaftigkeit eine besondere Herausforderung dar. Die Objektive Hermeneutik vermag es aufgrund ihrer sequenzanalytischen Ausrichtung (Schul-)Entwicklung als Entwicklung im Sinne einer „Emergenz von Neuem" innerhalb dominant reproduktiver Strukturen zu fassen (vgl. ausf. Heinrich 2007).

Die im Folgenden vorgestellten Einzelfallanalysen basieren auf Dokumentenanalysen. Die von der Erhebungspraxis vergleichsweise einfache Form der Dokumentensammlung war angesichts des mit den folgenden Einzelfallrekonstruktionen verbundenen Untersuchungsinteresses angemessen, während für die vergleichende Analyse von Argumentationsmustern die methodisch und organisatorisch aufwändigere Form der Interviewerhebung geboten schien (vgl. Kap. 9.1).

Der Forschungsgegenstand der Schulprogrammarbeit bringt es mit sich, dass selbst im wörtlichen Sinne hier „die Welt als Text" (Garz/Kraimer 1994) vorliegt – zumindest Teile von ihr. Als rechtlich verankertes Phänomen liegen für die Schulprogrammarbeit so etwa Gesetzestexte vor (vgl. Kap. 8.2), deren Auslegung durch die unteren Schulbehörden wiederum in Textform geschieht (bspw. durch Leitfäden, aber auch durch Evaluationsinstrumente wie Fragebögen; vgl. Kap. 8.3). Letztlich stellen dann auch die Schulprogramme selbst „Texte der Empirie" dar (vgl. Kap. 8.4).

Mit diesen Texten liegen für den Forschungsgegenstand der Schulprogrammarbeit damit unmittelbar die von Oevermann geforderten „natürliche[n] Protokolle der Wirklichkeit" (Oevermann 2000b, 72f.) vor, die – abgesehen vom Selektionsaspekt – nicht die Verzerrungen durch kompliziertere Erhebungsmethoden aufweisen. Die Dokumentenanalyse erweist sich damit in diesem Forschungszusammenhang als unverstellter und damit direkter Zugriff auf die Empirie.

Allerdings lässt sich in diesen Textdokumenten die Logik der Handlungswahl vielfach interpretativ schwerer destillieren, da die „TextproduzentInnen" nicht unter dem unmittelbaren Handlungszwang zur Selektion von Lesarten standen, wie dies im Gespräch der Fall ist. Die Dokumente sind demnach als sehr dichte, komprimierte Formen der Handlungskoordination zu sehen, die die Analyse der spezifischen Handlungswahlen – auch wenn diese im Text pointiert formuliert sind – auch erschweren können. Ergänzend zu den Dokumentenanalysen wurde daher auch empirisches Datenmaterial anderer Qualität erhoben, in dem die Handlungswahl der AkteurInnen unmittelbar nachvollziehbar ist: Interviews (vgl. Kap. 9.1).

Da das in diesem Kapitel vorliegende Material aber sehr dichte und komprimierte Formen der Handlungskoordination wiedergibt, war eine entsprechend darauf zugeschnittene, sehr differenzierte und die mikrologisch versteckten Transformationen extensiv herausarbeitende Form der Auswertungspraxis notwendig, wie sie durch das Regelwerk der Objektiven Hermeneutik vorgegeben ist (vgl. ausf. Heinrich 2007).

8.1 Zur Fallauswahl der folgenden Einzelfallrekonstruktionen

Für die nun folgende Auswahl der Fälle für die Einzelfallrekonstruktionen ist bedeutsam, dass – ganz im Sinne des strukturtheoretischen Ansatzes Oevermanns, innerhalb dessen Quantitäten nichts über Repräsentativität aussagen (vgl. Oevermann 2000b, 79f.) – bei der Darstellung auf das Prinzip der Exemplarität zurückgegriffen wird. Weitere Einzelfallrekonstruktionen zur administrativ verordneten Schulprogrammarbeit sind an anderen Orten zu finden:

1. Für die Gesetzesebene vgl. Heinrich (2002); Gruschka et al. (2003, 56-71).
2. Für die Ebene der Schulaufsicht vgl. Gruschka et al. (2003, 84-114; Bauer 2004).
3. Für die Schulebene vgl. Heinrich (2001/02); Gruschka et al. (2003, 115-319).
4. Für die Schulleitungs-, Kollegiums- und LehrerInnenebene vgl. die ausführliche Darstellung von Reaktionsmustern von LehrerInnen im Projektbericht zur Untersuchung aus Kapitel 9 (Heinrich 2006a & Heinrich 2007).

Unter dem Gesichtspunkt quantitativer Repräsentativität ist aber auch die weitaus höhere Anzahl der hier zitierten Einzelfallrekonstruktionen nicht ausschlaggebend. Um also konsequent in einer strukturtheoretisch fundierten Methodik zu argumentieren, ist es vielmehr notwendig, mit einem Ausweis des Exemplarischen argumentieren zu können. In diesem Zusammenhhang erhebt sich dann allerdings die Frage: Wofür sollen die jeweiligen Fälle „exemplarisch" sein?

In diesem Zusammenhang ist nochmals auf die Funktion dieser Einzelfallrekonstruktionen für die ganze Untersuchung hinzuweisen (vgl. Kap. 6.2). Mit Rekurs auf das Forschungsinteresse (vgl. die in Kapitel 5.2 formulierten Thesen; *Reduktionsthese* & *Optionenthese*) wurden die LehrerInnensichtweisen als Fokus für die Transformationsfrage hin zur evaluationsbasierten Steuerung herausgestellt. Die aus governancetheoretischer Perspektive auch bedeutsamen belief-systems von bildungspolitischen AkteurInnen, SchulaufsichtsbeamtInnen oder Schulleitungen erhielten aufgrund forschungspragmatischer Erwägungen und dieses Bezuges auf das Forschungsinteresse die Funktion von Interpretationsfolien für die Analyse der LehrerInnenaussagen.

Die Auswahl der drei Ebenen (Länderebene, intermediäre Ebene und Ebene der Einzelschule) wurde bereits in Kapitel 6.2 argumentiert. Infrage steht hier damit vielmehr die Auswahl der jeweiligen Fälle innerhalb dieser Ebenen als „exemplarische Fälle" zur strukturellen Bestimmung des Kontextes des Reformimpulses „administrativ verordnete Schulprogrammarbeit". Diese Auswahl begründet sich wie folgt:

▪ *Kapitel 8.2 zur Länderebene:* Die entsprechend der Interpretation von Juristen vom Grundgesetz her mögliche Ausweitung der Entscheidungs- und Handlungsräume von Schulen hat in mehreren Bundesländern bereits zur Anpassung von Schulgesetzen, Richtlinien und Lehrplänen geführt (vgl. bspw. Brandenburgisches Schulgesetz § 7; Hamburgisches Schulgesetz §§ 4, 51 & BildungsplanVO; Hessisches Schulgesetz § 127; Schleswig-Holsteinisches Schulgesetz § 3; zur Übersicht vgl. Avenarius/Kimmig/Rürup 2003). Bezogen auf die hier verfolgte Forschungsfrage ist bei der Auswahl eines Bundeslandes der Fokus explizit auf die im Zusammenhang mit der Autonomiegesetzgebung verbundene gesetzliche Regelung der Schulprogrammarbeit zu legen. Hierbei ist zudem im Sinne des Forschungsinteresses darauf zu achten, dass es sich um *administrativ verordnete Schulprogrammarbeit* handelt (vgl. Kap. 6.2). Allein die von kultusministerieller Ebene artikulierte „Erwünschtheit" von Schulprogrammarbeit (wie dies zum Erhebungszeitpunkt beispielsweise in Rheinland-Pfalz der Fall war, vgl. Gruschka et al. 2003) ist hier nicht ausreichend. Insofern gerieten die drei Länder, in denen zu diesem Zeitpunkt die Schulprogrammarbeit „vorgeschrieben" wurde (und nicht nur in einem Pilotversuch erprobt wurde, wie in Niedersachsen; vgl. Diegelmann/Porzelle 1999) in die nähere Auswahl: Nordrhein-Westfalen, Hessen und Hamburg. Die Wahl fiel hierbei letztlich auf das Land Hamburg, da in diesem Bundesland bezogen auf die Schulprogrammarbeit ein rascher Übergang von der *Grauzonenautonomie* zur *evaluationsbasierten Autonomie* festzustellen ist und in der Folge der Kontrast im Gesetzestext besonders deutlich hervortreten sollte. In Hessen wurde demgegenüber schon länger vor der gesetzlichen Regelung über den von kultusadministerieller Seite gewünschten Zusammenhang von „Schulprogramm und Evaluation" (vgl. in der Folge auch den gleichlautenden Titel der Reihe des Hessischen Kultusministeriums 1996ff.) diskutiert, sodass die gesetzliche Regelung bereits vorbereitet war. Während sich in Hessen jedoch diese vorbereitende Auseinandersetzung schulrechtlich nur durch Äußerungen im Amtsblatt dokumentierte, wurde das Schulprogramm in Nordrhein-Westfalen bereits seit 1985 in den Richtlinien und Lehrplänen als Reforminstrument kommuniziert, bevor es im Jahr 2000 zustimmungspflichtig wurde (vgl. ausf. den zitierten Passus in Kap. 6). Wenn aber sowohl in Hessen als auch in Nordrhein-Westfalen „weichere" Übergänge von der *Schulprogrammarbeit* zur *administrativ verordneten Schulprogrammarbeit* im Sinne evaluationsbasierter Steuerung zu verzeichnen waren, dann bleibt Hamburg das Bundesland der Wahl, um innerhalb der gesetzlichen Regelung den Übergang hin zur evaluationsbasierten Denkungsweise herauszuarbeiten.[78]

- *Kapitel 8.3 zur intermediären Ebene (untere Schulaufsicht):* Für die Auswahl eines Falls auf der intermediären Ebene galten angesichts des Forschungsinteresses (*administrativ verordnete Schulprogrammarbeit!*) die gleichen Kriterien für eine Bestimmung der näheren Auswahl an Bundesländern wie für den vorausgehenden Abschnitt, sodass Nordrhein-Westfalen, Hessen und Hamburg als potenzielle Untersuchungsfelder näher in Erwägung gezogen wurden (vgl.o.). Die Wahl fiel hierbei letztlich auf eine untere Schulaufsichtsbehörde des Landes Hessen, da in diesem Bundesland vonseiten der oberen Schulaufsicht das Reformprojekt „Schulprogramm und Evaluation" (vgl. Hessisches Kultusministeriums 1996ff.) breit diskutiert wurde und angesichts einer gesetzlich vorgeschriebenen Genehmigungspflicht für die unteren Schulaufsichtsbehörden systematisch ein Handlungsdruck ausging. Von der Wahl einer hamburgischen Schulaufsichtsbehörde wurde demgegenüber abgesehen, da hier erstens aufgrund der

---

78 Für die Analyse der Konstellation innerhalb der drei Länder Hessen, Hamburg und Nordrhein-Westfalen danke ich Matthias Rürup für wertvolle Hinweise.

stadtstaatlichen Nähe kürzere Kommunikationswege und damit erschwerte Nachvollziehbarkeit für einen Außenstehenden gegeben gewesen wären und zweitens für die Schulprogrammarbeit in Hamburg bereits von Anfang an, noch vor der Genehmigungspflicht, recht detailliert festgelegt war, zu welchen Aspekten sich die Einzelschulen in ihrem Schulprogramm verhalten mussten. Im Vergleich dazu verfügten die hessischen unteren Schulaufsichtsbehörden über einen größeren „Interpretationsspielraum", die gesetzlichen Vorgaben auszulegen, sodass das hessische Terrain für eine Untersuchung der Handlungskoordination und der Aushandlungsversuche interessanter erschien. Indem die nordrhein-westfälische Zustimmungspflicht an Dialoggespräche mit der Schulaufsicht gebunden war, wäre eine Einzelfallrekonstruktion ohne Verzerrungen wohl kaum – neben der Dokumentenanalyse – ohne zusätzlichen Rückgriff auf die Dokumentation eines solchen Gespräches möglich gewesen. Zudem liegen detaillierte Dokumentationen dieser Aushandlungsprozesse zwischen den Schulen und den BeamtInnen der unteren Schulaufsichtsbehörden in Nordrhein-Westfalen an anderer Stelle (vgl. Bauer 2002a; 2002b; 2002c; 2004) bereits vor. Diese Gründe für eine Auswahl zusammengenommen, erschien eine Studie zu einer hessischen unteren Schulaufsichtsbehörde geboten. So wird in diesem Kapitel zur exemplarischen Einzelfallrekonstruktion auf ein Erhebungsinstrument (Fragebogen) und die Selbstbeschreibung einer *hessischen unteren Schulaufsichtsbehörde* zurückgegriffen.

▪ *Kapitel 8.4 zur Ebene der Einzelschule:* In diesem Kapitel werden zunächst verschiedene Autonomiebegriffe vorgestellt, die in anderen Schulprogrammen Verwendung fanden, bevor das Schulprogramm einer Schule in Form einer Einzelfallrekonstruktion dargestellt wird, die einen besonders subversiven Umgang mit dem Auftrag der Schulprogrammarbeit demonstriert. Während einige AkteurInnen unmittelbar an bestimmte Routinen anschließen, die sich zur Bearbeitung des „Berichtswesens" seit Jahren an ihrer Schule etabliert haben, verweisen andere explizit auf neue Strategien, die sie im Zuge der Schulprogrammarbeit entwickelt haben (vgl. Gruschka et al. 2003). Die Rekonstruktion gerade dieses Programms zeigt, wie stark über eine paradoxe Interpretation der Autonomie-Kontroll-Antinomie seitens dieser Schule das Interdependenzmanagement innerhalb einer komplexen Akteurskonstellation transintentionale Effekte hervorbringen kann, im Gegensatz etwa zu wenig innovativen oder letztlich angepassten Formen, wie sie andernorts in Einzelfallrekonstruktionen von Schulprogrammen aufschienen (vgl. Heinrich 2001/02).

Die mit den folgenden Einzelfallrekonstruktionen verbundene Hoffnung ist, dass sich mit ihnen für die Forschungsfrage (vgl. Kapitel 5.2) strukturell bedeutsame Merkmale des Autonomiephänomens herausstellen lassen, die dieses governancetheoretisch bedeutsame Untersuchungsfeld für die weiterführenden Analysen der LehrerInnensichtweisen (vgl. Kap. 9) im Sinne einer hermeneutisch notwendigen Kontextualisierung „vorstrukturieren".

8.2 Einzelfallrekonstruktion zur Autonomie in der administrativ verordneten Schulprogrammarbeit auf Länderebene

> *„Die Einführung eines neuen Elements in die Systemsteuerung – von Parlamenten flugs in Gesetzesprosa gebracht – bringt das komplette Mobile des Steuerungssystems in Bewegung. Da haben wir – nichts ist wahrscheinlicher – mit mancher Ungleichzeitigkeit und Verwerfung zu rechnen. Konflikt ist also beruhigende Normalität, Abwesenheit von Streit bedeutete doch nur, dass niemand dem Neuen Erfolgsaussicht unterstellt."*
> *(Maritzen 2000, 224f.)*

Ein Rückzug des Staates von der Aufgabe der öffentlichen Bildung ist mit dem Reformkonzept der „Autonomie der Schulen" keinesfalls prätendiert (vgl. Lange 1995b; 1999a; 1999b; Maritzen 1999; 2000), sondern vielmehr ein gewandeltes Bewusstsein von den eigenen Aufgaben und Rollen im Bildungssystem (vgl. Jach 1993, 191), d.h. von Verantwortlichkeiten und Verfügungsrechten.

Präziser als die Rede von der „Schulautonomie" sind oftmals die unterschiedlichen Begriffsfindungen in Reformkonzepten, mit denen versucht wird, die intendierte Verschiebung der Aufgabenbereiche zu fassen. Letztlich bleibt aber das ambivalente Verhältnis von Abhängigkeit und zugewiesener Verantwortlichkeit, in dem sich die Schulen befinden, auch in dieser Terminologie unterbestimmt. Rolff (1994, 40) spricht so etwa von der „Gestaltungsautonomie" der Schule. Der Begriff verdeckt zugleich aber, dass die Möglichkeiten der einzelnen Schule für die Gestaltung dann doch wieder eingeschränkt sind durch Rahmenbedingungen, die wiederum von der Kultusbürokratie vorgegeben sind.

Geradezu zum Oxymoron gerät die Begriffsbestimmung der Bildungskommission NRW (1995), wenn sie von der „erweiterten Selbständigkeit der Einzelschule" spricht. Wie andere pädagogische Normative ist Selbständigkeit binär kodiert und damit nicht gradierbar, auch wenn der Komparativ umgangssprachlich gebräuchlich ist. Angesichts der eingeschränkten Handlungsbefug-

nisse der Einzelschule erweist sich auch der Begriff von der „Selbstverwaltung"
(vgl. Avenarius 1994) als Euphemismus, der das widersprüchliche Verhältnis
von Entscheidungsfreiheit und Weisungsgebundenheit nur unzureichend fasst.
Am deutlichsten wird dieses Verhältnis noch durch den Ausdruck der „teilautonomen Schule" bestimmt, auch wenn ihm ebenso der Selbstwiderspruch inhärent ist.

Allerdings wird durch diesen, den widersprüchlichen Status treffend be-
schreibenden Begriff der intendierte Wandel nur noch unzureichend gefasst,
denn über eine „eingeschränkte Autonomie" hat die Schule schon seit jeher
verfügt. Neu war in Deutschland nur die Diskussion der Frage, ob das Grundgesetz (Art. 7 Abs. 1) nicht auch die Delegation weiter reichender Entscheidungs-
möglichkeiten an die Einzelschule zulassen würde und *wie weit* eine solche
Steigerung der Eigenverantwortlichkeit gehen darf, kann und sollte (vgl. Jach
1993, 190ff.; Vogel 1995, 47). Die laut der Interpretation von Juristen vom
Grundgesetz her mögliche Ausweitung der Entscheidungs- und Handlungsräume hat in mehreren Ländern auch schon zur Anpassung von Schulgesetzen,
Richtlinien und Lehrplänen geführt (zur Übersicht vgl. Avenarius/Kimmig/Rü-
rup 2003).

Diskutiert wurde vornehmlich eine Reform der Fachaufsicht der Schulverwaltung, da hierin unmittelbar eine Beschränkung der pädagogischen Möglichkeiten für die AkteurInnen vor Ort gesehen wurde. Die Schulverwaltung wäre
dann primär nur noch dafür da, die Rahmenbedingungen dieser pädagogischen
Arbeit zu sichern, indem sie ihrer Aufgabe der Dienst- und Rechtsaufsicht
nachkommt (vgl. Vogel 1993, 1995; Eichholz 1995). Bezogen auf die pädagogischen Gestaltungsfragen würde der Schulaufsicht dann primär nur noch eine
beratende Funktion zukommen (vgl. Hoffmann/Lückert 1994, 277, Schratz
1993).[79]

Ein solcher Verlust von Verfügungsrechten evoziert neue Regelungsstrukturen in der Schulverwaltung. Empfindlich tangiert ist bei diesen Umstrukturie-
rungsmaßnahmen vor allem das Selbstverständnis der unteren Schulaufsichtsbehörden. Als Gelenkstelle zwischen Kultusbürokratie und Einzelschule verlieren
sie einen Teil ihrer Weisungsbefugnis, während sie gleichzeitig gegenüber ihren
übergeordneten Stellen weisungsgebunden bleiben (vgl. Schratz 1993; Eckinger
1995, VBE 1995; Vogelsang 1995).

Bemerkenswert ist in diesem Zusammenhang, wie sich in der Autonomiediskussion der letzten 30 Jahre die Akteurskonstellationen verändert haben. Als
vor Jahren Bildungsrat (1973) und Juristentag (1981) mehr Autonomie für die
Einzelschule forderten, blockierten noch die Kultusministerien diese Verände-

79 Vgl. in diesem Zusammenhang bereits zu dieser Zeit den Sonderfall einer Trennung von
Schulberatung und Schulinspektion in Bremen (vgl. Sygusch 1998).

rungen. Nachdem die Forderungen nach mehr Selbständigkeit der Einzelschule sowohl von der Bildungspolitik als auch von der Erziehungswissenschaft formuliert wurden (vgl. Bohnsack 1995; Frommelt 1995, Daschner 1995, Hoffmann 1995; Bastian 1996), kam sukzessive stärkerer Widerstand aus den Kollegien und von den LehrerInnenverbänden, die befürchteten, in Mehrarbeit und Verwaltungsaufgaben zu ersticken und somit in der Konsequenz weniger Freiraum für pädagogische Arbeit zu haben. Es wurde deutlich, dass allein durch die Abgabe von Verfügungsrechten seitens der Kultusbürokratie im Arbeitsalltag der einzelnen LehrerInnen nicht notwendig ein größerer Handlungsspielraum entstehen musste. Durch die zahlreichen Argumentations- und Entscheidungsstrukturen, die aufgrund der wachsenden Selbstverwaltungsaufgaben notwendig wurden, entstanden neue Verantwortlichkeiten und Legitimationszwänge, die das Autonomiestreben der Einzelschule regelrecht konterkarierten (vgl. Wollenweber 1997, 119). Mancherorts wurde sensibel auf den Sinneswandel der Kultusbürokratie und der Kultuspolitik reagiert. In einigen Gewerkschaftsorganen wurde auch der Verdacht geäußert, dass der Staat mit der zugestandenen Autonomie nur versuche, sich in schwierigen Zeiten durch Delegation von Verantwortlichkeiten aus der Verantwortung zu stehlen und letztlich mit der neuen Freiheit nur eine neue Sparpolitik kaschiert werde (vgl. Struck 1995; Gützkow/Welzel 1996).[80]

Wenn in der Folge mit einem Gesetz, also auf der höchstmöglichen juridischen Kodifizierungsebene, in einigen bundesdeutschen Ländern den Schulen Schulprogrammarbeit angeordnet wurde, dann bezogen sich diese Gesetze auf eine bereits vorhandene Autonomie der Schule, um diese auf eine erweiterte Stufe zu heben (vgl. Avenarius/Kimmig/Rürup 2003). Im Folgenden soll dies exemplarisch am Beispiel des Hamburgischen Schulgesetzes illustriert werden, da in diesem das Schulprogramm von Anfang an als genehmigungspflichtig vorgestellt wurde.[81]

---

80 Für eine eher ausgewogene Darstellung vgl. de Lorent (1998).
81 Zur ausführlicheren Begründung der Auswahl des Hamburgischen Schulgesetzes für die Einzelfallrekonstruktion vgl. Kap. 8.1.

8.2.1   *Hamburg: Erweiterung der Schulautonomie durch Gesetzestexte?*[82]

Im Hamburgischen Schulgesetz aus dem Jahre 1997 werden die Aufgaben der Schule wie auch deren Autonomie bei dieser Aufgabenerfüllung näher qualifiziert:

> „Bei der Verwirklichung des Bildungs- und Erziehungsauftrags ist die einzelne Schule gehalten, die ihr mit diesem Gesetz gegebenen Möglichkeiten einer eigenständigen Gestaltung von Unterricht und Schulleben aktiv zu nutzen." (HmbSG § 50, Abs. 1)

Die Verantwortung für die Verwirklichung des Bildungs- und Erziehungsauftrags (vgl. HmbSG § 2) wird in diesem Paragraphen vorausgesetzt, zugleich aber spezifiziert durch die Anweisung, die Gestaltungsfreiheiten auch zu nutzen. In der Formulierung „ist gehalten" (vgl.o.) drückt sich ein strenger Verordnungscharakter aus. Die Freiheit der Einzelschule wird damit zur durch den Dienstherren verfügten Pflicht. Der etwas altertümlich anmutende Sprachgebrauch, der aber im Juristischen überlebt hat, lässt nicht auf den ersten Blick erkennen, dass es sich doch um eine Forderung mit hoher Verbindlichkeit handelt, d.h. sie letztlich einen Zwangscharakter aufweist. Die qua Gesetz formulierte Aufforderung, die Gestaltungsmöglichkeiten zu gebrauchen, wird dadurch betont, dass nun eine „aktive Nutzung" (vgl.o.) erfolgen soll. Da diese Formulierung letztlich tautologisch ist, da jede Form der Nutzung eine Aktivität der Handelnden voraussetzt, wird deutlich, dass mit dieser Ausdrucksverstärkung implizit eine Unterstellung einhergeht.

In diesem Falle liegt es nahe, anzunehmen, dass die Ausdrucksverstärkung schon Ausdruck des Reformwillens und des damit verbundenen Instruments der Autonomisierung der Einzelschule ist. Nur unter der Voraussetzung, dass die Nutzung der bereits vorhandenen Spielräume dem Gesetzgeber bislang als unzureichend erschien, macht es Sinn, die „aktive Nutzung" dieser Freiräume nochmals explizit einzuklagen. Die *eigen*sinnige Inanspruchnahme der Autonomie in dem Sinne, dass die AkteurInnen sich die Freiheit nehmen, die vorhandenen Möglichkeiten *nicht* zu nutzen, soll damit ausgeschlossen werden: Die Freiheit des Nicht-Entscheidens und des Nicht-Tuns zählt damit nicht zu den hier vom Gesetzgeber qua Definitionsmacht zugestandenen Verfügungsrechten!

Die Definitionsmacht wird auch darin kenntlich, dass sich die Gestaltungsfreiheit laut Gesetzestext auf den Unterricht *und* auf das Schulleben bezieht.

Wenn auf diese Weise der Bildungs- und Erziehungsauftrag verwirklicht werden soll, so wird damit eine bestimmte Fassung eben dieses Auftrag definiert, nämlich dass dieser Auftrag nicht mit der Durchführung von Unterricht schon gewährleistet ist, d.h. die Schulen mit einem vorschriftsgemäßen und vorschriftsmäßigen Unterrichtsbetrieb noch nicht ihren Obligationen nachkommen. Innerhalb des Autonomieparadigmas sollten die Freiheitsräume gerade auch für die eigenständige Strukturierung der außerunterrichtlichen Aktivitäten einer Schule genutzt werden. Dazu zählt auch, was im Gesetzestext unter den Begriff „Selbstverwaltung" fällt:

> „Die Schulen planen und gestalten den Unterricht, die Erziehung und die Organisation ihrer inneren Angelegenheiten im Rahmen der Verantwortung des Staates selbständig." (HmbSG § 50, Abs. 2)

Indem der Staat nur noch einen gesetzlichen „Rahmen der Verantwortung" setzt, ist letzterer schon nicht mehr streng obrigkeitsstaatlich, sondern versucht eine Steuerung über Kontextbedingungen (vgl. Kap. 5.1.2). Inwieweit werden aber durch solche Setzungen von Kontextbedingungen bereits Verfügungsrechte zugewiesen? Der gesetzliche Rahmen definiert die Ziele (Bildungs- und Erziehungsauftrag) und als Mittel, diese zu erreichen, wird die Verantwortlichkeit der Schulen eingesetzt. Damit ließe sich das im Hamburgischen Schulgesetz verwirklichte Prinzip „Schulischer Selbstverwaltung" (vgl. HmbgSG § 50) schon als eine „Vor-Form" der Aufteilung von Autonomie durch eine Autonomie der Ziele seitens des Gesetzgebers und eine Autonomie der Wege seitens der Schule begreifen.

Mit der Delegation der Verantwortung ist den AkteurInnen vor Ort die Professionalität attestiert, diese Anforderungen auch tatsächlich zu erfüllen und implizit damit sogar die Ohnmacht des Staates eingestanden, diese Aufgabenerfüllung durch Vorgaben zu regeln (*Übersteuerung*; vgl. Maritzen 1999; 2000). Indem die Zielbestimmung in der Verantwortung des Staates bleibt, ist die schulische Selbständigkeit auf die Mittelrationalität beschränkt.

Gleichzeitig scheint es nicht möglich, diese eindeutige Trennung zwischen Zielen und Mitteln aufrecht zu erhalten. Die Aufteilung von Autonomie durch eine Autonomie der Ziele seitens des Gesetzgebers und eine Autonomie der Wege seitens der Schule erscheint hier noch als sehr künstlich: Indem der Staat mit seinem Bildungs- und Erziehungsauftrag nur einen „ganz groben Rahmen" vorgibt, sind die Schulen dazu genötigt, innerhalb dieses Rahmens wiederum Ziele zu formulieren. Der Bildungs- und Erziehungsauftrag des Staates ist stark interpretations- und auslegungsbedürftig. Hier ist dann Gestaltungsfreiraum für die Professionalität und Autonomie der Lehrkräfte. Wenn man den Professionalismus nur auf die Mittel beziehen würde, dann wäre die Selbstverwaltung der Schule tatsächlich – auch im Pädagogischen – sehr reduziert. Es zeigt sich, dass zu diesem Zeitpunkt die Vorstellung der Aufteilung von Autonomie durch eine Autonomie der Ziele seitens des Gesetzgebers und eine Autonomie der Wege seitens der Schule noch nicht in der Explizitheit vorliegt, wie sie später im Diskurs über Bildungsstandards innerhalb der evaluationsbasierten Steuerung (vgl. Neuweg 2004; Altrichter/Posch 2004) virulent werden wird. Bedeutsam für die Frage nach der Transformation der Autonomieidee ist aber, dass bereits in diesem Gesetzestext eine bestimmte Form der Handlungskoordination durch eine Aufteilung von Autonomie – eine Autonomie der Ziele für den Gesetzgeber und eine Autonomie der Wege für die Schule – angelegt ist bzw. sogar schon in einem wenn auch sehr weiten und damit unverfänglichen Sinne bereits wirkungsmächtig ist. Es handelt sich damit bei der späteren Verschärfung dieser Form der Handlungskoordination streng genommen nur um eine Akzentverschiebung, indem die Zielvorgaben durch die Gesetzgeber und die Kultusadministration enger werden (vgl. Heid 2003) und die Autonomie der Wege für die Schulen in diesem Zusammenhang stärker pointiert wird.

Wie weit das Kaleidoskop von Selbsttätigkeit – Zielsetzungsfreiheit oder Beschränkung auf die Mittelrationalität – gedacht werden musste, war innerhalb des Autonomieparadigmas noch eine Frage der Auslegung des Gesetzestextes. Dieser bot die Möglichkeit, die Grenzen der Selbstbestimmung der Einzelschule hinsichtlich der Gestaltung von Unterricht und Schulleben weiter oder enger zu fassen.

Der Reformimpuls des Gesetzestextes hin zu mehr Eigenverantwortung ist durch die Explizierung der – im Prinzip ja schon vorher bestehenden – Verantwortlichkeiten der Schule zur Erfüllung dieses Auftrags ostentativ gesetzt. Die Obligation für den Gesetzgeber aber, hinsichtlich der allgemeinen Grundsätze öffentlicher Bildung sein Wächteramt einzuklagen, führt hier zu einschränkenden Formulierungen, die wiederum einen Verbleib in Verhaltensroutinen nahe legen könnte, d.h. die Nutzung der Autonomie in dem Maße, wie dies zuvor auch geschah.

Diese Ambivalenz drückt sich auch in der Grobstruktur des bereits zitierten § 50 des Hamburgischen Schulgesetzes aus. Beide zitierten Absätze enthalten die Aufforderung zur Autonomie wie auch den Verweis auf die Kontrolle. Während indes der erste den Akzent auf die (neuen) pädagogischen Freiheiten legt, betont der zweite erneut die Verantwortung des Staates. So erweist sich die dort festgeschriebene schulische Selbstverwaltung als etwas, das letztlich schon immer zum Formcharakter öffentlicher Schule in demokratischen Gesellschaften gehörte: eine – wenn vielleicht auch erweiterte – Selbstverwaltung in staatlicher Verantwortung. Das Schulgesetz setzt qua Definitionsmacht eine Form professioneller Selbstständigkeit als Pflicht, die unter Nutzung weiter reichenderer Verfügungsrechte zum Treffen – pädagogisch-didaktischer – Entscheidungen zu erfüllen ist.[83] Das Schulgesetz setzt qua Definitionsmacht eine Form der Selbstständigkeit als Pflicht, für die es zugleich einen unterschiedlich weit interpretierbaren staatlichen Verantwortungsrahmen setzt. Vor diesem Hintergrund substanzialisiert sich die schulische Selbstverwaltung in Inhalten.

Ein Instrument, diese Form der autonomen Inhaltsbestimmung zu institutionalisieren, ist die Schulprogrammarbeit. Das Schulprogramm erscheint damit als zentrale Ausdrucksform dieser aktiven Nutzung der Selbständigkeit im Rahmen der gesetzlichen Vorgaben. Entsprechend ist das Schulprogramm nicht als Umsetzung von rigiden Vorgaben konzeptionalisierbar, sondern nur als Spezifikation pädagogischer Arbeit vor Ort:

> „Die Schule legt die besonderen Ziele, Schwerpunkte und Organisationsformen ihrer pädagogischen Arbeit sowie Kriterien für die Zielerreichung in einem Schulprogramm fest." (HmbSG § 51, Abs. 1)

Die Schulprogrammarbeit soll gekennzeichnet sein durch Besonderung, worin sich die Spezifik des Reformimpulses ausdrückt, der durch dieses Instrument

---

83 Das Steuerungsmuster und -motiv des Gesetzes richtet sich damit nicht primär, wie es ebenfalls im Rahmen von Schulentwicklungsarbeit denkbar wäre, auf die Ermutigung zur Differenz (Profilierung der Einzelschule) oder die Bekämpfung des „Schlendrians" durch eine Verschärfung der Aufgaben und Anforderungen (das Schulprogramm als Ausweitung der pädagogischen Arbeit), sondern auf die Qualitätsentwicklung in der Schule. Diese Aufgabe wird in die Eigenverantwortung der einzelnen Schule gestellt. Der Gesetzgeber geht davon aus, dass die Optimierung in der gewünschten Weise nur bewirkt werden kann, wenn die Wege der Bearbeitung nicht in der gewohnten Weise des Verwaltungshandelns festgelegt werden. Weder kann Eigenverantwortung in diesem Sinne verordnet werden noch soll es zu einem Dienst nach eindeutigen Vorschriften kommen. Deswegen ordnet das Gesetz nicht schlicht an, was zu tun ist (mit den dafür einschlägigen Aufgabenbestimmungen), sondern stellt den Schulen eine Entwicklungsaufgabe, die diese erst bearbeiten können, wenn sie sie selbst auslegen. Der Gesetzgeber verhält sich dabei so, als gehörte diese Aufgabe bereits zum Selbstverständnis der Schulen. Hierfür muss durch das Gesetz ein Rahmen geschaffen werden, innerhalb dessen sich die Schulen ohne administrative Gängelung um die Erreichung des Ziels bemühen. Es geht also auf der einen Seite um die Verordnung eines neuen Professionalismus, auf der anderen Seite mit ihm notwendig um die Zubilligung weitgehender Entscheidungsfreiheit bei der Bearbeitung des Auftrages. Die zugestandene „Mündigkeit" der Schulen ist notwendiges Mittel zum Zweck der Durchsetzung professioneller Verantwortung für die Qualität der schulischen Arbeit (vgl. Heinrich 2006b, 277-307). Es geht nicht um die Entlassung der Schulen in die Selbständigkeit, sondern diese ist Mittel zum Zweck für die Herstellung von Leistungsfähigkeit durch Autonomie. Diese bezieht sich inhaltlich auf den weiterhin vom Staat steuernd verantworteten Kern des Geschäfts: Die Bildungs- und Erziehungsarbeit bleibt rückgebunden an den allgemeinen Auftrag der öffentlichen Schule. Allein, wie dieser mit besserer Wirkung erfüllt werden kann, steht zur Diskussion.

erreicht werden soll. Um als Reformkraft wirksam werden zu können, mussten die bereits bestehenden Verfügungsrechte als solche ins Bewusstein gerufen werden. Die im Programm angekündigte pädagogische Arbeit musste als Herausstellung des Besonderen über das „Normale", das immer schon stattfand, hinausgehen. Die besonderen Ziele sind hiermit nicht nur die „spezifischen" gegenüber den „allgemeinen", sondern zugleich die über die Bestimmung des Allgemeinen als des Normalen hinausgehenden. So ist die Aufforderung, das Besondere der Ziele herauszustellen, ein Impuls, entgegen den Routinen Differenz herzustellen, die wiederum verändernd wirken kann.

Das Gesetz beschrieb damit implizit die damalige Praxis als gegenüber den bereits bestehenden rechtlichen Regelungen defizitär – ein typisches Muster von Innovationsforderungen im öffentlichen Bereich: Denn schließlich sollten die Schulen schon vorher den Bildungs- und Erziehungsauftrag verwirklichen. Strenggenommen bedeutet das Gesetz, indem es die Schulprogrammarbeit in dieser Weise als Reforminstrument einführt, dass bislang der öffentliche Auftrag nur unzureichend erfüllt wurde. Dem Begriff der „Besonderung" liegt inhärent auch die Idee einer Qualitätssteigerung zugrunde, denn schließlich soll die Schule mit dieser Profilierung durch besondere Ziele – betriebswirtschaftlich gesprochen – Alleinstellungsmerkmale aufführen, die sie auf dem Schul-Markt als besonders attraktiv erscheinen lässt.

Die abverlangte Schwerpunktsetzung sollte wiederum deutlich machen, dass neben der Fokussierung auf besondere Ziele, die die Qualität einer Schule ausmachen sollten, eine Konzentration notwendig wurde, damit sich die Schulprogrammarbeit nicht im Diffusen verliert. Entsprechend wäre der Verweis auf die Organisationsformen dann als Rekurs auf die adäquaten Mittel zu lesen, diese besonderen Ziele und die damit verbundene Konzentration auf Inhaltsbereiche auch praktisch zu ermöglichen. Der implizite dreifache Imperativ des § 51 Abs. 1 an die Hamburgischen Schulen lautet damit:

- *„Ihr sollt euch neue Ziele setzen!"*
- *„Ihr sollt euch dabei auf eure inhaltlichen Bestimmungen fokussieren!"*
- *„Findet Formen, diese Aufgabenerfüllung zu organisieren!"*

Dieser Imperativ zeigt, dass es der Idee der Schulprogrammarbeit nach, so wie sie hier im Gesetz formuliert ist, eine Distinktion zwischen dem „Normalbetrieb" resp. einer als immer schon selbstverständlich vorausgesetzten Erfüllung des Auftrages gibt und dem qualitativen Überschuss der pädagogischen Arbeit, der durch die Reformbemühungen erzeugt werden soll. Die Aufforderung zum Verfassen eines Schulprogramms erweist sich damit nicht als die Frage der Administration danach, wie das, was ohnehin Pflicht ist, erfüllt wird – die

Pflichterfüllung wird damit als immer schon selbstverständlich gegeben vorausgesetzt – sondern die Schule hat sich darüber hinaus zu profilieren hinsichtlich ihrer besonderen Ziele, ihrer Schwerpunkte und Organisationsformen. Es zeigt sich hier, dass in dieser Akteurskonstellation rein juridisch betrachtet kein nennenswerter Wechsel von Verfügungsrechten oder Delegation von Verantwortlichkeiten stattfindet. Indem allerdings im Gesetzestext explizit noch einmal auf die als selbstverständlich vorausgesetzten Verantwortlichkeiten der Einzelschule und der einzelnen Lehrkräfte hingewiesen wird, ändert es den *Modus der Verhandlung*. Dies kann – da es de facto nicht um eine Delegation weiterer Verantwortlichkeiten oder das Zugeständnis neuer Verfügungsrechte geht – am ehesten durch eine explizite Nötigung zur Explikation von Handlungsrationalität durch Rechenschaftslegung geschehen.

Indem die Schulen im § 51 Absatz 1 dazu aufgefordert werden, „Kriterien der Zielerreichung" (s.o.) festzulegen, wird qua Meta-Verhandlung eine neue Form der Verhandlung gesetzt, die Verbindlichkeit in der Rede von den Zielen erzeugen soll. Das Gesetz reagiert damit auf die Erfahrung, dass Zielbestimmungen im pädagogischen Diskurs oftmals diffus-allgemein sind, so dass solche Zielkataloge desto folgenloser bleiben können, je abstrakter und universalistischer sie formuliert wurden.[84] Im Blick auf die avisierte Evaluationspraxis sind indessen „Kriterien der Zielerreichung" notwendig, um überhaupt die Handlungskoordination evaluationsbasiert wirksam werden zu lassen, d.h. den Ist-Soll-Vergleich am Ende der Realisierungsphase begründet herstellen zu können. Die Schulen müssen also schon in ihrer Zielbestimmung die darauffolgende, dem Wunsch des Gesetzgebers nach notwendig damit verbundene Explikation von Handlungsrationalität, d.h. die Evaluationspraxis antizipieren. Diese Regelung erscheint einerseits als Beschränkung der Verfügungsrechte innerhalb der LehrerInnenautonomie, da qua Definitionsmacht der Verhandlungsbereich durch Metaverhandlung neu definiert wird.[85]

Andererseits ist darin dialektisch durch die damit ebenfalls gesetzte Delegation von Verantwortlichkeit auch wiederum die den Schulen zugesprochene Autonomie enthalten: Indem die Kriterien der Zielerreichung nicht schon festgelegt sind, d.h. vom Gesetzgeber vorgeschrieben sind, sondern allererst

---

84 Der derzeitige Trend zu Bildungsstandards kann wohl als weiterführende Reaktion auf diesen Tatbestand gedeutet werden.

85 In diesem Kontext ist auf die „Dialektik der Transparenz" zu verweisen, die auch eine gegenteilige Lesart plausibel machen würde, wie sie – implizit – im nächsten Argument aufgegriffen wird: Innerhalb einer Unbestimmtheit haben gerade die strukturell Mächtigen sogar mehr Macht, indem sie willkürlich handeln können. Solche Willkür wird durch Transparenz, wie sie durch Zielvereinbarungen hergestellt wird, eingeschränkt, auch wenn vordergründig zunächst die „Untergebenen" zur Rechenschaftspflicht aufgerufen werden. Die Rationalität der Kriterien gilt dann aber für alle als verbindlich – also auch für die „Mächtigen".

durch die Schulen definiert werden sollen, haben diese die Möglichkeit auf die Erfolgsbestimmung Einfluss zu nehmen – ein typisches Merkmal für die *Gestaltungsautonomie* (vgl. Kap. 4.2). Das ist auch durchaus konsistent vor dem Hintergrund der vom autonomiebasierten Konzept her gewünschten Offenheit einerseits, und der Maßgabe zur Kontrollierbarkeit andererseits: Als pädagogische Professionals sind die LehrerInnen dazu angehalten, diese Kriterien selbst zu bestimmen. Damit wird ihnen in dieser Phase der Autonomisierung noch die Fähigkeit zugesprochen, über das begründet zu entscheiden, was die Qualität einer Schule ausmachen soll:

> „Die Fachleute für Schulentwicklung sind dort, wo das Lernen tatsächlich stattfindet – nämlich an den Schulen selbst. Schließlich sind es die Lehrerinnen und Lehrer, die täglich mit Kindern und Jugendlichen arbeiten und so genau wissen, was gemeinsames Lernen und Leben fördert – und was eben nicht." (Pressestelle der BSJB 28. August 2000)

Anders als später in der u.a. durch Bildungsstandards favorisierten evaluationsbasierten Steuerung erklärt sich der Staat hier noch offensiv für unzuständig, was die pädagogische Fachlichkeit solcher Qualitätsfragen anbetrifft. Einzig den formalen Rahmen einer solchen Kontrollierbarkeit dieser Standards will er fixieren.

Aller Erfahrung nach stecken in der Formulierung der Ziele eben nicht schon explizit die Kriterien der Zielerreichung, sondern diese müssen erst gesondert in einem Reflexionsprozess erarbeitet werden. In einem mehrfachen, aus Sicht der Schulen interpretationsbedürftigen Sinne, wird im Gesetz der Begriff der Selbstständigkeit der Schule ausgelegt auf die Aufgabe, dass die Schule Maßstäbe – qualitativ oder quantitativ – für die Effekte ihrer Arbeit festlegen soll. Deutlich formuliert ist nur, dass es fortan eine Verantwortung für diese Aufgabe gibt und damit die Definitionsaufgabe selbst. Die Formulierung eines Ziels verpflichtet so die AkteurInnen, auch Kriterien der Zielerreichung mitzuformulieren.

In dieser Verfügung wird die Erfahrung deutlich, wie häufig solche Zielkataloge unterbestimmt bleiben. Im Gesetzestext ist somit schon eine Reaktion auf die schlechte Praxis enthalten, wenn er mit diesen Aufforderungen versucht, Verbindlichkeit herzustellen. Indem der Gesetzgeber allerdings diese Konkretisierungen explizit einfordert, ist in einer solchen Aufforderung implizit natürlich ebenfalls das Signal enthalten, dass man die Vorlage diffuser Zielkataloge antizipiert. Dem Berufsstand wird damit an dieser Stelle unterstellt, dass er nicht Kraft seiner Professionalität und Selbständigkeit wie selbstverständlich Kriterien der Zielerreichung hat, d.h. dass in der pädagogischen Praxis nicht inhärent Kriterien der Zielerreichung gegeben sind. Damit wird indes die Professionalität der PädagogInnen zugleich auch wieder dementiert. Insofern hat die Aufforderung des Gesetzgebers dann doch belehrenden Charakter, wenn sie die antizipierte Missachtung solcher Konkretisierungen zum Anlass nimmt, diese per Gesetz einzufordern. Dahinter liegt latent die Unterstellung einer Nicht-Professionalität dieser professionellen Praxis.[86] Es stellt sich damit die Frage, inwieweit durch diesen Modus der Verhandlung in dieser Form der gesetzlich geforderten Schulprogrammarbeit strukturell eine Deprofessionalisierungsgefahr für den LehrerInnenstand angelegt ist (vgl. Altrichter 2000).

Gleichzeitig ist aber die Unterstellung verknüpft mit einer extremen, ihr selbst immanenten Unbestimmtheit, was diese Definitionsaufgabe denn bedeuten soll. Indem die Kritik jedoch selbst unterbestimmt bleibt, wirkt sie wie ein Generalverdacht gegenüber einer vermeintlich oder auch tatsächlich nicht professionalisierten Praxis, als Klage über einen Aktionismus der Handelnden, die eigentlich nicht wissen, was sie erreichen wollen und sich zudem nicht darum bekümmern, ob sie diese wie genau oder auch ungenau bestimmten Ziele nun tatsächlich auch erreichen. Worin genau das Defizit besteht, wird in der Aufgabe, so wie sie hier formuliert ist, selbst auch nicht spezifiziert.

Eine Lehrkraft mit einem dezidierten Bewusstsein ihrer Professionalität könnte darauf mit Recht antworten, dass sich eine solche Bestimmung auf dem instrumentellen Niveau wie dies hier formuliert sei („Kriterien der Zielerreichung"), gar nicht realisieren lasse: Zur Professionalität zähle gerade, dass es nicht möglich sei, vorab für einen abstrakten Anderen Ziele zu formulieren, dass diese sich vielmehr in einem an die konkrete Praxis gebundenen Aushandlungsprozess herauskristallisierten. Eine Planung wie sie hier abgefordert werde sei gerade Ausdruck einer administrativen Phantasie und damit unpädagogisch. Indem hier mittels einer technokratischen Abarbeitung Handlungsrationalität eingeklagt werde, sei das damit geforderte Verhalten gerade nicht mehr professionell.[87]

Die juridische Forderung nach der Bestimmung von Zielerreichungskriterien könnte somit Aversionen erzeugen, da damit den PädagogInnen signalisiert wird, dass das, was die LehrerInnenschaft unter der Professionalität ihrer Berufspraxis versteht, vom Dienstherren nicht als solche akzeptiert wird. Der Dienstherr hätte hier im klassischen Sinne von seiner Definitionsmacht Gebrauch gemacht. Diese Diskrepanz zum professionellen Selbstverständnis abmildernd heißt es im Folgenden jedoch:

---

86 An dieser Stelle ist ohnehin anzumerken, dass die Idee der Profession sich in der Theorie wohl schon länger konkreter, konsistenter und kohärenter darstellt (vgl. Enzelberger 2001) als die dieser Theorie korrespondierende Praxis.

87 Auf dieses Argument müsste hingegen wohl selbst die Einschränkung Anwendung finden, die in der vorausgehenden Fußnote formuliert wurde.

„Sie [die Schule; M.H.] konkretisiert darin [im Schulprogramm; M.H.] den allgemeinen Bildungs- und Erziehungsauftrag im Hinblick auf die spezifischen Voraussetzungen und Merkmale ihrer Schülerschaft und die spezifischen Gegebenheiten
der Schule und ihres regionalen Umfeldes unter Nutzung der ihr nach diesem Gesetz gegebenen inhaltlichen und unterrichtsorganisatorischen Gestaltungsmöglichkeiten." (HmbSG § 51, Abs. 1)

Hier erscheint die Professionalität wiederum als die Fähigkeit, das Allgemeine
des Bildungs- und Erziehungsauftrags in der Praxis zu konkretisieren. Das
Allgemeine dieses öffentlichen Auftrages wird somit als für ein Schulprogramm
unzureichend dargestellt. Erneut wird also ein Freiheitsraum für die pädagogischen Professionellen reklamiert, der darin liegt, etwas ganz Allgemeines in
eine konkrete Form zu bringen. Der Gesetzgeber gesteht hier den LehrerInnen
die Professionalität wieder zu, indem er darauf hinweist, dass dieser gesetzliche
Rahmen so allgemein formuliert ist, dass er konkretisiert werden *muss*. Bei
dieser Vorstellung einer Übersetzung des Allgemeinen ins Konkrete operiert der
Gesetzgeber mit einer anderen Polaritätsfigur als noch bei der Bestimmung des
spezifischen Gehalts von Schulprogrammarbeit hinsichtlich der Reformbemühungen: Es geht hier nicht mehr um die Differenz zwischen dem Normalen und
dem demgegenüber eingeforderten Besonderen, sondern um die Transformation
des Allgemeinen ins Konkrete. Daran wird deutlich, dass der auf den ersten
Blick so entschiedene Wille des Gesetzgebers als unterbestimmt erscheint, wenn
es um die konkrete inhaltliche Füllung dieses Reformauftrages geht. Hierin liegt
für diesen Modus der Handlungskoordination ein Potenzial, einerseits die neue
Professionalität der LeherInnen einzuklagen, andererseits aber auch die Möglichkeit für diese, sich auf ihre bereits vorhandenen Routinen zu berufen und
diese bereits als vollends professionalisiertes Handeln auszugeben.
      Dass die Rede von den Gestaltungsmöglichkeiten im Hamburgischen
Schulgesetz durchaus – mit Referenz auf die Professionalität der LehrerInnen –
ernst gemeint ist, wird deutlich an der nachfolgenden Aufzählung:

„Zu den Festlegungen des Schulprogramms können gehören:
▪   besondere didaktisch-methodische Schwerpunkte im Unterricht,
▪   die Umsetzung der fächerübergreifend zu unterrichtenden Aufgabengebiete,
▪   fächerübergreifend unterrichtete Lernbereiche gemäß § 5 Absatz 2 Satz 3,
▪   Abweichungen von den Stundentafeln gemäß § 8 Absatz4 Satz 2,
▪   die Ausgestaltung der Stunden- und Pausenordnung,
▪   besondere Maßnahmen zur Förderung spezifischer Schülergruppen, insbeson-
    dere von Schülerinnen und Schülern mit Lernschwierigkeiten, von Schülerin-
    nen und Schülern mit besonderen Begabungen, von behinderten oder von Be-
    hinderung bedrohten Schülerinnen und Schülern und von zwei- oder mehr-
    sprachig aufwachsenden Schülerinnen und Schülern,

- besondere Beratungs-, Betreuungs- und Freizeitangebote,
- besondere Formen der Schülermitwirkung,
- besondere Maßnahmen zur Förderung des Schullebens,
- die Kooperation mit anderen Schulen und Einrichtungen des Stadtteils,
- Grundsätze für die Verwendung der Personal- und Sachmittel, die der Schule zur eigenen Bewirtschaftung zur Verfügung stehen, im Rahmen ihrer Zweckbestimmung." (HmbSG § 51, Abs. 1)

Während im Hessischen Erlass (vgl. Hessisches Kultusministerium 10/99) genau fixiert ist, welche Dimensionen alle in einem Schulprogramm enthalten sein müssen, sind hier nur „Möglichkeiten" für die inhaltliche Füllung des Programms genannt. Dieser Katalog bietet – anders als der im Hessischen Schulgesetz – verschiedene Optionen inhaltlicher Natur. Während im Hessischen Schulgesetz recht formal die Dimensionen beschrieben sind, die in jedem Schulprogramm enthalten sein sollen (vgl. Kap. 8.3.3), formuliert das Hamburgische Schulgesetz nur inhaltliche Angebote. Das Hamburgische Schulgesetz erweist sich damit als schulnäher und unterrichtsbezogener, sicherlich auch mit der Erwartung, dass die Spezifikationen der unterrichtlichen Aktivitäten im Schulprogramm dann auch tatsächlich festgelegt werden.

Die ersten sechs Punkte der Aufzählung referieren auf die im Hamburgischen Schulgesetz an anderen Stellen eingeräumten Freiheitsgrade der PädagogInnen, die sich auf den Normalunterricht mit Stundenplan und Fächern beziehen (vgl. bspw. HmbSG § 5) und in denen die Schulen aufgefordert sind, eigene Schwerpunkte zu setzen. Dieser Freiheitsspielraum ist aber optional: die Schulen können „Normalunterricht" machen, oder aber „Besonderungen" herausstellen.

Das Schulgesetz hat indes die hier angeführten Besonderungen bereits in anderen Paragraphen behandelt. Indem diese möglichen Schwerpunktsetzungen und Konzentrationen im § 51 nochmals als solche ausgewiesen werden, die entschieden werden sollten, erscheinen die Regelungen zum Schulprogramm nun als Mittel, die in der curricularen Freiheit schon an anderer Stelle ausgedrückten Optionen nun auch tatsächlich zu entscheiden. Das Schulprogramm, so wie es hier im Schulgesetz eingeführt wird, ist damit strenggenommen nur die Verdoppelung der Optionen. Es ist der Ort, an dem die Wahl der Möglichkeiten zwar nicht entschieden wird (das ist die Schulkonferenz), aber an dem sie schriftlich festgehalten wird. Das erscheint allerdings als bedeutsamer Wechsel im Modus der Handlungskoordination.

Die nächsten drei Punkte der Aufzählung im Gesetzestext (vgl.o.) beziehen sich primär auf das Schulklima und -leben, dessen Organisation durch das Schulprogramm – im Sinne der zusätzlichen Aktivitäten, die durch das Reforminstrument befördert werden sollen – damit auch einen institutionalisierten Charakter bekommen soll.

Die beiden letzten Vorschläge zur inhaltlichen Füllung des Schulprogramms beziehen sich auf die Organisationsform der Schule. Das Hamburgische Schulgesetz verzichtet jedoch an diesem Punkt auf die organisationssoziologische Terminologie, die sich ansonsten im Schulentwicklungsdiskurs eingebürgert und auch im Hessischen Schulgesetz Einzug gehalten hat. Im Kern bleibt dies aber doch – wenngleich auch in der Begrifflichkeit viel nüchterner und näher an der Schulpraxis – die Aufforderung zur Organisationsentwicklung.

Nach dieser optionalen Liste für die Inhalte des Schulprogramms im § 51, Absatz 1 wird die darin enthaltene Vorstellung von Schulautonomie hinsichtlich der Schulprogrammarbeit dahingehend ergänzt, dass für das Endprodukt, den Programmtext, eine Genehmigungspflicht eingeführt wird:

> „Bei der Erarbeitung des Schulprogramms sind die Rechts- und Verwaltungsvorschriften, insbesondere die in den §§ 1 bis 3 niedergelegten Ziele und Grundsätze sowie die Bildungspläne, zu beachten. Das Schulprogramm und seine Fortschreibung bedürfen der Genehmigung durch die zuständige Behörde nach Maßgabe des § 85." (HmbSG § 51, Abs. 2)

Die Spezifikationen für die Genehmigung durch die zuständige Behörde im § 85 enthalten dann erstaunlicherweise keine expliziten Hinweise auf die Schulprogrammarbeit, sondern legen allgemein die Aufgaben der Schulbehörde als die einer „Schulaufsicht" und einer „Schulberatung" fest. In den drei Absätzen des § 85 ist der Hintergrund benannt, auf dem die Genehmigung erfolgen soll:

1. Die Verfassungskompatibilität
2. Genehmigung im Prozess einer umfassenden Beratung
3. Genehmigung auf der Basis von Evaluationsdaten

Im zweiten und dritten Absatz steckt damit das Novum der Reformierung der Schulbehörde: „Mit Blick auf die erweiterte Selbstverwaltung der Schulen wurden die Aufgaben der Schulaufsicht (Rechts-, Dienst- und Fachaufsicht, vgl. § 85 Absatz 1 HmbSG) im Schulgesetz um die Aufgaben der Schulberatung (§ 85 Absatz 2) und der schulübergreifenden Evaluation (§ 85 Absatz 3) ergänzt." (Maritzen 2001c, 25)

Der die Autonomievorstellungen der Lehrkräfte transformierende Modus der Handlungskoordination liegt indes allein in der letzten Forderung, der Überprüfung der Schulprogrammarbeit unter der Maßgabe der gleichzeitigen Realisierung von Qualität durch Besonderung und Erhaltung der Gleichwertigkeit der Abschlüsse, d.h. unter der paradoxen Forderung nach gleichzeitiger Vergleichbarkeit und Vielfalt. Diese Gratwanderung soll zudem fortlaufend neu austariert und überprüft werden:

> „Auf der Grundlage des Schulprogramms überprüft die Schule in regelmäßigen Abständen eigenverantwortlich die Durchführung und den Erfolg ihrer pädagogischen Arbeit und berichtet der zuständigen Behörde über die Ergebnisse." (HmbSG § 51, Abs. 3)

Mit der Berichtspflicht ist zwar zunächst nichts darüber ausgesagt, ob und wie von der Schulaufsicht Sanktionen erfolgen können. Dass das Schulprogramm als Programm evaluiert wird, indem es zur Genehmigung vorgelegt werden muss, ist in Hamburg beispielsweise analog zur Situation in Hessen geregelt.[88] Neu ist allerdings in Hamburg, dass die Berichtspflicht gekoppelt ist an die Ergebnisse der aus der Schulprogrammarbeit folgenden Reformbemühungen. Schließlich sind die Schulen dazu angehalten, auf der Grundlage des Schulprogramms in regelmäßigen Abständen eigenverantwortlich die Durchführung und den Erfolg der pädagogischen Arbeit zu evaluieren. Damit ist ganz deutlich die Relation zwischen dem progammatischen Sollen und den realen Erfolgen, dem Sein, formuliert und zur Grundlage der Evaluationspraxis gemacht. Damit wurde vom Gesetzgeber qua juridischer Regelungsstruktur die Verbindung von zugestandener Autonomie und der Nötigung zur Explikation von Handlungsrationalität durch Rechenschaftslegung (vgl. Kap. 3.2) hergestellt.

Die Überprüfung der eigenen Arbeit ist zunächst als interne Evaluation zu begreifen, die aber durch die Berichtspflicht einen nach außen hin offenen Charakter erhält. Dennoch ist diese Berichtspflicht nicht mit externer Evaluation im klassischen Sinne gleichzusetzen: Externe Evaluation im strengen Sinne würde ja bedeuten, dass eine auswärtige Instanz – hier etwa das Schulamt – vor Ort erscheint, um sich selbst ein Bild der Lage zu verschaffen resp. den Sein-Sollens-Abgleich unter eigener Regie vorzunehmen. Auf den ersten Blick erscheint damit die Hamburgische Regelung der in Hessen (vgl. Kap. 8.3) verwandt zu sein: Die Berichtspflicht verlangt lediglich, dass die Ergebnisse der internen Evaluation weitergeleitet werden. Auch in Hessen sollte das Schulprogramm fortgeschrieben werden, was impliziert hätte, dass in dem revidierten Programmtext die Ergebnisse der vorausgehenden Phase ihren Niederschlag finden. In Hamburg ist die Rechenschaftslegung über die interne Evaluation aber nun expressis verbis ausgedrückt, so dass sich jede Schule genau wird

---

88 Um die Spezifika des Falls „Autonomieregelung und Schulprogrammarbeit im Hamburgischen Schulgesetz" pointiert herauszustellen, wird dieses im Folgenden immer wieder auch einigen in diesem Zusammenhang signifikanten Regelungen in Hessen kontrastiert.

überlegen müssen, wie sie einen solchen Bericht formuliert. Bei Ungenauigkeiten oder Abweichungen könnte schließlich eine Nachfrage der Behörde die Folge sein. Dies käme dann einer – wenn auch indirekten – Form der externen Evaluation gleich. Während in Hessen „nur" eine Genehmigungspflicht besteht, was die Inhalte des Schulprogramms betrifft (vgl. Kap. 8.3), wird in Hamburg expressis verbis eine Rechenschaftslegung hinsichtlich der Ergebnisse der aus der Schulprogrammarbeit erwachsenen Initiativen erwartet. Hiermit wird in Hamburg den Schulen nicht nur eine interne Evaluationspraxis abverlangt, sondern auch eine spezifische Form der externen: Eine nachträgliche externe Evaluation der internen Evaluation. In Hessen wurde demgegenüber explizit immer wieder Wert darauf gelegt, dass jede Form der externen Evaluation freiwillig bleiben sollte. Darin liegt genau besehen in Hamburg eine Verschärfung des Kontrollaspekts der Deregulierungsinitiative des Staates.

Der Aufbau der zentralen Paragraphen zur Schulprogrammarbeit in Hamburg (§§ 50 & 51) ist in der Grobstruktur der intendierten Handlungskoordination denen des Hessischen Schulgesetzes vergleichbar (vgl. hierzu die ausf. Fallrekonstruktion zum Hessischen Schulgesetz in Heinrich 2002, 43-80). So wie das Hamburgische Schulgesetz mit dem Hinweis auf die „Schulische Selbstverwaltung" (§ 50) ansetzt, um dann mit dem folgenden Paragraphen das Instrument des „Schulprogramms" (§ 51) einzuführen, so beginnt auch das Hessische Schulgesetz zunächst mit „Grundsätzen der Selbstverwaltung" (§ 127 a HSchG) und konkretisiert die Formen der Selbstverwaltung dann im Medium der Schulprogrammarbeit mit einem Paragraphen zur „Pädagogischen Eigenverantwortung und Schulprogramm" (§ 127 b HSchG).

Beide Schulgesetze – das hamburgische wie das hessische – explizieren in ähnlicher Weise den Zusammenhang von Verantwortungsdelegation und damit verbundenen Verfügungsrechten für die Schulen sowie die daran gekoppelte Verpflichtung zur Explikation von Handlungsrationalität durch Rechenschaftslegung. An vielen Stellen wird der Verordnungscharakter deutlich, überall aber auch noch die für diese Autonomiephase typische Offenheit in der Wahl *von Wegen und Zielen.* Mit einer Fülle von Festlegungen wird die Pflicht der Schule ausgedrückt. Der Staat zeigt sich entschlossen, die Erfüllung des Auftrages zu überprüfen. Aber was die Schulen tun, um sich selbst zu reformieren, bleibt diesen überlassen. So ist es folgerichtig, dass die auf den ersten Blick verbindlichen Formulierungen zum Inhalt der Aufgabe sich beim zweiten Blick als unbestimmt erweisen: Sie verlangen vom Bearbeiter/von der Bearbeiterin eine entschiedene Auslegung und damit den Aufbau einer professionellen Form der Gestaltung der Optimierungsaufgabe.

Der Gesetzgeber greift hier die Dimension der Autonomieidee auf, der zufolge es keine Optimierung der Schule geben kann ohne die Freisetzung von

Autonomie im Sinne der Stärkung der Professionalität. Ohne die Unterstellung, die Schulen könnten bereits, was sie erst noch lernen müssen, ließe sich die gewährte Offenheit in den *Wegen und den Zielen* schwer verstehen. Aber die Autonomie ist funktionalisiert: Bereits kombiniert mit der evaluationsbasierten Denkform verlangt man von den LehrerInnen Autonomie in der Erfüllung von Staats-Aufgaben, die als eigene behandelt werden (sollen).[89] Dass dieser Widerspruch nicht virulent wird, hängt mit der Tatsache zusammen, dass die Ausrichtung auf eine Optimierungshaltung wie selbstverständlich als Teil der Professionalität gilt, auf deren Basis allein Autonomie gewährt werden kann. Die Befugnis zur eigenständigen Gestaltung muss durch Professionalität tagtäglich verdient werden. Weil aber die Schulen erst noch lernen müssen, was sie nicht von selbst tun, erwächst aus der eigenen Rechenschaftspflicht des Gesetzgebers gegenüber der Gesellschaft die Verantwortung, die Gewährung von Autonomie an eine Rechenschaftslegung zu koppeln.

Der Gesetzgeber droht letztlich mit der an Rechenschaftslegung gekoppelten Autonomie allen, die sie fürchten, denen aber, die auf weitere Verfügungsrechte hofften, gibt er zu wenig. Wer nur auf die Vielfalt der Wege hingewiesen wird, aber keine weiteren Verfügungsrechte erhält, der kann schlecht „autonomer" werden, der wird allein besser funktionieren. In den Kollegien wird dieser Modus der Handlungskoordination daher nur verfangen, wo das entsprechende Leistungsdenken bereits verankert ist. Wo dagegen Postulatepädagogik gepflegt wird, dürfte das Gesetz ins Leere laufen, da hier nur die alten Vorstellungen programmatisch repetiert werden, anstatt kritisch an der Optimierung von deren Realisierung zu arbeiten. Wo aber Autonomie in einer Grauzone erprobt und erkämpft wurde (vgl. Bastian 1998b; vgl. Kap. 4.1), wird deren Koppelung an Rechenschaftslegung im Gesetz Unbehagen auslösen.

Dokumentiert ein Gesetz konsequent das Konzept einer verordneten Autonomie, so verfällt es der nicht unbedingt begründeten Hoffnung (vgl. Zedler 1997, 9) der bruchlosen Synthesemöglichkeit zwischen pädagogischer und evaluationsbasierter Denkform. Dahinter steckt die Erwartung, dass ein Zu-

---

89 Ein Argument, das allerdings für alle „StaatsbeamtInnen" in Anschlag gebracht werden könnte und beispielsweise bei den Exekutivorganen wie RichterInnen und PolizeibeamtInnen wohl auch recht unbefragt hingenommen würde. Aber werden LehrerInnen auch als BeamtInnen wahrgenommen, die den öffentlichen „Bildungsauftrag" im Sinne der „Lehrpläne" exekutieren? Zumindest das Selbstbild vieler LehrerInnen dürfte hier gespaltener sein, indem sie für die Ausübung ihrer Praxis Autonomie einklagen. Bei genauerer Betrachtung ist dies aber auch für RichterInnen in Anschlag zu bringen. Und im Alltagsverständnis gilt dies wohl geradezu klischeehaft von den PolizeibeamtInnen – zumindest in der Art, wie sie uns in Fernsehspielen vorgestellt werden: als StaatsbeamtInnen, die aufgrund ihrer Kompetenzüberschreitungen zwar vorübergehend vom Dienst suspendiert werden, letztlich aber doch für „Recht und Ordnung" sorgen, indem sie die TäterInnen stellen.

sammengehen der Mobilisierung traditioneller pädagogischer Motive (Förderung, rasch, angenehm und gründlich etc.; vgl. Heinrich 2001a) mit den avancierten Techniken der Rationalisierung von Betriebsergebnissen möglich wäre. Aus der Verbindung des pädagogischen mit dem organisationsentwicklerischen Motiv erhofft man sich einen nachhaltigen Impuls für die innere Schulreform.

Diejenigen, die schon immer mit großem Engagement und großem Verantwortungsbewusstsein zur inneren Reform der Schule beigetragen haben, werden sich zwar bestätigt fühlen, doch wird für diese daraus wahrscheinlich keine Verhaltensänderung erwachsen, fühlen sie sich doch in ihrer Haltung anerkannt (auch wenn diese de facto unproduktiv sein sollte). Diejenigen allerdings, die durch die Aufforderung zur Schulentwicklungsarbeit in die Pflicht genommen werden sollen und in der Reformbereitschaft ein Moment ihrer Professionalität erblicken sollen, werden eher die reglementierenden Elemente des Gesetzestextes wahrnehmen. Handlung *aus Pflicht* und nicht *pflichtgemäß*, um die subtile Unterscheidung Kants (2004) aufzugreifen, erweist sich auch hier als eine Haltung, die durch eine Praxis eingeübt, nicht aber verordnet werden kann. Der Gesetzestext droht damit für die gewünschte zunehmende Übernahme von Verantwortung folgenlos zu bleiben.

Allerdings könnte diese Folgenlosigkeit auf den Gesetzestext selbst beschränkt bleiben. Sollten ihm tatsächlich Schulentwicklungsprozesse folgen, innerhalb derer die LehrerInnen mehr und mehr das Gefühl bekommen, dass ihnen die Selbständigkeit nicht nur verordnet, sondern in bestimmten Gestaltungsspielräumen auch real gewährt wird, könnte dies Auswirkungen auf die Haltung der PädagogInnen und damit auch auf pädagogische Deutungsmuster und Habitusformationen haben, die die Routinen in der schulischen Arbeit prägen. Der Gesetzestext *als* Text muss aber in dem Dilemma verhaftet bleiben.

Im Gesetzestext wird die Schulprogrammarbeit nicht als ein bildungspolitisches Reformkonzept eingeführt, das in den nächsten Jahren zu einer Qualitätssteigerung der öffentlichen Bildung führen soll, sondern im Indikativ als ein bereits fester Bestandteil des existierenden Schulwesens dargestellt. Auf diese Art und Weise wird signalisiert, dass es sich bei der Schulprogrammarbeit nicht um eine bildungspolitische Mode handeln soll, die wieder vorübergehen wird und der man sich folglich durch Reformresistenz zu entziehen vermag, wenn man den Innovationsforderungen nur lange genug widersteht. Die Schulprogrammarbeit soll vielmehr von den Verantwortlichen als fester Bestandteil des öffentlichen Schulwesens verstanden werden. Im Hamburgischen Gesetzestext erscheint sie geradezu als Bedingung der Möglichkeit für die Erfüllung des gesetzlichen Erziehungs- und Bildungsauftrags. Das geschieht sicherlich auch in dem Wissen darum, dass etwa die Einführung von Schulprogrammarbeit erst langfristig Ergebnisse zeitigen wird und eine kurz- oder mittelfristige Dimensionierung eines solchen Konzeptes wahrscheinlich sogar eher kontraproduktiv wirken resp. viele Energien verbrauchen würde, ohne entsprechende Effekte zu erzielen.

Es stellt sich jedoch die Frage, ob die LehrerInnen empfänglich sind für diese Unbedingtheit in den Formulierungen solcher Reformvorstellungen. Bei den ReformskeptikerInnen kann diese Deutlichkeit durchaus kontraproduktive Effekte haben. Diejenigen, die schon mehrere solcher Reformen erlebt – und mit ihren alten Verhaltensmustern überlebt – haben, dürften auch in der gesetzlichen Fassung keinen Garant für die effektive Durchsetzung dieses Reforminstrumentes sehen: Was wurde nicht schon alles verordnet, ohne Wirklichkeit zu werden!

Bei den entschiedenen GegnerInnen könnte die indikativische Formulierung, die das, was geschehen soll, bereits als Existierendes beschreibt, Aversionen wecken. Diejenigen unter ihnen, die die Phantasie haben, von den Entwicklungen überrollt zu werden und in Mehrarbeit zu ersticken, wird das eher noch zum expliziten Widerstand führen, so dass es für die BefürworterInnen schwieriger wird, die KollegInnen von den Möglichkeiten, die in einem solchen Prozess liegen könnten, zu überzeugen. Aufgrund des Gefühls, in die Ecke gedrängt und vor vollendete Tatsachen gestellt worden zu sein, könnten diese den konstruktiven Diskurs verweigern.

Die indikativische Formulierung des Reformkonzepts der erweiterten Autonomie scheint keinen „Widerspruch gegenüber der zugemuteten Intentionalität" (Blankertz 1990; Blankertz/Gruschka 1990) zuzulassen, obgleich das in ihm enthaltene Programm einer „Erziehung zur Mündigkeit" genau dies voraussetzen würde (vgl. Heinrich 2006, 277-307). Die zur Schulentwicklungsarbeit aufgeforderten LehrerInnen müssten hierfür nicht die „verordnete Freiheit" als eine solche begreifen, sondern als tatsächliche Erweiterung des Handlungsspielraums, was allerdings unwahrscheinlich ist, da es im Arbeitsalltag der deutschen LehrerInnen kaum einen unmittelbar spürbaren Zuwachs an Verfügungsrechten gegeben hat (vgl. Avenarius/Kimmig/Rürup 2003).

Allerdings existiert in der neuen Form der Handlungskoordination qua „genehmigungspflichtiger Schulprogramme" doch ein – zumindest latenter – Freiheitszuwachs, dessen Nutzung allerdings von den Arbeitsweisen der Schulen abhängig ist. Denn die Genehmigung eines Schulprogramms bindet das dann folgende schulaufsichtliche Handeln an diese gemeinsame (!) Festlegung. Formal könnten sich die Schulen nach einer solchen Vereinbarung, die durch die Genehmigung eines Schulprogrammes getroffen wird, auf eben jene und die damit verbundenen Verbindlichkeiten berufen (vgl. Avenarius/Kimmig/Rürup 2003).[90]

---

90 Für diesen ergänzenden Hinweis zur Dialektik des Autonomiezuwachses bezogen auf die Akteursrelation „Schulaufsicht-Einzelschule" möchte ich Matthias Rürup danken.

Die bildungspolitisch gewünschte Deregulierung kann daher nur wirksam werden, wenn die AkteurInnen vor Ort ganz explizit auf die existierenden Freiheiten hingewiesen werden, die sie nutzen *sollen*. Für den Gesetzgeber, die oberen Kultusadministrationen und vor allem die unteren Schulaufsichtsbehörden bleibt nun prekär, dass ihr Status als weisungsbefugte Instanzen es ihnen zugleich ermöglicht, zur Nutzung dieser Autonomie aufzufordern, gleichzeitig diese Möglichkeit aber auch die Intention zu konterkarieren droht, zumal sie innerhalb eines solchen Aufforderungstextes daran gebunden sind, die rechtlichen Rahmenbedingungen für diese Autonomisierung – und damit auch ihre Grenzen – deutlich zu artikulieren. Gleichzeitig muss jedoch auch die Bewusstwerdung der Möglichkeiten forciert werden, damit die Deregulierung auch tatsächlich eine Veränderung bewirkt und die den AkteurInnen zugesprochene Autonomie nicht ignoriert, sondern als eine Freiheit begriffen wird, für deren Konsequenzen sie sich in jedem Falle zu verantworten haben – ganz gleich wie sie verfahren, d.h. ob sie Neuerungen implementieren oder nicht. Ihre Appelle, Weisungen, Erlasse bleiben bezogen auf diese Dialektik von pädagogischer Eigenverantwortung und rechtlichen Rahmenbedingungen. Oftmals ist daher in unglücklich erscheinenden Formulierungen der Administration nicht unbedingt ein Unvermögen der AutorInnen zu sehen, da diese aufgrund ihrer Aufgabe und Stellung im System gezwungen sind, sprachlich eine Synthese von Widersprüchlichem zu leisten.

Eine weitere, ihre Autonomie beschränkende Weise der Einflussnahme könnten die LehrerInnen auch darin sehen, dass hinter den Forderungen oftmals eine ganz bestimmte Vorstellung von den Formen von Schulentwicklungsarbeit steht. In den meisten Aufrufen zur selbstverantworteten Schulentwicklungsarbeit finden sich alle wichtigen Begrifflichkeiten wieder, die in der Literatur zu institutionellen Schulentwicklungsprozessen (ISP; vgl. Dalin/Rolff/Buchen 1995) genannt werden, zuweilen sogar in der Reihenfolge, die einen solchen ISP auszeichnen soll: Ausgehend von der Bestandsaufnahme sollen Ziele formuliert werden. Damit diese nicht leere Wunschvorstellungen bleiben, müssen Grundsätze ihrer Verwirklichung angegeben werden, d.h. sie müssen operationalisiert werden. Schließlich sollen noch Formen der Selbstevaluation erarbeitet werden.

Wenn den Reformwilligen so etwa Aussagen zur Organisationsentwicklung abverlangt werden, so kann bei diesen leicht der Eindruck entstehen, dass sie auf eine Entwicklungsidee festgelegt werden. Dass diese Auseinandersetzung mit der Organisationsentwicklung erwünscht ist, wird auch daran deutlich, dass die Schulen oftmals dazu aufgefordert werden, sich zu ihrem Beratungs- und Fortbildungsbedarf zu äußern. D.h. die Schule, die nicht von sich aus hohe Kompetenzen zur Organisationsentwicklung in den Entwicklungsprozess mit einbringt, wird als beratungs- und fortbildungsbedürftig deklariert. Auch hiermit wird den Schulen signalisiert, dass sich etwas bewegen soll und der bisherige Dienst nach Vorschrift als nicht mehr ausreichend angesehen wird. Diese Vorgabe ist zugleich verbunden mit dem für die LehrerInnen ambivalenten Hinweis darauf, dass die Schulbehörden und Unterstützungssysteme als kompetente Berater und Fortbildner angesehen werden.[91] Die der Schule zugesprochene Autonomie, sich selbst um ihren Innovationsprozess zu kümmern, ist damit auch zugleich wieder eingeschränkt. Wie jedes Beratungsangebot – ob nun verpflichtend vorgeschrieben oder durch Empfehlung nahe gelegt – signalisiert auch dieses dialektisch die unterstellte Inkompetenz derjenigen, die beraten werden sollen.[92]

Einschränkend auf die Gestaltungsfreiheit wirkt auch der Hinweis, dass die Schulen ihre unterrichtsorganisatorischen und inhaltlichen Schwerpunkte unter Berücksichtigung der Bedürfnisse des Umfeldes wählen sollen.[93] Eine solche Abstimmung mit dem Umfeld erlaubt es dann womöglich nicht mehr, bestimmte Schwerpunkte zu setzen, da diese schon von der benachbarten Institution besetzt sind und die Schulprogrammarbeit auch als Entwicklungsplanung einer Region fungieren soll (vgl. Fuchs 2005; Lohre 2005). Nicht nur durch die rechtlichen Rahmenbedingungen, sondern auch durch die demgegenüber kontingenten Bedingungen des Umfeldes ist die Gestaltungsfreiheit des Kollegiums damit beschnitten. Die Verfügungsrechte sind damit durch den kollektiven Akteur des sozio-ökologischen Umfelds einer Schule beschnitten.

Die Schule wird sich in dem qua Definitionsmacht vom Gesetzgeber verfügten neuen Professionalitätsverständnis als Dienstleisterin verstehen müssen, die sich entsprechend den Gegebenheiten des Marktes, dem Angebot und der Nachfrage, verhalten muss: Demnach müsste etwa ein altsprachliches Gymnasi-

---

91 Zu dieser Ambivalenz vgl. auch die Tipps an die LehrerInnen in Burkard (1999).
92 Dies gilt freilich nur, wenn das Verhältnis von Kompetenz und Inkompetenz binär kodiert wird und nicht als graduelles Phänomen, d.h. dass man prinzipiell immer etwas dazu lernen kann, auch wenn man schon eine hohe Kompetenzstufe erreicht hat. Dieser – freilich realistischeren – Ansicht ist jedoch entgegenzuhalten, dass durch sie das Argument auch nicht vollends entkräftigt wird: Psychologisch gesehen bleibt zumeist ein Rest Unbehagen gegenüber einer latenten Inkompetenzunterstellung zurück. Dies spiegelten beispielsweise auch die Rückmeldungen von Studierenden eines berufsbegleitenden Master-Studiengangs. Als externem Evaluierendem wurde mir eindringlich geschildert, dass sie sich vielfach nicht als erfahrene PraktikerInnen, sondern unerfahrene Studierende behandelt fühlten (es fiel sogar die Hyperbel „Kindergarten"), obgleich – wie sie auch anmerkten – sich die Lehrenden in diesem Studiengang größte Mühe gäben, diesen Eindruck nicht entstehen zu lassen und vielmehr immer wieder versuchten, auf sie als Professionelle zu referieren. Aber strukturell scheint die Fortbildungssituation – u.a. auch durch die Prüfungen – einen unbefangenen Umgang zu verunmöglichen und somit eine „latente Inkompetenzunterstellung" zu transportieren.
93 In Hessen beispielsweise ist die Genehmigung des gesetzlich vorgeschriebenen Schulprogramms an diese Auflage gebunden: Dem Absatz 3 des § 127b zufolge ist die Abstimmung mit anderen Schulen notwendig (vgl.u.; vgl. Kap. 8.3.3).

um seinen spezifischen Schwerpunkt aufgeben, der als Konsens im ganzen Kollegium besteht, wenn vom Umfeld, d.h. beispielsweise von Eltern signalisiert wird, dass sie ein solches Konzept für veraltet halten. Und eine andere Schule müsste womöglich die vom Kollegium gewünschten Aktivitäten und pädagogischen Zielsetzungen zurückstellen und alle Ressourcen, die sie nicht für die Gewährleistung des „normalen Unterrichts" benötigt, bündeln, um mehrere Kurse in Deutsch als Fremdsprache anbieten zu können, da im Einzugsgebiet hier ein erhöhter Bedarf besteht. Die Kollegien müssten sich dann möglicherweise von dem persönlichen Idealbild „ihrer Schule" verabschieden, um ihrer Aufgabe einer bedarfsgerechten Beschulung des von ihr nicht ausgewählten Klientels nachzukommen. Durch die Externalisierung von Rechenschaftslegung (vgl. Kogan 1986; 1996; Altrichter/Heinrich 2005) werden hier Verfügungsrechte der LehrerInnen beschnittten.

Deutlich muss indes an dieser Stelle hervorgehoben werden, dass eine solche Regelung zwar die Gestaltungsfreiheiten einschränken kann, damit aber nicht unmittelbar die Autonomie beschnitten ist: Ein Kollegium wird sicher die Notwendigkeit einer solchen Abstimmung akzeptieren und in solcher Anerkennung diese Regelung auch nicht als Fremdbestimmung durch übergeordnete Instanzen empfinden. An dieser Stelle zeigt sich damit aber eine grundsätzliche Problematik, die sich aus der oben festgestellten Definitionsmacht des Gesetzgebers und den spezifischen Rollen von InitiatorInnen und Ausführenden der Reform ergibt: Je nach Verantwortungsbereitschaft der Lehrkräfte, die mit diesen Forderungen konfrontiert werden, werden sie sie als aufgrund von Sachzwängen legitim oder als bevormundend erachten (vgl. Anderson 1991). Damit droht der Autonomieappell paradoxerweise in dem Maße folgenlos zu bleiben, in dem er besonders hohen Aufforderungscharakter zeigt. Diese Form der Handlungskoordination erscheint hier ineffizient, wenn die evaluationsbasierten Vorstellungen von Autonomie auf eine LehrerInnenschaft treffen, innerhalb derer diese Vorstellungen noch nicht als fest verankerte Normative der Profession vorausgesetzt werden können. Es liegen damit unterschiedliche belief-systems vor, die die Handlungskoordination erschweren.

Offizielle Aufforderungen zur Schulprogrammarbeit werden immer im Spannungsfeld von Autonomie und Kontrolle stattfinden. Wenn der Zwang dazu, zwischen den beiden Polen der Autonomisierung und der Kontrollierung zu lavieren, in jedem Fall gegeben ist, so erübrigt sich damit noch nicht die Frage, welche Variationsmöglichkeit es für Konzepte der Handlungskoordination gibt, die im Kern auf eine Deregulierung abzielen.

So macht es etwa sicherlich einen Unterschied, ob man sich bei dem Reformaufruf an die LehrerInnen als pädagogische Professionelle adressiert und dabei selbst pädagogisch argumentiert, um sie so auf ihre eigenen Werte zu verpflichten, oder ob man die PädagogInnen mit ganz anderen, neuen Forderungen konfrontiert, die sich mit ihrem angestammten Denken nicht so leicht vermitteln lassen.

Werden die LehrerInnen zu einer Reflexion ihrer pädagogischen Ansichten aufgefordert, dann ist ein Umdenken in ihrem didaktischen Bewusstsein womöglich eher denkbar, da hier nicht mit abstrakten Optimierungsmaßstäben operiert wird, sondern reformpädagogisch, d.h. nicht verfahrensmäßig, sondern inhaltlich. In eine vielleicht produktive Verunsicherung würde dies die PädagogInnen stürzen, da sie damit auch von ihrem Selbstverständnis her in ihrem Professionsbewusstsein getroffen wären. Demgegenüber könnte die mit organisationssoziologisch-betriebswirtschaftlichen Mustern konfrontierte Lehrkraft sich von den Reformbemühungen distanzieren, indem sie darauf hinweist, dass sie schließlich kein(e) UnternehmerIn sei und sich daher auch nicht mit den technokratischen Optimierungsphantasien der Bildungspolitik und der Kultusadministration identifiziere.

8.2.2 Governancetheoretisches Resümee der Ergebnisse auf Länderebene

Die juridische Kodifizierung von Autonomie in einem Gesetzestext ist selbst schon Moment einer Definitionsmacht innerhalb einer Akteurskonstellation klarer Abhängigkeiten. Dieser durch die hierarchische Akteurskonstellation und den Modus der Handlungskoordination entstehende Verordnungscharakter wird indessen gebrochen durch die für diese Phase der *Gestaltungsautonomie* typische Offenheit in der Wahl *von Wegen und Zielen*. Mittels der qua Definitionsmacht durchgesetzten Festlegungen wird nur die Pflicht der Schule expliziert, wobei hier allerdings festzustellen ist, dass diese Pflicht streng genommen auch zuvor schon bestand. Durch diese juridische Kodifizierung werden damit in Hamburg die Verfügungsrechte der AkteurInnen vor Ort, bestimmte Entwicklungsentscheidungen zu treffen, streng genommen nur ins Bewusstsein gehoben. Mit dieser Explikation einher geht indessen auch die explizite Nötigung zur Legitimation der eigenen Handlungen durch Rechenschaftslegung. Die inhaltlich letztlich wenig fixierten Vorgaben, die vielmehr auf Modi der systematisierten Handlungskoordination qua Schulprogrammarbeit abzielten, sind somit als konsistente Botschaft interpretierbar: Sie verlangen von den Schulen eine entschiedene Auslegung und damit den Aufbau einer professionellen Form der Gestaltung der Optimierungsaufgabe.

Allerdings wurde auch die Ambivalenz dieser Form der Handlungskoordination deutlich: Die vom Gesetzgeber hier qua Definitionsmacht vorgenommene Umdeutung von Autonomie, die jene an Rechenschaftslegung koppelt, schreckt die EvaluationsskeptikerInnen, während sie für die Innovationsbereiten kaum Anreize bietet, da es kaum zu einer de facto im Arbeitsalltag spürbaren Erweiterung der Verfügungsrechte für die AkteurInnen vor Ort kam. Der an die Rechenschaftslegung gekoppelte Hinweis auf die Vielfalt der Wege wird in den Kollegien als neuer Modus der Handlungskoordination daher nur verfangen, wo das entsprechende Leistungsdenken bereits verankert ist. Wo aber Autonomie in einer Grauzone erprobt und erkämpft wurde (vgl. Bastian 1998b; vgl. Kap. 4.1), kann deren Koppelung an Rechenschaftslegung im Gesetz als Verlust an Verfügungsrechten interpretiert werden, auch wenn dies de facto nicht der Fall ist, sondern die Rechenschaftspflicht allenfalls Mehrarbeit bedeutet, die dann allerdings angesichts der Arbeitsüberlastung in der Praxis durchaus von Aktivitäten abhalten kann, sodass subjektiv der Eindruck entsteht, man wäre innerhalb dieser neuen Konstellation davon „abgebracht" worden.

Einschränkend auf die Gestaltungsfreiheit einer Einzelschule konnte letztlich auch die mit der Rechenschaftslegung verbundene Auflage wirken, bei der Setzung der unterrichtsorganisatorischen und inhaltlichen Schwerpunkte die Bedürfnisse des Umfeldes zu berücksichtigen. Durch diese – schulentwicklerisch gesehen ja sinnvolle – Festlegung, erscheint die Schwerpunktsetzung bezogen auf das Umfeld systematisch als Form der reaktiven Handlungskoordination. Es wurde indessen schon zuvor darauf hingewiesen, dass eine solche Regelung zwar die Gestaltungsfreiheiten einschränken kann, damit aber nicht unmittelbar die Autonomie beschnitten ist. Je nach Verantwortungsbereitschaft der Lehrkräfte, die mit diesen Forderungen konfrontiert werden, werden sie sie als aufgrund von Sachzwängen legitim oder als bevormundend erachten. Festzuhalten ist aber, dass sich durch den Einbezug des Umfeldes die Akteurskonstellation verändert hat. Dies gilt nicht nur für die sich dann nach außen hin öffnende Schule, sondern auch schulintern bzw. „systemintern" bezogen auf die Handlungskoordination mit der Schulaufsicht. Während vordem das System auf Vergleichbarkeit programmiert war und große Differenzen regulierende Eingriffe der Schulaufsicht provoziert hätten, ist nun der Blick auf Möglichkeiten der Profilierung gerichtet (vgl. Altrichter/Heinrich 2005). Es wird deutlich, dass hier ein Umdenken stattgefunden hat, mit dem Problem der Standort- bzw. Sprengelfrage umzugehen. Die Aufforderung zur Kontextsensitivität forciert eine betriebliche Sichtweise der Berufsausübung, die wieder schwer mit der traditionellen LehrerInnenautonomie, die im Kern ideologisch auf Gleichbehandlung zielte, zu vermitteln ist.

Durch die Explizierung des von der Sache her legitimen Anspruchs des Gesetzgebers, auf die Kontextbedingungen in der Schulentwicklung Rücksicht zu nehmen, gerät die ursprüngliche Akteurskonstellation in eine Schieflage: Indem dieser Anspruch nun eingefordert wird, entsteht der Eindruck, hier werde etwas Neues abverlangt, was entsprechende Ausgleichsforderungen der anderen Seite nach sich zieht. Werden daher nicht durch weiterführende Regelungen tatsächlich den LehrerInnen weitere Verfügungsrechte zum Treffen von Entscheidungen – seien es finanzielle, organisatorische oder pädagogisch-didaktische – zugestanden, kann der explizite Hinweis auf die ohnehin schon bestehenden Verantwortlichkeiten und die damit verbundenen Verpflichtungen zur Rechenschaftslegung – gerade von den engagierten Lehrkräften der Frühphase der Autonomisierung (*Grauzonenautonomie*; vgl. Kap. 4.1) – als Beschränkung ursprünglicher Verfügungsrechte interpretiert werden. Auch wenn sich an der Verteilung der Verfügungsrechte damit nicht nachhaltig etwas verändert, wird doch durch den Wechsel des Modus der Verhandlung seitens des Gesetzgebers eine neue Form der Handlungskoordination eingeführt, zu der sich alle AkteurInnen verhalten müssen. Je nachdem, wie weit die einzelnen Lehrkräfte hierbei die Transformation des Autonomieverständnisses mitvollziehen, ergibt sich allein durch diesen Wechsel der Handlungskoordination eine neue Akteurskonstellation von ReformbefürworterInnen und -gegnerInnen.[94]

8.3 Einzelfallrekonstruktion zur Autonomie in der administrativ verordneten Schulprogrammarbeit am Beispiel einer hessischen Schulaufsichtsbehörde

Im Hessischen Schulgesetz (HSchG) aus dem Jahre 1997 wurde der politische Wille zur inneren Schulreform durch Schulprogrammarbeit kommuniziert (vgl. ausf. Heinrich 2002, 43-80). Damit diese Neuerung in der Handlungskoordination zwischen Gesetzgeber und Schulen auch wirksam werden konnte, wurde in zahlreichen Handreichungen des Kultusministeriums der Versuch unternommen, zu explizieren, was unter den gesetzlichen Vorgaben im Einzelnen zu verstehen sei (vgl. bereits Hessisches Kultusministerium 1996ff.). Das Gesetz bestimmt jedoch nicht nur Verfügungsrechte und Aufgaben für die vor Ort an der Schule Tätigen, sondern enthält auch Vorgaben für diejenigen, die den Prozess kontrollieren sollen – die Staatlichen Schulämter. So heißt es in § 92 Abs. 2 des HSchG:

---

94 Vgl. hierzu auch die distinkte Trennung von formaler und inhaltlicher Prüfung, wie sie in der Begriffsdifferenzierung von „Genehmigungspflicht" und „Zustimmungspflicht" in der administrativen Verordnung der Schulprogrammarbeit in Hessen ihren Ausdruck fand. Das Lavieren mit der Begrifflichkeit wird von mir gerade als Indikator dafür gedeutet, wie genau die Kultusadministration dieses Problem in der Handlungskoordination erkannt hatte (vgl. Kap. 8.3.2).

„Die Schulaufsichtsbehörden haben die Aufgabe, die Qualität der schulischen Arbeit, die Vergleichbarkeit der Abschlüsse und die Durchlässigkeit der Bildungsgänge zu gewährleisten. Sie beraten und unterstützen die Schule bei der Wahrnehmung ihrer Aufgaben im Rahmen ihrer Selbstverwaltung, insbesondere bei der Entwicklung und Umsetzung des Schulprogramms (§ 127 b)."

Da der Reformimpuls nicht von der unteren Schulaufsicht ausging, sondern top-down verfügt wurde, war nicht davon auszugehen, dass die Schulämter sich der neuen Aufgabe bewusst wären resp. sie gewusst hätten, wie sie ihre neue Rolle einer kontrollierenden Beratung wahrnehmen sollten.

Angesichts der Tatsache, dass das Reformkonzept auch für die Schulämter neu war und sie sich mit diesem erst auseinandersetzen mussten, wäre zu erwarten gewesen, dass – bei positivem Verlauf des Reformprozesses – sich die AkteurInnen, d.h. die LehrerInnen wie auch die AufsichtsbeamtInnen, sukzessive in die neue Rolle hätten einfinden können. Im Falle der Schulämter entstand nun aber die Situation, dass es für sie einen Zeitpunkt gab, an dem sie in ihrer neuen Rolle auftreten mussten und zwar recht früh im Entwicklungsprozess und zugleich mit einer für ihr neues Rollenverständnis prekären Aufgabe: der Genehmigung der Schulprogramme.

Durch die gesetzlich vorgeschriebene Genehmigungspflicht in Hessen war tendenziell ein Verhalten der Schulämter gemäß der alten Kontrollfunktion zu erwarten und damit ein kontraproduktiver Effekt auf die Schulen, die sich in dieser Programmarbeit gerade ihrer neuen bzw. zuvor nur teilweise wahrgenommenen Autonomie versichern sollten. Die InitiatorInnen der Schulprogrammarbeit in Hessen hatten dieses Problem früh erkannt und entsprechend einen Beratungsbedarf der Staatlichen Schulämter in dieser Sache diagnostiziert:

„In der Zeit bis zur endgültigen Vorlage des Schulprogramms mit dem 31.07.2002 und der Prüfung durch das jeweilige Staatliche Schulamt im Rahmen des vorgeschriebenen Zustimmungsverfahrens gemäß § 127 b Abs. 4 Hessisches Schulgesetz stehen alle Mitglieder der Projektgruppe ‚Schulprogramme und Evaluation' sowie die für die Schulentwicklung in den einzelnen Schulformen zuständigen Referatsleiterinnen und Referatsleiter des Hessischen Kultusministeriums den Staatlichen Schulämtern für besondere Fragestellungen und Beratungsbezüge als Ansprechpartner zur Verfügung. So soll eine Verknüpfung der verschiedenen Ebenen der Schulentwicklung erreicht und die ‚Stabübergabe' an die Schulen und Unterstützungssysteme vor Ort (Staatliche Schulämter, Pädagogische Institute und Regionalstellen des Hessischen Landesinstituts für Pädagogik [HeLP], Studienseminare) unterstrichen werden." (Amtsblatt 4/01, 262)

Diesem Passus folgt eine lange Adressenliste, die für die SchulaufsichtsbeamtInnen wohl auffordernden Charakter haben sollte, sollten sie selbst einen Beratungsbedarf verspüren. Mit dieser Initiative wird die Akteurskonstellation nochmals komplexer. Die Kultusadministration gerät so gegenüber der unteren Aufsichtsbehörde in ein ähnlich widersprüchliches Verhältnis, wie zu den einzelnen Schulen: Die Rationalität des Reformkonzepts konsequent auf alle Ebenen angewendet, erzeugt für alle Beteiligten die Aufforderung zu einem neuen Selbstverständnis hinsichtlich der eigenen Professionalität. Auch die SchulaufsichtsbeamtInnen sind damit dazu aufgefordert, ihre neuen Aufgaben verantwortungsvoll im Sinne des Konzepts wahrzunehmen. Hierunter fällt vor allem ein Perspektivenwechsel: Die eigene Identität und Autorität darf sich nicht mehr aus der Kontrollbefugnis speisen, sondern die Qualität der Arbeit wird sich zunehmend daran messen lassen müssen, wie gut es der Behörde gelingt, die Schulen im eigenen Bezirk auf den Weg zu einer konstruktiven Schulprogrammarbeit zu führen und eben dies wird kaum möglich sein, wenn dies im alten Modus der Handlungskoordination geschieht, der von einem eher aufsichtlichen Habitus geprägt war. Hätte das Kultusministerium nun den Schulämtern vorgeschrieben, wie diese ihre neue Aufgabe zu erfüllen gehabt hätten, dann hätten sie auf diese Weise die neue Professionalität der BeamtInnen dementiert, die diese doch gerade in der neuen Aufgabe unter Beweis stellen sollen.

Zudem geriet das Kultusministerium damit in einen großen Rechtfertigungszwang. Mit Recht konnten die unteren Behörden fragen, woher denn die Kompetenz des Ministeriums in diesen Fragen herrührt, war doch dieses Reforminstrument schließlich auch für dieses Neuland. Dies stellt zwar einerseits ein typisches Muster sozialer Innovation in öffentlichen Einrichtungen dar, ist aber andererseits in diesem Fall doch gesondert zu berücksichtigen, da sich hier aus der Sicht der LehrerInnen eine Akzentverschiebung ergeben haben könnte. Während die Schulaufsicht in den Jahren zuvor primär – von einigen wenigen Unterrichtsbesuchen abgesehen – als Rechtsaufsicht wahrgenommen wurde, ragt dieses Reformvorhaben in seinen Konsequenzen sehr stark in den fachlichen Bereich hinein, d.h. tangiert die Fachkompetenz der Lehrkräfte im Sinne einer „Fachaufsicht". Hier fällt es leicht, auf mangelnde Schulnähe der Schulaufsichtsbehörden zu referieren. Das Ministerium konnte sich hier nur auf die Erfahrungen mit einem Pilotschulprojekt berufen. Entsprechend wurden in der oben zitierten Mitteilung auch die Mitglieder der Projektgruppe als ausgewiesene BeraterInnen präsentiert.

Wenn nun die Mitglieder der Projektgruppe beratend auf die Schulaufsicht wirken, so würden sie das auf der Grundlage ihrer bisherigen Erfahrung tun. Ein Hinweis darauf, in welche Richtung diese Beratung vorzustellen ist, ist in den

1997 veröffentlichten „Rahmenvorgaben für die Begleitung und Unterstützung der Pilotschulen im Projekt ‚Schulprogramme und Evaluation in Hessen'." (Amtsblatt 6/97) enthalten.

Nach den Informationen zum Zeitrahmen, den Aufgaben, der Organisation und den Ressourcen für das Projekt folgt in diesem Text noch eine Verhaltensanweisung an alle am Pilotprojekt Beteiligten:

> „Alle Beteiligten der Pilotprojekte auf allen Ebenen sollten sich von folgenden Grundsätzen leiten lassen:
> – ‚Realistische Vorstellungen verbreiten'
> – ‚Keine überspannten Ansprüche stellen'
> – ‚Kleine Schritte gehen'
> – ‚Ängste vermindern'
> – ‚Realisierung im Auge haben'" (Amtsblatt 6/97, 340).

Auffallend an diesem Passus für die darin enthaltenen Vorstellungen über effektive Handlungskoordination ist der Wechsel von der Inhaltsebene auf die Beziehungsebene. Wurden in den vorausgehenden Abschnitten des Dokuments inhaltliche Fragen (bis hin zu Detailregelungen über Anrechnungsstunden etc.) erörtert, so zielen diese Anweisungen unmittelbar auf die Verhaltensweisen ab, die von den am Reformprozess Beteiligten – auch im Zuge ihrer neuen Professionalisierung – erwartet werden. Die damit zu ReformerInnen erklärten werden über mögliche Fallstricke in der Schulprogrammarbeit belehrt. Diese Warnungen spiegeln wohl die Erfahrungen aus den dem Pilotprojekt vorausgehenden Planungsgesprächen und Diskussionen wider.[95]

Dass diese Maßgaben für alle Beteiligten gelten sollen, ganz gleich auf welcher „Ebene" des Mehrebenensystems sie sich befinden, drückt in nuce bereits die neue Reformstrategie aus – zugleich aber auch das mit ihr verbundene Dilemma. Das Reformkonzept unterstellt einen gemeinsamen Gestaltungswillen und eine Rationalität, die es ermöglichen soll, dass das Vernünftige sich durchsetzt, wenn alle an diesem einen Strang ziehen. Dafür ist es nun wiederum

---

95 In dem Text heißt es vorher: „Grundlagen für die Formulierung der Rahmenvorgaben waren:
– Diskussionsergebnisse der Projektgruppensitzung vom 05.03.1997,
– Arbeitspapiere und schriftliche Stellungnahmen von Mitgliedern der Projektgruppe;
– Wünsche, Anregungen und Stellungnahmen der Vorsitzenden der Regionalkonferenzen und der Leiter der Staatlichen Schulämter;
– Diskussion und Beschlußfassung (einstimmig) in der Projektgruppensitzung vom 18.04.1997;
– Diskussionsergebnisse der Dienstbesprechung vom 23.04.1997 mit den Leiterinnen und Leitern der Regionalkonferenzen (der HILF-Außenstellen), den Vertreterinnen und Vertretern der Staatlichen Schulämter, dem Leiter des Hessischen Instituts für Lehrerfortbildung und der Leiterin des Hessischen Instituts für Bildungsplanung und Schulentwicklung." (Amtsblatt 6/97, 339)

notwendig, dass alle sich als in diesem Sinne professionell erweisen und verantwortungsvoll ihre jeweiligen Aufgaben im Sinne dieser Reformstrategie einer Verknüpfung von Verantwortungsübernahme und Rechenschaftslegung versehen. Die Verhaltensanweisungen sind nun der Versuch, die Elemente dieser neuen Professionalität auf der Beziehungsebene zwischen den AkteurInnen begrifflich zu fassen. Diese Explikation drückt den Reformwillen und damit auch die zunehmende Orientierung an Evaluationsmaßstäben aus. Zugleich enthält sie als explizierender Sprechakt illukutionär die Aufforderung über das eigene Verhältnis zur Rechenschaftslegung zu reflektieren. Eine Aufgabe, die hier in gleicher Weise für alle mit Schulprogrammarbeit befassten AkteurInnen ausgesprochen wird, während dies ansonsten vornehmlich mit Blick auf die LehrerInnen geschieht.

8.3.1 *Vom Sinn der Freiwilligkeit externer Evaluation*

Noch bevor im Jahr 1997 durch die Novellierung des Schulgesetzes alle Schulen in Hessen zur Schulprogrammarbeit verpflichtet wurden, veröffentlichte das Kultusministerium zusammen mit dem Hessischen Landesinstitut für Pädagogik den ersten Band der Schriftenreihe „Schulprogramme und Evaluation". In seinem Vorwort zu dieser Einführung in die Thematik betonte der damalige Kultusminister Holzapfel, dass die Schulprogrammarbeit in der Kontinuität bisheriger Reformbemühungen stehe. Er stellte sie als eine bereits praktizierte Form der inneren Schulreform vor, die lediglich eine neue, institutionalisierte Gestalt bekommen solle. Die lange schulische Tradition der Selbstreflexion und auch der schriftlichen Fixierung von Zielsetzungen sollte durch sie strukturiert und organisiert werden. Dies galt insbesondere für die Bewertung der eigenen Arbeit, die in Zukunft methodisch kontrolliert als „Evaluation" stattfinden sollte. Holzapfel versucht damit explizit die Verknüpfung zwischen LehrerInnenautonomie und bereits durch Evaluation geleiteter Schulautonomie und Steuerung herzustellen. Der Rekurs auf eine „gemeinsame Tradition" lässt das Neue als bereits Vertrautes, den Wechsel von Autonomieorientierung zur Evaluationsorientierung als Kontinuum erscheinen (vgl. ausf. Gruschka et al. 2003, 73-80; Heinrich 2002, 46-58).

In diesem Vorwort (vgl. Hessisches Kultusministerium 1996, 1) und in der Schriftenreihe selbst (vgl. bspw. Hessisches Kultusministerium 1998, 6) wird – wie in der Schulentwicklung allgemein üblich – zwischen der externen und der internen Evaluation unterschieden. Letztere sei für alle Schulen in Hessen verpflichtend, während die „externe Evaluation" auf freiwilliger Basis, auf besonderen Wunsch der Schule stattfinden solle. Im Vorwort des Kultusministers ist das Attribut „freiwillig" zur näheren Kennzeichnung der externen Evaluation der einzige Begriff im Text, der kursiv gesetzt ist. Die Betonung der Freiwilligkeit verweist auf einen zentralen Streitpunkt in der Debatte um die Formen der Evaluation.

Die erweiterte Selbständigkeit der Einzelschule wird in der Schulentwicklungsdiskussion nicht zuletzt deswegen immer wieder hervorgehoben, weil der – ob nun unbegründeten oder im Einzelfall berechtigten – Klage über die Obstruktion innerer Schulreform durch die Bevormundung seitens der Behörde der Nährboden entzogen werden soll. Ein neues „Unabhängigkeits-Verhältnis" der Schule zur Schulaufsicht wird proklamiert – zumindest für die in der Schulprogrammarbeit über Verfügungsrechte bestimmten Gestaltungsspielräume (vgl.o.).

Die InitiatorInnen der Schulprogrammarbeit in Hessen erkannten, dass jegliche Form der Kontrolle kontraproduktiv wirken kann, weil sie tendenziell das Versprechen der zugestandenen Selbständigkeit dementiert. Das war sicherlich der zentrale Grund dafür, die interne Evaluation als verbindlich, die externe aber als freiwillige einzurichten. Sich freiwillig zur externen Evaluation zu melden, setzt schon eine Souveränität der zu Evaluierenden voraus, die deutlich werden lässt, dass es hier zu einem produktiven Austausch kommen kann. Ist ein solcher Grad an Selbständigkeit und Selbstbewusstsein nicht vorauszusetzen, steht zu befürchten, dass externe Beurteilung einen so starken Einfluss gewinnt, dass es letztlich doch wieder zu einer Lenkung von außen kommt, die Bedenken und Ratschläge so nachhaltig wirken, dass der Impuls zur Autonomie der Einzelschule, der durch die Schulprogrammarbeit eigentlich gesetzt werden sollte, ins Leere läuft. Die Freiwilligkeit der externen Evaluation in Hessen hat also ihren guten Grund: „Ergebnisse interner und externer Evaluation unterliegen also nicht von selbst der 'Berichtspflicht' der Einzelschule gegenüber der Schulaufsicht." (Hessisches Kultusministerium 1998, 7) Die Entwicklung zur Eigenverantwortlichkeit kann externe Evaluation nur fördern, wenn die Fremdkontrolle von den AkteurInnen bereits als Instrument der erweiterten Selbstkontrolle akzeptiert ist.

Um vor Ort das Bewusstsein der Eigenverantwortung für die Entwicklungsprozesse zu stärken, wurde den Schulen besonders deutlich Selbständigkeit – auch in der Organisationsentwicklung – zugesprochen: „Das Hessische Schulgesetz geht von der Schule als einer handlungsfähigen pädagogischen Einheit aus, an der mündige und verantwortungsbereite Menschen wirken." (Hessisches Kultusministerium 1996, 10) Gleichzeitig jedoch kann der Gesetzgeber die Kontrolle über einen solchen Schulentwicklungsprozess aufgrund der eigenen Rechenschaftspflicht nicht vollkommen aufgeben: „Es dient also der Sicherung der Eltern- und Schülerrechte, wenn bei der Novellierung des Hessischen

Schulgesetzes angestrebt wird, dass die Schulprogramme der Zustimmung der Schulaufsicht bedürfen [...]." (Hessisches Kultusministerium 1996, 11) Damit reproduziert sich im Verhältnis von LehrerInnen und Schulaufsicht das gleiche Muster der Handlungskoordination, nämlich die advokatorische Haltung, wie im pädagogischen Bezug der LehrerInnen ihren SchülerInnen gegenüber (vgl. Heinrich 2006b, 277-307).

Damit stand der Gesetzgeber vor dem Dilemma, einerseits Freiräume zugestehen zu müssen, um Selbstregulationsprozesse zu aktivieren, andererseits aber die aus der Deregulierung befürchteten Folgeschäden abzuwenden. Die natürliche Reaktion war die einer möglichst unaufdringlichen Kontrolle, die vor nachteiligen Konsequenzen bewahrt, gleichzeitig aber doch die gewollte Eigenständigkeit nicht behindert. Wie aber ist eine solche Form der Kontrolle zu bewerkstelligen?

8.3.2 Die Bedingungen der Möglichkeit freiwilliger externer Evaluation

Wie schon die Ausführungen der InitiatorInnen der Schulprogrammarbeit in Hessen mit ihrer deutlichen Trennung von verpflichtender interner und freiwilliger externer Evaluation zeigten, sind sich die meisten BefürworterInnen der Neuen Steuerung des Dilemmas genau bewusst.[96] Aber das Wissen darum enthebt noch nicht dem Problem, dass die Handlungsaufforderung an die Behörden hier paradox bleibt, nämlich die, eine kontrollierte Autonomie zu gewähren. Die strikte Trennung zwischen verpflichtender interner und freiwilliger externer Evaluation erscheint dabei als nahe liegende Lösung, die allerdings in der Praxis nicht wirklich aufgehen kann, wenn es sich denn tatsächlich um ein echtes Dilemma handeln sollte.

An dieser Stelle wird eine Nahtstelle dieser Antinomie bedeutsam, an der Eigenverantwortung und Fremdbestimmung auseinander zu fallen drohen. Sie liegt an dem Punkt, an dem die Freiwilligkeit externer Evaluation aufgehoben wird.

Der Begriff der „Evaluation" wird im Diskurs primär darauf bezogen, wie gut oder schlecht die im Schulprogramm avisierten Vorhaben implementiert wurden resp. welche Wirkungen sie gezeigt haben. Die Evaluation der Schulprogrammarbeit beginnt indes schon viel früher, genau genommen sobald mit der Programmarbeit begonnen wurde, diese selbstreflexiv wird und die ersten Ergebnisse öffentlich gemacht werden. Noch vor jeder Umsetzung sind das

---

96 Ein positiver Tatbestand, der sich im Übrigen auch sehr genau am Hessischen Schulgesetz in den entsprechenden Paragraphen (vgl. Hessisches Schulgesetz § 3, §§ 127a/b) ablesen lässt.

Schulprogramm oder erste Entwürfe die ersten konkreten Zeugnisse für die Programmarbeit und können als solche Dokumente – und damit Dokumentationen der Empirie – auch einer Evaluation unterzogen werden (vgl. Gruschka et al. 2003, 22f.). Der Schulprogrammtext ist manifester Ausdruck der bisherigen Schulentwicklungsarbeit der Schule.

Das Augenmerk auf den Anfang des Prozesses gerichtet – der ja in der Schulentwicklungsliteratur als besonders ausschlaggebend bewertet wird –, ist fraglich, ob sich schon in dieser ersten Phase noch klar die Differenz zwischen der verpflichtenden internen und der freiwilligen externen Evaluation aufrechterhalten lässt. Aus dem Blick gerät bei dieser Unterscheidung oftmals, dass beispielsweise das Hessische Schulgesetz im § 127b eine Form der verpflichtenden externen Evaluation der Schulprogrammarbeit vorschreibt: Die Schulprogramme sind zustimmungspflichtig![97] Ein solches Verfahren ist eindeutig unfreiwillig, extern und eine Form der Evaluation: Schließlich ist es ein kontrolliertes Verfahren mit spezifischen Maßstäben (vgl. Hessisches Kultusministerium 2002, 39), das zudem institutionalisiert ist und dessen Ergebnis definitiv Folgen haben kann, sei es nun, dass das Programm angenommen, abgelehnt oder zur Überarbeitung zurückgesendet wird (so etwa die Praxis des Genehmigungsverfahrens in Hamburg).

Die Schulen mussten nun befürchten, dass sie in dieser verbindlichen externen Evaluation schlecht abschneiden könnten. Schließlich fehlte ihnen ein „Vergleichswert" aus früheren Zeiten, anhand dessen sie den gegenwärtigen Stand bemessen konnten. Aber auch das wäre keine Gewähr gewesen, da die Programme individuell sein sollten, sodass eine gewisse Unsicherheit immer bestehen bleiben würde.

Diese Verunsicherung ist, wie in anderen Bundesländern, in denen Schulprogrammarbeit gesetzlich verankert ist, vonseiten des Kultusministeriums und den Unterstützungssystemen bemerkt resp. antizipiert worden. Reagiert wurde darauf mit Beispielen für gute Schulprogramme wie auch mit Kriterienkatalogen für ein solches Schulprogramm (vgl. bspw. BSJB 1998b). Indem diese Kriterienkataloge veröffentlicht werden und zugleich die Zustimmungspflicht im Raum steht, beginnt – weitgehend unbemerkt – eine Form der verpflichtenden externen Evaluation.

Vonseiten des Hessischen Kultusministeriums und der Schulaufsicht wurde in diesem Zusammenhang immer wieder darauf hingewiesen, dass es sich nicht

---

97 An dieser Stelle kann indessen auch erneut auf die „Dialektik der Transparenz" hingewiesen werden. Durch die mit der Zustimmung einhergehenden Verbindlichkeiten könnten letztlich auch die Schulaufsichtsbehörden von den LehrerInnen in die Pflicht genommen werden, sollten sie darauf verfallen, diese „Zustimmung" im Sinne von „Zusagen" umzudeuten und entsprechende Leistungen oder Mithilfe einzuklagen.

um eine „Genehmigungspflicht" handele, sondern die Schulprogramme lediglich „zustimmungspflichtig" seien. Der Sinn dieser begrifflichen Differenzierung für die Bezeichnung der Sache wird indes vielen LehrerInnen, die an einem solchen Schulprogramm arbeiteten, unklar geblieben sein: Worin unterscheidet sich die Zustimmungspflichtigkeit eines Programms, das bei versagter Zustimmung überarbeitet werden muss, von einer „Genehmigungspflicht", die dieselbe Konsequenz nach sich zieht? Tatbestand blieb trotz dieser Begriffsdifferenzierung, die auf ein formales Vetorecht abhob, dass die Schulen für ihre Programme die Zustimmung der zuständigen Behörde einholen mussten, d.h. – aus ihrer Sicht – sich diese Programme genehmigen lassen mussten.

Die spezifische Differenz wird erst ersichtlich, wenn man den juristischen Sprachgebrauch zugrunde legt. Die „Zustimmung" ist juridisch betrachtet ein Akt der Rechtsaufsicht, in dem in einer rein formalen Prüfung eruiert wird, ob das Schulprogramm gegen Paragraphen des Schulgesetzes, insbesondere die Paragraphen zu den Grundrechten (vgl. Hessisches Schulgesetz §§ 2 u. 3) verstößt (vgl. Hessisches Schulgesetz § 127b Abs. 4). D.h. die Zustimmung vonseiten der Schulämter ist streng genommen nur zu versagen, wenn diese *formale* Prüfung im Sinne der *Rechts*aufsicht negativ ausfällt. Eine Genehmigungspflicht hingegen würde im Sinne der *Fach*aufsicht des Schulamtes sich an inhaltlichen Kriterien der Professionalität des pädagogischen Handelns ausrichten. Eine solche *inhaltliche* Prüfung des Programms wäre dann ohne Zweifel eine Form der externen Evaluation der Schulprogrammarbeit.

Das Problem der Unterscheidung zwischen „Zustimmung" und „Genehmigung" wird indes noch diffiziler, und zwar dadurch, dass es im Hessischen Schulgesetz selbst wieder Vorschriften darüber gibt, was ein Schulprogramm enthalten muss (vgl. § 127b Abs. 2). Der dort abgedruckte, recht umfassende Katalog (s.u.) verlangt neben anderem Aussagen zum Beratungs- und Fortbildungsbedarf, zur Organisationsentwicklung und zur Personalentwicklung der Schule. Spätestens an dieser Stelle konnte die Schulleitung erneut das Gefühl beschleichen, dass es sich doch um eine versteckte „Genehmigungspflicht" handelte. Rein formal wäre der Tatbestand der Zustimmungspflichtigkeit bereits erfüllt gewesen, wenn das Schulprogramm den Satz enthalten würde: „Eine systematische Personalentwicklung wird an unserer Schule aufgrund des notorischen Personalmangels nicht stattfinden." Der Forderung des Gesetzestextes, im Schulprogramm Aussagen zur Personalentwicklung zu machen, wäre auf diese Weise Genüge getan und das Programm somit zustimmungspflichtig. Es ist erwartbar, dass ein Schulamt bei einer solchen Formulierung innerhalb des Programms doch Einspruch erhoben hätte, da die Aussage zwar nicht dem Buchstaben, aber dem Geist des Gesetzestextes widerspricht. Hier zeigt sich indes schon, dass die distinkte Trennung von formaler und inhaltlicher Prüfung, wie sie in der Begriffsdifferenzierung von „Genehmigungspflicht" und „Zustimmungspflicht" ausgedrückt ist, selbst wiederum Auslegungssache und damit in praxi eine juristische Fiktion ist.

Angesichts dieser Gemengelage stand zu befürchten, dass die Schulen in diesem Verfahren die alten schulaufsichtlichen Kontrollroutinen instauriert sehen würden und daher ihre neuen Freiheiten nicht erkennen würden resp. sie innerhalb dieses formalisierten Verfahrens nicht entdecken könnten. Das Lavieren mit der Begrifflichkeit ist daher gerade ein guter Indikator dafür, wie genau die Kultusadministration das Problem in der Sache erkannt hatte.

Man könnte diesen Sachverhalt, d.h. dass die externe Evaluation freiwillig sein soll, andererseits aber eine Zustimmungspflicht vorliegt, nun als einen zu vernachlässigenden Widerspruch abtun. Es sei eine rhetorische Spitzfindigkeit, wollte man eine solche Vorlagepflicht bereits als externe Evaluation fassen. Dass es sich hierbei nicht um eine begriffsanalytische Pedanterie, sondern um eine Differenz in der Sache handelt, die nicht folgenlos ist, möchte ich anhand einer Dokumentenanalyse demonstrieren.

8.3.3   Der Fragebogen eines Schulamtes[98]

Das ausgewählte Dokument ist ein „Fragenkatalog zum Entwicklungsstand des Schulprogramms", der vom zuständigen Schulamt an alle Schulen des Bezirks versandt wurde.[99]

---

98   Für Diskussionen zu diesem Kapitel möchte ich ausdrücklich dem Frankfurter Kolloquium des
      Forschungsprojekts „Wandel von Schule" (Johann-Wolfgang-Goethe Universität, Institut für
      Pädagogik der Sekundarstufe) danken.
99   Der hier im Wortlaut wiedergegebene Fragebogen wurde anonymisiert.

FRAGENKATALOG ZUM ENTWICKLUNGSSTAND DES SCHULPROGRAMMS

Staatliches Schulamt
für die Stadt XY
Dez. III F

(Schulstempel)

Betreff: Erarbeitung und Realisierung des Schulprogrammes
Bezug: Meine Verfügung vom XX.XX.2000 SchuProAnfr

Nr.	Fragen zum Schulprogrammentwurf	Ja				Nein
		Bereits schriftlich fixiert	In Arbeit	In Planung	Noch nicht berücksichtigt	Bitte unter Bemerkungen erläutern
01	Enthält die Bestandsaufnahme/Analyse Angaben über die derzeitige Situation der Schule mit ihren Stärken und Schwächen?	☐	☐	☐	☐	☐
02	Sind mittelfristige Ziele der Arbeit in Unterricht, Erziehung, Beratung und Betreuung formuliert?	☐	☐	☐	☐	☐
03	Sind pädagogische Grundsätze für die Beschulung der verschiedenen Schülergruppen bzw. Schulformen entwickelt, die für besonders vordringlich gehalten werden?	☐	☐	☐	☐	☐
04	Sind Aussagen zur schulbezogenen Konkretisierung der Lehrpläne und Rahmenpläne vorgesehen?	☐	☐	☐	☐	☐
05	Sind Angaben zu den wesentlichen Instrumenten und Methoden zum Erreichen der im Programmentwurf formulierten Ziele enthalten? (Maßnahmenkatalog)	☐	☐	☐	☐	☐
06	Werden Aussagen über die Formen der Kooperation der Lehrkräfte getroffen?	☐	☐	☐	☐	☐
07	Sind Maßnahmen zum internen Beratungs- und Fortbildungsbedarf, zur Organisationsentwicklung und zur Personalentwicklung der Schulen eingeplant?	☐	☐	☐	☐	☐
08	Sind insbesondere unter Berücksichtigung des Umfeldes der Schule bestimmte Schwerpunkte gesetzt, die der Schule ein besonderes Profil geben?	☐	☐	☐	☐	☐

09	Erfolgte bei der Entwicklung des Programment- wurfs eine Abstimmung mit anderen kooperie- renden Schulen • mit Grundschulen? • mit Haupt- und Realschulen? • mit Gymnasien? • mit Gesamtschulen?	☐ ☐ ☐ ☐	☐ ☐ ☐ ☐	☐ ☐ ☐ ☐	☐ ☐ ☐ ☐	☐ ☐ ☐ ☐
10	Erfolgte eine Abstimmung mit dem Schulträger, soweit der Programmentwurf zusätzlichen Raumbedarf und Sachaufwand begründet?	☐	☐	☐	☐	☐
11	Wurden Konzepte zur Beschulung Benachteiligter entwickelt?	☐	☐	☐	☐	☐
12	Werden Konzepte zur Beschulung und Förderung ausländischer Schüler berücksichtigt?	☐	☐	☐	☐	☐
13	Werden Aussagen über Zielsetzung, Art und Umfang der Zusammenarbeit mit a) allgemeinbildenden und beruflichen Schulen? b) der ausbildenden Wirtschaft (Betriebe, IHK etc.) getroffen?	☐ ☐	☐ ☐	☐ ☐	☐ ☐	☐ ☐
14	Wurde die Beratung • durch das HELP • durch andere geeignete Beratungseinrichtungen in Anspruch genommen?	☐ ☐	☐ ☐	☐ ☐	☐ ☐	☐ ☐
15	Ist das Staatliche Schulamt bei der Entwicklung des Programmentwurfs bereits beratend tätig gewesen bzw. welche Unterstützung wird gewünscht (bitte unter „Bemerkungen" eintra- gen)?	☐	☐	☐	☐	☐
16	Ist bereits ein grober Zeitplan für seine Umsetzung enthalten?	☐	☐	☐	☐	☐
17	Sind bereits Planungen für die Durchführung interner Fortbildungsveranstaltungen enthalten?	☐	☐	☐	☐	☐
18	Sind bereits Methoden und Instrumente zur internen Evaluation (Kriterien, Indikatoren, Standards) entwickelt (bzw. in Arbeit)?	☐	☐	☐	☐	☐
19	Sind Angaben zur Fortschreibung des Schulpro- gramms (kontinuierliche Qualitätsentwicklung) bedacht?	☐	☐	☐	☐	☐

Bemerkungen:

Name der Stadt,_____   _____
                                          (Schulleiter/in)

Abb. 4: Fragebogen eines Schulamtes (anonymisiert)

Der Fragebogen wird unmittelbar als amtliches Dokument kenntlich. Nicht nur, dass das Staatliche Schulamt sich als Autor des Textes zu erkennen gibt, sondern dies geschieht wie selbstverständlich mit Angabe der zuständigen Abteilung. Unter der Betreffzeile, die das Thema des Dokuments angibt, findet sich zudem noch ein Verweis auf den Bezug dieses Dokuments zu anderen Vorgängen in der „Geschäftsbeziehung". Anders als bei herkömmlichen Geschäftsbeziehungen wird in dieser Zeile aber der Amtscharakter unmittelbar deutlich, denn sie lautet nicht wie üblich etwa: „Bezug nehmend auf unser Telefonat vom 15.10.2001..." oder „Bezug nehmend auf Ihr Schreiben vom...", sondern: „Meine Verfügung vom XX.XX.2000 SchuProAnfr". Damit wird neben dem offiziellen, behördlichen Charakter, der sich in dem Akronym „SchuProAnfr" ausdrückt, auch die Weisungsbefugnis dieser Behörde hervorgekehrt.

Die Leserin/der Leser weiß somit, dass es sich nicht um eine der üblichen Meinungsumfragen handelt, deren Teilnahme auf Freiwilligkeit basiert, sondern dass sie/er dem Vorgesetzten zur Antwort verpflichtet ist.

Schon auf den ersten Blick zeugt das Dokument damit von dem alten Verhältnis von Schulaufsicht und Schule und nicht vom neuen Leitbild kooperativer Zusammenarbeit. Zudem wird auch unmittelbar deutlich, dass es sich nicht nur um einen Fragebogen handelt, anhand dessen die Schulbehörde allgemeine Tendenzen in der Erarbeitung und Realisierung des Schulprogramms an hessischen Schulen auszumachen wünscht: Das freie Feld für den Schulstempel zeugt davon, dass die Antworten einer jeden Schule identifizierbar bleiben sollen, sodass sich die Assoziation einer Kontrollabsicht einstellt.

Mit diesem Gedanken an Kontrolle ist zugleich der Gedanke an externe Evaluation verbunden. In dem Dokument wird das zudem an der Form der standardisierten Befragung deutlich, die weniger von einem Erkenntnisinteresse der Schulaufsicht hinsichtlich der spezifischen Entwicklungen an der Einzelschule zeugt, sondern vielmehr von den standardisierbaren Variablen, die sich als Evaluationsergebnisse dann auch in ein entsprechendes Controlling-Konzept einfügen lassen. So scheint es die Schulaufsicht nicht zu interessieren, *welche* Methoden und Instrumente zur internen Evaluation entwickelt wurden (vgl. Frage 18), sondern nur *dass* sie entwickelt wurden. Desinteresse am konkreten Prozedere vor Ort signalisiert auch die Frage 06: „Werden Aussagen über die Formen der Kooperation der Lehrkräfte getroffen?" Der Inhalt dieser Aussagen scheint demgegenüber sekundär.

Der Evaluationsaspekt wird zudem noch durch die Kategorisierungen pointiert. Die „Extrem-Antworten" Ja und Nein sind optisch so platziert, dass deutlich wird, dass es sich um eine Polarität handeln soll, die die zwischen diesen Polen liegenden Kategorien als Grade einer Skalierung erscheinen lassen. Die Skalierung markiert die Grade des Entwicklungsstands von rechts nach links.

Entsprechend der hinter dem Reforminstrument Schulprogramm stehenden Idee ist die schriftliche Fixierung als der Endpunkt markiert, alle rechts davon liegenden Stufen werden zu Wegabschnitten hin zu diesem Ziel. Man kann die Funktion der Zwischenkategorien selbst wieder pädagogisch deuten, im Sinne einer Aufforderung zur Selbstevaluation durch das Schulamt.

Die Kategorie „Noch nicht berücksichtigt" nimmt dabei eine Sonderstellung ein. Bezogen auf den Kontext, in dem sie steht, kann sie anzukreuzen eigentlich nur bedeuten: „Wir haben diesen Punkt bislang übersehen, sind der Schulaufsicht aber dankbar für den Hinweis und werden ihn entsprechend berücksichtigen!" Als ein solcher deutlicher Hinweis hat diese Kategorie freilich eine Affinität zur Entmündigung. Deutlich wird damit, dass man vielen Schulen nicht zutraut, dass sie die wirklich wichtigen Aspekte berücksichtigen. Dafür bedarf es der Schulaufsicht. Vonseiten der Schule signalisiert die Wahl dieser Kategorie den guten Willen, dem Wunsch der Schulaufsicht nachzukommen. Für ein demgegenüber ablehnendes Votum der Schule existiert die Kategorie „Nein". Für diesen Fall wird allerdings vonseiten der Schulaufsicht eine Begründung eingeklagt. Wer diese Kategorie ankreuzt, ist dazu aufgefordert, seine Entscheidung „unter Bemerkungen zu erläutern". Während in diesem Dokument aus LehrerInnensicht die Behörde der Rechtfertigungspflicht für ihre Vorstellungen enthoben zu sein scheint, gilt das für die Schule nicht – somit reproduziert sich auch hier die alte Konstellation von Aufsichtsbefugnis des Schulamtes und der an Vorgaben gebundenen Schule.

Dass die Schulaufsicht hier nicht eine Rechenschaftslegung für ihre Anliegen darbrachte, lag womöglich auch darin begründet, dass sie kaum wirklich eigenständige Forderungen aufstellte, sondern vielmehr mit ihren Anfragen die Gesetzes- und Erlasslage dokumentierte. Eine Analyse der Fragen zeigt nämlich, dass diese nahezu wörtlich dem § 127b des Hessischen Schulgesetzes und einem Erlass vom 10.07.1999 entnommen sind. Entsprechend dem Erlass soll die Darstellung des Schulprogramms vor allem auch gezielte Angaben der Schule enthalten:

- „zur derzeitigen Situation der Schule bei Beachtung ihres Umfeldes;
- zu pädagogischen Grundsätzen, die für besonders vordringlich gehalten werden;
- zu den Zielen der Arbeit in Unterricht, Erziehung, Beratung und Betreuung, die in den nächsten Jahren erreicht werden sollen bzw. denen man sich soweit wie möglich nähern will;
- zur schulbezogenen Konkretisierung der Lehrpläne und Rahmenpläne als Teil des Schulprogramms auf der Grundlage des Bildungs- und Erziehungsauftrags der Schule gemäß dem Hessischen Schulgesetz;

- zu den wesentlichen Mitteln zum Erreichen dieser Ziele und zu den erforderlichen Formen der Zusammenarbeit der Lehrerinnen und Lehrer;
- zum Beratungs- und Fortbildungsbedarf, zur Organisationsentwicklung und zur Personalentwicklung der Schule (einschließlich Grundzüge eines Vertretungskonzepts);
- zur schulinternen Fortbildung und zu einem ungefähren Zeitplan für die Teilnahme an oder die Durchführung von entsprechenden Fortbildungsveranstaltungen;
- zu Kriterien der Bewertung und zu Zeitpunkten, zu denen die Arbeit zu überprüfen ist;
- zu Anlässen und Verfahren, die sicherstellen, dass das Schulprogramm im Rahmen eines schulischen Entwicklungsprozesses fortgeschrieben wird;
- zur Abstimmung des Schulprogramms der einzelnen Schule mit den Programmen anderer Schulen, mit denen sie zusammenarbeitet, sowie mit dem Schulträger."

Und der § 127b Abs. 2 lautet:

„Durch ein Schulprogramm gestaltet die Schule den Rahmen, in dem sie ihre pädagogische Verantwortung für die eigene Entwicklung und die Qualität ihrer pädagogischen Arbeit wahrnimmt. Sie legt darin auf der Grundlage einer Bestandsaufnahme die Ziele ihrer Arbeit in Unterricht, Erziehung, Beratung und Betreuung unter Berücksichtigung des allgemeinen Bildungs- und Erziehungsauftrags der Schule und der Grundsätze ihrer Verwirklichung (§§ 2 und 3), die wesentlichen Mittel zum Erreichen dieser Ziele und die erforderlichen Formen der Zusammenarbeit der Lehrerinnen und Lehrer fest. Im Schulprogramm sind Aussagen zum Beratungs- und Fortbildungsbedarf, zur Organisationsentwicklung und zur Personalentwicklung der Schule zu machen. Die Schule kann unter Nutzung der unterrichtsorganisatorischen und inhaltlichen Gestaltungsräume ihre Schwerpunkte setzen, sich so ein eigenes pädagogisches Profil geben und, insbesondere unter Berücksichtigung der Bedürfnisse ihres Umfeldes (§ 16), besondere Aufgaben wählen."

Ein Vergleich zeigt, dass die Fragen 1-9 des Fragebogens nur Umformulierungen der Maßgaben des Erlasses und des Gesetzestextes darstellen. So heißt es im § 127b Abs. 3 Satz 1: „Die Schule entwickelt ihr Programm in Abstimmung [...] mit dem Schulträger, soweit das Programm zusätzlichen Sachaufwand begründet." Im Fragebogen lautet die Frage 10: „Erfolgte eine Abstimmung mit dem Schulträger, soweit der Programmentwurf zusätzlichen Raumbedarf und Sachaufwand begründet?" Neu ist in dieser Formulierung lediglich die differenzierende Nachfrage nach dem Raumbedarf.

Die Fragen 16-19 wiederum stellen etwas konkreter formulierte, in der Sache aber auch bereits im § 127b Abs. 3 enthaltene Forderungen dar:

„Die Schule entwickelt ihr Programm in Abstimmung mit den Schulen, mit denen
sie zusammenarbeitet (§ 11 Abs. 4 Satz 1), und darüber hinaus mit dem Schulträger, soweit das Programm zusätzlichen Sachaufwand begründet. Sie soll die Beratung des Hessischen Landesinstituts für Pädagogik, der Schulaufsichtsbehörden o-
der anderer geeigneter Beratungseinrichtungen in Anspruch nehmen. Sie überprüft
regelmäßig in geeigneter Form die angemessene Umsetzung des Programms und
die Qualität ihrer Arbeit (interne Evaluation). Das Programm ist fortzuschreiben,
und zwar insbesondere dann, wenn sich die Rahmenbedingungen für seine Umsetzung verändert haben oder die Schule ihre pädagogischen Ziele neu bestimmen
will. Über das Programm und seine Fortschreibung beschließt die Schulkonferenz
auf der Grundlage eines Vorschlags der Gesamtkonferenz."

Das Schulamt als untere Behörde legt den Auftrag zur Schulprogrammarbeit
nicht selbst noch einmal aus, sondern übernimmt das Gesetz und den Erlasstext
als verbindliche Grundlage für das Handeln, ohne die darin enthaltenen Unbestimmtheiten durch Interpretationsarbeit auszuräumen. Es wird kenntlich, dass
sich die Schulbehörde zu diesem Zeitpunkt noch als ausführendes Organ des
Gesetzgebers begriff, und zwar in der Form, in der das auch schon vor der
proklamierten Wende von der Schulaufsicht zur Schulberatung (vgl. für NRW
Bauer 2004) der Fall war. Für die Schulen entstand damit der Eindruck, dass sie
es noch mit genau derselben Schulbehörde zu tun hatten, die sie schon aus
jahrelanger Erfahrung kannten. Das Dokument hatte so betrachtet keinen ermu-
tigenden Charakter für die Reformwilligen vor Ort. Auch wenn sie sich durch
die Fragen gar nicht bevormundet fühlen, so wehte doch in dieser Form der
Bearbeitung noch der alte Amtsgeist. Die Schulbehörde trat nicht – wie sie es
dem neuen Rollenverständnis nach schon damals hätte tun können – selbst als
Institution der Schulentwicklung im Sinne der „Neuen Steuerung" auf, indem
sie versucht, zwischen den Erlassvorgaben und den Bedingungen der Einzelschule vor Ort zu vermitteln, sondern verharrte in der alten Form eines eher
obrigkeitsstaatlichen Direktionismus.

Die Punkte, an denen die Schulaufsicht von den Vorgaben des Erlasses
abwich, waren lediglich die Nachfragen 11-13. Diese hatten kein direktes
Pendant im Gesetz oder im Erlasstext. Sie griffen vielmehr in der Reformdiskussion häufig traktierte Themen wie die Förderung ausländischer SchülerInnen
und Benachteiligter sowie die Öffnung von Schule auf. Dass sie in den Fragebogen aufgenommen wurden, zeigt die Auffassung des Schulamtes, dass es
diese Aspekte innerer Schulreform im Schulprogramm berücksichtigt sehen
will. Darin erschöpft sich jedoch der Eigensinn dieses Schulamtes als auslegen-
der Instanz des Gesetzestextes.

Die Unklarheiten in den Formulierungen des Gesetzes und der Erlasse, die
für die einzelne Schule entstehen, wenn sie versucht, die Vorgaben für sich zu

operationalisieren, werden von der Schulbehörde einfach weitergegeben, ohne dass sie zur Aufklärung solcher dunklen Stellen beitragen würde. So lautet beispielsweise die Frage 09 des Bogens:

„Erfolgte bei der Entwicklung des Programmentwurfs eine Abstimmung mit anderen kooperierenden Schulen
- mit Grundschulen?
- mit Haupt- und Realschulen?
- mit Gymnasien?
- mit Gesamtschulen?"

Die Leitung einer Schule – welcher Schulform auch immer – wird sich Fragen müssen, welche Form der Abstimmung hier gewünscht wird. Während es noch nahe liegend wäre, dass sich eine Schule der Sekundarstufe mit einer Grundschule abstimmt, da sie deren Klientel übernimmt, so wirft die Forderung nach Kooperation schon Probleme auf, wenn sie auf die Abstimmung zwischen Gymnasien, Haupt-, Real- und Gesamtschulen bezogen wird, sollen diese doch schließlich in Zukunft noch stärker als früher um das knappe Gut des SchülerInnennenklientels konkurrieren. Zudem wird die Schulleitung sich fragen müssen, ob die Aufzählung der anderen Schulformen Aufforderungscharakter hat: Sollen wir mit allen diesen Schulformen kooperieren und uns abstimmen? Weshalb fehlen dann aber die Berufs- und Sonderschulen? Ein Schulleiter/eine Schulleiterin mit gutem Gedächtnis konnte sich vielleicht daran erinnern, dass sie/er eine ähnlich lautende Passage aus dem Gesetzestext kannte. Im § 127b Abs. 3 heißt es: „Die Schule entwickelt ihr Programm in Abstimmung mit den Schulen, mit denen sie zusammenarbeitet (§ 11 Abs. 4 Satz 1) [...]." Durch diese zur Klärung der Fragen ebenfalls unzureichende Aussage verwiesen auf § 11 Abs. 4 Satz 1, hätten sie dort den lapidaren Satz lesen können: „Grundschulen können mit Hauptschulen, Hauptschulen können mit Realschulen verbunden werden."

Damit wäre die Verwirrung für die Schulleitung perfekt gewesen. Was haben dann Gymnasium und Gesamtschule mit solchen Formen der Schulkooperationen zu tun? Es zeigt sich, dass der Fragebogen mehr Fragen aufwarf, als durch die Ordinalzahl 19 und die entsprechenden Kästchen intendiert war. In der Folge konnte die Schule einmal mehr die Schulaufsicht als eine Behörde erachten, die mit ihrem unterrichtsfernen BürokratInnen-Deutsch nicht das Bedürfnis nach „mehr Beratung" dieser Art erzeugte.

Der neue Geist der Schulentwicklung hatte auf dem Fragebogen des Schulamtes nur insofern Einzug gehalten, als auch dieses sich nun stärker unter Legitimations- und Erfolgszwang gesetzt sah als vordem. Darauf verweist die erste Teilfrage des Fragenkomplexes 15: „Ist das Staatliche Schulamt bei der Entwicklung des Programmentwurfs bereits beratend tätig gewesen [...]?" Die

Schulaufsicht konnte nun nicht wirklich bezogen auf den Einzelfall ein Interesse daran haben, zu wissen, ob sie selbst beratend tätig gewesen war. Sobald es sich um eine weiter gehende Beratung gehandelt hatte, sollte das Schulamt selbst wissen, welche Beratung erfolgt war und wie die Zusammenarbeit sich gestaltet hatte. Wichtig war die Beantwortung dieser Frage nur für die Statistik, die die Schulaufsicht dann im Evaluationsfall ihrer weisungsbefugten oberen Behörde hätte vorlegen können: „In der Stadt XY sind wir an 68,7% der Schulen beratend tätig gewesen!" hätte dann der entsprechende Eintrag gelautet. Über die Qualität und den Sinn der Beratung hätte das freilich noch wenig ausgesagt, sondern eher skeptisch gemacht, wenn man davon ausgegangen wäre, dass diese Form des auf sich selbst angewendeten Berichtswesens auch den nachgeordneten Institutionen abverlangt wurde.

Der schlechteste Fall wäre hingegen noch gewesen, wenn sich in dieser Weise der Befragung die alte Vorstellung der Steuerung durch Kontrolle am Leben erhalten hätte. So betrachtet wäre dann dieser neue Modus des Berichtswesens die Selbstberuhigung für das Schulamt gewesen, dass man mit ihm ein neues Instrument gefunden hatte, die Gefahren der Deregulierung regulierend zu bändigen.

8.3.4 Hypothesen zu den Effekten

Für die einzelne Schule, die diesen Fragenkatalog erhielt, blieb der Status des Dokuments unklar: Welche Intentionen wurden vom Schulamt verfolgt? Handelte es sich um eine Checkliste, die bei der Entwicklung des Programms weiterhelfen sollte, oder stand dahinter eher eine Kontrollabsicht des Schulamts? Oder war es – ungleich subtiler – eine Synthese dieser beiden Intentionen?

Es ist durchaus möglich, dass eine Schule den Fragenkatalog als einen weiteren Reformimpuls aufgegriffen hat. Zumindest konnten einzelne Schulen dadurch den Eindruck gewinnen, dass es der Schulbehörde vor Ort ernst war mit der Schulprogrammarbeit. Wird die kontrollierende Nachfrage auf dieser Folie interpretiert, so ist sogar zu erwarten, dass der Fragebogen eine Verunsicherung in der Programmarbeit erzeugte, die alte Routinen aufbrechen half. Der Fragebogen könnte somit als Hilfestellung zur Selbstevaluation gelesen werden, die Übersichtlichkeit und Prozesstransparenz herstellt. Eine solche Dokumentation des Zwischenstands wäre so betrachtet Signum eines gesunden Pragmatismus, der die Planbarkeit der Vorgänge steigert. Die Fragen wären demnach Reflexionsangebote, mit denen die Schulaufsicht versucht hatte, den Arbeitsprozess in der Schule unterstützend zu moderieren.

Fraglich ist indes, inwieweit ein solcher Fragebogen das geeignete Medium ist, diese Dimensionen der Schulprogrammarbeit zu thematisieren. Wer sich mit Schulprogrammarbeit beschäftigt resp. beschäftigen muss, wird alle diese Fragen als „alte Bekannte" identifizieren können, sodass nicht zu erwarten ist, dass sie/er durch sie noch andere Anregungen für ihre/seine Arbeit bekommt als die, die sie/er schon durch Ratgeberliteratur, Leitfäden, die Erlasse und Gesetzesparagraphen erhalten hat. Zudem handelt es sich ja nur um ein begrenztes Reflexionsangebot, wird die Lehrkraft doch durch die anzukreuzenden Felder wieder auf eine kategorial streng fixierte Bearbeitung der Probleme gelenkt.

Denkbar und sogar wahrscheinlicher ist, dass die Schule allein schon durch die Form der Nachfrage diese als administrativen Akt interpretiert, dem entsprechend mit Verwaltungshandeln zu begegnen ist[100]: Die zuständigen KollegInnen aus den Projektgruppen werden über den Stand der Dinge befragt und dieser durch Kreuze im entsprechenden Kästchen dokumentiert. Eine produktive Auseinandersetzung mit den Fragen als implizite Erwartungen oder die Diagnose, dass man sich zu dieser oder jener Frage noch gar keine Gedanken gemacht hat, wäre bei diesem Verfahren eher nicht zu erwarten. In der Pause, zwischen Tür und Angel, werden die Kreuzchen gesetzt. Zwar ist nicht auszuschließen, dass sich Einzelpersonen zu einem der 19 Punkte des Fragebogens Gedanken machen, doch wenn das schließlich zu einer produktiven Einbindung in die Schulprogrammarbeit führen sollte, wäre das eher ein Zufallserfolg und nicht dem Instrument des Fragebogens zu verdanken.

Denkbar ist schließlich auch, dass das Dokument bei einer Schulleitung landet, die dem Reformprojekt ohnehin skeptisch gegenüber steht und die daher darum bemüht ist, es an ihrer Schule nach Möglichkeit ins Leere laufen zu lassen. Entsprechend hat diese Schulleitung bislang alle Forderungen des Schulamts, die in diese Richtung zielten, dadurch bearbeitet, dass sie eine möglichst korrekte und damit unauffällige Aktenlage produzierte, die nach Möglichkeit keine weiteren Nachfragen evoziert. Für eine derart auf das Reformprojekt eingestimmte Schulleitung wäre dieser Fragebogen zum einen eine weitere Bestätigung für ihr Vorurteil, dass sich innere Schulreform nicht administrativ verordnen lasse, und zum anderen geradezu eine Gebrauchsanweisung, wie sie mit Verwaltungshandeln auf die Anfragen reagieren kann. Der Aufbau des Fragebogens lässt die Richtung der weiteren Nachfragen antizipieren und es

---

100 Ein 33jähriger Gesamtschullehrer aus der in Kapitel 9.1 vorgestellten Interviewstudie kommentiert diesen Sachverhalt lakonisch: „Aber es ist immer die Gefahr, dass, wenn es von oben oktroyiert ist, in dieser Form, dass es dann eben einfach wirklich nur pro forma erfüllt wird. Und alles, was nur pro forma erfüllt wird, davon haben wir an der Schule schon wirklich mehr als genug gehabt. Das sind dann Konferenzen, wo wirklich für den Papierkorb gearbeitet wird."

lässt sich aus dem Dokument ableiten, welches Berichtswesen von der Behörde erwartet wird.

Selbst bei denjenigen Schulen, die sich prinzipiell gegenüber der Möglichkeit einer Schulprogrammarbeit aufgeschlossen zeigen, besteht die Gefahr, dass der Fragebogen eine ohnehin in der Schulprogrammarbeit zu verzeichnende Tendenz bekräftigte: die Fixierung auf einen Programm*text*. Der Aufforderungscharakter des Fragebogens, sich zu allen Punkten schriftlich zu verhalten, kann à la longue im Bewusstsein der AkteurInnen eine Verschiebung der Reflexionsanstrengungen bewirken. Für die Schulprogramm-AG lautet die Frage dann nicht mehr: „Was können wir machen?", sondern: „Was können wir da schreiben?" Die Diskussionen zur inneren Schulreform könnten somit überformt werden von der Frage danach, wie es möglich ist, angesichts der formulierten Erwartungen einen konsistenten und sinnvollen Programmtext zu schreiben, der öffentlichkeitswirksam ist und zugleich das Kontrollbedürfnis der Schulaufsicht befriedigt. Eine solche Fixierung auf die schriftliche Fixierung signalisiert ein Interesse am – technisch gesprochen – Aufgabenvollzug, nicht aber eigentlich am Inhalt der Arbeit. Es drohte eine Fetischisierung des Schulprogramms als Text, die von der inneren Schulreform letztlich eher ablenkt, eine Gefahr, auf die auch die Leitfadenlitertur beständig hinweist, insofern dort immer wieder die Konzentration auf den Prozess gefordert wird.

Eine weitere Dimension des Fragebogeninstruments, die eine Ambivalenz erzeugt, ist die Tatsache, dass die Katalogform, verbunden mit der „Erfolgsskala" („Bereits schriftlich fixiert", „In Arbeit", „In Planung" etc.) aufseiten der Befragten geradezu einen Vollständigkeitszwang generiert. Diejenigen, die diesen Fragebogen ausfüllen, müssen den Eindruck gewinnen, dass alle diese Fragen auch tatsächlich berücksichtigt und damit streng genommen sogar beantwortet werden müssten, wenn denn ihr Schulprogramm für „gut" befunden werden soll. Die darin implizierte Überforderung könnte vielerorts zur Paralyse der Arbeit führen, steht sie doch auch im Widerspruch zu der sonst in der Ratgeberliteratur immer wieder proklamierten „Konzentration der Kräfte". Zumindest hätten sich die SchulaufsichtsbeamtInnen der Behörde nicht wundern dürfen, wenn sie bei Besuchen vor Ort immer wieder auf Kollegien oder Schulprogrammgruppen getroffen wären, die sich in unterschiedlichsten Projekten zu den im Fragebogen angesprochenen Dimensionen von Schulprogrammarbeit verloren und darüber eine konstruktive Arbeitsatmosphäre abhanden gekommen wäre.

Zudem kann der Fragebogen auch als Beschränkung der konzeptionellen LehrerInnenautonomie begriffen werden. Sollte das Programm tatsächlich nach den in ihm aufgelisteten Kategorien geprüft und genehmigt werden, sind das bereits deutliche Vorgaben – allein schon hinsichtlich des Umfangs. So lautet etwa die erste Frage: „Enthält die Bestandsaufnahme/Analyse Angaben über die derzeitige Situation der Schule mit ihren Stärken und Schwächen?" Bedenkt man, dass die sinnvolle Beantwortung dieser ersten Frage im Schulprogramm sicherlich nicht auf einer Seite abzuhandeln ist, und rechnet man dies für die anderen 19 Fragenkomplexe hoch, dann umfasst das Schulprogramm schon zwanzig Seiten, noch bevor die zuständige Arbeitsgruppe der Schule ihre eigenen Vorstellungen von einem Schulprogramm formulieren konnte. Und mit zwanzig Seiten würde das Programm – gemessen an den Empfehlungen von ModeratorInnen und ErziehungswissenschaftlerInnen (vgl. Jürgens 2004, 112) – schon zu den „ausführlicheren" gehören.

Diese Überlegungen zu den unterschiedlichen Rezeptionsweisen bleiben freilich spekulativ und an den Einzelfall gebunden. Es wird jedoch deutlich, dass durch die Variationsbreite in der Interpretation der einzelnen Fragen wie bei jedem Fragebogen eine „semantische Streuung" entsteht, die dieses Instrument für die Initiierung oder auffordernde Begleitung qualitativer Schulentwicklung von Einzelschulen in höchstem Grade problematisch werden lässt. Es evoziert primär die Assoziation zu einem Kontrollinstrument, sodass bei den LehrerInnen vor Ort der Eindruck überwiegen dürfte, dass es sich wohl eher um ein Mittel der externen Evaluation handele als um eine beratende Hilfestellung.

8.3.5 Allgemeine Schlussfolgerungen

Für Evaluationsprozesse wird im Gegensatz zu reinen Kontrollprozessen der Anspruch erhoben, dass sie unmittelbar auch auf die Verbesserungsmöglichkeiten hinweisen und zu diesen selbst hinführen müssen, indem sie wesentliche Informationen dafür bereitstellen. Den Evaluationscharakter einer Nachfrage werden SchulaufsichtsbeamtInnen entsprechend nur glaubwürdig machen können, wenn sie ein authentisches Erkenntnisinteresse an den Vorgängen vor Ort zeigen. Denn bleibt eine solche Ausrichtung auf Erkenntnisgewinn aus, dann degeneriert die unterstützende Evaluation zur Kontrolle mit Disziplinierungscharakter. Diese Differenz wird an der Nahtstelle von interner und externer Evaluation deutlich.

Auf Formen externer Evaluation, die den Erkenntnisgewinnungsprozess für beide Seiten zurückstellen und demgegenüber den Kontrollaspekt hervorkehren, wird aller Wahrscheinlichkeit nach eher mit Obstruktion oder Verweigerung geantwortet werden – und zwar aus der Perspektive der LehrerInnen und der Schulleitung zu Recht: Eine „wirklich autonome Schule", der der Gesetzgeber das Verfügungsrecht zu selbstverantworteten Programmentscheidungen zuspricht, bedarf vielleicht der Beratung, nicht aber einer nicht weiterführenden Kontrolle. Wenn das Genehmigungsverfahren, das für alle verpflichtend war, schon den ersten Akt einer nicht-freiwilligen externen Evaluation von Schulprogrammarbeit darstellte, dann darf das nicht ohne Konsequenzen für dieses Verfahren bleiben. Zu fragen wäre, wie ein solches Unternehmen zu gestalten wäre, damit es nicht kontraintentional gegenüber den ursprünglichen Reformabsichten wirkt. In diesem Zusammenhang ist es wichtig, sich bewusst zu sein, dass das Genehmigungsverfahren schon einen Akt der externen Evaluation darstellt und dieser dann entsprechend dem Gesamtprojekt konzipiert werden muss.

Eine externe Evaluation dürfte gemäß dem Autonomieparadigma nicht so erfolgen, dass gegenüber der Schule Maßstäbe angelegt werden, die die Schule selbst nicht akzeptiert. Das widerspräche dem Grundgedanken der Schulprogrammarbeit, dass die Schulen selbst für die Qualität ihrer Arbeit verantwortlich gemacht werden sollen, dafür aber auch mehr Freiräume erhalten, entsprechende Maßnahmen zu ergreifen. Den Schulen müsste die Kompetenz zugesprochen werden, die Kriterien für den Erfolg ihrer Arbeit selbst festzulegen. Um eine neue Form der Verbindlichkeit in der Rede von den Zielen und den Maßstäben zu erhalten, wäre es legitim, wenn die Schulaufsicht die Schulen dazu aufforderte, diese zu explizieren. Sie reagierte damit auf die Erfahrung, dass Zielbestimmungen im pädagogischen Diskurs oftmals diffus-allgemein sind. Im Blick auf die avisierte Evaluationspraxis sind indessen klare Kriterien notwendig, um überhaupt am Ende der Realisierungsphase einen Ist-Soll-Vergleich begründet herstellen zu können. Die Schulen könnten darauf hingewiesen werden, dass sie in ihrer Zielbestimmung schon die darauf folgende Evaluationspraxis antizipieren müssen. Notwendiger Ausdruck der den Schulen zugesprochenen pädagogischen Autonomie wäre es aber, dass sie die Ziele und die Kriterien der Zielerreichung nicht diktiert bekommen, sondern diese vielmehr durch die Kollegien definiert werden müssten. Das wäre auch durchaus konsistent vor dem Hintergrund der vom Konzept her gewünschten Offenheit einerseits und der Maßgabe der Kontrollierbarkeit andererseits: Als pädagogische Professionals sind die LehrerInnen dazu angehalten, Ziele und Kriterien des Erfolgs selbst zu bestimmen. Damit wird ihnen die Fähigkeit zugesprochen, über das begründet zu entscheiden, was die Qualität einer Schule ausmachen soll.

Für die Akzetpanz der *Gestaltungsautonomie* unter LehrerInnen wäre es wahrscheinlich produktiver, wenn sich der Staat hinsichtlich der pädagogischen Fachlichkeit solcher Qualitätsfragen gegenüber der Berufsgruppe der LehrerInnen ostentativ für unzuständig erklären und nur den formalen Rahmen einer solchen Kontrollierbarkeit dieser Standards fixieren würde. Diese Zurückhaltung würde ohnehin schon auf die Gestaltungsspielräume der LehrerInnen Einfluss haben: Innerhalb der neuen Akteurskonstellation unterm Signum der *evaluationsbasierten Autonomie* müssten sie schließlich auch noch mit anderen Akteursgruppen wie Eltern und SchülerInnen verstärkt in Aushandlungsprozesse treten. Hier wird sich – retrospektiv – vielleicht einmal aus Professionssicht der Eindruck einstellen, dass es einfacher war, mit einer notorisch personal unterbesetzten Schulaufsicht in Verhandlungen zu treten als mit einer eher schwer kalkulierbaren Eltern- und SchülerInnenschaft.

8.3.6 Das Leitbild der Schulaufsicht

Die in Kapitel 9.2 folgenden Interviewsequenzen werden zeigen, dass sich im Rahmen der neuen Schulentwicklung und den mit ihr verbundenen Novellierungen der Kontroll- und Evaluationsformen insbesondere die Handlungsroutinen der unteren Schulaufsichtsbehörden als reformbedürftig erweisen (vgl. Brockmeyer 1998). Gleichzeitig ist durch die vorangegangene Analyse des Fragebogens auch deutlich geworden, dass diese Innovationsaufgabe von den Schulämtern kaum zu bewältigen ist. Die Schulaufsicht hat strukturell eine prekäre Mittelstellung inne, eine Akteurskonstellation, die sie zu beiden Seiten hin in Legitimationsnöte bringt. Als „Pufferzone" zwischen Kultusadministration und Einzelschule muss sie im Auftrag des Ministeriums ihren Aufsichtspflichten nachkommen, ohne dabei gegenüber den Einzelschulen als „Reglementierungsbehörde" aufzutreten. Damit erweist sich die Arbeit der Schulämter angesichts der angestrebten Autonomisierung der Schulen als ein beständiges Lavieren zwischen Scylla und Charybdis.

Strukturell betrachtet kam der Schulaufsicht indessen schon innerhalb der alten Regelungsstruktur diese schwierige Aufgabe zu, sodass zu Recht gefragt werden kann, was sich denn im Zuge der Autonomiediskussion vor Ort konkret verändert hat: Die Teilautonomie der Schule ist schließlich schon eine alte Einrichtung und die Weisungsgebundenheit der unteren Schulbehörden gegenüber der oberen war auch immer schon gegeben.

Bei dieser Form der Gleichsetzung gerät aus dem Blick, dass es sich zwar um das alte Spannungsverhältnis handelt, diese Spannung aber in der Autonomiedebatte in ganz neuer Weise virulent wird, indem sie selbst Gegenstand der Reformbemühungen wird: In dem Moment, in dem von der Bildungspolitik und dem Ministerium den Schulen vor Ort eindringlich die Autonomie zugesprochen wird und die Schulen auf diese Zusage neuer Freiheitsräume zu reagieren versuchen, wird die Stellung der unteren Schulaufsicht als Gelenkstelle zwischen diesen beiden AkteurInnen geradezu brisant: Aufgrund ihrer widersprüchlichen Verpflichtungen gegenüber beiden Seiten – Beratung und Kontrolle der Schule und Rechenschaftslegung gegenüber dem Ministerium – droht sie letztlich zwischen allen Stühlen zu sitzen. Diplomatisches Geschick und „pädagogischer Takt" werden im Zuge der Autonomiedebatte einmal mehr zu Schlüsselqualifikationen von SchulaufsichtsbeamtInnen. Nimmt man noch einmal die bereits mehrmals in Anspruch genommene Analogie zur pädagogischen Autonmie-Kontroll-Antinomie als Erklärungsfolie zu Hilfe, so tritt die ambivalente Stellung der Schulaufsicht noch einmal besonders hervor: Wie die LehrerInnen zwischen den Ansprüchen der Gesellschaft und den Bedürfnissen der ihnen anvertrauten SchülerInnen vermitteln und dabei von den eigenen Interessen ganz absehen müssen, so müssen die SchulaufsichtsbeamtInnen zwischen den Forderungen nach Rechenschaftslegung gegenüber dem Ministerium und den Autonomieansprüchen der Schule vermitteln. Dabei muss immer wieder auch die ambivalente normative Grundhaltung der jeweiligen AkteurInnen Berücksichtigung finden: So wie die Gesellschaft sowohl das mündige Subjekt wie auch das leicht integrierbare wünscht, so will das Ministerium die selbständige Einzelschule, die zugleich den allgemeinen Standards gerecht wird.

Die MittlerInnenstellung der Schulaufsicht wird an allen Dokumenten der Reform deutlich, ganz prägnant etwa an den vom Kultusministerium im Amtsblatt veröffentlichten „Grundsätzen der Staatlichen Schulämter in Hessen für die Zustimmung zum Schulprogramm" (Hessisches Kultusministerium 2002). Dort werden die Staatlichen Schulämter angewiesen, den Zustimmungsprozess so zu gestalten, dass sie mit den Schulen geeignete Verfahren für diesen entwickeln und vereinbaren.[101] Die Zustimmung der Schulämter kann somit nicht mehr als einfacher Abgleich zwischen Sollensforderungen und Bestandsanalysen geschehen, sondern soll vielmehr als eigener Entwicklungsprozess gesehen werden. Die Autorität der Schulaufsicht erscheint damit in einem ganz neuen Licht, wenn zukünftig die Regeln für die Zustimmung nicht mehr als selbstverständlich gegeben angesehen werden, sondern zwischen den SchulaufsichtsbeamtInnen und den Schulen über Verhandlungsprozesse ausgehandelt werden müssen. Die Schulaufsicht als zugleich beratende und prüfende Instanz wird damit in einer Art und Weise in den Schulentwicklungsprozess involviert, dass sie sich selbst zur lernenden Organisation transformieren muss, wenn sie dem neuen Auftrag ihres Dienstherren gerecht werden will.

Wendet man die Logik der Schulprogrammentwicklung nicht nur auf die zur Diskussion stehenden Prozesse in der Einzelschule an, sondern als organisationsentwicklerischen Auftrag auch auf die Schulaufsichtsbehörden, so wäre es nur konsequent, wenn diese auch für sich einen Programmtext verfassen wür-

---

101 Vgl. hierzu auch die Hinweise zu den Dialoggesprächen in NRW (Bauer 2002a; 2002b; 2002c; 2004).

den, in dem sie versuchten, ihre Teilautonomie resp. „Rest-Freiheit" für professionelles Handeln innerhalb der neuen Akteurskonstellationen auszuloten. Deutlich wird auch hier, dass formal zwar die Freiheiten größer werden (über die Maßstäbe der Zustimmung kann bspw. verhandelt werden), gleichzeitig aber durch die Sachzwänge und die Notwendigkeit, das eigene Handeln nach allen Seiten hin permanent zu legitimieren, die neue Gestaltungsfreiheit konkret stark beschränkt ist.

Das gleiche Schulamt, das den oben analysierten Fragebogen versandte, hat den Entwicklungsbedarf erkannt und dementsprechend im Sinne der Organisationsentwicklung einen eigenen Programmtext verfasst, der überschrieben ist mit dem Titel: „Leitbild des Staatlichen Schulamtes für die Stadt XY[102]":

> „Das Leitbild des Staatlichen Schulamtes beschreibt Ziele, Aufgaben, das Selbstverständnis sowie Grundsätze für dessen Arbeitsweise. Es dient der Identifikation und der Orientierung für die Mitarbeiterinnen und Mitarbeiter."

So lautet der erste Satz des Textes. Die verbindliche Festschreibung von Zielen und Aufgaben erscheint hier zunächst als Instrument der internen Verständigung. Dass es sich auch um ein Legitimationsprogramm nach außen hin handelt, wird indes im nächsten Satz – wenn auch nur implizit – deutlich:

> „Die Grundlagen für das Handeln des Staatlichen Schulamtes sind durch die Wertvorstellungen im Grundgesetz, in der Hessischen Verfassung, im Hessischen Schulgesetz und in der Geschäftsordnung für die Staatlichen Schulämter bestimmt."

So wird schon in den ersten zwei Sätzen des Leitbildtextes deutlich, dass sich das Schulamt mit seiner Programmarbeit in einer ähnlichen Situation befindet wie die Schulen selbst: lavierend zwischen eigenständiger Zielbestimmung und allgemeinen Vorgaben von außen. Diese analoge Stellung der Schulaufsicht zu der der Schulen in der Organisationsentwicklung wird auch deutlich an den Überschriften der folgenden fünf Absätze:

- „Schulentwicklung unterstützen"
- „Offenheit und Vertrauen im Umgang miteinander pflegen"
- „Aufgaben verantwortlich und kompetent wahrnehmen"
- „Information, Kommunikation und Rückmeldung sichern"
- „Zusammenarbeit auf der Grundlage von Zielvereinbarungen weiterentwickeln"

---

102 Der Name wurde wie im Fragebogen anonymisiert.

In den letzten vier Absätzen kehren die altbekannten Topoi der Schulprogrammentwicklung wieder, die nun auf die Schulaufsicht bezogen werden. Dazu
gehört der Verweis auf die Beziehungsebene („Offenheit und Vertrauen im
Umgang miteinander pflegen") und die Empfehlung transparenter Kommunikationsformen („Information, Kommunikation und Rückmeldung sichern") sowie
die Qualitäts- und Output-Orientierung qua institutionellen Entwicklungsprozessen („Zusammenarbeit auf der Grundlage von Zielvereinbarungen weiterentwickeln"). Wie auch in Schulprogrammen oftmals zu finden, werden zudem
„Sekundärtugenden" beschworen, die eigentlich so selbstverständlich sein
sollten, dass sie nicht eigens erwähnt werden müssten: „Aufgaben verantwortlich und kompetent wahrnehmen".

Der erste (!) Absatz ist indes nicht in dieser Art und Weise nur auf die Organisationsentwicklung auf einer Metaebene bezogen, sondern direkt auf die
neue Position der Schulaufsicht in der revidierten Akteurskonstellation. Der
Absatz „Schulentwicklung unterstützen" enthält dementsprechend mehrere
inhaltliche Bestimmungen der neuen Aufgabe. Bei dieser Aufgabenbestimmung
wird die prekäre MittlerInnenrolle der Schulaufsicht innerhalb der neuen Konstellation ganz deutlich: einerseits Sachwalterin des Ministeriums zu sein, und
andererseits beratende Partnerin der Schulen im Kontext der Autonomisierung
der Einzelschulen:

> „Die Arbeit des Staatlichen Schulamtes bezieht sich auf die Schule in erweiterter
> Verantwortung und geht von einer einheitlichen Wahrnehmung der Aufgaben Auf-
> sicht und Beratung aus. Die Sicherstellung von Qualität und Vergleichbarkeit der
> Arbeit an den Schulen hat verfassungsrechtlichen Rang. Ziel ist daher, die Balance
> zu wahren zwischen der spezifischen Ausprägung der Schulen und dem allgemei-
> nen Bildungsauftrag.
> Das Staatliche Schulamt erbringt mit der Erfüllung seines Auftrages Dienstleistun-
> gen für Schule und Gesellschaft. Dabei sind alle am Bildungsprozess Beteiligten
> einzubeziehen. Handlungsleitend ist, die Qualität von Schule zu verbessern und
> damit ihre Akzeptanz in der Öffentlichkeit zu stärken.
> Mitarbeiterinnen und Mitarbeiter des Staatlichen Schulamtes fördern Innovationen
> und Entwicklungen an den Schulen. Dies geschieht in Zusammenarbeit mit den
> Schulen durch Vereinbarung und Evaluierung.
> Mitarbeiterinnen und Mitarbeiter im Staatlichen Schulamt unterstützen die Zusam-
> menarbeit der Schulen und stellen vergleichbare Bildungsangebote und Standards
> unter den Schulen der Stadt XY sicher."

In der eigenen „Tätigkeits-" und „Zielbeschreibung" des Schulamtes wird
deutlich, wie stark die oben bereits beschriebene Stellung innerhalb der Autonomiedebatte das Selbstverständnis prägt. Die AutorInnen sind sich bewusst,
dass es immer nur darum gehen kann, für eine labile Balance zu sorgen, d.h. die

ausgleichende „Vermittlungstätigkeit" durch ein stabiles Interdependenzmanagement auf Dauer zu stellen. Damit hat der Modus der Handlungskoordination gewechselt. Zu dieser Balance zählt auch, dass – im Sinne der gegenseitigen Rechenschaftspflicht – die Schulaufsicht die neuen Normen, die in der Autonomiediskussion aufgestellt werden, auch auf sich selbst anwendet, gleichsam mit gutem Beispiel vorangeht:

> „Mitarbeiterinnen, Mitarbeiter und Amtsleitung sind gegenüber ihren Kooperationspartnerinnen und -partnern bereit, Rechenschaft abzulegen und sich messen zu lassen an der Entwicklung und Verwirklichung vorgegebener Ziele."

8.3.7 Governancetheoretisches Resümee der Ergebnisse auf der Ebene der Schulaufsicht

Zusammenfassend wird deutlich, dass sich die Stellung der Schulaufsicht innerhalb der neuen Schulautonomiedebatte und der mit ihr verbundenen Reformbemühungen bezogen auf die zuvor verfügbaren Verfügungsrechte zum Treffen von Entscheidungen erheblich verschlechtert hat: Durch die permanente Thematisierung der Autonomiefrage wird das latent schon immer angelegte Spannungsfeld, innerhalb dessen die Schulaufsicht vermitteln muss, in ganz neuer Weise aufgeladen. Angesichts dieser für die Schulaufsicht zugespitzten Situation muss die Schulaufsicht neue Modi der Handlungskoordination suchen, um die eigene Handlungsfähigkeit zu sichern resp. zu retten. In dieser neuen Akteurskonstellation setzt nun die Schulaufsicht ebenfalls ihre Hoffnungen auf die Autonomisierungsinstrumente wie etwa die Programmarbeit. Indem die Schulaufsicht ebenso die Entwicklungsarbeit und Selbstreflexion auf die eigenen Rechte und Pflichten bezieht, hofft sie in gleicher Weise von den Autonomisierungseffekten profitieren zu können, indem sie selbst eine neue Eigenständigkeit (bspw. in der Entwicklung der Zustimmungsmaßstäbe) mit neuem Selbstbewusstsein (s. Leitbild) einklagt. Angesichts des scharfen Blicks der (Schul-)Öffentlichkeit auf die Qualität und den Output des Schulwesens stellt sich die Frage, ob dieses Kalkül aufgehen kann, oder ob nicht wegen des strukturell bedingten schlechten Images (Schulaufsicht als „Prügelknabe" zwischen Schule und Ministerium) die Chancen für die Schulaufsicht am schlechtesten stehen, in dem nun noch viel stärker umkämpften Autonomieraum innerhalb der Schulentwicklung die eigene Selbständigkeit über Interdependenzmanagement zu sichern. Auf der anderen Seite ist klar, dass der Schulaufsicht kaum eine andere Möglichkeit bleibt, als auf die bewährten Muster der Vermittlung zurückzugreifen und sie – entsprechend dem neuen Reformprogramm – noch zu intensivieren: der Versuch, im Dialog, d.h. in neuen Formen der Verhandlung, für Verständnis auf beiden Seiten zu werben und allzu große Gegenbewegungen durch gemeinsame Vereinbarungen zu minimieren.

Bei der Analyse der Stellung der Schulaufsicht innerhalb der neuen Schulautonomiedebatte und der mit dieser verbundenen Reformbemühungen zeigte sich damit für die untere Schulverwaltung eine Zunahme von Verantwortlichkeiten, die „von oben" an sie herangetragen wurde. Diese Delegation von Verantwortlichkeiten hatte im Prinzip auch zuvor schon bestanden, indem der Schulaufsicht auch vordem die Doppelfunktion von Beratung und Kontrolle zukam. Aber auch auf dieser Ebene gilt, dass allein durch die neue Form des Explizitmachens die Form der Handlungskoordination affiziert wird. Performativ erhält ein qualitativ ausdifferenzierter und zudem deutlicher artikulierter Anspruch innerhalb einer Akteurskonstellation eine neue Bedeutung, auch wenn er vordem als latenter in gleicher bzw. in gleich gültiger, aber weniger differenzierter Weise bereits existierte.

Die „Erneuerung" bzw. verstärkte Explizierung des Auftrags der Schulaufsicht, Autonomie zu gewähren, gleichzeitig aber Rechenschaftslegung einzuklagen, nötigte die Schulaufsicht zu einer Intensivierung der Kommunikation. Dies gilt dann auch insbesondere für Nordrhein-Westfalen angesichts der dortigen Verpflichtung der Schulen zu Konsultationsgesprächen, was zugleich immer auch die Verpflichtung der Schulaufsicht einschloss, sich um diesen Diskurs zu kümmern. Wenn aber die von oben verfügte Intensivierung der Kommunikation die ohnehin schwierige Aufgabe der Schulaufsicht sich in der Praxis zuspitzen lässt, dann besteht bei einer derartigen Aufladung innerhalb solcher Spannungsfelder immer die Gefahr irrationaler Reaktionen, was wiederum die Möglichkeiten der Instaurierung einer nachvollziehbaren Handlungskoordination in Bezug auf die Rechenschaftslegung – auf beiden Seiten – erschwert. Die Analyse des hessischen Fragebogens illustrierte die hier liegenden Schwierigkeiten ebenso, wie die Analyse der Selbstbeschreibung aufzeigte, wie die Schulaufsicht innerhalb der zugespitzten Situation neue Modi der Handlungskoordination sucht, um die eigene Handlungsautonomie zu sichern resp. zu retten.

8.4 Einzelfallrekonstruktion zur Autonomie in der administrativ verordneten Schulprogrammarbeit am Beispiel einer Schule

Im Kapitel 8.1 wurde argumentiert, dass der Forschungsgegenstand der Schulprogrammarbeit es mit sich bringt, dass mit den Schulprogrammen selbst „Texte der Empirie" vorliegen, auch wenn in diesen Programmtexten als Textdokumente die Logik der Handlungswahl schwerer rekonstruierbar ist, da die „Textpro-duzentInnen" nicht unter dem unmittelbaren Handlungszwang zur Selektion von Lesarten standen und die Dokumente demnach stark komprimierte Formen der Handlungskoordination darstellen. Ähnlich wie in der Inhaltsanalyse aller Schulprogrammtexte Hamburgs (vgl. Holtappels/Müller/Simon 2002; Holtap-pels/Müller 2004) wurde in dem Frankfurter Forschungsprojekt „Innere Schul-reform durch Kriseninduktion" diesen Dokumenten eine zentrale Funktion im Forschungsprozess zugewiesen:

> „An den Dokumenten der Selbstverständigung wird abzulesen sein, wo und in wel-cher Weise ein Bewusstsein von Problemen aufbricht, das zu neuen Lösungen mo-tiviert. Ob, und wenn ja, wie die Erarbeitung eines Schulprogramms zu einer nach-haltigen Transformation der Bearbeitungsmuster der pädagogischen Aufgaben führt, ist eine offene Forschungsfrage." (Gruschka et al. 2003, 22)

Im Folgenden (vgl. Kap. 8.4.2) soll exemplarisch ein Schulprogrammtext vorgestellt werden, in dem der mit der administrativ verordneten Schulpro-grammarbeit delegierte Innovationsanspruch subversiv und mit neuen Strategien autonom bearbeitet wurde.[103] Eine ausführliche Analyse anderer Schulpro-grammtexte findet sich in Heinrich (2001/02) sowie in dem Zwischenbericht zu dem Frankfurter Projekt (Gruschka et al. 2003) die Analyse weiterer 70 Schul-programmtexte.

Bevor allerdings in Kapitel 8.4.2 die spezifische Form der Bearbeitung der Autonomie-Kontroll-Antinomie eines Gymnasiums analysiert wird, sollen die Ergebnisse einer Internet-Recherche zu Schulprogrammtexten vorgestellt werden, innerhalb derer – zum Zeitpunkt der Interviewerhebungen (vgl. Kap. 9.1) – gezielt nach Programmtexten Ausschau gehalten wurde, die an zentraler Stelle zum Autonomiebegriff Stellung beziehen. Auf diese Weise wird für die Interpretation des Schulprogrammtextes in Kapitel 8.4.2 ein hermeneutisches Vorverständnis geschaffen, das – durch Kontrastierung – die Besonderheit des dort vorliegenden Schulprogrammes kenntlich werden lässt.

8.4.1 Zum Autonomiebegriff in Schulprogrammen

Der Autonomiebegriff tauchte oftmals relativ unvermittelt und ohne konkrete argumentationslogische Funktion in Schulprogrammtexten auf. Autonomie wurde dort vielfach als „Wert an sich" im Sinne einer pädagogischen Norm zitiert. In dieser Verwendungsweise bleibt die Semantik des Autonomiebegriffs

---

103 Zur Begründung der Auswahl dieses Falls vgl. Kap. 8.1.

besonders diffus. Es wird nicht deutlich, ob es sich hier eher um die Verselbständigung der SchülerInnen, die pädagogische Freiheit der LehrerInnen oder die Teilautonomie der Schule handeln soll. So etwa in dem folgenden Beispieltext aus einem Schulprogramm einer Grundschule:

> „Wir wollen mehr Selbstständigkeit des Lernens erreichen; die Schule öffnen – aus der Lebenswirklichkeit Praktisches lernen; Momente der Ruhe, der Stille praktizieren; Innovationen hervorbringen; mehr Autonomie erlangen; Schulleben muss geregelt werden (z. B. Klassenraumordnung erstellen)."

Entsprechend dieser unspezifischen Verwendungsweise des Autonomiebegriffs sehen die AutorInnen des Programms auch keinen Widerspruch darin, dass unmittelbar im Anschluss der Passus zur Regelung resp. Reglementierung des Schullebens folgt. Denkbar ist indes auch, dass in dem Autonomiebegriff der AutorInnen diese Spannung von Selbst- und Fremdbestimmung dialektisch schon immer mitgedacht ist – wohl nicht bewusst, aber doch im Wissen um die Unmöglichkeit einer unbedingten Autonomie (vgl. Kap. 2).

In anderen Schulprogrammen wiederum wird die Verselbständigung der Kinder – ganz im Sinne der pädagogischen Tradition (vgl. Heinrich 2006a, 51-140) – als zentraler Aspekt der Autonomieforderung artikuliert: „Schule ist gemäß der angestrebten Autonomie der Schülerinnen und Schüler ein Feld der Selbstfindung und des Erfahrens anderer." (Gymnasium) Dieser Erziehungs- und Bildungsauftrag der Autonomisierung wird zum Teil auch in eine zeitgemäße „Curriculumterminologie" übertragen:

> „*Handlungskompetenz* als Ziel schulischer Bildung und als Voraussetzung für berufliche Ausbildung setzt Identität und persönliche Autonomie voraus. Damit treten *Ich-Kompetenz* und *Sozialkompetenz* als schulisches Lernziel neben die *Sachkompetenz*." (Grund-/Hauptschulzentrum; GHS)

Bezeichnend ist in diesem Zusammenhang, dass in den Schulprogrammtexten oftmals die Grenze zwischen der Referenz auf die pädagogische Forderung der Verselbständigung der Kinder zu autonomen Persönlichkeiten und dem Verweis auf die Schulautonomie verschwimmt. So etwa in dem folgenden Beispiel aus dem Schulprogramm eines Gymnasiums:

> „Gemäß der angestrebten Autonomie ist es eine der wichtigsten Aufgaben der Schule, die Schülerinnen und Schüler zu selbstständigem und eigenverantwortlichem Lernen zu befähigen. Dies gilt besonders in einer Gesellschaft, die für die aktive und erfolgreiche Teilnahme am sozialen, wirtschaftlichen, beruflichen und politischen Leben die Fähigkeit zu lebenslangem Lernen voraussetzt. Das Tempo der

Veränderungen in der Gesellschaft und Wirtschaft und der starke Zuwachs an Wissen verlangt eine Besinnung der Schule auf diejenigen Inhalte und Leistungen, die die Grundlagen zur Bewältigung des Wandels vermitteln."

Oftmals wird in Schulprogrammtexten der Autonomiebegriff auch – ähnlich mehrdeutig – im Zusammenhang mit dem Hinweis auf den gesellschaftlichen Wandel und die daraus folgenden Konsequenzen für die Schulen verwendet: „Die Gesellschaft wandelt sich, mit ihr die Schule. Begriffe wie Autonomie der Schule und Selbstverwaltung werden häufig genannt." (Gymnasium) Mit dieser Aussage wird im Schulprogramm explizit auf den bildungspolitischen/schulpädagogischen Autonomiediskurs Bezug genommen, ohne dass dabei allerdings eine dezidierte Position bezogen würde.

Die ebenfalls anzutreffende Bezugnahme auf den fachwissenschaftlichen Diskurs ist zuweilen stark fixiert auf Teilaspekte des mit dem Autonomiegedanken verbundenen Innovationsprogramms. Ein Beispiel für eine starke Fokussierung auf eine bildungsökonomische Perspektive von Schulautonomie ist der im Folgenden zitierte Entwurf des Schulprogramms eines Verbunds Gewerblich-Beruflicher Schulen in Schleswig-Holstein. Dort wird die: „Entwicklung der Schule zu einem bildungsmarktorientierten Dienstleister" avisiert:

„Das bedeutet:
- die zunehmende Autonomie der Schule verlangt nach Veränderungen in der Organisation des Lernens
- eine flexiblere Anpassung der Lerninhalte und Lernmethoden an die Erfordernisse des Marktes
- Schülerinnen und Schüler lernen selbständiges Handeln durch Bearbeiten realer Aufträge
- intensive Zusammenarbeit mit Betrieben in der Region."

Die stark an bildungsökonomischen und organisationssoziologischen Leitbildern ausgerichtete Vorstellung von Schulentwicklung ist in diesem Falle wahrscheinlich auch als ein Spezifikum der besonderen Schulform und ihrer Ausrichtung an der Berufsausbildung anzusehen.

Weitaus häufiger in den Schulprogrammen – nicht nur der allgemein bildenden Schulen – sind indes Verweise auf die Programmatik der Schulentwicklung durch erweiterte Autonomie, wie sie auch in der Ratgeberliteratur und den Leitfäden der Kultusministerien zu finden sind:

„In einer Zeit, in der verstärkt über die Effizienz der Schulen nachgedacht wird, ist als Folge davon ein Entwicklungsprozess in Gang gesetzt worden, der zum Teil dadurch geprägt ist, dass der Schule verstärkt Autonomie zuerkannt wird. Sie be-

kommt größeren Spielraum als selbstständige Gestaltungseinheit, aber auch größere
Verantwortung. Die administrativ-technokratische Ausrichtung 'von oben' wird ge-
lockert, 'weichere' Rahmenvorgaben der Bildungspolitik sollen mit inhaltlichem
Leben gefüllt werden. Jede Schule steht somit vor der Aufgabe, diese sich bieten-
den Chancen zur Selbstgestaltung zu nutzen. Ein Schulprogramm nun stellt eine
sehr wichtige Möglichkeit dar, diese Autonomie verstärkt für alle zu gewinnen, die
den Schulalltag mittragen wollen, mehr Gestaltende und weniger nur Ausführende
zu sein. Es ist von seinem Selbstverständnis her dazu angelegt, Kommunikation zu
verstärken, die Schule zur Selbstreflexion ihres Tuns anzuregen." (Integrierte Gesamtschule)

Solche Vorstellungen einer Schulentwicklungsarbeit hin zu mehr Autonomie
der Einzelschule werden oftmals auch zitiert, um ostentativ die Identifikation
der Schule mit dem Innovationsprogramm zu bekunden:

„Das Gymnasium Ursulinum[104] durchläuft wie alle anderen Schulen einen ständigen Prozeß der Veränderung. Gleichwohl hat sich das Kollegium seit 1995 dem
ministeriellen Auftrag gestellt, sich um eine eigenständige Profilbildung der Schule
zu bemühen, die als *Schulprogramm* verbindliche Vorgaben für alle am Schulleben
beteiligten Gruppen machen soll. Damit greift das Ursulinum die Möglichkeit auf,
mehr Autonomie zu wagen. Es ist unser Ziel, am Ursulinum die Entwicklung unserer Schule und unserer Schulkultur durch innere Reformen den veränderten Ansprüchen der Gesellschaft an ein Gymnasium anzupassen und dabei eigenverantwortlich Gestaltungsfreiheiten zu nutzen." (Gymnasium)

Die im Autonomiediskurs geweckten Hoffnungen auf einen starken Zusammenhang von Eigenständigkeit und Reformfähigkeit werden häufig aufgegriffen und
als nicht nur „programmatische" Tatsache vorgestellt: „Autonomie und Selbstbestimmung geben die notwendigen Freiräume für eine innovative Weiterentwicklung unserer Schule." (Berufskolleg) Die Legitimität des Schulprogramms
wird zuweilen – streng genommen zirkulär – wiederum mit dem Autonomiegedanken begründet, indem dem Programmtext folgende Funktion zugesprochen
wird: „Die Autonomie und Eigenverantwortlichkeit der Schule wird [durch das
Schulprogramm; M.H.] gestärkt und verdeutlicht." (Verbundschule)
    Anzutreffen sind zudem programmatische Formulierungen, die deutlich
machen, dass der Schulprogrammtext auch auf seine Außenwirkung hin konzipiert wurde und nicht nur als internes Ziel- und Programmpapier (vgl. Kap.
7.4.1). Die LeserInnen – insbesondere die Eltern – sollen über den Status einer
solchen Schulprogrammarbeit innerhalb der neuen schulreformerischen Bemü-

---

104 Der Name der Schule wurde geändert.

hungen informiert werden. Zuweilen werden solche Erläuterungen auch explizit mit der Aufforderung zur Mitarbeit formuliert, wie etwa in dem folgenden Text:

> „Unter einem 'Schulprogramm' versteht man die von Lehrern, Eltern und Schülern gemeinsam entwickelte 'Leitlinie' einer Schule für deren pädagogische Arbeit und das Schulleben. Das Schulprogramm ist quasi ein Instrument im Prozess der bewussten Entwicklung eines Schulprofils und erhält seine Bedeutung im Zeichen wachsender Autonomie der Schule. Es bewegt sich im Rahmen von Schulgesetz, Lehrplänen und Erlassen und ist von der Schulkonferenz zu verabschieden und in regelmäßigen Abständen zu überprüfen. Zum 31. Juli 2002 soll das Schulprogramm dem Ministerium zur Zustimmung vorliegen. Für uns Eltern bedeutet die Mitarbeit am Schulprogramm die große Chance, den zukünftigen Weg der Schule aktiv mitgestalten zu können." (Gymnasium)

Zuweilen hat der Rekurs auf die Autonomievorstellung wohl auch Ermutigungscharakter – für die bereits aktiv an der Schulprogrammarbeit beteiligten LehrerInnen wie für diejenigen, die noch nicht von den Aktivitäten überzeugt sind:

> „Wir sehen im Rahmen von mehr Autonomie eine Chance und Motivation für unsere pädagogische Arbeit. Das Recht auf Gestaltung des Schullebens mit Öffnung der Schule, die Mitbestimmung bei Personalangelegenheiten ('schulscharfe Stellen') sowie das begrenzte Budgetrecht durch den Schulträger sind Schritte auf dem Weg zur autonomen Schule." (Berufskolleg)

Solche Identifikation mit dem Konzept der Autonomisierung ist indessen nicht immer so bruchlos, wie die vorangegangenen – dekontextualisierten – Zitate vielleicht Glauben machen könnten. Das Spannungsfeld von Eigenständigkeit und Fremdbestimmung im Medium der Entwicklung hin zur autonomen Schule wird durchaus gesehen und in einigen Schulprogrammtexten kritisch angemerkt. Unter der Überschrift „Neue Anforderungen an Schule" heißt es etwa in einem Schulprogramm:

> „Die Schule 'neu denken' (H. v. Hentig, 1993), sie 'neu erfinden' (Kongress in Heidelberg, 1995) und jetzt 'neu programmieren und evaluieren'? (Hessisches Kultusministerium, 1996). Das kann irritieren und in der Tat widersprüchlich ist das schon: staatlich verordnete Demokratie und Autonomie. Es erinnert an die Unmöglichkeit der Aufforderung: 'Nun sei doch endlich einmal spontan!'. Gesetzliche Vorlagen stehen im Widerspruch zu dem Wunschbild einer sich dezentral selbst verwaltenden Schule und können leicht ein Organisationsparadoxon produzieren." (Kooperative Gesamtschule)

An dem angeführten Zitat ist bemerkenswert, dass die Spannung zwischen Selbst- und Fremdbestimmung in der verordneten Organisationsentwicklung nicht nur in der konkreten Programmarbeit in den Gremien empfunden und diskutiert, sondern auch im Schulprogrammtext selbst artikuliert wird. Hinzuzufügen ist, dass diesem kritischen Hinweis auf das Spannungsfeld unmittelbar eine konstruktive Wendung folgt, d.h. die Schule versucht, den Innovationsauftrag produktiv anzugehen. Weil es sich hierbei um eine spezifische Reaktion auf die Innovationsforderung der Kultusadministration handelt, soll das näher qualifiziert werden: Die Schule will signalisieren, dass sie nicht nur so eigenständig ist, dass sie selbst die Entwicklungsprozesse in die Hand nehmen will, sondern dass ihre LehrerInnen auch so aufgeklärt sind, dass sie um das strukturelle Paradox einer Relativierung der Autonomie wissen, das sich in dem angeführten Organisationsparadoxon ausdrückt. Die Schule nutzt somit das Schulprogramm als Plattform, um sich durch einen Metakommentar aus der womöglich unproduktiven Ambivalenz der Autonomie-Kontroll-Antinomie herauszumanövrieren. Auf diese Weise können die AutorInnen die aus ihrer Sicht an der Schule bereits vorhandene Autonomie dokumentieren: Mit ihrem Metakommentar reklamieren sie für sich diese Eigenständigkeit, indem sie sich der Verantwortung der Schulentwicklung stellen, dies aber nicht als bloße Befolgung einer administrativen Verfügung interpretiert wissen wollen. Diese Distanzierung vom Entwicklungsauftrag als *Auftrag* erlaubt die fortgeführte Reklamation der Eigenständigkeit auch – bzw. gerade – bei dessen Erfüllung.

Das Spezifische dieser Reaktionsweise wird kenntlich im Vergleich zu der Reaktion, die in dem Schulprogrammtext eines nordrhein-westfälischen Gymnasiums zu finden ist. In diesem Text wird auf das „Organisationsparadoxon" reagiert, indem bei der Übernahme des Innovationsauftrags dieser in einen Selbsterziehungsauftrag transformiert wird. So wird das Paradoxon offensiv zur eigenen explizit artikulierten Entwicklungsaufgabe gewendet – verbunden allerdings mit dem Hinweis, dass man dann aber auch die Chance zur eigenverantwortlichen Gestaltung der Schule einfordert:

> „*Verantwortung* ist ein zentraler und tragender Begriff unserer Schule. Sie ist nicht nur als Belastung, sondern vor allem auch als Chance zu begreifen. Wir legen Wert auf ein ausgewogenes Maß an Aufgabenverantwortung und Rechenschaftsverantwortung. Wir wollen Verantwortung übernehmen und übergeben und wir brauchen den nötigen Gestaltungsspielraum dafür, der die Souveränität einschließt, Fehler machen zu dürfen, denn Fehler geben uns (Lernenden wie Lehrenden) die Chance und Verpflichtung zum Lernen. Ohne diese Autonomie für einen eigenen Gestaltungsspielraum gibt es keine Selbstverantwortung, sondern bestenfalls Verwaltung. Verantwortliches Handeln erst ermöglicht dem Handelnden, sich in eine Sache einzubringen und die eigene Arbeit als Freude und als Eigenentfaltung zu erleben. Ü-

bernahme von Verantwortung meint u.a. die Bereitschaft, Handlungsspielräume in vollem Bewusstsein von Chancen und Gefahren aktiv auszufüllen. Übernehmen und Übergeben von Verantwortung sind tragende Prinzipien unseres Erziehungskonzeptes." (Gymnasium)

Der Rekurs auf das pädagogische Autonomiekonzept findet in der Schulprogrammarbeit indes nicht nur seinen Ausdruck durch solche Referenzen, die auf die Schulentwicklungsprogrammatik der Bildungspolitik und der Kultusadministration reagieren. Zu finden sind auch – wenngleich nur selten – Schulprogrammtexte, die unmittelbar an die pädagogische Tradition des Autonomiediskurses anschließen. Im Vorwort des Schulprogramms eines Gymnasiums kann man so etwa in gedrängter Form den Ableitungszusammenhang wiederfinden, der in historisch-systematischen Analysen andernorts (vgl. Heinrich 2006b, 11-29 & Kap. 2) als für den heutigen Autonomiebegriff konstitutiv rekonstruiert wurde: Von der aufklärerischen Autonomieforderung im Bildungsbegriff über die Notwendigkeit der Autonomie des Kindes im Bildungsprozess und das damit einhergehende Desiderat nach pädagogischer Freiheit in der Gestaltung des LehrerInnen-SchülerInnen-Verhältnisses bis hin zur Forderung nach Gestaltungsfreiraum für die Schule, sprich Schulautonomie:

„Leitideen zur Bildungs- und Erziehungsarbeit an unserer Schule: Zwei wesentliche Bestandteile für ein Verständnis von dem, was unter 'Bildung' im Grundsatz zu verstehen ist, fußen auf der Subjekthaftigkeit des Begriffes. Bildung als 'das Werk deiner selbst' (Pestalozzi) setzt immer auch ein Individuum ins Blickfeld, das um seiner selbst Willen zu sehen und zu akzeptieren ist. Schulische Bildung und Erziehung hat auf diese Grundbedingung nicht nur Rücksicht zu nehmen, sondern muss sie als allgemeine Richtschnur erzieherischen Handelns stets präsent haben. Sprachen die letzten Richtlinien noch von 'Selbstverwirklichung' als einem 'allgemeinen Ziel gymnasialer Bildung', so wird auch in den neuen Richtlinien eine neue und modifizierte Zieldimension festgelegt: 'Hilfen geben zur persönlichen Entfaltung' […].
Ein weiterer Eckstein im Bildungsbegriff besteht in der unausweichlichen Auseinandersetzung des Subjekts mit der Außenwelt. Diese Auseinandersetzung oder auch 'Verknüpfung des Ichs mit der Welt' (Humboldt) muss vielfältig sein und sollte nicht vorschnell zu einer Festlegung führen.Akzeptieren wir 'Subjekthaftigkeit' und 'Vielfältigkeit' als Konstituenten eines auch heute noch in den Dienst von schulischer Arbeit zu stellenden Bildungsverständnisses, so müssen wir mit Recht danach fragen, inwieweit sich unser Gymnasium in seiner Organisation und seinem Angebot seinerseits dieser Leitlinien bedient bzw. den in ihnen befindlichen Aufforderungen nachkommt. Individualität in systemischen Organisationen wie Schule kann nach unserem Verständnis zweierlei bedeuten. Einerseits als wieder Auffindbares im Schüler-Lehrerverhältnis und andererseits in einem hohen Grad an freier Wahlmöglichkeit im Rahmen der bestehenden Richtlinien und Schulorganisation.

[...] Dies über schulinterne Organisation festzuschreiben und zu garantieren, wird in den kommenden Jahren zu einem wesentlichen Bestandteil unserer schulischen Entwicklungsarbeit gehören. Individualität und Vielfältigkeit finden noch in einem dritten Gesichtspunkt ihre Bestimmung. Verbinden wir mit den Vorstellungen vom Individuum gleichermaßen seinen Anspruch auf Autonomie, so wird Schule sich auch darauf hin befragen lassen müssen, welche Vorkehrungen sie zu treffen beabsichtigt, diese Bildungsessentiale einlösen zu helfen. [...] Autonomie im Lernen, in der Entwicklung eines jeden Einzelnen, wird nur möglich sein über eine Selbstverfügbarkeit von Steuerungsprozessen." (Gymnasium)

Eine Untersuchung über die Wirkungskraft der traditionellen Autonomievorstellungen in der gegenwärtigen Schulprogrammarbeit könnte den Gegenstand indes nur unzureichend erfassen, wenn sie sich auf diejenigen Schulprogrammtexte beschränkte, in denen wie in dem vorliegenden explizit auf diese referiert wird. Diese explizite Referenz auf einen historisch-pädagogischen resp. fachwissenschaftlichen Kontext ist ja geradezu irritierend, bedenkt man den Adressatenkreis eines solchen Schulprogrammtextes. Bedeutsamer für die Schulentwicklungsforschung ist vielmehr die Frage, wie – jenseits der impliziten oder gar expliziten Referenzen auf den Autonomiebegriff – zugestandene oder beschränkte Autonomie real wirksam wird. Für die Analyse der Schulprogrammarbeit bedeutet dies, dass danach gefragt werden muss, wie die Schulen im Spannungsfeld von Selbst- und Fremdbestimmung die neuen Freiheiten nun tatsächlich nutzen, ihre Programme und ihre Programmatik an diesem Spannungsfeld ausrichten. Die leitenden Fragen der nachfolgenden exemplarischen Fallstudie sollen daher lauten: Welches Bewusstsein von neuer Gestaltungsfreiheit drückt sich in dem Schulprogrammtext aus? Und: Wie nutzt die Schule diese Verfügungsrechte beim Entwurf eines „eigenen" Programms?

8.4.2 Einzelfallrekonstruktion eines Schulprogramms – Wie die neue Freiheit nutzen?

Während einige AkteurInnen unmittelbar an bestimmte Routinen anschließen, die sich zur Bearbeitung des „Berichtswesens" seit Jahren an ihrer Schule etabliert haben, verweisen andere explizit auf neue Strategien, die sie im Zuge der Schulprogrammarbeit entwickelt haben (vgl. Heinrich 2001/02). Aber selbst, wenn in den Schulprogrammen signalisiert wird, dass in neuer Weise über das pädagogische Profil gestritten und entschieden wird, so ist daraus noch nicht unbedingt abzuleiten, dass sich tatsächlich – auch auf der Organisationsebene – ein Wandel im Umgang mit den dadurch aufgeworfenen pädagogischen Fragestellungen ergeben hat. Der in solchen Schulprogrammen reklamierte Zusammenhang von neuer Autonomie und deren Einlösung in einem „eigengesetzlichen Programm" muss auf seine Konsistenz hin überprüft werden.

Das Schulprogramm der Leopold-Schule[105] zeichnet sich durch eine sehr eigensinnige Bearbeitung des Innovationsauftrags aus. Aufschlussreich für den Entwicklungsprozess sowie für das Selbstverständnis der Schule ist das von der Schulleitung veröffentlichte Vorwort zu dem im Internet verfügbar gemachten Schulprogramm. Dieses beginnt mit einem Ausdruck der Irritation, die durch die administrative Weisung entstanden ist. Der erste Satz des Programms lautet:

> „Als der Auftrag an die Schulen erging, ein *Schulprogramm* zu verfassen, blieb zunächst unklar, was denn überhaupt ein Schulprogramm sei."

Bereits in diesem ersten Satz ist die ganze Ambivalenz des Autonomie-Kontroll-Paradoxons enthalten. Zunächst wird der Weisungscharakter der Aufforderung betont, von der alles seinen Ausgang nahm. Die auf den ersten Blick etwas altertümlich anmutende Formulierung „Als der Auftrag an die Schulen erging [...]" bringt den offiziellen Charakter dieses Vorgangs sehr gut zum Ausdruck. Das mit dieser Auslegung Gemeinte wird sofort sinnfällig, wenn man sich die eigentümliche Wortwahl des Satzes vergegenwärtigt: Ein Auftrag wird gemeinhin „gegeben" oder „erteilt". „Ergeht" allerdings ein Auftrag, so wird deutlich, dass es sich um eine offizielle, administrative Verfügung an Untertanen oder BeamtInnen handelt. Hieraus nun aber auf eine schlicht affirmative Haltung des Autors zu schließen, wäre grundlegend falsch. Vielmehr wird dieser Eindruck durch den weiteren Verlauf des Satzes revidiert: Der ergangene, offizielle Auftrag wird problematisiert. Der Verweis auf die „Unklarheit" des Auftrags macht deutlich, dass es sich nicht um einen unkritischen Rezeptor des Verfügten handelt, sondern um einen eigensinnigen und widerständigen Leser, der über ein Selbstbewusstsein verfügt, das es ihm erlaubt, diese Unklarheit nicht als Ausdruck einer eigenen Interpretationsschwäche zu deuten, sondern kritisch an den Auftraggeber zurückzuverweisen. Diese Zurückweisung ist zudem recht radikal. Gefragt wird nicht nach ein paar erläuternden Hinweisen zu einigen unklaren Stellen in diesem Auftrag. Vielmehr wird der Auftrag grundsätzlich problematisiert: „was denn überhaupt ein Schulprogramm sei" (vgl.o.). Unterstellt wird dem Auftraggeber damit, dass er womöglich selbst gar keinen Begriff von der Sache hat, die er da verordnet. Zumindest scheint dieser sich nicht über die zahlreichen Implikationen des Auftrags bewusst zu sein: „Ebenso unklar bleiben musste deshalb auch, wie eine Schule zu einem (ihrem) Schulprogramm finden könne" lautet der darauf folgende Satz.

---

105 Der Name der Schule wurde geändert. Für hilfreiche Diskussionen zur Interpretation dieses Programms möchte ich Ulrich Oevermann und seinem Kolloquium danken.

Damit ist im Sinne eines emanzipatorischen Aktes vonseiten der Schule Einspruch gegenüber dem Zugemuteten erhoben worden und die Rationalität des Auftrags infrage gestellt. Entsprechend dem Autonomie-Kontroll-Paradoxon wird in der Folge ostentativ die Eigenständigkeit gegenüber solcher fragwürdigen Rationalität betont:

„Um handeln zu können, hat daher das Kollegium der Leopold-Schule in XY [die Stadt; M.H.] einen eigenen Standpunkt eingenommen: Es sollte für die Arbeit in der Schule von Nutzen und für alle, die diese Arbeit beobachten oder von ihren Wirkungen erfasst werden, von Interesse sein, wenn in einer Dokumentensammlung dargestellt wird,

- welche schulspezifischen Vereinbarungen zur Ausrichtung und Ausgestaltung der Bildungs- und Erziehungsarbeit existieren,
- welche Bedingungen diesen Vereinbarungen zugrunde liegen,
- welche besonderen Aktivitäten aus diesen Vereinbarungen resultieren und
- welche Entwicklungsvorhaben auf der Grundlage dieser Vereinbarungen schwerpunktmäßig verfolgt werden.

Eine solche offene Dokumentensammlung, die zum Zwecke der internen Verständigung und zur Information der Außenstehenden die wesentlichen Ausführungs- und Zielvereinbarungen der Schule wiedergibt, wird am Leopold-Gymnasium als Schulprogramm bezeichnet."

Überpointiert formuliert könnte man sagen, dass die Schule die Situation derart beschreibt, dass aus der Inkompetenz der Auftraggeber zur Präzisierung der Weisung für die Schule die Notwendigkeit erwuchs, selbst zu handeln. Im Sinne einer emanzipativen Wendung wird die Erfüllung des Auftrags damit umdefiniert in die selbstverantwortliche Reaktion auf eine Notlage. Das Verhältnis wird so uminterpretiert: Nicht mehr die Weisungsbefugnis als Kern der Fremdbestimmung steht im Vordergrund des Verhältnisses zwischen Administration und Schule, sondern die Eigenständigkeit der Schule bei der Bearbeitung von Problemen, die aus der „Natur der Sache" erfolgen: Die Schule reagiert professionell auf ein *sachliches* Problem unter Abstrahierung von der Tatsache, dass für dieses in dieser Form *ursächlich* die Kultusadministration verantwortlich ist.

So soll auch der Schulprogrammtext als offene Dokumentensammlung vorrangig zur „Verständigung" und „Information" dienen – nicht zur Selbst- oder gar Fremdkontrolle. Bei der Formulierung dieser Einschränkung wird indes zugleich deutlich, dass die Schule ansonsten mit ihrem Schulprogramm genau diejenigen Aspekte bearbeitet und in der Bearbeitung hervorhebt, die in den kultusadministriellen Informationsbroschüren oder den Readern der Unterstützungssysteme zu finden sind: Im Kern geht es um Ausführungs- und Zielvereinbarungen zur Entwicklung der Schule, insbesondere ihrer Bildungs- und Erziehungsarbeit.

Entsprechend dieser „gängigen" „eigenen" Aufgabenbearbeitung durch eine Selbstverpflichtung ist auch die Schwerpunktsetzung innerhalb des Programms eher konventionell zu nennen:

> „Da im Zentrum aller Bemühungen der aus dem Unterricht erwachsende Bildungs- und Erziehungsauftrag gegenüber den Schülerinnen und Schülern steht, die der Leopold-Schule anvertraut werden, ist selbstverständlich, dass die Darstellung der schulinternen Fachlehrpläne den größten Raum im Schulprogramm einnimmt. Die Darstellung der schulinternen Fachlehrpläne ist das *Pack-Ende*, das das Kollegium der Leopold-Schule gewählt hat, um in den Prozess der Schulprogrammentwicklung einzusteigen. Wie alle anderen Vereinbarungen auch, haben curriculare Entscheidungen nur so lange Bestand, wie sich nicht die Voraussetzungen ändern, unter denen die Entscheidungen getroffen worden sind. Da die Landesregierung mit Wirkung vom 01.08.1999 neue Richtlinien und Lehrpläne für die Gymnasiale Oberstufe erlassen hat und weiterhin in jährlichem Rhythmus die Ausbildungs- und Prüfungsordnung für die Gymnasiale Oberstufe novelliert, sind die schulinternen Fachlehrpläne grundlegend zu überarbeiten."

Bezeichnend an dieser Akzentuierung des curricularen Aspekts der Schulprogrammarbeit ist indes, dass mit ihr das professionelle Selbstverständnis der LehrerInnen hervorgehoben wird. Die Auslegung der Lehrpläne und die Zuständigkeit der dafür ausgebildeten Philologen als Fachleuten des Unterrichts ist traditionell Kern des Professionsverständnisses – zumindest der GymnasiallehrerInnen seit dem 19. Jahrhundert. Hierzu gehört im aufklärerischen Verständnis auch die curriculare Flexibilität, die es ermöglicht, auf sich verändernde gesellschaftliche Entwicklungen unmittelbar einzugehen. Hierbei wird deutlich, dass das Professionsverständnis der AutorInnen weit über eine Selbstzuschreibung zu SachwalterInnen der Auslegung administerieller Richtlinien und Lehrpläne hinausgeht. Hinsichtlich der Curriculumarbeit zeigt sich das analoge Bearbeitungsmuster der Schule wie auf der Ebene der Schulprogrammarbeit: Man fühlt sich dazu verpflichtet, auf die ministerialen Vorgaben zu reagieren, sie ernst zu nehmen und sie gründlich zu bearbeiten. Das geschieht allerdings in einer eigensinnigen, mehr Autonomie einfordernden Weise. Die Richtlinien und Lehrpläne des Ministeriums werden nämlich nicht nur allen KollegInnen zugänglich gemacht und zur Kenntnisnahme anempfohlen, sondern es werden eigene „schulinterne Fachlehrpläne" (s.o.) erstellt. Die Rede von den „schulinternen Fachlehrplänen" macht deutlich, dass die LehrerInnen sich in ihrem Professionsverständnis nicht mit einer reinen Auslegung des Vorgegebenen oder sogar nur einer schlichten Adaption zufrieden geben. Sie wollen vielmehr die Vorgaben noch einmal selbst „schaffen", sie selbst neu erstellen. Hier zeigt sich erneut die an dieser Schule festzustellende Strukturhomologie im Bearbeitungsmodus administerieller Vorgaben, die oben bereits beschrieben wurde: Auch das Schulprogramm wurde als Reforminstrument im Sinne einer behördlichen Weisung akzeptiert, zugleich aber der Auftrag zur Erstellung als unzureichend deklariert und daher im Sinne einer Selbstbeauftragung neu formuliert: „Um handeln zu können, hat daher das Kollegium der Leopold-Schule in XY [die Stadt; M.H.] einen eigenen Standpunkt eingenommen" (s.o.). Die anschließende Aufzählung der Desiderate einer Schulprogrammarbeit weicht dann de facto erstaunlich wenig von dem ursprünglich Geforderten ab, das Gleiche ist wahrscheinlich auch für die schulinternen Fachlehrpläne zu erwarten: Zumindest werden sie den behördlichen Vorgaben nicht widersprechen, sondern immanent zu diesen konkretisierende Regelungen darstellen. Wenn auch in der Sache somit die Rede von einer lediglich auslegenden Tätigkeit des Kollegiums hinsichtlich der administeriellen Vorgaben nicht falsch ist, so bleibt doch die prägnante Differenz im Selbstbild festzuhalten: Aus der Sicht der Schule hat sie sich selbst den spezifischen Auftrag zur Schulprogrammarbeit gestellt, ebenso wie sie selbst auch Fachlehrpläne erstellt hat – auch wenn natürlich der Impuls von der Schulaufsicht und der oberen Schulbehörde ausging und die „Selbstgesetzgebung" innerhalb des Rahmens der „Fremdgesetzgebung" durch die Behörden und den Gesetzgeber verbleiben muss.

Die Schulprogrammarbeit an der Leopold-Schule erschöpft sich indessen nicht in dieser Curriculumarbeit, auch wenn diese als *„Pack-Ende"* (s.o.), d.h. als Ausgangspunkt innerhalb der komplexen Gemengelage eines Schulentwicklungsprozesses fungiert. Ausgehend von diesem dem Professionsverständnis am nächsten liegenden Aspekt der Curriculumarbeit werden auch die außerunterrichtlichen Aktivitäten mit einbezogen, die in der neueren Schulentwicklungsdebatte immer wieder als unerlässlicher Bestandteil einer solchen Entwicklungsarbeit hervorgehoben werden:

> „Aber auch bezüglich aller anderen schulischen Bereiche werden, u.a. in den verschiedenen Mitwirkungsgremien, immer wieder neue Ausführungsvereinbarungen oder Verabredungen zur Entwicklung neuer Projekte getroffen."

Die Flexibilität des LehrerInnenhandelns wird auch hier hervorgehoben: Die beständige, situativ gebundene Analyse der Veränderungsprozesse vor Ort macht eine autonome Bearbeitung der schulischen Problemlagen notwendig. Das spiegelt sich auch im Selbstverständnis der Schule und der Auffassung zur Schulprogrammarbeit insgesamt. Die Betonung der Unabgeschlossenheit solcher Reflexion über die Eigengesetzgebung kulminiert schließlich in der durch Fettdruck noch hervorgehobenen Feststellung:

„Das Schulprogramm kann also nie fertig, sondern allenfalls aktuell sein!"

Dieses Diktum von der Aktualität und Unabgeschlossenheit ist auf den ersten Blick die konsequente Programmatik für einen Prozess, der ad infinitum fortgesetzt werden soll. Bezieht man diesen Aspekt allerdings auf die Autonomiefrage, so droht sie zur Paradoxie zu werden: Eine Gesetzgebung, die prinzipiell immer schon von der Möglichkeit, ja Wahrscheinlichkeit ihrer eigenen Aufhebung ausgeht, verliert an Respekt und Glaubwürdigkeit. Während der Gedanke der Schulautonomie von der Vorstellung einer geordneten Institution lebt, die als solche eine eigene Identität ausbildet und somit sich auch selbst ein Gesetz geben, Statuten und Selbstverpflichtungen formulieren kann, so droht dieser Sinn der Selbstgesetzgebung in Beliebigkeit umzuschlagen, wenn das Gesetzte im Moment seiner Setzung schon wieder als womöglich nicht mehr aktuell hinterfragt werden kann (vgl. Kap. 2). Zugegebenermaßen funktionieren Gesetzgebungsverfahren nicht selten nach diesem Prinzip, sind die Gesetze schon zum Zeitpunkt ihres Inkrafttretens Anachronismen, aber das wird gemeinhin doch als bürokratischer Missstand empfunden, führt es doch oftmals zu einer Handlungsunfähigkeit der betroffenen Institutionen. Würde mit dem Gedanken der permanenten Fortschreibung in dieser radikalen Weise ernst gemacht, so drohte der Leopold-Schule die Lähmung der Organisation.

Auch der Schulprogramm-Gedanke wäre mit einer solchen Akzeleration der Selbstgesetzgebung – bis hin zu deren Selbstaufhebung – zerstört, lebt diese Idee der Organisationsentwicklung doch auch stark von der Option der schriftlichen Fixierung von Selbstverpflichtungen, die als schriftlich fixierte auch erst ihre strenge Verbindlichkeit erhalten. Der Sinn solcher schriftlichen Fixierung droht sich indes bei der Radikalisierung der Aktualitätsforderung in sein Gegenteil zu verkehren, wenn jeder Programmtext schon im Status Nascendi als baldige Makulatur erscheint. Auf die in dieser Prozesshaftigkeit angelegte Gefahr des ruinösen Energieverlusts durch Transaktionskosten hat man am Leopold-Gymnasium mit Pragmatismus reagiert, indem man zumindest die technologisch fortschrittlichste Technik zur Reduzierung des Aufwands nutzt:

„Eine Konsequenz dieser Erkenntnis besteht darin, dass vorhandene Ressourcen besser für die Aktualisierung der Inhalte des Programms als für dessen editoriale Verpackung aufgewandt werden. Aus diesem Grund sind schlichte computergespeicherte Hypertext-Seiten (d.h. Seiten mit Verbindungen zu anderen Seiten) als Medium für das Schulprogramm gewählt worden. Gegenüber einer gebundenen Druckausgabe hat dieses Medium folgende Vorteile

- Jede Textpassage kann jederzeit verändert werden.
- Unzutreffend gewordene Seiten können jederzeit aus dem Schulprogramm herausgenommen, neue Seiten jederzeit hineingestellt werden.

- Das Schulprogramm ist über das Internet jederzeit von jedem Ort in seiner aktuellen Fassung einsehbar.
Gerade auch wegen der Vorzüge, die das gewählte Medium bietet, besteht Grund für die Zuversicht, dass das Schulprogramm Ausdruck und Spiegelbild der Lebendigkeit unseres Gymnasiums ist."

Das Grunddilemma einer sich selbst aufhebenden Selbstgesetzgebung ist damit zwar nicht bewältigt, aber doch eine „Arbeitsfähigkeit" der autonomen Institution dadurch wiederhergestellt. Angesichts des vorgegebenen Rahmens erscheint diese Form der Selbstgesetzgebung als eine der effektivsten Möglichkeiten, den zugestandenen Freiheitsraum auch tatsächlich autonom zu nutzen.

Paradoxerweise wird diese Schule gerade durch ihren Widerspruch gegenüber dem Auftraggeber und der daraus folgenden eigenwilligen Auslegung der Verfügung dem Auftrag gerecht: Intendiert war ja gerade eine solche Autonomisierung im Sinne einer Besinnung auf die eigenen Möglichkeiten und Fähigkeiten und der selbstbestimmte Umgang mit diesen. Aber wie bei jeder gelungenen Erziehung ist der ungebrochene Eigensinn auch nicht immer im Sinne der Erzieher wirksam: Die Leopold-Schule tritt so selbstbewusst auf, dass sie in ihrem Programm keine Selbstevaluation als Kontrolle der Aktivitäten der KollegInnen vorsieht (s.o. den Anforderungskatalog). Die LehrerInnen sind in ihrem Selbstverständnis vielmehr so selbständig und damit auch verantwortungsbewusst, dass sich eine formale Institutionalisierung einer solchen Instanz der kritischen Selbstreflexion zu erübrigen scheint. Die Schulleitung scheint in diesem Falle auch diese Position gegenüber der Schulaufsicht und der Öffentlichkeit zu tragen, was bezogen auf die Schule eine Akkordierung der beliefsystems und der Modi der Handlungskoordination bewirkt und damit zugleich zu einer Homogenisierung der organisationsinternen Akteurskonstellation führt.

8.4.3 Governancetheoretisches Resümee der Ergebnisse auf der Ebene der Schule

Die Analyse der Schulprogramme zeigte das Spektrum der nach außen hin dokumentierten Autonomieverständnisse. Die ausführliche Analyse des Programms der Leopold-Schule kann dabei sicherlich nicht als repräsentativ gelten (vgl. die Analysen anderer Schulprogramme in Heinrich 2001/02; Gruschka et al. 2003). Jedoch zeigte die Rekonstruktion gerade dieses Programms, wie stark das Interdependenzmanagement innerhalb einer komplexen Akteurskonstellation transintentionale Effekte hervorbringen kann. Paradoxerweise wurde diese Schule gerade durch ihren Einspruch gegenüber den Schwachstellen hinsichtlich der Definitionsmacht der Initiatoren und der daraus folgenden eigenwilligen Auslegung der Verfügung deren Intentionen – wenn auch auf andere Weise – gerecht: Intendiert war durch die Nötigung zur Explikation der Handlungsrationalität und der Rechenschaftslegung ein Autonomisierungsschub zu initiieren, indem die dadurch notwendig werdende Besinnung auf eigene Verfügungsrechte Potenzial zum selbstbestimmten Umgang mit diesen evozieren sollte. Aber wie vielfach innerhalb eines Interdependenzmanagements wurde die Intention – auch bei gelungener Initiierung eines Reformprozesses – nicht ungebrochen, d.h. vielfach vermittelt wirksam: Die Leopold-Schule trat so selbstbewusst auf, dass sie in ihrem Programm keine Selbstevaluation als Kontrolle der Aktivitäten der KollegInnen vorsah. Das Gefühl, qua professioneller Autonomie verantwortlich zu handeln, war im Selbstverständnis so stark verankert, dass sich eine formale Institutionalisierung einer Instanz der kritischen Selbstreflexion erübrigte. Die Schulleitung schien diese Position gegenüber der Schulaufsicht und der Öffentlichkeit offensiv zu verteidigen, was bezogen auf die Schule eine Akkordierung der belief-systems und der Modi der Handlungskoordination bewirkte und damit zugleich zu einer Homogenisierung der organisationsinternen Akteurskonstellation führte. Die Schule versicherte sich damit ihrer Verfügungsrechte, indem sie die Delegation von Verantwortlichkeit – die zuvor auch schon bestand – offensiv akzeptierte, die Nötigung zur Rechenschaftslegung aber gerade mit dem Hinweis auf das eigene Verantwortungsbewusstsein zurückwies. Hier zeigt sich, wie das Oxymoron einer „kontrollierten Autonomie" die InitiatorInnen/VertreterInnen dieser Idee hinsichtlich des Modus der Handlungskoordination in eine double-bind-Situation bringt: Zugleich durch die Delegation von Verantwortlichkeiten argumentativ auf die Professionalität der AkteurInnen vor Ort zu verweisen, lässt es schwer werden, diesen gegenüber offensiv die Notwendigkeit einer Kontrolle zu legitimieren. Auch wenn Evaluation dem Grundgedanken nach nicht mit solcher Kontrolle gleich zu setzen ist, so kann sie aus der Perspektive der Evaluierten doch immer leicht als solche interpretiert werden. Wenn Vertrauen gut, aber Kontrolle besser ist, dann gerät hierbei aus dem Blick, dass der Verweis auf die Kontrolle eben systematisch immer das Vertrauen beschädigt. Das offensive Moment des Wechsels des Modus der Handlungskoordination durch die Leopold-Schule bestand eben darin, sich die ursprünglichen Verfügungsrechte zu sichern, indem sie den mit dem Instrument der Schulprogrammarbeit und der darin enthaltenen Autonomievorstellung implizierten Vertrauensvorschuss beim Wort nahm und sich damit gegenüber kritischen Nachfragen immunisieren konnte.

9. Vergleichende Analysen von Argumentationsmustern von LehrerInnen zur Transformation von Autonomievorstellungen in der Schulprogrammarbeit

9.1 Argumentationsmuster von LehrerInnen als Forschungsdesiderat

Dass LehrerInnen innerhalb von Schulentwicklung eine Schlüsselrolle einnehmen, ist ein Allgemeinplatz der Schulentwicklungsforschung. Im Gegensatz dazu steht die marginale Forschungstätigkeit über die Einstellungen der LehrerInnen zur Schulentwicklung. Auch Söll konstatiert für die Konzepte und Modelle der Schulentwicklungsliteratur, dass die Schlüsselrolle der LehrerInnen zwar zumeist erkannt werde, „doch die Meinungen der Lehrerinnen und Lehrer werden nicht dargelegt oder zusammengefasst" (Söll 2002, 16). Selbst in den Praxis-Berichten beobachtet er eine faktische Unterbewertung der genuinen Akteursperspektive für die Prozessbeschreibung. Vorherrschend seien in den Entwicklungsreporten oftmals die subjektiven Theorien der EntwicklerInnen, deren Plausibilität durch Äußerungen von Lehrkräften nur belegt bzw. illustriert würden (vgl. Söll 2002, 22). Einzig in empirischen Studien fänden die Sichtweisen der LehrerInnen zuweilen adäquate Berücksichtigung – allerdings oftmals verbunden mit mangelnder Repräsentativität und Verzerrungen durch projektive Konstrukte der Forschenden (vgl. Söll 2002, 25).[106] Sölls Defizitanalyse mündet in der Forderung nach „systematischen Erhebungen" zu den Sichtweisen der LehrerInnen in diesen Transformationsprozessen. Als zentrale Ergebnisse der inhaltsanalytischen Auswertung von 24 Interviews formuliert Söll (2002, 177) sieben Thesen:

(1) „Lehrerinnen und Lehrer sind stark belastet. Diese Belastung behindert die Schulentwicklung.

---

106 Angesichts des von Söll formulierten Plädoyers für eine stärkere Berücksichtigung der subjektiven Theorien der LehrerInnen ist jedoch bei seinen Untersuchungsergebnissen eine beachtenswerte Deckungsgleichheit zu Erkenntnissen der FachwissenschaftlerInnen zu verzeichnen, „so zeigt sich, daß die von den LehrerInnen genannten subjektiven Diagnose- und Erklärungshypothesen durch die Fachliteratur in vielen Punkten gestützt werden. Die Ansatzpunkte für Bedenken sind vielfältig und insbesondere die Bedingungen sind Anlaß dazu. Es gibt also ‚gute Gründe' für Abwehrreaktionen, Skepsis und Widerstand gegenüber Schulentwicklung." (Söll 2002, 212)

(2) Für die Schulentwicklung wird ein Gestaltungsfreiraum proklamiert. Den Lehrerinnen und Lehrern dagegen erscheint Schulentwicklung als aufgezwungen und durch zahlreiche Bestimmungen eingeschränkt.

(3) Ungünstige Rahmenbedingungen und die Struktur des Schulsystems behindern die Schulentwicklung.

(4) Die Arbeitssituation der Lehrerinnen und Lehrer ist durch Isolation geprägt. Dies behindert die Schulentwicklung.

(5) Schulentwicklung wird von einer Reihe von Lehrerinnen und Lehrern als Entwertung ihrer beruflichen Praxis verstanden.

(6) Schulentwicklung und Veränderungen des Unterrichts gehören für Lehrerinnen und Lehrer zusammen.

(7) Die hergebrachten Formen der Lehrerkonferenz, Schulleitung und Schulaufsicht sind zur Lenkung der Schulentwicklungsprozesse nicht ausreichend. Schulentwicklung braucht geeignete Gremien, Verfahren und Unterstützung."

Die im Folgenden und an anderer Stelle ausführlich (vgl. Heinrich 2006a; 2007) dokumentierten Ergebnisse zu den LehrerInnensichtweisen auf die administrativ verordnete Schulprogrammarbeit stehen in Übereinstimmung mit Sölls Thesen.

Die governancetheoretische Betrachtungsweise der in den LehrerInnenaussagen enthaltenen Informationen über die Formen der Handlungskoordination zeigen jedoch zudem Erklärungshypothesen für diese Tatbestände auf. Erreicht wurde dies durch eine doppelte methodische Fokussierung – sowohl bei der Datenerhebung als auch der Auswertung:

▪ Die Operationalisierung der Datenerhebung mittels des Instruments des *Dilemmainterviews* (vgl. Kap. 9.1.1) erlaubte eine Zuspitzung der argumentativen Auseinandersetzung mit der Autonomiefrage innerhalb der administrativ verordneten Schulprogrammarbeit bei minimaler Verzerrung durch die Interviewführung.

▪ Die aus diesem Material fallrekonstruktiv gewonnenen *Argumentationsmuster* (vgl. Kap. 9.1.3) waren auf den Akt der argumentativen Verteidigung einer Auffassung gerichtet und damit selbst Beispiel für einen Modus der Handlungskoordination, wie er auch anderen AkteurInnen gegenüber denkbar ist.

9.1.1 Dilemmainterviews als Erhebungsmethode

Das die Schulprogrammarbeit beim Übergang von der autonomiebasierten zur evaluationsbasierten Steuerung dominant strukturierende Dilemma ist entsprechend der vorangegangenen Analysen das der *Antinomie von Autonomie und*

Kontrolle. Dieses beeinflusst wiederum die Professionalitätsvorstellungen (vgl. Altrichter 1996; 2000b; Heinrich/Altrichter 2007) und die Partikularinteressen der einzelnen AkteurInnen. Für die Frage der inneren Reform unter dem derzeitigen Innovationsparadigma ist dieses Dilemma aber deshalb bestimmend, weil darin entschieden wird, nicht nur *wie*, sondern *ob* es überhaupt zu einer solchen inneren Reform im Sinne eines organisierten Schulentwicklungsprozesses kommt. Das Dilemma erweist sich als die Gelenkstelle der Reformbemühungen, da von ihm aus der Impuls für die Innovation gesetzt werden soll. Bleibt dieser Impuls aus resp. wird er durch die Antinomie aufgehoben, so ist die innere Reform qua autonomer Schulentwicklungsarbeit schon gescheitert, noch bevor sie begonnen hat. Die Frage nach der Bearbeitung dieses Dilemmas rückt so in den Mittelpunkt der Wirkungsanalysen. Sie wird zum wesentlichen Haltepunkt für die Strukturiertheit der Situation, die sonst in ihrer Komplexität und Multifaktorialität nur schwer zu fassen ist.

Damit in der Untersuchung das Interview tatsächlich auf das Dilemma zentriert blieb, wurde zunächst ein Szenario erstellt, das als Impulsgeschichte für die dann themenzentrierten Gespräche dienen sollte. Dieses Instrument der Dilemmainterviews wurde an anderer Stelle (Heinrich 2006d) ausführlich innerhalb seines entstehungsgeschichtlichen Kontextes (Kritik an Kohlbergs Dilemmainterviews etc.) dargestellt. Im Folgenden soll demgegenüber nur das für das Verständnis der Interviewinterpretationen notwendige Szenario vorgestellt werden, ohne die aufwändigen methodischen und methodologischen Aspekte zu reflektierten, die zur Konstruktion dieses Seznarios führten. Diese Reflexionen sind am angegebenen Ort (Heinrich 2006d) dokumentiert. Unter Maßgabe der dort formulierten Überlegungen wurde das folgende Szenario entwickelt:

In der Konferenz hatte der Schulleiter gesagt, dass man nun auch ein Schulprogramm schreiben werde. Alle Schulen seien angewiesen worden, bis zum Ende des nächsten Jahres ein solches Programm vorzulegen. In ihm sollen die Lehrer die pädagogischen Leitvorstellungen ihrer Schule formulieren. In Zukunft würde sich die Schule dann auch an diesem Programm messen lassen müssen. So solle die Entwicklung der Einzelschule vorangetrieben werden. Bis zur nächsten Sitzung sollten sich alle überlegt haben, wer an der dafür zu gründenden „Schulprogramm-AG" mitmachen wolle. Nach der Konferenz kommt es in der Teeküche des Lehrerzimmers noch zu einer Diskussion zwischen drei Kollegen:

Herr Nolte: Ich finde diese Idee mit dem Schulprogramm gut. Man kann ganz deutlich einmal zeigen, wo man steht und für was man steht.

Herr Kaufmann: Vorausgesetzt sie lassen einen...

Herr Nolte: Wer ist „sie"?

Herr Kaufmann: Na ja, die Schulleitung und die Schulaufsicht.

Herr Nolte: Dass die kritische Nachfragen zu unserem Konzept stellen werden, wenn wir es dann entwickelt haben, ist doch o.k.! Für uns ist das eine gute Kontrolle von außen, damit wir nicht betriebsblind werden, wenn wir versuchen, ein Konzept durchzuziehen, das gar nicht zum Schülerklientel passt, das wir hier haben.

Herr Kaufmann: Was wir hier brauchen, wissen wir doch am besten. Ich halte nicht viel davon, wenn man dazu aufgefordert wird, einfach alles irgendwie besser zu machen und dabei einem beständig über die Schulter geschaut wird. Wenn sie wirklich wüssten, wie es besser geht, dann sollten sie es doch machen. Aber wenn sie es nicht wissen, dann sollen sie sich auch da raushalten.

Herr Nolte: Aber die werden doch nicht einfach etwas ablehnen, wenn es gut begründet ist. Und ob es gut begründet ist, das müssen wir uns ja schließlich auch selber fragen. Wir sollten das als Chance begreifen, einmal wieder konkret-inhaltlich zu diskutieren.

Herr Kaufmann: Und dann muss ich womöglich noch gegenüber der Schulaufsicht irgendein Kompromisskonzept vertreten, hinter dem ich gar nicht voll und ganz stehe. Und das soll dann auch noch von denen „evaluiert" werden, wie das so schön heißt. Das führt doch nur alles dahin, dass ich irgendwann einen Unterricht machen muss, der zwar an einem gemeinsamen Konzept ausgerichtet wird, dafür aber meine pädagogische Freiheit eingeschränkt ist, meinen Unterricht so zu planen, wie ich das für richtig halte. Wir sollten pro forma so ein Programmtext schreiben, damit die Schulaufsicht zufrieden ist. Ansonsten sollte jeder seinen Unterricht so gut machen, wie er kann, und das kann man nur, wenn man nicht durch irgendwelche anderen Vorgaben daran gehindert wird.

Frau Schreiber, die bislang interessiert zugehört hat, kommentiert die Äußerungen ihrer beiden Kollegen:

Frau Schreiber: Eine Chance für neue Impulse könnte es schon sein, aber die Gefahr einer Einschränkung sehe ich auch, wenn man das Ganze einmal realistisch betrachtet. Wenn man allerdings gleich von Anfang an so strategisch an die Sache herangeht, dann bewahrt man sich vielleicht die Eigenständigkeit, aber so ein taktierendes Vorgehen hat auch seine Nachteile und die Möglichkeit einer gemeinsam getragenen Innovation ist damit vertan. Wie man allerdings jetzt mit dieser Situation umgehen sollte, weiß ich auch noch nicht. Vielleicht sollten wir alle erst einmal darüber schlafen...

9.1.2   Zur Erhebungspraxis und zur Population

Konkrete Fallzahlen für Dilemmainterviews lassen sich vorab nur schwer kalkulieren. Bei Dokumentenanalysen kann leicht im Sinne eines theoretischen Samplings eine Fokussierung erreicht werden, die schließlich in die ausführliche Analyse nur weniger Texte mündet. Neben den exemplarischen Fällen können dann auch im Sinne einer analytischen Induktion Kontrastfälle gegenübergestellt werden. Bei der Erhebung von Dilemmainterviews ist es hingegen wenig effizient, zunächst eine so große Datenmenge (etwa 100 Interviews) zu erheben, um dann im angegebenen Sinne eine Auswahl für die rekonstruierende Fallanalyse zu treffen. Auch aus eigenen Erfahrungen mit anderen fallrekonstruktiv operierenden Studien, die sich auf Dilemmainterviews stützten (vgl. Heinrich/Uecker 2000; Heinrich 1999; 1999/2000; 2001a; 2001b; Kersting 2002; vgl. auch Heinrich 2005b) war mit einer theoretischen Sättigung schon sehr früh – etwa bei 20 Interviews – zu rechnen. Aufgrund der geringen Fallzahl sind keine Formen quantitativer Verallgemeinerung möglich, sie wurden innerhalb dieses Designs aber auch nicht angestrebt. Ein Beispiel für ein analoges Vorgehen ist im DFG-Projekt „Selektionsentscheidungen als Problembereich professionellen Lehrerhandelns" (vgl. Terhart 2001b) dokumentiert, das ebenfalls mit teil-offenen Interviews und dem Einsatz von Dilemmageschichten operierte. In diesem Projekt wurden hierfür 33 Lehrkräfte interviewt. Entsprechend der ähnlichen forschungsmethodischen Konzeptualisierung des anvisierten Projekts konnte in der vorliegenden Untersuchung im Anschluss an Pretests auch die Fallzahl auf 25 Interviews begrenzt werden. Dabei wurde versucht, möglichst aus allen Schulformen InterviewpartnerInnen zu gewinnen, um zu vermeiden, dass bestimmte schulformspezifische Argumentationsmuster nicht erfasst werden. Angesichts der Sonderstellung der Sonderschulen aufgrund der jeweils divergierenden Bezugnahme auf das unterschiedliche Schülerklientel wurden keine Lehrkräfte dieser Schulform befragt, sondern LehrerInnen von Grundschulen, Hauptschulen, Realschulen, Berufsschulen, Gymnasien und Gesamtschulen. Ebenfalls wurde versucht, möglichst Unterrichtende aller Altersgruppen zu befragen, das hieß im „Extremfall" Referendare und Lehrkräfte, die kurz vor der Rente stehen. Alle diese „Verteilungsfragen der Grundgesamtheit" hinsichtlich der Population wurden indes als nachrangig behandelt, da „soziometrische Kategorien" bei einer solchen geringen Fallzahl ohnehin nicht aussagekräftig sein konnten – etwa im Sinne eines quantitativen, kontrastierenden Gruppenabgleichs. Es sollte durch die kaum strukturierte Streuung lediglich erreicht werden, dass nach Möglichkeit kein in der Autonomiediskussion zentrales Argumentationsmuster herausfallen sollte, wie es bei einer altershomogenen und gleichgeschlechtlichen Kohorte einer bestimmten Schulform eher möglich gewesen wäre. Die Interviews wurden – um auch in dieser Hinsicht eine die Varianz der Antworten erhöhende Option zu haben – an Schulen in Hessen und in Nordrhein-Westfalen erhoben, da sich diese im Erhebungszeitraum (Sommer/Herbst des Jahres 2002) in der „heißen Phase" der Schulprogrammarbeit befanden oder sie gerade – im ersten Durchlauf – abgeschlossen hatten (vgl. Diegelmann/Porzelle 1998; 1999).

9.1.3 Vergleichende Analyse von Argumentationsmustern[107]

Die Rekonstruktion der Aussagen von AkteurInnen im Sinne der Objektiven Hermeneutik soll dem Auffinden von strukturellen Bedingungen und „typischen" Reaktionen auf eben jene dienen, um durch diesen Erkenntnisfortschritt die Praxis, wenn auch nicht kalkulierbar, so doch zumindest „verstehbar" zu machen. In den Aussagen spiegelt sich geronnene soziale Erfahrung wider, sodass mit den Äußerungen sowohl subjektive Reaktionen fassbar werden als auch die diesen zugrunde liegenden objektiven strukturellen Bedingungen, die eine solche Reaktion provozieren.

Mit dem Gedanken der „pädagogischen Autonomie" wurde in der Untersuchung auf einen für die Pädagogik und dementsprechend auch für die LehrerInnenprofessionalität zentralen Topos zurückgegriffen. Das gilt zumindest insoweit, als dieser die fachwissenschaftliche Diskussion über weite Strecken bestimmte (vgl. Kap. 2). In den Interviews stand nun auch infrage, welchen Niederschlag diese Theoriebildung im Bewusstsein der PädagogInnen vor Ort gefunden hat, d.h. ob und inwieweit Vorstellungen pädagogischer Autonomie auch subjektiv bei LehrerInnen ein Deutungsmuster zur Krisenbewältigung generiert haben.

Dem Begriff des Deutungsmusters kommt hierbei eine zentrale Stellung zu. Das sozialwissenschaftliche Deutungsmuster-Konzept zielt auf eben solche objektiven Niederschläge im Bewusstsein von AkteurInnen. Oevermann hat die Deutungsmuster in einer Randbemerkung einmal als Strukturhomologe zu den Paradigmen wissenschaftlicher Theoriebildung im Sinne von Thomas Kuhn bezeichnet (vgl. Oevermann 2000a, 3, Anm. 2). Genau in diesem Sinne wäre an dieser Stelle zu untersuchen, ob das Reformparadigma der pädagogischen Autonomie als Deutungsmuster im Bewusstsein der pädagogisch ausgebildeten AkteurInnen präsent und wirksam ist. Um die Reichweite eines solchen Erkenntnisinteresses kenntlich zu machen, muss zunächst zumindest in Ansätzen

---

107 Vgl. hierzu die vom hier vorgestellten Begriffsverständnis von „Argumentationsmustern" noch leicht abweichenden Überlegungen in Heinrich (2006c, 114-132; 2006d).

expliziert werden, welcher Anspruch mit dem Deutungsmuster-Konzept verbunden ist:

> „Im Zentrum dieses Theorientwurfs steht ein einfacher Gedanke [...]: Das sprach
> lich konstituierte Bewußtsein der Lebenspraxis steht beständig vor objektiven, kri
> senträchtigen Problemstellungen: z.b. der Aufrechterhaltung von Gerechtigkeit, der
> Bewährung angesichts der Endlichkeit des Lebens, der Geschlechtsdifferenz und
> ihrer Folgen, der Bewältigung existentieller Krisen verschiedenster Art, der Soziali
> sation des Nachwuchses, der Sicherung des nackten Lebens, der Lösung von Bezie
> hungskonflikten, usf.. Für solche in ihrer Typik immer wiederkehrenden Problem
> stellungen benötigt dieses Bewußtsein einer krisenfähigen Lebenspraxis feststehen
> de, voreingerichtete Interpretationsmuster, um auf einem Grundstock von Überzeu
> gungen auffußend mit einer je eigenen Problemlösung beginnen zu können oder um
> von vornherein die Krise gar nicht erst als Krise aufkommen zu lassen. Deutungs
> muster sind also krisenbewältigende Routinen, die sich in langer Bewährung einge
> schliffen haben und wie implizite Theorien verselbständigt operieren, ohne daß je
> weils ihre Geltung neu bedacht werden muß. Als solche Muster müssen sie (i) vor
> allem einen hohen Grad der situationsübergreifenden Verallgemeinerungsfähigkeit
> besitzen, (ii) sich in der Unterdrückung bzw. Auflösung potentieller Krisen bewährt
> haben und (iii) angesichts der von daher erforderlichen Anwendbarkeit auf eine
> große Bandbreite konkret verschiedener Handlungssituationen einen hohen Grad
> von Kohäsion und innerer Konsistenz aufweisen. Sie sind demnach einerseits histo
> risch-epochale Gebilde, die jeweils den Zeitgeist gültig ausdrücken, andererseits
> aber auch Gebilde, die universellen Bedingungen der Gültigkeit genügen müssen.
> Dazu gehört vor allem die Widerspruchsfreiheit innerhalb der Logik des besseren
> Argumentes. Da sie aber unbewußt operierende, auf die Praxis als Praxis bezogene
> Gebilde sind und nicht explizite, d.h. nach expliziten Kriterien der Geltung metho
> disch zu überprüfende Theorien, stehen sie unter dem selektiven Druck, Deutungen
> zu zeitigen, die mit jeweiligen kollektiven Interessenlagen übereinstimmen, d.h.
> solche Deutungen enthalten, die diesen Interessen dienen und mit den Errungen
> schaften von Individuen, Gruppen oder Strukturaggregaten im jeweiligen System
> sozialer Ungleichheit vereinbar sind bzw. zu deren Aufrechterhaltung und Mehrung
> passen." (Oevermann 2000a, 3)

Anhand dieser Formulierungen von Oevermann wird deutlich, welch großer
Anspruch mit dem sozialwissenschaftlichen Terminus des Deutungsmusters
verbunden ist. Insbesondere der hohe Grad an struktureller Abstraktheit bei
gleichzeitiger empirischer Konkretheit stellt den Versuch der Rekonstruktion
eines stichhaltigen Deutungsmusters vor eine große Herausforderung. Die hinter
dem Versuch der Explikation eines Deutungsmusters liegenden Schwierigkeiten
werden einmal mehr deutlich, wenn man den sozialwissenschaftlichen Begriff
der Habitusformation als konkurrierendes Konzept neben den Deutungsmuster-

Ansatz stellt. Oevermann hat dies ebenfalls im Sinne einer kontrastierenden Darstellung getan. Zum Begriff der Habitusformation schreibt er:

> „Ähnlich wie Bourdieu fasse ich unter dem Begriff der Habitusformation jene tiefliegenden, als Automatismus außerhalb der bewußten Kontrollierbarkeit operierenden und ablaufenden Handlungsprogrammierungen zusammen, die wie eine Charakterformation das Verhalten und Handeln von Individuen kennzeichnen und bestimmen. Sie gehören gewissermaßen zu einem Individuum wie ein Charakter und lassen sich von ihm nicht mehr trennen und wegdenken. Habitusformationen entstehen in kriterialen Phasen der Ontogenese, sind ähnlich wie Deutungsmuster Ausdruck von Krisenlösungen und Krisenbewältigungen und als solche tief ins – nicht unbedingt dynamische – Unbewußte hinabgesunken. So wie man sagen kann, daß im Sinne der Chomsky-Theorie der universalgrammatische Spracherwerbsapparat sich nur in der konkreten Aneignung einer kulturspezifischen Einzelsprache entfalten kann, die eben dadurch zur Muttersprache wird, der gegenüber alle anderen Sprachen Fremdsprachen werden; und so wie man analog dazu sagen kann, daß man die soziale Handlungsfähigkeit und Autonomie des erwachsenen Subjekts immer in der Konkretion eines je historisch-kulturell gegebenen sozialisatorischen Milieus erwirbt, dessen Eigenarten man selbst dann, wenn man sich bewußt möglichst weit davon entfernen will, immer als habituelles Charakteristikum in sich tragen wird, so werden lebenspraxisbestimmende Habitusformationen vor allem in den ontogenetischen Krisen der milieugebundenen Sozialisation erworben und tief im Verhaltensrepertoire verankert, so tief, daß eine vollständige Abkehr von ihnen so gut wie unmöglich ist." (Oevermann 2000a, 9)

Die Habitusformation als konkurrierendes handlungsleitendes Moment der Krisenbewältigung erscheint auf den ersten Blick für den hier zur Diskussion stehenden Sachverhalt als weniger relevant, fällt es doch prima facie schwer, in der Autonomiefrage für die Lehrkräfte eine ontogenetisch signifikante Form der Krisenbewältigung auszumachen. Anhand der weiterführenden vergleichenden Darstellung von Oevermann wird indes deutlich, dass womöglich auch im Falle der Autonomiediskussion innerhalb von Kollegien Habitusformationen eine bedeutende Rolle spielen könnten, auch wenn die Suche nach Deutungsmustern zunächst näher liegend scheint:

> „Habitusformationen teilen mit Deutungsmustern etwas Wesentliches: Ebenso wie diese operieren sie unbewußt, 'schweigend' und ebenso wie diese erzeugen sie ein vergleichsweise scharf geschnittenes Urteil der Angemessenheit, ohne daß dessen Gründe vom so urteilenden Subjekt auf Befragen expliziert werden könnten. Und ebenso wie diese sind sie durch eine interne quasi-argumentative Strukturiertheit und eine sinnlogische Architektonik geprägt, die weit in die historische Vergangenheit einer kulturellen Entwicklung hinabreicht. Ebenso wie diese bestimmen sie das konkrete praktische Handeln nach dem Modus, wie Algorithmen konkrete Äuße-

rungen generieren. Habitusformationen und Deutungsmuster unterscheiden sich also strukturell kaum. Der Unterschied zwischen ihnen ist insofern eher als gradueller anzusetzen auf einem Kontinuum der Tiefe der biographisch-ontogenetischen Verankerung, mit der der Grad des Automatismus in ihrer Operationsweise variiert und entsprechend die Chance ihrer biographischen Veränderung durch neue Erfahrungen. Deutungsmuster lassen sich eher bewußt machen und durch bewußte Klärung und durch Konfrontation mit widersprechender Realität verändern." (Oevermann 2000a, 10)

An dieser Stelle wird deutlich, dass es für die Frage der Schulentwicklung essentiell wäre, ob es sich bei den Reaktionen der Lehrkräfte primär um Derivate von Habitusformationen oder von Deutungsmustern handelt. Epochaltypische Deutungsmuster, die einer bestimmten Form der beruflichen Sozialisation als LehrerIn geschuldet sind, wären potenziell veränderbar, während die ontogenetisch tiefer verankerten Habitusformationen eine solche Änderung kaum zulassen würden. Virulent wird damit die Frage, ob es sich bei der pädagogischen Autonomie „lediglich" um ein im Professionalitätsverständnis und der beruflichen Sozialisation verankertes Deutungsmuster handelt, oder ob das Autonomiephänomen als Konstituens des pädagogischen Bezugs so tiefgreifend unsere Reaktionen auf Pädagogisches prägt, dass – jenseits der professionsgebundenen Deutungsmuster – auch ein impliziter Rückgriff auf Habitusformationen vorliegt, wenn wir versuchen, eine „pädagogische Krise" durch Rekurs auf „pädagogische Autonomie" zu lösen:

„Damit hängt eine weitere Akzentverschiebung im Vergleich von Deutungsmustern und Habitusformationen zusammen. Deutungsmuster sind im Vergleich zu Habitusformationen 'reiner' spezifisch kognitive Bildungen, bei denen eine emotive oder affektuelle Aufladung fehlt. Sie implizieren zwar auch Bewertungen, aber solche, die auf kognitive Sachverhaltsurteile zurückgehen und nicht auf in der Ontogenese der Antriebsstruktur und der primär psychischen Entwicklung verwurzelte Strebungen und Motive. Hingegen ist es durchaus plausibel, für die Bildung von Habitusformationen eine integrale Verbindung mit diesen ontogenetischen Entwicklungen in Rechnung zu stellen. Habitusformationen sind also mit der individuellen psychischen Entwicklung viel stärker verwoben als das für Deutungsmuster anzunehmen ist. Entsprechend werden Deutungsmuster viel stärker als Habitusformationen nicht nur milieuspezifisch variieren, sondern mit der Abgrenzung von sozialen Milieus und von historischen Epochen zusammenfallen, ja diese Abgrenzungen ganz maßgeblich bedingen." (Oevermann 2000a, 10)

Anhand dieser Überlegungen zur Abgrenzung der beiden sozialwissenschaftlichen Erklärungsmuster wird deutlich, dass der Status der pädagogischen Autonomie innerhalb dieser Interpretationsversuche von Welt nur schwer zu bestimmen ist, eine solche Bestimmung aber im Sinne einer Grundlagenforschung zur Autonomiefrage in der Schulentwicklung essentiell wäre. Die Klärung dieser Frage nach Habitusformationen oder Deutungsmustern der pädagogischen Autonomie wäre indes eine Aufgabe für eine umfassende qualitative Professionsforschung im Sinne einer struktursoziologisch fundierten LehrerInnenbewusstseinsforschung. Eine solche Forschungsleistung kann hier nicht erbracht werden. Andeutungen dazu, wie eine solche Forschung aussehen könnte, sollen indessen durch die folgenden Analysen gegeben werden.

Um missverständliche Interpretationen des Anspruchs der folgenden Analysen hinsichtlich der Allgemeingültigkeit zu vermeiden, habe ich in Abgrenzung zu den Begriffen *Deutungsmuster* und *Habitusformationen* neue Begrifflichkeiten gewählt. Ich habe hierbei zwischen *Argumentationsmustern* und *Reaktionsmustern* unterschieden (vgl. Heinrich 2006c; 2006d).

In *Reaktionsmusteranalysen* soll im Sinne einer Fallstudie die Reaktion Einzelner rekonstruiert werden. Als Einzelfall bergen diese Rekonstruktionen zwar auch die infrage stehenden Deutungsmuster und Habitusformationen, doch der Anspruch der Universalisierung der mit solchen *Reaktionsmusteranalysen* vorliegenden Ergebnisse ist geringer – nicht zuletzt aufgrund kleiner Fallzahlen und fehlender empirischer Kontextualisierung der einzelnen Interviews durch eine Strukturanalyse der jeweiligen institutionellen und organisatorischen Einbettung der Prozesse vor Ort, wie sie nur durch strukturtheoretisch verfahrende ergänzende Feldstudien möglich wären. Gleichwohl sollen *Reaktionsmusteranalysen* nicht nur als Belege für subjektive Verarbeitungsmechanismen fungieren. Als rekonstruierte subjektive Reaktionen enthalten sie dialektisch – ex negativo – immer auch zahlreiche Verweise auf die objektiven sturkturellen Bedingungen, die die Subjekte zu eben diesen Reaktionen drängen. An anderer Stelle habe ich in Form von fünf Porträts eine Darstellung von Reaktionsmustern zu dem zuvor angeführten Dilemmaszenario unternommen (vgl. Heinrich 2006a, 472-538; Heinrich 2007).

In *Argumentationsmusteranalysen* wird im Vergleich zu *Reaktionsmusteranalysen* der Akzent noch stärker auf die strukturellen Bedingungen eines Phänomens gelegt. Die Annahme ist, dass sich komplexe Deutungsmuster mit einem hohen Grad von Kohäsion und innerer Konsistenz zur deutenden Krisenbewältigung in einer großen Bandbreite verschiedener Handlungssituationen konkretisieren. Demnach sind sie in allen deutenden, interpretierenden Bewältigungsmodi von AkteurInnen enthalten, wenn sie auf eben jene Krisen reagieren. Dementsprechend kann als Vorstudie zur Explikation eines abstrakten *Deutungsmusters* von hoher Allgemeingültigkeit der Versuch unternommen werden, bei vorsichtiger Selektion – nach Möglichkeit ohne Verfälschung der durch Sequenzierung isolierbaren Einheiten – strukturell typische *Argumentationsmus-*

ter herauszuarbeiten. Treten innerhalb der Aussagen eines/einer Interviewten oder bei mehreren ProbandInnen vermehrt die gleichen Argumente bzw. analoge Argumentationsführungen auf, so liegt die Vermutung nahe, dass hinter diesen strukturell bedingte Argumentationsmuster liegen, d.h. innerpädagogische oder organisationssoziologische Strukturen eine Wiederkehr dieser Argumente bedingen.

Über die teil-offenen Interviews mit 33 Lehrern und den Einsatz von Dilemmageschichten im zuvor bereits erwähnten DFG-Projekt zu „Selektionsentscheidungen als Problembereich professionellen Lehrerhandelns" schreibt Terhart:

> „Die Interviews schlossen die Präsentation von drei konstruierten Dilemma-Situationen aus dem Alltag des Beurteilens ein, die von den Interviewpartnern ausführlich kommentiert werden sollten. Die Auswertung der Interviews und Kommentare richtete sich *nicht* auf eine i.w.S. psychologische Rekonstruktion individueller Formen und Deutungen. Es sollte also nicht die Vorstellungswelt einzelner Interviewpartner über alle Fragen hinweg rekonstruiert, sondern umgekehrt jeweils von einer Frage bzw. dem damit gesetzten Themenkomplex ausgegangen und quer über Personen hinweg Argumentationen ermittelt werden. Es geht um das Herauspräparieren von typischen, personenunabhängigen Argumentationsmustern, die wiederum in den weiteren professions- und schultheoretischen sowie bildungssoziologischen Kontext gestellt werden. Insofern wird nicht personenbezogenhorizontal, sondern theorieorientiert-vertikal verallgemeinert." (Terhart 2001b, 93)

Da die folgenden Analysen zu LehrerInnensichtweisen entsprechend der in Kapitel 5.2 formulierten Thesen (*Reduktionsthese* & *Optionenthese*) auf Akteurskonstellationen und deren governancetheoretische Einbettung innerhalb des Reformprozesses abzielen, wurde methodisch die *Argumentationsmusteranalyse* gewählt, da durch den Vergleich der verschiedenen Reaktionen die strukturellen Bedingungen der Prozesse stärker ins Bewusstsein gehoben werden.

In Kapitel 6.1 wurde bereits die Auswahl der verschiedenen Ebenen des Schulsystems begründet, auf die die LehrerInnensichtweisen auf *Argumentationsmuster* hin untersucht werden: Die Schulaufsicht (vgl. Kap. 9.2), die Schulleitung (vgl. Kap. 9.3), das Kollegium (vgl. Kap. 9.4) und das professionelle Selbstverständnis der einzelnen Lehrkraft (vgl. Kap. 9.5).

9.2 Argumentationsmuster zur Autonomie gegenüber der Schulaufsicht

Die Skepsis gegenüber dem neuen Instrument der Schulentwicklung nimmt bei den befragten LehrerInnen eine sehr unterschiedliche Form an. Oftmals wird die

Aufforderung als zu diffus empfunden, da man gar nicht wisse, worum es sich bei einem solchen Schulprogramm handele (vgl. auch Kap. 8.4.2). Vielfach wird auch der schwer kalkulierbare Arbeitsaufwand angeführt. Zuweilen sind aber auch Äußerungen wie die folgende einer Grundschullehrerin zu hören: *„Ja eben auch, dass man auf der einen Seite ein Konzept erstellt, das nur eine Kontrolle sein soll, wo eine Kontrolle dahinter stehen soll, und nicht wirklich dieses eigentliche Schulprogramm. "* In dem von der Grundschullehrerin beschriebenen Kollegium scheinen – zumindest bei denjenigen KollegInnen, die diese Befürchtung äußerten – die Vorbehalte gegenüber der Schulaufsicht die Perspektive derart zu dominieren, dass es sogar zu der Vermutung kommt, das Schulprogramm sei nicht nur eine verdeckte Sparmaßnahme, sondern zudem eine kaschierte Kontrollmaßnahme – jenseits aller pädagogischen Beteuerungen. Damit wird den Inauguratoren des Konzepts nicht nur strategisches Kalkül, sondern böser Wille unterstellt. So fundamentale Zweifel an der Redlichkeit des Gegenübers lassen die Aussicht auf eine kooperative Zusammenarbeit wenig erfolgversprechend werden. Wenn solche Vermutungen resp. Unterstellungen wie ein Reflex bei den Beteiligten einrasten, dann steht zu befürchten, dass es sich um einen derart verfestigten Habitus handelt, dass ein Aufbrechen dieser Reaktionsroutinen nur schwer gelingen wird.

Der schulaufsichtlichen Kontrolle ist seit jeher eine prekäre Ambivalenz inhärent, die auch in der Schulentwicklungsliteratur oftmals beschrieben wurde: „Lehrer und Schulräte – ein strukturell gestörtes Verhältnis", lautet beispielsweise der Titel einer Publikation des Bamberger Erziehungswissenschaftlers Rosenbusch (1994), der selbst mehrere Jahre in der Schulleitung tätig war. Die Schulprogrammarbeit, innerhalb derer die Schulaufsicht eine zentrale Rolle einnimmt, soll nun indes dieses gestörte Verhältnis transformieren in ein transparentes Miteinander „kritischer FreundInnen". In diesem Bild der „kritischen Freundin"/des „kritischen Freundes" ist der Gedanke einer gegenseitigen Professionalitätsunterstellung enthalten, verbunden mit der Vorstellung einer positiven Zugewandtheit der AkteurInnen, ausgedrückt in dem Freundschaftsbegriff. Eine solche Transformation der Rollenerwartungen ist allerdings auch notwendig, um zu plausibilisieren, dass ein durch den Aufsichtsaspekt tendenziell gestörtes Verhältnis durch die Intensivierung einer in Evaluationsorientierung transformierten Kontrolle verbessert werden könnte.

Abstrahierte man von dieser unterstellten Neudefinition der eigenen sozialen Rolle, so wäre der Gedanke geradezu irrwitzig, die Ursache der „Störung", die Kontrolle, zu intensivieren, um den Missstand zu beseitigen. Der Störfaktor muss vielmehr von beiden Seiten produktiv umgedeutet werden. Kern dieser Umdeutung ist die aufklärerische Einsicht, dass qua Subjektivität jede(r) Involvierte nur über eine beschränkte Rationalität verfügt und kritische Distanzierung von der eigenen Perspektive zum notwendigen Korrektiv der Objektivierung eigenen Handelns wird (vgl. Heinrich 1998b). Gegenüber solcher perspektivisch beschränkter Handlungsrationalität soll die Fremdwahrnehmung als Korrektiv fungieren, das die eigene kognitive Distanzierung erleichtert, sodass die Fremdwahrnehmung in Selbstwahrnehmung, d.h. eigene Einsicht überführt werden kann – so zumindest das idealtypische, am Aufklärungsoptimismus orientierte Rationalitätsmodell von Evaluation. Diejenigen LehrerInnen, die dem Evaluationsgedanken positiv gegenüberstehen, scheint dieses Argument überzeugt zu haben:

> *„Der Schlüsselsatz 'Für uns ist das eine gute Kontrolle von außen, damit wir nicht betriebsblind werden. Wenn wir versuchen, ein Konzept durchzuziehen, das gar nicht zum Schülerklientel passt, das wir hier haben.', also das finde ich, ist so der Schlüsselsatz, der auch bei unseren Kollegen oder bei einigen unserer Kollegen im Hinterkopf steht."*

Für diese Kollegin wird der Gedanke einer eigenen Horizonterweiterung durch Fremdwahrnehmung zum *„Schlüsselsatz"*. Womöglich hat sie intuitiv erkannt, dass nur diese Fokussierung auf die rein kognitive, anthropologisch-generalisierbare Beschränkung (*„betriebsblind"* qua Perspektivität) es erlaubt, die Fremdevaluation zu rechtfertigen, ohne dabei von der Professionalitätsunterstellung gegenüber den LehrerInnen Abstand zu nehmen. Die LehrerInnen bedürfen so zwar der korrigierenden Fremdwahrnehmung, doch ist das nicht Ausdruck einer Unprofessionalität oder Verantwortungslosigkeit vonseiten der Lehrkräfte, sondern vielmehr notwendiger Ausdruck einer epistemischen Grundverfasstheit aller Menschen, die entsprechend auch für andere Handlungen resp. Berufe zu berücksichtigen wäre. Angesichts dieser Grenzen unseres subjektiven Erkenntnisapparates kann dann paradoxerweise auch die Fremdevaluation als Moment der Autonomisierung interpretiert werden, als Ausgang aus vermeidbarer Unmündigkeit.

Demnach erweist sich die Autonomie der Lehrkraft darin, Kontrolle zuzulassen, mehr noch, sie als Befreiung von eindimensionaler Rationalität zu begreifen. Fraglich ist indes nur, ob dieses epistemologisch-idealtypische Konstrukt einer systematisch steigerbaren Rationalität nicht in der Realität der Dialektik der Aufklärung unterliegt. Das Verhältnis von SchulaufsichtsbeamtInnen und LehrerInnen ist eben nicht nur durch dieses gemeinsame Erkenntnisinteresse geprägt, sondern auch von anderen Bedingungen, die oftmals das Verhältnis so überlagern, dass man im Gegenteil das in dem idealtypischen Konstrukt wie selbstverständlich unterstellte gemeinsame Erkenntnisinteresse nicht überall repräsentiert sehen wird. In dem Wissen um die Notwendigkeit der Rollentransformation bei gleichzeitiger Behinderung durch die strukturellen

Voraussetzungen des Verhältnisses werden in der Ratgeber- und Leitfadenliteratur daher beide Seiten dazu aufgefordert, ihre Verhaltensmuster zu überdenken und positiv-konstruktiv gestimmt dem Anderen gegenüber zu treten: „Chancen nutzen statt Rituale pflegen. Tipps für den Umgang mit der Schulaufsicht" lautet so etwa der Titel eines Beitrags des Schulentwicklers Burkhard (1999).

Um das beschriebene Problem strukturell zu umgehen, wird vielerorts auch vorgeschlagen, die Fremdevaluation von KollegInnen einer benachbarten Schule durchführen zu lassen (bspw. Burkhard 1995a; 1996). Da sozial in der gleichen Situation stehend, haben diese die Möglichkeit, tatsächlich als „kritische FreundInnen" agieren zu können. Die Vorstellung von den „kritischen FreundInnen" lebt von dem Verweis auf eine besondere Form der sozialen Beziehung, die sich nicht verordnen lässt. Die Freundin/den Freund muss man sich frei wählen können. Grund für diese Wahl ist neben der geteilten Lebenswelt und anderen Gründen eine zumeist nicht rational begründbare Sympathie der/dem Anderen gegenüber. Natürlich ist es prinzipiell denkbar, dass auch auf der Grundlage ähnlicher Interessen und der gemeinsamen Arbeit Freundschaften entstehen, doch lassen sich diese Verhältnisse nur bedingt organisationsentwicklerisch „planen" bzw. „fördern". Insofern steht auch dieses Konzept vor gruppendynamischen Problemen. Würde der Gedanke der „kritischen FreundInnen" nun umstandslos auf das Verhältnis zur Schulaufsicht übertragen, dann setzte dies immer schon eine Form der kooperativen Zusammenarbeit als Ausgangsbasis voraus, die allenfalls am Endpunkt einer Schulentwicklungsbemühung entstehen kann. Damit würde die entscheidende Frage danach übersprungen, wie denn die AkteurInnen erst zu „kritischen FreundInnen" werden könnten.

Dass in der verordneten Schulprogrammarbeit auch ein Kontrollmoment enthalten ist, wird von keiner Lehrkraft bestritten. Stark differieren allerdings die Reaktionen auf diese angekündigten Überprüfungen oder gar antizipierten Reglementierungen.

Der Leiter einer gymnasialen Oberstufe einer Gesamtschule versucht beispielsweise die Evaluation als Mechanismus vorzustellen, der im Interesse der LehrerInnen dafür sorgt, dass der zusätzliche Aufwand, den sie mit der Schulprogrammarbeit betreiben, sich letztlich auch auszahlt und nicht „auf unnötige Kosten der Lehrkräfte" geht (vgl. Heinrich 2006, 425-429). Solche positiven Haltungen gegenüber der Evaluationsfrage sind indessen nicht nur von Mitgliedern der Schulleitungen zu hören. Eine Realschullehrerin, die seit fast 30 Jahren im Schuldienst ist, stellt mit großem Selbstbewusstsein eine solche Form der Überprüfung ebenfalls als Selbstverständlichkeit dar, indem sie sie als übliche Form der Rechenschaftslegung begreift:

„Also Herr Nolte hat, einerseits finde ich die Argumente sicherlich richtig. Warum soll man sich nicht hereinschauen lassen in sein Tun. Das, was man tut, muss überall überprüfbar sein. Das ist einfach eine Sache, das sind wir einfach auch im Hinblick auf unsere Verantwortung, unserem Gesamtberufsbild schuldig, mit dem, was wir umsetzen in Realität. "

In der Darstellung dieser Lehrerin wird deutlich, dass sie die Autonomie, die ihr in der pädagogischen Tätigkeit gewährt wird, als rechenschaftspflichtig anerkennt, sie sogar explizit solche Legitimation nach außen als Moment ihrer Verantwortung kennzeichnet. Offen bleibt damit indes noch, wie ihrer Ansicht nach solche Überprüfung und Rechenschaftslegung konkret gestaltet sein sollte. Ein älterer Lehrer, der auch aktiv an der Schulprogrammarbeit teilgenommen hat, kommentiert die Frage nach dem von ihm gewünschten Modus der Kontrolle innerhalb der Schulentwicklung wie folgt:

„Eine lockere, objektive Kontrolle sollte sein, damit es nicht zu individuell wird. So kann man dann die Programme der Schulen vergleichen. [...] mit objektiv meine ich, dass der Schulrat kontrolliert, dass wir uns nicht vollständig in was verrennen, in ein pädagogisches Konzept, das gegen alle Lehrpläne ist, die man hat. [...] Eine Gefahr liegt darin, dass der Lehrstoff zu individuell behandelt wird, und da ist es gut, wenn die Schulaufsicht locker korrigierend eingreift. [...] Es soll verhindert werden, dass die Schule zu sehr von der Generallinie abdriftet. [...] Die Lehrpläne und die Gemeinsamkeit mit anderen Schulen [geben diese Generallinie vor; d.V.]. – Es kann ja nicht jede Schule ihr eigenes Forschungsprojekt sein. "

In diesem Passus dominieren zwei miteinander verwobene Kernvorstellungen die Argumentation hinsichtlich der Kontrolle.

Zum einen greift der Lehrer das Theorem vom Spannungsfeld zwischen Individuierung und objektiven Ansprüchen der Kultur an den Einzelnen auf, das auch die historische Debatte um die Autonomie prägte (vgl. Heinrich 2006b, 141-190). Dieses findet nun innerhalb der Schulprogrammarbeit auf mehreren Ebenen seinen Ausdruck. Zunächst ist Schulautonomie nur denkbar als relative Autonomie gegenüber den anderen Gesellschaftssystemen, die auch ihre Ansprüche an die Subjekte formulieren und – daraus abgeleitet – Forderungen an die Schule als Institution. Solche Legitimations-, Qualifikations- und Selektionsforderungen haben ihren Niederschlag gefunden in den Lehrplänen und Richtlinien. Dieses Spannungsfeld von Individuierung und objektiven Ansprüchen der Kultur an den Einzelnen bildet sich dann noch einmal ab auf der Ebene der individuellen Unterrichtsgestaltung. Die einzelnen Lehkräfte geraten in dieses Spannungsfeld und müssen sich in ihm legitimieren: Pädagogische

Freiheit darf weder die Einhaltung der Lehrpläne noch die Vergleichbarkeit der Schulen infrage stellen. Zum andern artikuliert der Lehrer die Vorstellung einer Polarität von Objektivität und Individualität. Diese beiden Termini scheinen für ihn adäquat zu sein, um eine begriffliche Vermittlung zwischen den divergierenden Ansprüchen zu leisten. Eine „*lockere*" Kontrolle, die dem Schutz der Kontrollierten dient (damit diese sich nicht in etwas „*verrennen*"), muss „*objektiv*" sein. Nur solche Objektivität verbürgt die Deckungsgleichheit mit den objektiven Ansprüchen der Kultur, die sich in den Curricula manifestieren. Angesichts dieser Identifikation mit einem scheinbar klar identifizierbaren Objektiven wird die Forderung nach der Individualität und der darin liegenden Freiheit tendenziell schwächer. Das wird an den häufigen einschränkenden Formulierungen kenntlich: Der Lehrstoff dürfe nicht „*zu individuell*" behandelt werden. In dieser Aussage wird der – etymologisch betrachtet – nicht graduell abzustufende Begriff der Individualität gradiert. Deutlich muss angesichts der prinzipiellen Nicht-Gradierbarkeit hier hervorgehoben werden, dass es sich entsprechend nicht nur um eine quantitative Verschiebung handelt, sondern um eine qualitative in der Sache. Gemäß der Vorstellung der LehrerInnenautonomie können diese streng genommen gar nicht „*zu individuell*" den Lehrstoff behandeln, solange sie ihn überhaupt behandeln. Der Lehrer hegt augenscheinlich eine engere Vorstellung von der didaktischen Freiheit der Lehrkräfte, als dies im Sinne der Schulentwicklung sein kann. Im Rahmen der Schulautonomie soll es ja gerade keine solche „*Generallinie*" jenseits der inhaltlichen Bestimmungen des Curriculums geben, von der man „*abdriften*" könnte.

Kenntlich wird die Skepsis dieser Lehrkraft gegenüber dem „zu Individuellen" auch in der Vorstellung, dass „*ja nicht jede Schule ihr eigenes Forschungsprojekt sein*" könne. Genau besehen steht gerade diese Idee im Hintergrund der Bemühungen um die innere Schulreform: Jede Einzelschule muss als „pädagogische Handlungseinheit" (Fend 1986; Bastian 1998c) begriffen werden und kann daher – gerade in Fragen der individuellen Unterrichtsgestaltung – nicht mittels einer „*Generallinie*" Vorgaben erhalten. In diesem Sinne einer Absehung von Gesamtsystemstrategien muss jeder Schulentwicklungsprozess geradezu zu einem individuellen kleinen „*Forschungsprojekt*" werden (vgl. Altrichter/Messner/Posch 2004). Auch wenn man bei diesem Forschungsprojekt hofft, auf Erfahrungen anderer zumindest partiell zurückgreifen zu können, so bleibt doch jeder institutionelle Schulentwicklungsprozess so individuell, dass er notwendig (Forschungs-)Projektcharakter haben muss. Gegenüber solcher Individualität hegt der Befragte aber Skepsis – nicht zuletzt wohl auch deswegen, weil er darin die Kriterien für Objektivität sich auflösen sieht, die allein eine „*lockere, objektive Kontrolle*" ermöglichen, die die Einzelschule vor dem

Abdriften in das Chaos bewahrt. Die dem Autonomiepotenzial der Schulent-
wicklung inhärente Widersprüchlichkeit von Individualität und den objektiven
Ansprüchen der Kultur wird hier tendenziell zur Seite letzterer aufgelöst.
   Diese prinzipielle Offenheit gegenüber einer *„lockere[n], objektive[n]
Kontrolle"* seitens der Schulaufsicht teilen jedoch nicht alle Lehrkräfte (vgl.
ausf. Heinrich/Altrichter 2007). So kommentiert ein Berufsschullehrer die
Rückmeldung eines Schulaufsichtsbeamten zum Schulprogramm der eigenen
Schule:

> *„Wenn wir sagen, dass wir die Evaluation evaluieren dürften, und wenn das dann
> die gleichen Konsequenzen hätte, wie unsere Evaluation, dann würde ich das ma-
> chen. Das heißt, dann müsste, nachdem er [der Schulaufsichtsbeamte; d. Verf.] das
> gemacht hat, müsste er seine Kriterien offen legen und müsste er meiner Meinung
> nach auch unter Beweis stellen, wie er unsere Schule sieht, wie er sie einschätzt
> und er müsste auch unter Beweis stellen, dass er Informationen über unsere Schule
> hat, dass er bestimmte Gegebenheiten auch durchschaut und dann auch bestimmte
> Grenzen sieht. Aber wenn er das eben nicht unter Beweis stellen kann, dann würde
> sich ja eigentlich zeigen, dass auch seine Evaluation in gewisser Weise wertlos ist. "*

Der Lehrer bezweifelt also nicht den prinzipiellen Sinn von Evaluationsinformationen, noch weigert er sich, sein Handeln zu legitimieren. Er befürchtet jedoch,
nicht sachangemessen beurteilt zu werden. In seinen Bemerkungen kommt auch
zum Ausdruck, dass er davon ausgeht, dass die Bezirksregierung nicht in der
Lage sein wird, solche Evaluationsstandards einzuhalten.[108] Dieses Urteil muss
aus seiner Sicht nicht notwendigerweise eine Unterstellung von Inkompetenz
enthalten, vielmehr scheint er sich nur der Komplexität eines solchen Unter-
nehmens bewusst. Das Verhältnis zwischen Evaluierten und Evaluierendem
wäre dann jedoch entschärft, wenn der Schulaufsichtsbeamte um die strukturellen Rahmenbedingungen einer solchen Schulprogrammarbeit wüsste und sie
dementsprechend bei der Bewertung in Rechnung stellen würde: *„dass er
bestimmte Gegebenheiten auch durchschaut und dann auch bestimmte Grenzen
sieht"* (s.o.). Nur wenn diese Einsicht von den beschränkten Möglichkeiten allen
bewusst ist, so scheint dieser Lehrer sagen zu wollen, ist auch die Rationalität
der Evaluationsmaßnahmen gewährleistet, dann erst gibt es eine rationale
Grundlage für Interventionen bzw. Steuerungshandeln.

---

108 Damit wird auch eine andere Lesart der Aussage des Lehrers möglich, nämlich sie als defensi-
    ves Argument zu interpretieren. Hierfür spräche, dass diese Lehrkraft in zahlreichen anderen
    Passagen des Interviews auf die schlechten Rahmenbedingungen verweist, die eine zielführende
    Evaluation konterkarieren. Allerdings hat der gleiche Lehrer sein Engagement in einem auf-
    wändigen fächerübergreifenden Projekt bewiesen, von dessen gescheiterter Implementation und
    Evaluation er enttäuscht wurde.

Dieser Lehrer erkennt in einer anderen Interviewpassage, dass seine Reklamation eines „gleichen Evaluationsrechts für alle" eine kaum einlösbare Forderung ist. Zwar werden sich auch die Schulaufsichtsbehörden in Zukunft an Evaluationsmaßstäben messen lassen müssen, aber letztlich werden die Weisungsbefugnisse davon nicht grundsätzlich tangiert werden. Eine solche „Gleichstellung" von Schule und Schulaufsicht würde das hierarchisch strukturierte System paralysieren. Insofern wird der Evaluation einer Schule strukturell eine andere Bedeutung zukommen als derjenigen der Schulaufsicht. Die Behandlung durch die vorgesetzte Behörde empfindet dieser Lehrer als Einschränkung seiner Autonomie:

> *„Ja, das ist einwandfrei eine Gängelung und Bevormundung. Das würde mir auch zeigen, dass diese Sache gar nicht ernst gemeint wird. Also wenn, dann müssten sich selbst die Leute, die das in Gang setzen, auch damit einbeziehen lassen. Weil wenn sie das nicht machen, dann gehen sie ja stillschweigend davon aus, dass das, was sie da in Gang setzen, dass das vollkommen berechtigt und richtig ist und dass sie im Grunde genommen eine unangreifbare, immer wahrheitssprechende oder so, Organisation sind, was sie nicht sind. Sie müssen sich dann selbst auch infrage stellen lassen. Aber das würde ja im Grunde genommen das widerspiegeln, was ich fordere, wenn man nur in einem Teilbereich Reformen durchführt, reicht das nicht. "*

Bei aller Skepsis hält dieser Lehrer implizit am Rationalitätsversprechen einer evaluationsbasierten Steuerung fest. In einer umfassenden, alle Ebenen des Schulsystems transformierenden Reform könnte sich auch dieser evaluationsskeptische Lehrer eine sinnvolle Nutzung dieses Instruments für rationale Steuerung vorstellen. Bemerkenswert ist indessen, dass eben dieser Lehrer die „prinzipielle" Innovationshoffnung angesichts der antizipierten Transaktionskosten einer solchen Reform zurücknimmt, die in seiner Interpretation sogar bewirken könnten, dass das ursprüngliche Steuerungsziel verfehlt wird:

> *„Im Grunde genommen muss man die Rahmenbedingungen auch reformieren, man muss selbst die Behörde, von der diese Reformwelle ausgeht, die muss sich selbst auch infrage stellen, weil sie muss selbst zum Objekt ihrer eigenen Reform werden. Das ist meiner Meinung nach richtig. Aber das würde sehr viel, eine unheimliche Arbeit auf allen Ebenen erfordern und dadurch würde man vielleicht das wieder verlieren, worum es geht: die Schüler. "*

In diesem (wie auch in anderen Beispielen) wird deutlich, dass es erstens LehrerInnen gibt, die evaluationsbezogenen Innovationen höchst skeptisch gegenüberstehen und dass sie dies zweitens nicht einfach aus ‚Unverständnis' oder

‚konservativer Abwehr' tun, sondern weil ihnen die Konsequenzen für ihre Berufstätigkeit als undurchdacht oder/und darum abträglich erscheinen. Ein 33jähriger Gesamtschullehrer plädiert hingegen dafür, hier in Hinsicht auf die Modi der Evaluation zu differenzieren. Während er Formen der internen Evaluation durchaus befürwortet und darin auch keine Einschränkung des Individuierungspotenzials erblickt, steht er den Formen der externen Evaluation eher skeptisch gegenüber. Die erachtet er nur als legitim, soweit sie die *„allgemeinen Standards"* sichern helfen. Diese müssen ihm zufolge aber so abstrakt gefasst werden, dass sie die konkreten Gestaltungsfreiheiten nicht tangieren (vgl. ausf. Heinrich 2006a, 428f.). Ein weiterer Versuch, für sich auch weiterhin die pädagogische Freiheit zu reklamieren resp. auch im Selbstbild zu sichern, besteht in der Relativierung der (angedrohten) Kontrolle. Oftmals wird hier angeführt, dass die Schulaufsicht gar nicht über die personellen Ressourcen verfüge, um nach der prüfenden Lektüre des Programmtextes selbst die Implementation des darin Formulierten zu überwachen. Das Erfahrungswissen der Routiniers relativiert die Angst vor der zunehmenden Kontrolle. Entsprechend urteilt ein Lehrer, der seit 37 Jahren im Schuldienst ist, dass eine reale Einschränkung der Verfügungsrechte der LehrerInnen durch die Schulprogrammarbeit von keinem ernsthaft befürchtet werde: *„Weil das Konzept von der Schule selbst erstellt ist und man macht, was man will. – Außerdem weiß man aus Erfahrung, dass, nachdem die Aufsicht das Programm abgesegnet hat, von dort keine Kontrolle kommt."* Indem allerdings die Kontrolle ihren Ernstcharakter verliert, schwindet tendenziell auch das Innovationspotenzial für die verordnete Schulentwicklung.

Die Vorstellungen über die mögliche oder wahrscheinliche Kontrolle divergieren bei den befragten LehrerInnen stark. Während einige eine real wirksame Überprüfung ihrer Unterrichtstätigkeit aufgrund der personellen Ausstattung der Schulbehörden für ausgeschlossen halten, sind andere sich über die Form der Kontrolle noch unsicher. Eine Grundschullehrerin schildert hierzu ihre Bedenken:

I: *„Fühlen Sie sich durch Schulrat und Schulaufsicht, ähnlich wie Kaufmann im Szenario, kontrolliert?"*
L: *„ – Noch nicht."*
I: *„Was heißt 'noch'?"*
L: *„ – Weil vielleicht, wenn das Schulprogramm fertig ist, das zu befürchten ist. Aber ich befürchte nicht, dass da meine pädagogische Arbeit, – äh also, dass ich die vertreten kann."*
I: *„Aber es ist dann doch eine Überprüfung..."*
L: *„ ...nein, es ist keine direkte, konkrete Überprüfung, sondern eher eine Bevormundung im Kopf."*

I: „ – Eine starke Bevormundung? "
L: „Nein! Für mich ist das, wie ich schon gesagt habe, zu starr und Schule muss
      viel flexibler sein. – Das ist ja dann wie die Bibel deiner Schule. – Man weiß ja
      nie, was in der Zukunft kommt, man muss flexibel reagieren. "

Dieser Lehrerin ist der Evaluationsgedanke im Sinne eines Controlling-
Verfahrens durchaus bewusst. Sie weiß, dass in dem Moment, in dem ein
Schulprogramm vorliegt, prinzipiell eine Kontrolle einsetzen kann, die die
Implementation des Avisierten überprüft oder anhand des Programmtextes einen
Abgleich zwischen Programmatik und schulischer Wirklichkeit vornehmen
könnte. Gleichzeitig erwartet sie indes nicht, dabei mit ihren pädagogischen
Vorstellungen grundsätzlich in Konflikt zu geraten. Der Grund dafür könnte in
mehreren Faktoren zu suchen sein. Bei einer vollen Identifikation mit dem
Schulprogramm der eigenen Schule könnte die Angst vor einer solchen Überprüfung geringer sein, da man glaubt, im Zweifelsfalle das Vertretene auch
argumentativ begründen zu können. Eine andere Lesart, die angesichts der
folgenden Aussagen näher liegt, ist jedoch, dass der Programmtext derart
unspezifisch an pädagogischen Allgemeinplätzen orientiert ist, dass eine große,
konkret diskriminierbare Diskrepanz zwischen eigenem pädagogischen Anspruch und der erwarteten Programmerfüllung ebenfalls nicht wahrscheinlich
ist. Unterrichtsbesuche, die in der Konsequenz zu weit reichenden Auflagen
hinsichtlich der pädagogischen Arbeit führen würden, erwartet diese Pädagogin
augenscheinlich nicht. Gleichzeitig bleiben indes diffuse Bedenken gegenüber
möglichen Einschränkungen bestehen. Die Aussage, dass sie eine „Bevormundung im Kopf" (s.o.) befürchtet, ist in dieser Hinsicht auslegungsbedürftig. Eine
solche Bevormundung könnte darin bestehen, dass die Lehrerin weiß, dass sie
im Falle einer Überprüfung versuchen würde, ihren Unterricht gemäß den
vorher im Programm formulierten Prinzipien zu organisieren. Eine solche
„eigene innere Zensur" wäre dann im Sinne einer Selbstbindung an das Programm eine wohl recht wirksame Selbstkontrolle jenseits der Fremdkontrolle
von außen. Gleichwohl bleibt diese Interpretation der Aussage ambivalent, da
die Lehrkraft andererseits den Programmtext als viel zu unflexibel und damit
realitätsfern ablehnt. Die BefürworterInnen des Schulprogrammkonzepts würden dieser Lehrerin gegenüber sicherlich hervorheben, dass das Programm
selbst immer als Work in Progress betrachtet werden müsse und daher die
Ängste einer dogmatischen Festlegung gegenstandslos seien. Aus welchen
Gründen auch immer glaubt diese Grundschullehrerin indes nicht an die Möglichkeit einer derart flexiblen Handhabung des Schulprogramms. Womöglich
weiß sie, dass eine permanente Fortschreibung des Programms an ihrer Schule
nicht stattfinden wird, oder sie ist sich im Klaren darüber, dass ein solcher Text
als Vorgabe seine Funktion, Verbindlichkeiten zu schaffen, verliert, wenn er

beständig zur Disposition steht – genau dies wäre aber ihrer Ansicht nach notwendig, um flexibel auf die jeweiligen neuen Herausforderungen der schulischen Arbeit reagieren zu können. Entsprechend geht diese Lehrerin davon aus, dass die pädagogische Professionalität im Habitus der Lehrkräfte und ihrer Handlungskompetenz begründet liegt, die ihnen ein Handeln unter Unsicherheit und bei permanenter neuer Situierung erlaubt. Ein Programmtext, der angesichts dieser Konstellation als Medium nicht flexibel genug ist, muss dieser Auffassung zufolge notwendig hinter der in der professionellen Handlungskompetenz der AkteurInnen liegenden Rationalität zurückbleiben.

Auf dieser Folie betrachtet wird vielleicht auch einsichtig, welche Befürchtung mit der Vorstellung einer *„Bevormundung im Kopf"* (s.o.) verbunden ist: Eine diskursive Festlegung auf bestimmte Prinzipien und die Nötigung zur begrifflich fixierbaren Reflexion der eigenen Tätigkeit könnte die Spontaneität in der pädagogischen Arbeit negativ beeinflussen. Eine die pädagogische Intuition und den pädagogischen Common Sense beschädigende Form der Schulprogrammarbeit im Medium starrer Textualität wird daher als Bedrohung empfunden. Die pädagogische Freiheit wäre dann in dem Sinne eingeschränkt, dass die eigene, individuelle Form des Zugangs zur Klasse und des pädagogischen Bezugs zu einzelnen SchülerInnen überformt würde von einer Theoretisierung des im Kern durch die konkrete Praxis und deren Anforderungen bestimmten Verhältnisses. Die aufklärerische Hoffnung einer Verbesserung der Verhältnisse durch Reflexion und einen rationalen Diskurs über die Praxis mit einem nomothetischen Anspruch erwiese sich als Hemmschuh. Diese Konstellation wäre – gemessen am Reformkonzept – ein typischer Fall einer Dialektik der Aufklärung: Eine an sich funktionstüchtige, gewachsene Praxis wird durch einen theoretischen Überbau gefährdet, ohne dass dabei auf eine tatsächliche Rationalisierung der Tätigkeit zu hoffen wäre. Die naturwüchsige Praxis geriete durch eben jene Selbstdisziplinierung des Selbst zur diskursiven Einholung der eigenen Tätigkeit in Gefahr. Im Sinne einer im Bewusstsein nicht gewollten Irritation geschähe dann de facto doch eine Identifikation mit dem Angreifer: eine Selbstkontrolle, die eigentlich vom Selbst abgelehnt wird, eine *„Bevormundung im Kopf"* (s.o.). Die pädagogische Autonomie löste sich damit durch den Versuch einer verordneten Professionalisierung *selbst* auf.

Bezieht man diese Befürchtung noch einmal auf die gruppendynamischen Prozesse in einem Kollegium, ist sie wohl nicht ganz unberechtigt. Schließlich ist die Gefahr nicht ganz von der Hand zu weisen, dass ein Kollegium, das vor der Schulprogrammarbeit trotz – oder gerade aufgrund – der Vielfalt der pädagogischen Konzepte ein gutes Team darstellte, sich in dieser Programmarbeit der divergierenden pädagogischen Vorstellungen bewusst wird, ohne diese wieder in ein ausgewogenes Konzept übersetzen zu können. Die Handlungsfähigkeit eines solchen Kollegiums wäre dann gefährdet – und zwar ohne begründete Hoffnung auf eine Wiederherstellung der vorherigen (unaufgeklärten?) Akteurskonstellation. Diese wäre durch die (technokratischen?) Optimierungsüberlegungen zerstört, ohne dass sie – wenn auch suboptimal – wiederhergestellt werden könnte. Hier zeigte sich dann erneut, wie fragil die pädagogische Autonomie für die Einzelnen innerhalb der akteursspezifischen Interdependenzen tatsächlich ist und wie stark sie durch institutionelle Schulentwicklungsprozesse immer auch gefährdet ist.

Wenn innerhalb der Schulentwicklung die Verfügungsrechte der einzelnen AkteurInnen neu verhandelt werden, dann tangiert das auch eben jene Vermittler-Rolle der LehrerInnen. Sie müssen innerhalb der durch Rechenschaftslegung und Verbindlichkeit entstehenden neuen Akteurskonstellationen eine neue Balance finden zwischen den divergierenden Ansprüchen und dabei darauf achten, dass ihre ursprünglichen Intentionen im institutionellen Getriebe und dem Interdependenzmanagement (vgl. Lange/Schimank 2004b, 19) der unterschiedlichen gesellschaftlichen Interessengruppen eine Realisierungschance behalten. Ein Lehrer, der seit 25 Jahren im Schuldienst ist und die Fächer Wirtschaftslehre, Deutsch, Politik und Sport unterrichtet, beschreibt dies für seine Situation wie folgt:

„Ja also wir hatten jetzt ein Gespräch – ich bin ja in dieser Steuergruppe oder dieser Schul-AG-Gruppe[109] – mit der, unserer, Dienstvorgesetzten vom staatlichen Schulamt. Also die beteuert es hoch und heilig, dass das nicht so sei, ja und ich habe im Rahmen meiner Arbeit bei der grünen Partei über vier, fünf Jahre auch Erfahrungen gesammelt mit dem Kultusministerium. Das war so eine generelle Schulgruppe für das Land Hessen. Also die Ideen ursprünglich, ja die habe ich mitverfolgt, die waren eigentlich was Idealistisches, was ich vertreten kann. Ja die Frage ist halt nur: Was wird aus den Ideen im Rahmen des Ganzen gemacht? Die Landesregierung hat gewechselt, jetzt ist also die CDU in Wiesbaden dran. Diese Idee mit dem Schulprogramm hat Rot/Grün vor dieser Landesregierung quasi entworfen und für die Berufsschulen sah ich immer eine ganz große Gefahr, dass wir mit diesem Schulpr... äh, mit dieser Arbeit näher an die Betriebe rangeführt werden sollen, [...] also alles, was fortschrittlich im Sinne der Betriebe heißt. Und alles, was fortschrittlich in gewissem Rahmen der Kultusministerien, vom Kultusministerium der CDU gehört habe, ist, dass die Berufsschulen mehr das machen sollen, was die Betriebe gerne wünschen. Ja und da könnte es sein, dass wir in dem Rahmen also ein Stück an Eigenständigkeit verlieren, die wir gegen die Betriebe immer verteidigt

---

109 Diese Revision der Begrifflichkeit innerhalb des Satzes durch den Lehrer kann unter mikrologischer Perspektive betrachtet als Bestätigung für die von Haenisch formulierte Erfahrung gelesen werden: „Da sich Lehrkräfte nur ungern steuern lassen, haben die meisten Schulen den ehemals bestehenden Namen ‚Steuergruppe' in ‚AG Schulprogramm' bzw. Koordinierungsgruppe umgewandelt." (Haenisch 2004, 230)

haben, weil wir gerade in der Berufsschule also das Problem haben, dass wir zwar drei Jahre Unterricht mit den Auszubildenden machen, aber die Betriebe allein die Prüfungen machen und alleine bestimmen, was in den Prüfungen drankommt. Und da haben wir eh dauernd Konkurrenzverhältnisse mit denen."

Das Beispiel des Berufsschullehrers ist freilich besonders prägnant, insofern diese Schulform ohnehin schon immer aufgrund ihrer „Zwitterstellung" viel stärker dazu genötigt war, zwischen den divergierenden Ansprüchen zu vermitteln, als dies für die allgemein bildenden Schulen der Fall ist. Das Resümee dieses sehr früh und ursprünglich sehr stark in der Schulentwicklungsarbeit engagierten Lehrers ist damit zum Interviewzeitpunkt eher negativ. Er sieht die Gefahr, innerhalb dieses Prozesses *„ein Stück an Eigenständigkeit"* zu verlieren. Die Frage ist, ob dieser Effekt nicht auch ohne den politischen Richtungswechsel in Hessen eingetreten wäre, denn schließlich sind solche Forderungen nach einer stärkeren Anbindung des schulischen Lernens an die betrieblichen Arbeitsformen und Strukturen auch in SPD-regierten Ländern zu hören. Es ist vielmehr wahrscheinlich, dass innerhalb solcher Schulprogrammdiskussionen notwendig die Ausrichtung der ganzen schulischen Arbeit zur Diskussion steht und in dieser neuen Akteurskonstellation die (reform-)pädagogischen Ansprüche dann automatisch erneut gegenüber den – oftmals stark zeitgeistabhängigen – Forderungen der Gesellschaft verteidigt werden müssen. Die LehrerInnen werden somit eher „in die Freiheit geworfen", müssen sich in dieser wieder neu zurechtfinden und können sich in solchen Aushandlungsprozessen nicht auf alte Besitzstände zurückziehen, wollen sie nicht als per se reformfeindlich erscheinen. Angesichts der gegenwärtigen Entwicklungen steht damit freilich die pädagogische Autonomie der Berufsschule eher zur Disposition als der Ruf nach einer stärkeren beruflichen Ausrichtung, auch wenn dieser dem pädagogischen Moratoriumsgedanken entgegensteht.

In diesem Zusammenhang gibt es auch KollegInnen, die in der durch die Verordnung der Schulprogrammarbeit entstandenen neuen Akteurskonstellation nicht direkt, sondern nur mittelbar einen Zwang erblicken. Sie sehen in diesem Instrument vielmehr eine Möglichkeit, auf den „objektiven Zwang der Verhältnisse", d.h. auf die neuen Gegebenheiten in ihrer Umwelt zu reagieren (vgl. ausf. Heinrich 2006a, 417-421).

Governancetheoretisches Resümee der Ergebnisse auf der Ebene der Schulaufsicht:

Die Analyse der Stellung der Schulaufsicht innerhalb der neuen Schulautonomiedebatte (vgl. Kap. 8.3) und der mit dieser verbundenen Reformbemühungen zeigte für die untere Schulverwaltung eine Zunahme von Verantwortlichkeiten, die „von oben" an sie herangetragen wurde.

Es wurde in diesem Zusammenhang allerdings auch bereits darauf hingewiesen, dass sich für die LehrerInnen damit nicht notwendig Verfügungsrechte oder die Definitionsmacht zur Zielbestimmung reduzieren, da sie womöglich sogar besseren Zugriff und Einflussmöglichkeiten auf die Schulaufsicht haben, indem sie dieser die neuen Verantwortlichkeiten und deren Nötigung zur Rechenschaftslegung vorhalten können (vgl. Kap. 8.2.1; ausf. Heinrich/Altrichter 2007). In den zuvor dargelegten Argumentationsmustern zeigte sich jedoch, dass zum Zeitpunkt der Interviewerhebung von LehrerInnenseite eher eine vorsichtige Zurückhaltung herrschte, anstatt das neue Potenzial offensiv zu wenden. Dem Einzelfall des die Schulaufsicht explizit in die Rechenschaftspflicht nehmenden und damit offensiv argumentierenden Berufsschullehrers stehen die Äußerungen der – in dieser Hinsicht – eher defensiv argumentierenden KollegInnen gegenüber. Die in dem Modus der Rechenschaftslegung angelegte Transparenz verpflichtet zwar *alle* AkteurInnen in verbindlicher Weise zur „Rationalisierung" ihrer Handlungen, aber die LehrerInnen müssten sich für offensivere Formen der Verhandlung dessen erst bewusst werden. In dieser Universalität der Handlungskoordination via Transparenz liegt das innovative Potenzial evaluationsbasierter Steuerung, zugleich kann diese aber auch eine reale Beschränkung von Verfügungsrechten darstellen, wenn die AkteurInnen zuvor innerhalb einer Grauzone agieren – und dabei zuweilen vielleicht auch die ihnen eigentlich vorgeschriebenen Kompetenzbereiche überschreiten – konnten.

9.3 Argumentationsmuster zur Autonomie gegenüber der Schulleitung

Im Kontext der in Kapitel 4.2 beschriebenen Versuche der Bildungsadministration den in den 90er Jahren diagnostizierten Steuerungsverlust durch neue Schulnähe auszugleichen, kann die administrativ verordnete Schulprogrammarbeit als Rückgewinnung von Steuerung über eine „Internalisierung der organisationsexternen Vorgaben" interpretiert werden (vgl. Altrichter/Heinrich 2005). Ein solcher Wechsel im Modus der Handlungskoordination bleibt nicht ohne Auswirkungen auf die Akteurskonstellationen innerhalb einer Schule. Die Aufwertung der Schulleitungen hin zu „transformational leaders" (vgl. Tichy/Devanna 1986; Leithwood/Jantzi 1990) erscheint in diesem Zusammenhang als – zum Teil nachträgliche – Explikation der Delegation von Verantwortlichkeiten. Innerhalb der Konzeption einer kollegial-partizipativen Schulentwicklung durch Schulautonomie, in der die Mitbestimmung der einzelnen KollegInnen zunehmend Bedeutung erlangte, ist es auch nur konsequent, wenn Fend (1986) eine kommunikations- und konsensorientierte Schulleitung als wesentlichen Faktor „guter Schulen" benennt (vgl. Höher/Rolff 1996; Bonsen et al. 2002).

Auch wenn bereits für die Schulaufsicht eine ambivalente Aufgabenkonstellation festzustellen ist, da sie als untere Kultusbehörde das Mittelglied zwischen oberer Bildungsadministration und den Schulen darstellt, so haben doch zumindest die einzelnen SchulaufsichtsbeamtInnen innerhalb ihrer Organisation eine damit klar definierte Rolle. Für die SchulleiterInnen gilt demgegenüber, dass sie sich in doppelter Hinsicht in einer Zwitterstellung befinden: Nicht nur, dass sie als Vermittlungsinstanz zwischen LehrerInnen und der Administration vermitteln müssen, sondern sie sind in der Frage ihrer Organisationszugehörigkeit auch nicht eindeutig situiert: einerseits schulintern, andererseits Teil der Schuladministration (vgl. Wissinger 1994).

Als in die Schule hineinreichendes Glied der Schulaufsicht einerseits und VertreterInnen der KollegInnen andererseits geraten die Schulleitungen durch den Tatbestand der administrativ verordneten Schulprogrammarbeit in eine zwar für ihre Rolle auch schon zuvor typische (vgl. Miller 2001; Bonsen 2003), allerdings durch diesen Innovationsimpuls potenzierte Ambivalenz der Akteurskonstellation (vgl. Rauscher 1995; Buchen et al. 1995; Riedel 1998). Haenisch (2004, 243) beschreibt diese vielfältigen und zum Teil auch widersprüchlichen Anforderungen im Rahmen administrativ verordneter Schulprogrammarbeit in seiner Interviewstudie aus NRW:

> „Wie in den Interviews immer wieder betont wird, haben die Schulleiterinnen und Schulleiter bei der Schulprogrammarbeit einen äußerst wichtigen Part. Sie müssen immer dahinter her sein, auch antreiben, sie müssen aber auch Geduld haben, die Kolleginnen und Kollegen nicht unnötig drängeln, immer wieder den Sinn aufzeigen und die Arbeit auch mal für eine bestimmte Zeit ruhen lassen." (Haenisch 2004, 243)[110]

Bauer (2004) dokumentiert in einer Fallstudie zu einer Gesamtschule eine Kommunikationsblockade in einem Rückmeldegespräch, die aus der schwierigen Akteurskonstellation resultiert. An diesem Beispiel von Bauer wird zudem deutlich, dass die Schulleitung nicht nur nach innen wie nach außen vermitteln muss, sondern die Vermittlungstätigkeit nach außen zudem noch gegenüber zumindest zwei wichtigen Akteursgruppen geschehen muss: der Schulaufsicht

---

110 Zu den neuen Anforderungen an die Kompetenzen von SchulleiterInnen vgl. Rauch (2000). Zu den Aufgaben der Schulleitung bei der Implementierung bereits beschlossener Programme vgl. Baulecke (2004a).

wie auch den Eltern: „Da mehrere Elternvertreter anwesend sind, fühlt sich die Schulleitung aufgerufen, das gemeinsam erstellte Produkt zu vertreten und zu verteidigen. Behutsam gegebene kritische Hinweise seitens der Schulaufsicht werden defensiv abgewehrt." (Bauer 2004, 160)

Bezogen auf die schulinterne Kommunikationsaufgabe für die Schulleitungen bzw. deren VertreterInnen ist festzuhalten, dass sie vielfach auch Mitglieder der Schulprogrammgruppe sind. Kanders konstatiert für NRW, dass dies immerhin an 89 % der Schulen der Fall war (vgl. Kanders 2004, 120f.). Der Schulleitung kommt damit auch die Aufgabe zu, die Steuergruppe zu motivieren (vgl. Bauer 2004, 162), wobei auch die Schulleitungen den erhöhten Aufwand und die Belastungen der Lehrkräfte als größtes Problem bei der Schulprogrammarbeit (an-)erkennen (Kanders 2004, 131). Einige Schulleitungen scheinen auf dieses Motivationsproblem und die diagnostizierte Arbeitsbelastung ihrer LehrerInnen durch die vermehrte Übernahme von Aufgaben in der Schulprogrammarbeit zu reagieren, die – dem Konzept nach – eigentlich als partizipative Handlungskoordination vorgesehen sind:

> „Immerhin konnte festgestellt werden, dass vor allem in den Real- und den Hauptschulen die Schulleitungen des öfteren im ‚Alleingang' die Bestandsaufnahmen durchführen (Realschule 33 %/ Hauptschule 37 %). Ein ähnliches Bild zeigt die Verteilung bezüglich der Diagnose. Während der weitaus größte Teil (70 % der befragten Schulen) angibt, die Dateninterpretation erfolgte gemeinsam im Kollegium, gibt dennoch ein Drittel an, nicht in gleicher Weise zu verfahren." (Jürgens 2004, 104)

Die aus der besonderen Vermittlungaufgabe unter der gegebenen Akteurskonstellation resultierende Ambivalenz zu den Prinzipien der Schulprogrammarbeit drückt sich beispielsweise auch darin aus, dass sich – in Übereinstimmung mit vielen LehrerInnen – über die Hälfte der befragten Schulleitungen skeptisch bis ablehnend gegenüber Formen externer Evaluierung zeigen (vgl. Jürgens 2004, 113), gleichzeitig aber als nach außen hin für die Schule Verantwortliche sich die SchulleiterInnen um die Außenwirkung ihrer Schule sorgen müssen (vgl. Wissinger 2000). So hält beispielsweise Bauer (2004, 161) fest: „Die Schulleitung wünscht Rückmeldung von außen, und zwar von einem, der auch andere Schulen und Schulprogramme kennt." Diese Doppel- bzw. Mehrfachrolle (vgl.o.) führt wohl auch zu der – von der Einschätzung der KollegInnen abweichenden – überwiegend zumindest nach außen hin dokumentierten positiven Haltung gegenüber der Schulprogrammarbeit: „Generell wird die Nützlichkeit von Schulprogramm und Schulprogrammarbeit von Schulleitungsmitgliedern am höchsten beurteilt, es folgen die Mitglieder der Schulprogrammgruppe und dann die übrigen Lehrkräfte." (Kanders 2004, 131)

Verbunden mit der Schulprogrammarbeit sowie mit der Schulentwicklungsarbeit insgesamt, ist die Anforderung an die Einzelnen, sich mit ihrer Rolle innerhalb der Institution neu auseinander zu setzen, was auch für die Schulleitung gilt (vgl. Wissinger 1996). Innerhalb der durch die Schulprogrammarbeit sich verändernden Akteurskonstellationen muss sie sich positionieren. Ein stellvertretender Schulleiter, der zugleich Pädagogischer Leiter seiner Gesamtschule ist, äußert sich hierzu folgendermaßen:

> *„Meine persönliche Einstellung zum Schulprogramm, die ist eigentlich durch meine Stellung als Pädagogischer Leiter auch irgendwo definiert, ja. Ich bin der Meinung, dass es nur gut sein kann, wenn eine Schule versucht oder ein Kollegium oder die in der Schule Zusammenarbeitenden, da gehören auch die natürlich die Schüler vor allem dazu, um die geht's ja, und auch die Eltern, zu definieren versuchen, was sie eigentlich mit ihrer Arbeit erreichen wollen und wo die Stärken, vielleicht auch Schwächen, an denen man arbeiten muss, der Schule liegen."*

Explizit hatte dieser pädagogische Leiter zuvor dargelegt, wie über die Definitionsmacht der administrativen Weisung ihm das Verfügungsrecht, die Schulprogrammarbeit aus pädagogischen Gründen abzulehnen, genommen ist. Demgegenüber ist an dieser Stelle die bruchlose Internalisierung des Auftrags bemerkenswert, wenn er davon spricht, dass seine *„persönliche* Einstellung" durch seine berufliche Stellung innerhalb der Institution *„definiert"* ist. Durch diese Definitionsmacht des Konzepts und die Identifikation des Pädagogischen Leiters mit diesem ist der Modus der Handlungskoordination praktisch schon vorgegeben: Während durch das Konzept seine Rolle als „Delegator von Verantwortlichkeiten" praktisch festgelegt ist, sind alle anderen Beteiligten des Schulprogrammarbeitsprozesses dazu aufgerufen, über Verhandlungen ihre neuen Formen der Handlungskoordination zu *„definieren"*.

Die unbedingte Identifikation mit der Schulprogrammarbeit von der Sache her kann die Schulleitung nun aber in die prekäre Lage bringen, aus der Sicht des Kollegiums als „Handlanger" des Ministeriums zu erscheinen und damit nicht mehr als redliche Interessensvertretung der eigenen Schule gegenüber der Schulaufsicht. Als Pädagogischer Leiter einer Schule muss der zuvor Zitierte auf die Möglichkeit positiver Veränderung hoffen, nicht zuletzt weil er weiß, dass dies das Kriterium für die Bewertung seiner Arbeit ist. Von daher identifiziert er sich sehr stark mit den in der Schulentwicklungsliteratur formulierten Prognosen: *„Und es ist wissenschaftlich erwiesen, dass eine Schule, die sich ändern will, mit Hilfe eines Schulprogramms, 10 bis 15 Jahre braucht, um einen Status sozusagen, der negativ ist, in einen positiven Status zu verwandeln, insbesondere ist das das Image-Problem."* Auf dieser Folie betrachtet meint er auch schon positive Effekte für seine Schule verzeichnen zu können. Die problematische Stellung gegenüber dem Kollegium bleibt indes bestehen, denn für die einzelnen LehrerInnen ist es durchaus nicht selbstverständlich, dass sie ihre eigenen Interessen zum Gesamtwohl der für sie vielleicht abstrakten, da lebensweltlich anders verankerten Institution Schule zurückstellen (vgl. Perrenoud/Gather-Thurler 2005). Hatten sie sich vielleicht vorher eine Nische gesucht, innerhalb derer sie ihre eigenen pädagogischen Vorstellungen realisieren konnten, so werden sie nun dazu gezwungen, zugunsten einer Corporate Identity diese Randexistenz aufzugeben (vgl. Lohmann/Hajek/Döbrich 1997; v. Lüde 1995). Die Perspektive auf eine langwierige positive Entwicklung der Schule innerhalb eines Zeitrahmens von 10 bis 15 Jahren kann aus dieser Position schnell in den Hintergrund treten angesichts der tagesaktuellen Einschränkungen.

Wenn dann seitens der LehrerInnen Kritik formuliert wird, reagieren die Mitglieder von Schulleitungen zuweilen auch mit Unverständnis. Ein 52jähriger Leiter der gymnasialen Oberstufe einer Gesamtschule etwa kritisiert solchen Widerstand mit den folgenden Worten:

> *„Also es ist schon wichtig, dass eine Schule sich, im Grunde genommen, so quasi auch nach außen als: Wir sind die Schule mit diesem, diesem Schulprogramm, mit diesem Profil, deutlich macht, was auf der anderen Seite nicht heißt, dass man alles und jedes machen kann. [...] Also das heißt, es gibt schon 'ne gewisse Weise, auch vergleichbare Angaben. Und das, was der Kollege [Proband meint Herrn Kaufmann aus dem Szenario; M.H.] da irgendwie, der sich da immer so schrecklich eingeschränkt fühlt, in seiner pädagogischen Freiheit, das ist natürlich auch in einer gewissen Weise eine naive Vorstellung. Pädagogische Freiheit besteht nicht darin, dass ich meinen Schülern alles beibringen kann, was ich will, sondern es gibt halt bestimmte Rahmenvorgaben, also vom Schulgesetz über Kursstrukturpläne bis hin zu Fachkonferenzbeschlüssen, an die ich mich zu halten habe. Und das sind natürlich Einschränkungen, und je mehr solche Einsch..., also je mehr solche Leitlinien von allen Beteiligten diskutiert werden, desto demokratischer sind sie. Pädagogische Freiheit ist nicht Anarchie einfach, so schön Anarchie manchmal auch sein kann, also aber es muss ein, ein Maß an allgemeiner Vergleichbarkeit vorhanden sein. "*

Die Kommentierung dieser Klage über die Einschränkung durch ein Mitglied der Schulleitung zeigt einerseits, dass der Leiter der Gymnasialen Oberstufe das grundsätzliche Dilemma kennt, es aber zu relativieren sucht, indem er es ganz deutlich noch einmal als den „Normalfall" herauszustellen sucht. Mit dieser im Kern ja richtigen Diagnose laviert er freilich andererseits an der prekären Frage vorbei, indem er gerade nicht die mögliche „Verschärfung des Normalfalls" durch die neuen Formen der Handlungskoordination in der Schulprogrammarbeit thematisiert, die bei Herrn Kaufmann, da er sie antizipiert, den Protest auslösen: die Möglichkeit, dass in einer solchen Schulprogrammarbeit eine

Regelungsdichte neuer Qualität erzeugt wird, die für die Einzelnen dann doch eine Einschränkung darstellen könnte, die über den „bisherigen Normalfall", nämlich die Ausrichtung an den Richtlinien, Kursstrukturplänen etc. hinausgeht. Mit einer argumentatorischen Volte gelingt es dem Pädagogischen Leiter sogar, die zusätzlichen Regelungen nicht als Verschärfung, sondern als Entschärfung des Problems umzudeuten: *„Und das sind natürlich Einschränkungen, und je mehr solche Einsch..., also je mehr solche Leitlinien von allen Beteiligten diskutiert werden, desto demokratischer sind sie."* (s.o.) Freilich gerät bei dieser Sichtweise aus dem Blick, dass über die bisherigen Einschränkungen (Richtlinien etc.) nicht diskutiert werden wird, oder wenn das der Fall sein sollte, ohne reale Chance darauf, sie durch die Diskussion an einer Schule realiter zu verändern. Sie werden vielmehr – jenseits der demokratisierenden Diskussionen in einem Kollegium – weiterhin bestehen bleiben. Eine Demokratisierung kann allenfalls in den Bereichen stattfinden, die durch die Schulprogrammarbeit zusätzlich noch mittels gemeinsamer Vereinbarungen geregelt werden. Dabei bleibt indes unberücksichtigt, dass auch solche demokratischen Zusatzregelungen eben zusätzliche Regulierungen bleiben, die potenziell Verfügungsrechte zum Treffen von Entscheidungen beschneiden können, sodass damit die Befürchtungen von Herrn Kaufmann bestehen bleiben. Auch wenn diese neuen Regeln in einem demokratischen Prozess ausgehandelt werden, besteht die Gefahr für Herrn Kaufmann, sollte er überstimmt werden, dass für ihn, rein subjektiv, „Vorschriften" hinzukommen, die er vorher nicht befolgen musste. Die Rollenidentifikation der Schulleitungen mit dem Schulprogrammkonzept erweist sich gerade in solchen unterschiedlichen Perspektiven auf den Steuerungsprozess als ambivalent.

An dem von Schley/Schratz (2005) entwickelten Führungsmodell werden die vielfachen Interdependenzen – oder nimmt man die Verbindlungslinien als visuellen Indikator – „Verstrickungen" der SchulleiterInnen innerhalb proaktiver Schulentwicklung geradezu „sinnbildlich" deutlich.

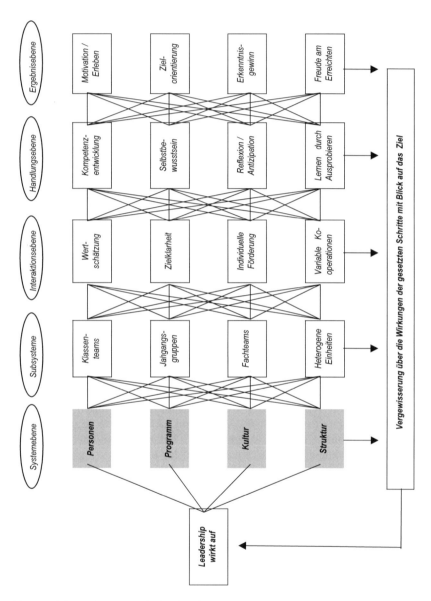

Abb. 5: Wirkungskette ergebnisorientierter Führung nach Schratz (2005, 182)

Vor diesem Hintergrund wird die Problematik der Handlungskoordination für die Schulleitungen deutlich, die auch die Aussagen der folgenden LehrerInnen aus der Interviewstudie zur Schulprogrammarbeit dokumentieren. Eine Einstimmigkeit im Sinne einer ungebrochen, von allen getragenen Innovation wird es einer interviewten Realschullehrerin zufolge kaum geben können. Auf die Frage, ob man die Rahmenbedingungen nicht so ändern könne, dass eine Opposition von Befürwortern und Gegnern nicht mehr entstehe, antwortet sie:

> P: *„Nein, ich denke, die wird es immer geben."*
> I: *„Ganz egal, wie man es macht?"*
> P: *„Doch, der eine wird es ablehnen, weil er sich überfordert fühlt. Der andere*
> *wird es ablehnen, weil er sich unter Umständen kontrolliert fühlt. Genauso gibt*
> *es eben welche, die sagen: 'Warum nicht?' Ich denke, das ist egal, wie man es*
> *präsentiert."*

Dieser Auffassung widerspricht ein junger Realschullehrer, wenn er dafür plädiert, dass die Schulleitung den Modus der Verhandlung verändern sollte, um an die belief-systems der LehrerInnen anschlussfähig zu werden:

> *„Wie man das einführen könnte? Schwere Frage. Vielleicht hätte das dann irgendwie erst mal gar nicht den Titel des 'Schulprogramms' bekommen dürfen, sondern, was ist denn das: Selbstreflexion von einer Schule. Die sollen sich mal beschreiben, wir schreiben mal einen Aufsatz über uns. Stück für Stück. Und daraus kann man ja sagen, so jetzt mehr Struktur, mehr Punkte rausholen, was sind hier die Besonderheiten. Und wo die Leute dann auch so wahrscheinlich so eine Sache schreiben. Locker wäre vielleicht besser. [...] Nicht so den Druck. Die Leute zu gewinnen, sich selbst zu reflektieren, irgendwie."*

In diesem Fall wäre die MittlerInnenfunktion der Schulleitung gegenüber den LehrerInnen in einem klassischen Sinne erfüllt. Die Anschlussfähigkeit des Innovationsinstruments wird in diesem Beispiel einerseits durch eine explizite Anknüpfung an ein belief-system vollzogen, indem es das pädagogische Moment der Selbstreflexion aufgreift und damit in einer argumenatorischen Umdeutung die Organisationsentwicklung in einen Bildungsprozess umschreibt. Zugleich wird diese Verknüpfung auch implizit hergestellt, indem er diese Selbstreflexion dann geradezu als didaktischen Prozess illustriert: Die „Anweisungen zur Textarbeit" („[...] *wir schreiben mal einen Aufsatz über uns. Stück für Stück. Und daraus kann man ja sagen, so jetzt mehr Struktur, mehr Punkte rausholen, was sind hier die Besonderheiten.*") sind geradezu PädagogInnenjargon (vorzugsweise mit der Fakultas für das Fach Deutsch). Auf diese – explizite sowie implizite – Weise könnte die Schulleitung dieser Ansicht nach die ihr übertragene Vermittlungsfunktion in Form einer Übersetzungsleistung erfüllen. Eine 60jährige Realschullehrerin berichtet von einer ähnlich diplomatischen Vorgehensweise ihres Schulleiters. Bezogen auf das Szenario formuliert sie:

> *„Ich habe eine Schwierigkeit. Schulprogramm heißt immer in diesem Fall was Neues schaffen. Uns ist das Schulprogramm anders vorgestellt worden. Wir fassen das zusammen, was wir machen, werden uns darüber klar, was wir verbessern können, was wir vielleicht praktischer zusammenfassen können und wie wir sozusagen den neuen Richtlinien nachkommen können. Also nicht nur das Neue, sondern wir leisten ja schon seit Jahren was."*

Der Passus aus diesem Interview zeigt eindrücklich, wie stark das mit der Schulprogrammarbeit intendierte Setzen eines Reformimpulses von der Art und Weise der Präsentation des Reforminstrumentes abhängig ist. Hier muss indes angemerkt werden, dass die „schonende" Vermittlung des Projekts durch den Schulleiter im Sinne des Reformgedankens auch als ambivalent zu bewerten ist. Das Reforminstrument „Schulprogrammarbeit" zielt direkt auf Innovation qua Programmfindung. Zwar soll es sich im Sinne einer Qualitätssicherung auch auf den Status quo einer Schule beziehen, doch soll die dahingehende Analyse schließlich dazu beitragen, durch neue Zielsetzungen auch spürbare Qualitätssteigerungen zu bewirken, und zwar nicht nur auf den Feldern, auf denen eine Schule ohnehin schon aktiv ist. Der Schulleiter hat somit schon bei seiner Vorstellung des Projekts „Schulprogrammarbeit" diesem den innovativen Stachel genommen. Damit soll nicht gesagt sein, dass die von der Lehrerin beschriebene Bestandsaufnahme, Kontrolle und Reflexion unproduktiv sei. Deutlich wird aber, dass die Schulprogrammarbeit, wenn sie als das Alte im neuen Gewand vorgestellt wird, nicht mehr die Irritation bei den AkteurInnen auslösen kann, die vielleicht ein Ausbrechen aus verkrusteten Handlungsroutinen ermöglicht hätte (vgl. Gruschka/Heinrich 2001). Zumindest diejenigen, die nicht an einer Reform interessiert sind, werden ihre pädagogische Freiheit dafür nutzen, weiter so zu unterrichten und zu erziehen wie bisher. Es droht damit in dieser Situation eine Anpassung an den Status-quo-ante, wie sie auch in anderen Forschungsprojekten als Phänomen beschrieben wurde (vgl. Altrichter/Posch 1996; 1999; Altrichter 2000a; Heinrich/Altrichter 2007). Um Widerstand aus dem Kollegium gegen eine bestimmte Innovation (vgl. Bohnsack 1995) abzufedern, wird deren Novität entweder heruntergespielt oder es werden sogar im Instrument vorgesehene unangenehme Maßnahmen – wie beispielsweise die

Evaluation – nur halbherzig verkündet.[111] An dieser Stelle wird allerdings deutlich, dass der hier beschriebene Schulleiter nicht die Rückzugsstrategie gewählt hat und entsprechend auch nicht nur eine Anpassung an den Status-quo-ante provozieren wird. Er agiert vielmer – wie die Lehrerin selbst anmerkt – „diplomatisch":

> L: *„Es hat nicht viele Proteste gegeben dagegen. Während es meines Erachtens immer unklug ist, jetzt von der Schulleitung zu sagen, dass man <u>gehalten</u> ist, dieses Schulprogramm zu schreiben. Ich halte unseren Schulleiter für relativ diplomatisch."*
>
> I: *„Wie hat er das denn gemacht?"*
>
> L: *„Ja, indem er sagte: Erst einmal, das ist nichts Neues, wir fassen einfach mal das zusammen, was wir machen, was wir seit Jahren machen. Und dann schafft man von vornherein nicht so sehr den Aspekt der Belastung, sondern er sagt: Unter Umständen ist es eine Entlastung, weil Einzelkämpfer sich in diesem Programm wiederfinden und sagen: Mensch, der macht genau das Gleiche, was Ähnliches, das könnten wir vielleicht sinnvoller zusammenfassen in der und der Stufe, als dass zwei eine ähnliche Sache, ein ähnliches Projekt in zwei verschiedenen Stufen versuchen. Also von daher denke ich, ist es günstig, das nicht zu sehr als Maßgabe von oben zu präsentieren, sondern auch eventuell einen Vorteil im Sinne einer Arbeitsentlastung den Kollegen vorzustellen."*
>
> I: *„Was natürlich im Grunde genommen ein bisschen 'gemogelt' ist, in Anführungsstrichen, weil es ja letztlich eine Maßgabe von oben ist."*
>
> L: *„Das ist richtig. Aber man kann ja auch Maßgaben, sage ich, <u>nur</u> als von oben angeben, man kann sie aber auch als <u>sinnvoll</u> vertreten. Und dann hat man natürlich, sage ich mal, von den Kontra-Leuten weniger."*

Es wird deutlich, dass der Schulleiter hier darum bemüht war, das verordnete Instrument anzukündigen, ohne aber damit die Akteurskonstellation nachhaltig aus der Balance bzw. der augenscheinlich vorherrschenden „prästabilierten Harmonie" zu bringen. Insofern darf das Instrument – wie diese Lehrerin sehr wohl reflektiert – nicht als Top-Down-Oktroy wahrgenommen werden. Der

---

111 Diese „weiche Form" der Einspeisung der Innovation in die Akteurskonstellation durch eine zurückhaltende Präsentation des Reforminstruments dokumentiert auch ein 32jähriger Real-schullehrer: *„Ja, es kommt ein bisschen auch darauf an, wie der Rektor es den Kollegen verkauft, wahrscheinlich. Wenn das eine direkte Wir-müssen-Pflicht, nächster Termin, und das kommt dann so nebenher, geht bei vielen wahrscheinlich erst mal die Klappe runter, weil die haben Termine ohne Ende. Der muss das seinen Leuten verkaufen, ein bisschen nett. Das hängt dann auch wieder ganz stark von der Beziehung Schulleitung–Kollegium ab, in dem Augenblick. Wenn da nur gedrückt, gedrückt, gedrückt, ihr müsst das, ihr müsst dieses, ihr müsst jenes oder so. Dann wollen die Leute irgendwie nicht mehr, ich habe keine Lust mehr, das oder jenes. [...] Wie verkauft er das als Möglichkeit oder als Chance für die eigene Schule, dann haben es alle leichter damit wahrscheinlich. Ist das nur vorgegeben und eine Pflichtaufgabe, dann ist die Luft raus."*

Schulleiter war nun in mehrerlei Hinsicht diplomatisch. Im Sinne einer Ein-
spruchsvorwegnahme expliziert er die im Innovationsinstrument enthaltene
Handlungsrationalität im Sinne einer vorweggenommenen Rechenschaftslegung. Die in Aussicht gestellten Arbeitserleichterungen durch die Innovation
können zudem einen Anreiz darstellen.

Deutlich wird hier aber auch, dass der Schulleiter als Vorgesetzter bestimmte Freiräume der Interpretation genießt, um im Sinne seiner persönlichen
Vorstellungen von Organisationsentwicklung taktieren zu können. In diesem
Fall hat er einen Mittelweg gewählt, der womöglich den Fortgang der Schulprogrammarbeit mehr befruchtet als so manche Initiierung im strengen Sinne des
Instruments bzw. im Sinne einer de-facto-Rücknahme der im Innovationsinstrument enthaltenen Ansprüche. Indem er sowohl auf das Vertraute verweist
(„nichts Neues"), das es nur zu explizieren gilt, entschärft er Befürchtungen.
Gleichzeitig verweist er aber darauf, dass allein schon durch den Mechanismus
der Explikation ein Wechsel in der Handlungskoordination innerhalb des Kollegiums stattfinden könnte, der über Synergieeffekte zu Arbeitserleichterungen
führt. Damit entsteht das Bild eines Szenarios, in dem zwar die Form der Handlungskoordination wechselt (Explikation/Verschriftlichung), dieser Wechsel
aber zugleich nicht grundsätzlich die Akteurskonstellation verändern soll.
Letzeres ist zwar unwahrscheinlich, da solche Kooperationen wie die angeführte, nie ohne Wechsel der Akteurskonstellation stattfindet, aber es entsteht der
Eindruck, als würde aus diesem Wechsel der Handlungskoordination nichts
Weitreichendes folgen. So besteht für den Schulleiter noch die Möglichkeit, zu
einem späteren Zeitpunkt innovativere Impulse innerhalb der Schulprogrammarbeit zu setzen, wenn diese erst einmal grundsätzlich vom Kollegium akzeptiert
wird.

Hinzu kommt, dass eine diplomatische Präsentation des neuen Instrumentes, die nicht unmittelbar den technokratischen Verpflichtungs- und Kontroll-
charakter der Schulprogrammarbeit im Sinne einer kontrollierten Evaluation
herauskehrt, vielleicht auch die Mehrheiten in einem Kollegium zugunsten der
Schulprogrammarbeit beeinflussen kann. Innerhalb solcher Überzeugungsarbeit
besteht immer auch die Gefahr, dass die Fronten sich verhärten könnten. Die
Argumente, die im Zuge solcher Innovationsmaßnahmen vorgebracht werden,
sind nicht immer dazu angetan, die vermeintlichen „Reformmuffel" zu aktivieren. Sind deren Bedenken fundiert und diese Begründungen gegen den Charakter des Instruments selbst gerichtet, so kann eine Propagierung der Vorteile, die
einfach nur die Logik fortschreibt, die schon im propagierten Reforminstrument
selbst enthalten ist, die Aversionen der SkeptikerInnen eher noch potenzieren.
Bei LehrerInnen, die das Schulprogrammkonzept aufgrund seiner Nähe zur
Organisationsentwicklung und der damit verbundenen betriebswirtschaftlichen

Denkungsart ablehnen, würde so etwa sicherlich die folgende Anmerkung des 29jährigen Referendars, der gerne die Schulprogrammarbeit befördert sehen würde, allein schon aufgrund der Wortwahl auf Protest stoßen:

„Da würde ich es so machen wie in der umweltökonomischen Debatte und würde mittlerweile, das kann ich auch auf andere Bereiche übertragen, über Anreize gehen. Anreize schaffen für die Lehrer, die sich dagegen stemmen und versuchen zu argumentieren, dass es in sehr kurzer Zeit unter Umständen eine Arbeitserleichterung sein kann, dass es durch den Austausch auch, ja dass sogar ein Materialaustausch sein kann, dass Schüler, die sehr große Probleme machen, einen stressen, dass die unter Umständen, ja unter Umständen ja auch wirklich vor allem auf Dauer durch eine Verhaltensänderung auch eine Erleichterung sein können. Ich würde versuchen, Anreize zu schaffen für die Lehrer, die im Moment sich strikt dagegen wehren, um denen das schmackhaft zu machen. "

Für diejenigen LehrerInnen, die in der „Neuen Schulentwicklung" eine Effektivitätsfetischisierung erblicken, dürfte eine Incentive-Strategie, wie sie hier (und andernorts noch deutlicher, vgl. Heinrich/Mayr 2005, 56f.) vorgeschlagen wird, die Abwehr noch forcieren (vgl. Altrichter/Eder 2004, 221). Dieses Reform-„Klientel" orientiert sich eher noch an Idealen der Zweckfreiheit von Bildung. Diese Gruppen durch „Lockangebote" zur Mitarbeit zu gewinnen, dürfte vergeblich sein. Dort wäre es wahrscheinlich produktiver, selbst mit einem gewissen Realismus dafür zu plädieren, dem Vorgang nicht durch unnötige Rhetorik noch brisanter zu machen, als er ohnehin schon ist, möglichst wenig Aufhebens davon zu machen, so zumindest ein 33jähriger Gesamtschullehrer. Dieser berichtet davon, wie die Aufforderung zur Schulprogrammarbeit – er sollte das Vorwort zum Schulprogramm schreiben – an ihn herangetragen wurde:

„Als ein Muss, als eine Pflicht, die zu erfüllen ist, erst mal, in erster Linie. Und dann in zweiter Linie wurde es natürlich, um Akzeptanz zu schaffen, von der Schulleitung schon auch versucht, zu sagen, welche Vorteile es dir bietet. Aber letztlich überwog doch so die Vorstellung, wir müssen es 'eh machen, also machen wir das Beste daraus. Und nicht: 'Es ist sinnvoll und deswegen machen wir es. Und wenn wir es nicht sinnvoll finden, wehren wir es ab.' Weil die Möglichkeit gab es de facto eigentlich nicht. "

Der Lehrer reflektiert nüchtern die eingeschränkte Handlungsfreiheit des Vorgesetzten und stellt damit das Gespräch mit seinem Schulleiter in einen weiteren Horizont der Handlungskoordination. Ihm ist bewusst, dass sein Vorgesetzer nicht das Verfügungsrecht hat, sich aufgrund eigener Erwägungen für oder gegen die Erstellung eines Schulprogramms zu entscheiden (vgl.o.). Angesichts dieser Lage hat der Lehrer Verständnis dafür, dass der Vorgesetzte gar nicht anders kann, als – im Modus des Verweises auf die Pflichterfüllung – Verantwortung für die Arbeit am Schulprogramm (hier die Erstellung des Vorworts) zu delegieren. Er scheint daher diese Delegation gar nicht als „Beeinflussung" oder „Verhandlung" wahrzunehmen, sondern vielmehr als eine Bitte der Schulleitung, sich doch mit ihr zu solidarisieren. Indem die Schulleitung gegenüber dem Lehrer ihre Identifikation mit der Schulaufsicht und deren Auftrag nur halbherzig formuliert (*„in zweiter Linie [...] natürlich, um Akzeptanz zu schaffen [...] schon auch versucht, zu sagen, welche Vorteile es dir bietet"*), gleichsam auch als Pflichterfüllung, kann sie auf diese Weise sogar die Beziehung zum Lehrer stabilisieren, indem sie sich ihm gegenüber als in gleicher Weise „Betroffener" darstellt. Die Haltung, *„wir müssen es 'eh machen, also machen wir das Beste daraus"*, kann metaphorisch umschrieben werden mit dem Bild: „Wir sitzen alle im gleichen Boot!" Diese Metapher wiederum wäre ein sinnbildliche Darstellung für die damit von der Schulleitung gegenüber dem Lehrer kommunizierte Akteurskonstellation.

Mit einer solchen Form der Solidarisierung hat allerdings erneut der Mechanismus der Anpassung an den Status-quo-ante gegriffen, sodass die AkteurInnen – in der Furcht davor, die Konstellationen tiefgreifend zu verändern – mittels eines bewährten Modus der Handlungskoordination die Akteurskonstellation vor Ort unangetastet lassen, ja diese sogar stabilisieren können.

An dieser Stelle wird aus organisationssoziologischer Sicht eine paradoxe Doppelfunktion der Schulaufsicht bei der Vermittlung des Innovationsauftrags deutlich, nämlich zugleich Initiatorin wie auch Buhmann zu sein. Indem die – juridisch freilich nicht hintergehbare – Autorität der Schulaufsicht anerkannt wird, kann sie diese Führungsposition im Sinne eines Verfügungsrechtes haben. Gleichzeitig fungiert sie als Buhmann, und zwar in einem doppelten Sinne: als Schreckgespenst und als Prügelknabe. Das Kollegium kann so den Auftrag annehmen, die Eigenständigkeit aber darin wahren, dass sie die Fremdbestimmung als Zwang ablehnt. In der ostentativen Stellung gegenüber der Fremdbestimmung kann so das Selbstbild einer selbständigen Schulgemeinde gegenüber der Schulaufsicht gewahrt werden, auch wenn in der Sache gar kein Dissens besteht. Die Ablehnung gegenüber der Schulaufsicht erweist sich damit wahrscheinlich als routinierter identitätsstiftender Habitus der Handlungskoordination, der als Mechanismus auch dann noch greift, wenn er von der Sache her eigentlich überflüssig wäre, nämlich das Innovationsinstrument der Schulprogrammarbeit von beiden Seiten als sinnvoll erachtet wird.

Die dem Konzept inhärente Paradoxie einer verordneten Autonomie kann von den Schulleitungen als Vermittlungsinstanz zwar in unterschiedlichen Modi der Handlungskoordination transformiert werden, spiegelt sich letztlich aber immer wider in der ambivalenten Rollenerwartung an die Professionalität der

LehrerInnen. Einerseits sollen die KollegInnen „Dienst nach Vorschrift" machen und einer Weisung folgen (vgl.o.). Andererseits soll dieser Dienst gerade darin bestehen, nicht streng nach einer „Vorschrift" zu handeln und damit zum Verwaltungshandeln überzugehen, sondern dieser „Dienst nach Vorschrift" soll gerade kreativ über die amtliche Weisung hinausgehen, deren formalen Weisungscharakter überschreiten, um effektive pädagogische Arbeit durch unkonventionelle Lösungen zu ermöglichen. Die folgende Passage aus einem Interview mit einem stellvertretenden Schulleiter illustriert diesen Zusammenhang:

„Wir haben, als das Schulprogramm aufgekommen ist, als Idee, später als Forderung direkt vom Kultusminister und später sogar im Amtsblatt als direkter Ukas, sehr kontrovers diskutiert. Also diese Widerstände, die der Kaufmann formuliert, sind natürlich bei uns in den Gesamtkonferenzen auch geäußert worden. Wir haben dann uns darüber unterhalten, auch in den Gesamtkonferenzen, was man aus dieser Notwendigkeit eines Erlasses macht. Das heißt, es war allen klar: Wir können dem nicht entgehen, wir müssen es machen, es muss abgegeben werden, es ist sozusagen eine dienstliche Verpflichtung. Und dann hat man konstruktiv gefragt, was machen wir jetzt aus dieser dienstlichen Verpflichtung, 'wir definieren unsere eigene Schule'. Und das gesamte Kollegium hat dann beschlossen, in der Gesamtkonferenz, sich in unterschiedlichen Arbeitsgruppen an der Schulprogrammarbeit zu beteiligen. Es wurden zwei Konzepte vorgelegt, wie das am Ende aussehen könnte, diese Arbeit, und da hat sich mehrheitlich das Kollegium für eines der beiden Angebote entschieden. Es wurden dann acht Arbeitsgruppen etabliert, zu acht verschiedenen Themenbereichen, die für die Schule besonders relevant erscheinen. Und an diesen wurde gearbeitet und da wurden Vorlagen von den Arbeitsgruppen erarbeitet, die dann von einem Redaktions-Team gesichtet wurden, in einem zweiten Durchlauf noch einmal revidiert worden sind und jetzt liegt mir dieses Material hier vor und ich werde also wie gesagt versuchen, bis zum Ende des nächsten Monats daraus eine endgültige Vorlage – zu erstellen und dann noch mal mit dem Redaktions-Team zu erörtern."

Der Befragte schildert eine konstruktive Wendung des Paradoxons durch das Kollegium. Es wird deutlich, dass innerhalb dieses Kollegiums ein starkes Bewusstsein von der Widersprüchlichkeit des Verordnungscharakters der Schulprogrammarbeit bestanden hat. Augenscheinlich war indessen das professionelle Selbstbewusstsein der Mehrheit der AkteurInnen so stark, dass sie die Spannung zwischen einer eindeutigen Unterordnung gegenüber den Vorgesetzten und dem eigenen pädagogischen Eigensinn ohne Beschädigung eben dieses Selbstverständnisses aushalten konnten. Gleichzeitig wird in der Schilderung deutlich, dass innerhalb der kontrovers geführten Diskussionen immer die Gefahr eines Umschlags in Fatalismus oder Resignation bestanden hat: *„Das heißt, es war allen klar: Wir können dem nicht entgehen, wir müssen es machen,* *es muss abgegeben werden, es ist sozusagen eine dienstliche Verpflichtung.*" (s.o.) An dieser Stelle hätte auch – wenn sicherlich auch nicht offen formuliert – die (implizite) Entscheidung der Mehrheit des Kollegiums stehen können, mehr oder weniger ein Pro-forma-Papier zu erstellen. Dass die Arbeit nun jene – nach Aussage des stellvertretenden Schulleiters – mehrheitlich positive Wendung angenommen hat, sollte jedoch nicht vergessen lassen, dass die vorher geäußerten Bedenken gegenüber der „Lösung" nicht grundsätzlich ausgeräumt werden konnten. Ob die Balance in dieser neuen Akteurskonstellation trägt und die Programmarbeit wirklich engagiert betrieben wird oder ob doch wieder Bedenken durchbrechen, wird sich an dieser Schule sicherlich noch einmal an der „Feuerprobe" der Evaluation zeigen.

Die zur Erstellung des Programmtextes verwendete Form der Handlungs-koordination würde hier Entwicklungen in beide Richtungen zulassen: Ausgangspunkt zur Erstellung ist eine breite Partizipation der KollegInnen. Die Form der demokratischen Abstimmung und der damit verbundenen Verfahrens-routine scheint sehr effektiv, kann à la longue aber auch zu Abspaltungen führen, da die Rationalität der Verfahrensweise systematisch immer recht große (Arbeits-)Gruppen erzeugt, die überstimmt werden, sodass sich bei mehrfachen Wiederholungen dieser Prozedur die Zahl frustrierter Minderheiten kumulieren kann bzw. eine solche Kumulation sich auch verstetigen kann, wenn immer wieder eine besonders effektive, eloquente und durchsetzungsfähige Gruppe mit ihrer Konzeptionalisierung erfolgreich aus der Abstimmung hervorgeht. Die dann sich etablierende Minderheit (die ja bei Mehrheitsentscheidungen nahe an 50 % heranreichen kann) könnte auf lange Sicht systematisch einen „Block der Frustrierten" bilden, sodass sich im Durchgang durch den Prozess der Schulpro-grammarbeit wiederum eine Akteurskonstellation herstellt, wie sie in dem Dilemma-Szenario als Ausgangssituation fingiert wurde.

Ein 53jähriger stellvertretender Schulleiter, der zugleich Pädagogischer Leiter seiner Gesamtschule ist, referiert auf die im Dilemma-Szenario darge-stellte Kontroverse als eben alltägliche Konstellation. Er kommentiert das im Szenario Beschriebene diplomatisch:

„Die Situation, das ist eine Standardsituation, wie sie aus der Beobachtung, der täglichen Beobachtung von Kollegen und Schulleitung sich als realistisch erweist. [...] Der Herr Kaufmann, der reagiert meiner Ansicht nach völlig normal auf die Anmutung oder Zumutung, jetzt schon wieder was Neues machen zu müssen. Das ist, sagen wir mal, verständlich bei jemandem, der lange Zeit auch glaubt routiniert und gut zu arbeiten. Und immer, wenn sich Leute für das, was sie tun, legitimieren sollen oder müssen, unter Zwang, kann man mit solchen Reaktionen rechnen. Man muss, glaube ich, in dem Fall tatsächlich das Gespräch suchen und so, wie es der Herr Nolte macht, der von der Richtigkeit des Ansatzes überzeugt ist, und die Posi-

tionen verdeutlichen. Ob man den Herrn Kaufmann gewinnen kann für eine konstruktive Mitarbeit – das wird sich zeigen. [...] Selbstverständlich, das ist die absolut normale Situation, dass es kontroverse Meinungen gibt, dass es bei 70 Kollegen, einschließlich Referendare, Leute gibt, die Prozesse vorantreiben wollen, und Leute gibt, die Bedenken haben, die nichts ändern wollen. Es gibt auch immer gewisse Leute, die am liebsten gar nichts machen wollen. Also das ist absolut normales und auch wünschenswertes Vorgehen, ich würde mir nicht wünschen, dass in einem Kollegium zum Beispiel keine kontroversen Diskussionen geführt würden. Das wäre vielleicht aus der Sicht einer Schulleitung der einfachste Weg, das wäre aber sicher nicht der kreativste."

Der stellvertretende Schulleiter betont auffallend häufig die Normalität dieser *„Standardsituation"*. In der Darstellung sollte jedoch nicht aus dem Blick geraten, dass der durch die Schulprogrammarbeit erzeugte Legitimationszwang – zumindest in seiner Form als administrative Verordnung – keinen „Normalfall" darstellt. In seiner positiven Haltung zum Schulprogramm wird dann doch deutlich, dass er die blockierende Haltung von KollegInnen zwar verstehen kann, sie aber nicht akzeptiert und damit letztlich von der Sache her auch nicht für legitim erachtet. Aus seinen Erfahrungen weiß er aber, dass man innerhalb des Kollegiums nicht mit weiteren Zwangsmaßnahmen arbeiten kann, sondern auf Überzeugungsarbeit verwiesen bleibt. In der auch vom stellvertretenden Schulleiter geteilten Auffassung von der *„Richtigkeit des Ansatzes"* bleibt nur die Möglichkeit, im Gespräch die Positionen transparent darzustellen: *„Ob man den Herrn Kaufmann gewinnen kann für eine konstruktive Mitarbeit – das wird sich zeigen."* Genau besehen wird damit die Diskurspraxis zwischen den Überzeugten und den Noch-nicht-Überzeugten zur *„Standardsituation"*, nicht aber – wie das in vielen Schilderungen den Eindruck erweckt – die inhaltlich kontroverse Diskussion. Gestritten wird – viel häufiger, als das im Konzept der Schulprogrammarbeit vorgesehen wäre – über das Instrument selbst und nicht über die inhaltliche Füllung des Schulprogramms, d.h. oftmals verhalten sich die KollegInnen nicht immanent zum Schulprogrammauftrag, sondern problematisieren diesen selbst. Die Heterogenität im Kollegium muss in Bezug auf die Modi der Handlungskoordination gesondert auch als die einer Reformgruppe und der damit verbundenen gruppendynamischen Effekte begriffen werden – vollkommen abseits der pädagogischen Differenzen. Die Akteurskonstellation wird damit durch den Modus der Handlungskoordination, wie er in der administrativ verordneten Schulprogrammarbeit durch den Verfügungscharakter hergestellt wird, in einer ganz neuen Weise (auf-)gemischt.

Governancetheoretisches Resümee der Ergebnisse auf der Ebene der Schulleitung:

Die governancetheoretische Analyse der administrativ verordneten Schulprogrammarbeit als Versuch der Bildungsadministration eine Rückgewinnung von Steuerung über eine „Internalisierung der organisationsexternen Vorgaben" zu erreichen, zeigte, welche Effekte ein solcher Wechsel im Modus der Handlungskoordination auf die Akteurskonstellationen innerhalb einer Schule haben kann. Die Aufwertung der Schulleitungen zu „transformational leaders" erscheint dann als Delegation von Verantwortlichkeiten. Hier handelt es sich insbesondere um die Delegation der Vermittlungsaufgabe zwischen den organisationsinternen und den organisationsexternen Ansprüchen an die Schulprogrammarbeit. Zwar wurde auch für die Schulaufsicht eine ambivalente Aufgabenkonstellation festgestellt, da sie als untere Kultusbehörde das Mittelglied zwischen oberer Bildungsadministration und den Schulen darstellt. Diesem ambivalenten Auftrag steht indessen innerhalb des Kontextes der eigenen Organisation eine klar definierte Rolle der einzelnen AkteurInnen gegenüber, die Rückhalt gibt. Für die SchulleiterInnen wurde demgegenüber deutlich, dass sie sich in doppelter Hinsicht in einer Zwitterstellung befanden: Nicht nur, dass sie als Vermittlungsinstanz zwischen LehrerInnen und der Administration ein komplexes Interdependenzmanagement moderieren müssen, sondern sie in der Frage ihrer Organisationszugehörigkeit auch nicht eindeutig situiert sind.

Auch für die Schulleitung gilt, dass sie mit dem Innovationsimpuls der Schulprogrammarbeit nicht vor grundsätzlich neuen Aufgaben der Handlungskoordination stand, aber durch den Tatbestand der administrativen Verordnung und der damit einhergehenden Pointierung der Rechenschaftslegung sich durch diesen Innovationsimpuls die Anforderungen an das Interdependenzmanagement potenzierten. Deutlich wurde dies beispielsweise an den Ausführungen des stellvertretenden Schulleiters, der die blockierende Haltung von KollegInnen zwar verstehen, sie aber letztlich nicht akzeptieren konnte. Deutlich wurde auch, dass in keinem der Interviews eine dezidierte Nutzung der Autorität für Zwangsmaßnahmen aufschien, sondern vielmehr versucht wurde auf Dauer eine stabile Form der Handlungskoordination zu erzeugen, indem auf Modi der Überzeugungsarbeit und der Verhandlung zurückgegriffen wurde. Deutlich wurde damit allerdings auch, dass durch diese Bearbeitung der Interdependenzanforderungen die Verhandlung über den Sinn und Zweck der Innovation zwischen den Überzeugten und den Noch-nicht-Überzeugten zum Regelfall wurde, nicht aber die inhaltlich kontroverse Diskussion. Es scheint damit letztlich vielfach mehr Energie in die Transformation der Modi der Handlungskoordination zu fließen, als das im Konzept der Schulprogrammarbeit vorgesehen wäre: Verhandelt wird dann über die Akzeptanz des Instruments selbst und nicht über die inhaltliche Füllung des Schulprogramms. Dies kann als Reaktion auf die vom Gesetzgeber her genutzte Form der Beeinflussung durch Definitionsmacht gelesen werden: Das qua Definitionsmacht scheinbar unumgänglich Verfügte wird durch eine Beantwortung dieser Metakommunikation mittels eines weiteren metakommunikativen Aktes über den Sinn oder Unsinn von Schulprogrammarbeit aufgehoben resp. bis auf Weiteres still gestellt. Hierbei handelt es sich freilich um einen auf Dauer transintentionalen Effekt: Eine Diskussion des Innovationsinstruments ist vom Instrument selbst her sicherlich auch gewünscht, da eine solche die notwendige Sensibilisierung für den veränderten Auftrag evozieren kann. Wird diese Sensibilisierungsphase im Modus erstarrter Kontroversen allerdings auf Dauer gestellt, produziert dies fast nur noch Transaktionskosten ohne weitere Effekte – und damit aller Wahrscheinlichkeit nach eine negative Bilanz.

Die governancetheoretische Analyse zeigte damit, dass es für Schulleitungen sicherlich sinnvoll sein wird, die Heterogenität im Kollegium in Bezug auf die Modi der Handlungskoordination auch gesondert als die einer Reformgruppe und der damit verbundenen gruppendynamischen Effekte zu begreifen. Hieraus lassen sich bereits Konsequenzen für das Interdependenzmanagement ziehen, noch jenseits der dann im Programmentwicklungsprozess diskutierten pädagogischen Differenzen. Bezogen auf den Modus der Handlungskoordination, d.h. beispielsweise gerade in der Skepsis gegenüber dem Reforminstrument können sich so sogar KollegInnen vereinigen, die hinsichtlich ihrer pädagogischen Auffassungen von einer „guten Schule" die größten Differenzen haben. Die Akteurskonstellation wird damit durch den Modus der Handlungskoordination, wie er in der administrativ verordneten Schulprogrammarbeit durch den Verfügungscharakter hergestellt wird, nach anderen Regeln konstituiert als dies gemäß den vorgängigen Erfahrungen mit einem Kollegium der Fall ist. Schulleitungen würden demnach gut daran tun, solche Effekte des Wechsels der Handlungskoordination in ihre Planungen stärker einzubeziehen als es auf der Folie inhaltlicher Differenzen hinsichtlich des pädagogischen Programms vielleicht sinnvoll erscheint. Hierbei kann es – wie auch die Interviewpassagen zur Verlautbarung des administrativen Auftrags durch die Schulleitung zeigten – gerade hilfreich sein, die potenzielle Einschränkung von Verfügungsrechten Einzelner in das Interdependenzmanagement einzubeziehen.

9.4 Argumentationsmuster zur Autonomie gegenüber den KollegInnen

In der Ratgeberliteratur zur Schulprogrammarbeit wird immer wieder – in Übereinstimmung mit den vorangegangenen Analyseergebnissen – betont, dass für das Gelingen des Entwicklungsprozesses die Form seiner Initiierung von entscheidender Bedeutung sei. Dabei sei es wesentlich, auf die heterogenen Ausgangslagen in den Kollegien adäquat zu reagieren (vgl. Tenberg 2002). Der zuvor in Kapitel 9.3 zitierte stellvertretende Schulleiter hatte nun aber die Heterogenität der Auffassungen im Kollegium als *„Standardsituation"* beschrieben. Eine 52jährige Realschullehrerin kommentiert die in dem Szenario beschriebene Situation mit ähnlichen Worten:

„Also es ist nicht untypisch. Ich muss ein bisschen schmunzeln. Nicht für meine Schule, aber überhaupt. Wenn ich z.B. auch bei Fortbildungen bin, wie so einzelne Kolleginnen und Kollegen reagieren. Also es ist zum Schmunzeln. [...] Ja, so diese wirklich verschiedenen Gruppierungen, die immer da sind, wo auch immer man ist, in welchem Kollegium man sich befindet. "

Diese Heterogenität bei der Meinungsbildung innerhalb eines Kollegiums wird auch von einer 34jährigen Realschullehrerin als Normalfall dargestellt. Sie beschreibt die Polarisierung zwischen BefürworterInnen und GegnerInnen sogar als nahezu ehernes Gesetz, dessen Geltung kaum aufzuheben sei. Auf die Frage, was man tun müsse, damit sich nicht diese starren Oppositionen innerhalb eines Kollegiums ergäben, antwortet sie:

„Das gibt es glaube ich gar nicht. Das kann... Es ist immer so, dass Leute für oder wider eine Sache sind. Das gibt es nicht. Also, wenn ich etwas einführe, wenn ich etwas machen möchte, dann gibt es immer eine Pro- und Kontra-Seite und einer vertritt sie und einer vertritt die andere Meinung. "

Nähme man diesen Erfahrungswert der KollegInnen als Naturgesetzlichkeit über eine „Normalverteilung", drohte allerdings aus dem Blick zu geraten, wie stark in einzelnen Schulen – schon organisatorisch – die Interessenlagen differieren können, sodass Akteurskonstellationen aufgrund schulorganisatorischer Gründe entstehen, die besondere Formen des Interdependenzmanagements notwendig werden lassen. Zunächst geht man zumeist unbefragt von einer „normalen" Schule aus, d.h. von einer zumindest organisatorisch einheitlichen Institution, nicht aber von Schulverbünden, getrennten Oberstufen, additiven Gesamtschulen etc. Dies ist aber realiter nicht immer der Fall, worauf ein 52jähriger Berufsschullehrer hinweist:

„Ja also bei uns ist es an der Berufsschule so, dass von diesem Konzept [gemeint ist das Szenario; M.H.], das ich eben da gelesen habe, auch viele Positionen im Kollegium vertreten sind. Das ist ein Kollegium von circa 50 Personen, haben neben der Berufsschule noch eine Berufsfachschule und 'ne Fachoberschule, sodass es also an den unterschiedlichen Schulformen – ich selbst bin nur an der Berufsschule – auch unterschiedliche Probleme gibt, und von daher auch die Kollegen unterschiedliche Sachen im Kopf haben, was sie gerne ändern würden mit dem Schulprogramm. Von daher ist es gar nicht so einfach, an einem weit gefächerten Programm einer Schule, wenn die verschiedenen Schulformen da sind, da auch alle unter einen Hut zu bekommen. Zum anderen gibt's natürlich auch die Kollegen, die Negativ-Erfahrungen über die Jahre gesammelt haben mit der Schulaufsicht und dem, was sie an pädagogischer Freiheit jeweils hatten, und die automatisch also diese eine Position auch vertreten: 'Wir müssen ja das abliefern, ist ja Pflicht, also wird es pro forma irgendwie aufgeschrieben, und das, was wir wirklich machen müssen, geben wir nicht kund.' Also die ganzen Positionen hat man automatisch, glaub' ich jedenfalls."

An dieser Stelle wird deutlich, dass die Kooperationen von Schulen, Schulverbünden oder ähnliche Organisationsformen zumeist nicht Resultat pädagogischer Erwägungen sind, sondern viel häufiger Zweckbündnisse, die aus finanziellen und/oder organisatorischen Notwendigkeiten entstanden sind. Für diese Schulen besteht nun das besondere Problem, dass sie über eine pädagogische Programmatik eine organisatorische Corporate Identity herstellen sollen, die sich zuweilen nüchtern betrachtet nur über den Verweis auf die ökonomische und verwaltungstechnische Zweckrationalität legitimieren ließe. Von der Schulprogrammarbeit wird damit eine Schlichtung äußerer Interessengegensätze durch pädagogische Rationalität verlangt. Als Ausgangslage für einen pädagogischen Konsens ist das prekär, sollte es nicht eine starke Form positiver Identifikation mit einer pädagogischen Ausrichtung geben, die entweder in ihrer Allgemeinheit die Widersprüche verdeckt oder – im günstigeren Fall – sie besser aushaltbar und bearbeitbar macht.

Neben der Tatsache, dass objektive organisatorische Divergenzen vielerorts schon zu einer prekären Ausgangslage führen, weist der oben zitierte Berufsschullehrer auch explizit auf den unterschiedlichen Erfahrungshorizont der einzelnen Lehrkräfte als Ausgangsbedingung für Schulprogrammarbeit hin. Gerade für die älteren Lehrer – der Interviewte ist selbst 52 Jahre alt – hat die geronnene Schulerfahrung habitusformend gewirkt. Die aus einem solchen Habitus resultierende Handlungsroutine ist nur schwer zu durchbrechen, spricht doch gegen diese Reaktionsweise nur der Optimismus des Augenblicks, während diesem ein jahrelanger empirisch gesättigter Pessimismus entgegensteht. Die nach außen affirmativ wirkende Revolte der „Pflichterfüllung" – im kantischen Sinne von *pflichtgemäß*, aber nicht *aus Pflicht* – erhält zwar den ursprünglichen Freiraum weitestgehend aufrecht, blockiert aber auch die Intentionen derjenigen, die im Rahmen dieses Reformprozesses wenn nicht auf eine reale Erweiterung, so vielleicht doch Transformierung ursprünglicher pädagogischer Freiheiten hoffen.

Eine Realschullehrerin, die seit 28 Jahren im Dienst ist, schätzt das innovative Potenzial der Kollegien höher ein und kommt entsprechend dieser optimistischeren Sichtweise zu der Konsequenz, dass auf die Routinen der „BlockiererInnen" pragmatisch reagiert werden müsse, indem man diese ignoriere und sich den Reformwilligen stärker widme, um nicht ersteren das Feld zu überlassen. Auf die Frage, ob sie sich die Rahmenbedingungen vorstellen könne, die existieren müssten, damit das im Szenario beschriebene Dilemma nicht mehr auftaucht, wird diese Konsequenz von ihr auch gerade als erfahrungsgesättigte Handlungsrationalität kenntlich:

„Also ich bin jetzt einfach schon zu lange im Schuldienst, um da jetzt noch so ein konstruktives Szenario für die nächsten Jahrzehnte zu inszenieren. Ich muss ganz pragmatisch inzwischen sagen: Es gibt immer eine Gruppe, die sich auf alles, die sich auf fast alles einlassen kann. Es gibt immer eine Gruppe, die immer für Neues offen ist. Dann gibt es eine Gruppe, eine weitere Gruppe noch in einem Kollegium, fast immer, die sich dann irgendwann einlassen kann und nach erstem Stöhnen, nach erstem Entsetzen, einlassen kann. Und diese drei Gruppen, ganz pragmatisch angegangen, die sind für mich dann wichtig. Weil ich, – mit denen kann was geschehen. Und was mit der vierten Gruppe dann passiert, das ist aber die Minderheit, die totale Minderheit, die muss ich dann einfach außen vor lassen, für die kann ich kein Szenario entwickeln. Und ich glaube auch, das gibt es einfach überall, in allen Berufen. Und man, ja, nach so vielen Jahren Schule, glaube ich einfach auch, dass ich für die nicht mehr zuständig bin, sondern ich muss meine Kräfte ballen für die drei Gruppen, die ich eben nannte, die gut zusammen konstruktiv arbeiten können. Das wäre so meine Antwort darauf."

Diese Haltung ließe sich begrifflich vielleicht als „optimistischer Realismus" fassen. Deutlich wird indes auch, dass – bei allem Optimismus in Bezug auf die mögliche „konstruktive Mehrheit" – die in der Schulentwicklung geforderte Corporate Identity des gesamten Kollegiums zur unrealistischen Wunschvorstellung erklärt wird. Die Frage innerhalb der einzelnen Kollegien wird dann sein, wie produktiv diese Mehrheit arbeiten kann und welche Formen der exkludierenden Handlungskoordination gegenüber den BedenkenträgerInnen und GegnerInnen sich etabliert, die diese nicht noch weiter in die radikale Opposition drängt, sondern in der Tendenz deren Invektiven befriedet oder – organisationssoziologisch formuliert – still stellt, sodass eine stabile Akteurskonstellation entsteht, die die Arbeitsfähigkeit des aktiven Teils des Kollegiums möglichst wenig beeinträchtigt.

Hier wird deutlich, dass die zitierte Lehrerin die im Schulprogrammkonzept angelegte governancetheoretische Idee von schulischer Inklusion (vgl.
Brüsemeister 2004a) aufgibt bzw. mit pragmatischem Realismus einschränkt.
Diese Form der Bearbeitung des Problems der Meinungsvielfalt durch Exklusi-
on gerät also in Spannung zu den anderen Normen, die im Rahmen der Schulentwicklung thematisch sind. Es wird deutlich, dass in der Reformkonzeption
der Schulprogrammarbeit neben den immanent pädagogischen Normen auch
sozialpolitische Wertvorstellungen eingelassen sind, wie etwa diskursethische
Imperative. Die Autonomisierung der Schule wird dabei oftmals direkt als eine
Demokratisierung der Bildungsinstitutionen begriffen. Im Zusammenhang einer
solchen Vereinheitlichung, wie sie im vorhergehenden Absatz beschrieben
wurde, stoßen dann indes auch die demokratischen Hoffnungen in das Reforminstrument an ihre Grenzen. So äußert beispielsweise ein Lehrer bezogen auf die
Position von Herrn Nolte:

> *„Ich kann sie [die Position; M.H.] verstehen insofern, dass man natürlich überprüft
> wird, dass man sich selber erst einmal überprüfen kann und auch Schüler und El-
> tern einen daran messen können. Also das ist klar. Wenn etwas da steht und ich hal-
> te mich da nicht dran und ich vertrete das andere, pädagogische Ziele, die jetzt da
> nicht aufgeführt sind, dann bekomme ich als Einzelner natürlich ein Problem, si-
> cher."*

Die Aussage verweist auf das demokratietheoretische Defizit resp. das dem
Demokratieprinzip inhärente Dilemma, dass es für eine Opposition, die in den
konkreten Belangen jedes Mal überstimmt wird, nur ein schwacher Trost ist,
dass dies immer wieder nach demokratischen Prinzipien geschieht. Selbst wenn
auf einer rationalen Ebene das Verfahren der Handlungskoordination qua
Verhandlung auch von den Überstimmten akzeptiert wird, bleibt die Unzufriedenheit mit der Situation selbst. Die Demokratisierung des Prozesses kann somit
zwar als Fortschritt gesehen werden, löst aber sicherlich nicht das Problem des
Interdependenzmanagements innerhalb eines heterogenen Kollegiums. Vielmehr kann die Demokratisierung die Probleme noch verschärfen, wenn sie das
Schulklima auf diese Weise beeinflusst: Demokratisierung kann dann auch
permanente Auseinandersetzung bedeuten, die Minderheiten erst generiert, die
sich vordem zusammen mit den anderen noch als gemeinsame Opposition
gegenüber der Schulleitung oder der Schulaufsicht verstanden hatten. So verändert der Modus der Handlungskoordination wiederum die Akteurskonstellation.
    Die mit der Profilbildung und Programmgebung gewünschte Identifikation
mit der Schule als Institution macht Kompromisse notwendig, gleichzeitig wird
die Schaffung einer Corporate Identity als Gebot der Stunde vielerorts akzeptiert
(vgl. Lohmann/Hajek/Döbrich 1997; v. Lüde 1995). Individualität und gemein-

sames Konzept geraten in Widerspruch zueinander, wenn sich die vorgängige Individualität nicht schon vorher bereits in einer weitgehenden Assimilation mit marginalen Differenzen erschöpfte. Wie in der Ratgeberliteratur und den Leitfäden werden von den LehrerInnen beide Seiten des Interessenkonflikts benannt und gewürdigt, wodurch letztlich jedoch eine Internalisierung des Problems stattfindet. Auf die Frage, ob das Kollegium eine gemeinsame Meinung oder ein gemeinsames didaktische Konzept habe, antwortet so etwa eine Lehrkraft: *„Nein, die Meinungen waren unterschiedlich. Aber insgesamt hat man es für gut befunden, dass sich die Schule ein Profil gibt. "*

Die Corporate Identity wird als schulentwicklerische Notwendigkeit für die innere Schulreform erkannt und vielfach auch anerkannt, da vielen LehrerInnen die distanzierte Haltung zu ihrem „Betrieb" auch als Faktor resp. Resultat einer Entfremdung des Arbeitszusammenhangs bewusst ist (vgl. Perrenoud/Gather-Thurler 2005; Heinrich 2005a). Die diffuse oder indifferente Haltung gegenüber der eigenen Schule als Schule (i.s. eines lebendigen Lernortes) wird damit sowohl als institutionelles Manko begriffen wie auch als eine im Kern unbefriedigende und frustrierende Distanz zur eigenen Arbeit, die mit Zielrichtung auf eine erhöhte Berufszufriedenheit überwunden werden soll. Die „Vereinheitlichung" des pädagogischen resp. didaktischen Konzepts einer Schule spiegelt insofern auch ein Bedürfnis vieler Lehrkräfte wider und ist nicht nur heteronomes Desiderat einer verordneten inneren Schulreform. Auch aufgrund dieser Bedürfnislage in vielen Kollegien können die SchulentwicklerInnen zumindest zum Teil auf Zustimmung hoffen. Gleichwohl bleibt die Spannung erhalten, dass die Meinungsverschiedenheiten wieder virulent werden, sobald an der Konkretisierung des einheitlichen Konzepts gearbeitet wird. Die Integration des Differenten zu einer pluralen Meinungsvielfalt, die dennoch als gemeinsamer pädagogischer Wille kommuniziert werden kann und zugleich auch als ein solcher erfahrbar wird, bleibt damit ein utopisches Ziel. Ein 32jähriger Realschullehrer führt hierzu aus:

> L: *„Man einigt sich auf was und zieht vermutlich an einem Strang. Das ist also ein Riesenvorteil, wenn's denn klappt, ganz klar. Das ist natürlich ein Vorteil, das ist was, was dafür spricht. "*
> I: *„Und was spricht dagegen? "*
> L: *„Dass diese Einigung wahrscheinlich nicht hundertprozentig stattfindet. "*
> I: *„Warum? "*
> L: *„Weil in diesem Prozess wahrscheinlich ganz viele abwägen: Muss ich das machen? Und überhaupt sich Leute einem Konsens anschließen, allein aus Bequemlichkeitsgründen wahrscheinlich, und das nicht wirklich vertreten, sondern das Ding auf dem Tisch haben und dann bestenfalls halbherzig mit vertreten oder so, aber nicht mit durchziehen. Schwierig wird's mit irgendwelchen*

> *Beschlüssen zur Disziplin, oder so. Die Leute ziehen da nicht an einem Strang..."*
>
> I: *„ ...Hättest du denn eine Idee, wie man es erreichen könnte, dass die an einem Strang ziehen? "*
>
> L: *„ Ein Lehrerkollegium, wie die an einem Strang ziehen können, eine Idee dafür? Wenn ich die hätte, dann wäre ich fein raus, glaube ich, habe ich nicht, nee. Das ist, glaube ich, irgendwie kaum machbar. Wenn die eine grobe gemeinsame Richtung haben, ist gut. Letztendlich wenn die Leute aber unterschiedlich sind, dann ist auch gut. Müssen nicht unbedingt alle hundertprozentig, zwanghaft an einem Strang eigentlich ziehen. Wenn es eine grobe Richtung gibt, ist gut, ansonsten sind sie, sagen wir mal, sind das die feinen Unterschiedlichkeiten für die Schüler, eigentlich. "*

Deutlich wird hier, dass der Lehrer am Ende dieses Passus wieder versucht, die Differenz positiv umzudeuten. Die Abweichung, die vom Konzept der Corporate Identity aus als Manko begriffen werden muss, erscheint so wiederum als Garant für Individualität, Lebens- und SchülerInnennähe – d.h. für die pädagogische Autonomie der einzelnen Lehrkraft. Während vom Konzept her eine Corporate Identity als identifikationsstiftendes Moment betrachtet wird, scheint hier implizit in der Beurteilung der dialektische Umschlag von gewollter Gemeinsamkeit in fremdbestimmte Vereinheitlichung stattgefunden zu haben: Nicht die Identifikation als Möglichkeit einer sich nicht-entfremdeten Arbeitsgemeinschaft wird beschworen, sondern deren Totalität beargwöhnt, sodass das Manko der nur unzureichenden Identifikation positiv als wünschenswerte Divergenz und Pluralität umgedeutet werden kann:

> *„ Aber ich würde sagen, ich würde dann fragen, ob Pluralität nicht auch ein Konzept ist. Man geht ja selbst in der Wissenschaft in sehr vielen Bereichen mittlerweile so vor, dass man Sachen nicht nur schwarz-weiß malt, sondern sagt, es gibt ein ganzes Beziehungsgeflecht oder es gibt komplexe Ansätze, man darf nicht so nur in wenigen Kategorien denken. Und dass man sagt, aus dieser Pluralität kann sich auf Dauer auch was entfalten. Dass man sagt, man erkennt im Moment eine Pluralität und dann – wie ich das gerade gesagt habe –, diese Fortschreibung ermöglicht es ja vielleicht, daraus was noch Einheitlicheres erwachsen zu lassen. Das Problem dabei ist, wie ich eingangs sagte, dass ich nicht genau weiß, was die Schulaufsicht sehen will. Ich würde das, wenn ich wüsste, es ginge, offensiv vertreten und sagen: Wir haben Pluralität und wir können auch vielleicht aus dieser Pluralität so diese Best-Practice-Ansätze rausziehen und die Lehrer, die gerne was übernehmen möchten, können aus dieser Vielfalt sich was rauspicken, dass man das so wie einen Obstkorb sieht, wo man sich das Schönste rauspickt. Dass man so eine Transparenz der Pluralität schafft für alle Lehrer und die sehen: Oh, da ist ja was Fruchtbares für mich dabei, was ich vom anderen Lehrer nutzen kann. "*

In diesem harmonisierenden Bild vom Obstkorb sind indes die Spannungen eskamotiert, die strukturell in der Logik der Corporate Identity angelegt sind, wenn keine prästabilierte Harmonie in der Handlungskoordination vorausgesetzt wird, die freilich wiederum das Konzept als Innovationsinstrument obsolet werden lassen würde. Als Ausweg aus dem Dilemma, dass ein Verbindlichkeiten schaffendes Schulprogramm immer auch Beschränkungen von Verfügungsrechten für Einzelne bedeuten wird, verweisen viele LehrerInnen darauf, dass es sinnvoll sei, das Programm nicht zu stark zu spezifizieren, um den einzelnen KollegInnen ihre Freiräume zu belassen. Auf die Frage, was man denn tun könne, um beiden Parteien im Szenario gerecht zu werden, antwortet eine Grundschullehrerin: *„Das ist schwer zu sagen. – Indem man vielleicht das Schulprogramm ziemlich offen formuliert, so die Zielsetzung."* Aus dem Blick gerät dabei, dass man mit einem solchen Kompromiss zumindest dem Kollegen Nolte nicht gerecht würde. Dessen Vorstellungen einer Evaluierbarkeit der Arbeit, so wie sie im Schulprogrammkonzept intendiert sind, wären damit nicht mehr realisierbar. Die Corporate Identity wäre damit zwar hergestellt, jedoch in einem Modus der Unverbindlichkeit, sodass ihr eigentlicher Sinn ausgehöhlt wird. Subkutan, vermittelt über zeitraubende Gremienarbeit, setzt sich dann die Meinungsvielfalt in ihrem unproduktivsten Modus durch: in der kollektiven Unverbindlichkeit.

Im Sinne des guten Schulklimas hingegen zielt die Schulentwicklungsarbeit nicht nur auf kollegiale, sondern besser noch freundschaftliche Zusammenarbeit (vgl. bis in die Terminologie des Reformkonzepts hinein die Rede von den „kritischen FreundInnen"), die zu weiteren Aktivitäten motiviert. Gerade hier besteht aber aus professionstheoretischer Sicht das Problem, dass die LehrerInnen im Zuge der offiziellen Schulprogrammarbeit zu einem neuen Modus der Handlungskoordination aufgefordert werden, der nicht unmittelbar kompatibel ist mit „freundschaftlichen Kooperationsformen". Die LehrerInnen dürfen in dieser neuen Form der Handlungskoordination die Schule nicht mehr so sehr unter dem Blickwinkel ihrer kollegialen Lebenswelt betrachten, sondern dieser private Blick muss streng genommen durch einen professionellen ergänzt bzw. sogar substituiert werden. Die Schulentwicklungsarbeit setzt gerade voraus, dass private Neigungen oder Animositäten durch einen schulentwicklerisch motivierten professionalisierten Habitus überwunden werden. Erste Erfahrungen zeigen indes, dass sich die privaten Muster zunächst einmal durchsetzen, prägnant etwa im Kommunikationsverhalten, sodass die Organisationsentwicklung erst grundlegend mit eingefahrenen Kommunikationsriten brechen muss:

„So ein Schulkollegium muss man sich ja auch so vorstellen, dass da immer die Leute da ja sehr lange Jahre schon zusammenarbeiten und dass man seine Pappen-

heimer auch kennt. Und das ist ja wie im wirklichen Leben, da unterhält man sich auch am liebsten mit denen, mit denen man sich auch gut unterhalten kann und mit denen man irgendwie auch ein gutes Gefühl hat bei der Unterhaltung. Also wie ich dieses [das Szenario; M.H.] jetzt gelesen habe, sind es ja nicht nur inhaltlich verschiedene Meinungen, sondern auch von der Argumentation sind das ja sehr unterschiedliche Haltungen und ich glaube, die würden sich..., wenn es so eine Unterhaltung geben würde, würde die nicht so lange dauern. "

Die Schulprogrammarbeit erfordert nun aber gerade solche Formen der Kommunikationsbereitschaft – auch im informellen Raum. Denn die Handlungskoordination qua Schulprogrammarbeit wird nicht effektiv funktionieren, wenn nicht auch, spätestens bei der Implementation, solche informellen Rückmeldungen den Prozess in Gang halten. Ein Abwarten bis zur nächsten Konferenz als Ort der großen Aussprache ist hierbei kontraproduktiv. Ein großer Teil des Widerstands gegenüber den neuen Organisationsformen und ihren rollenspezifischen Verhaltensregeln (vgl. Bohnsack 1995) resultiert wahrscheinlich auch aus dieser damit eingeforderten Umstellung in der Handlungskoordination. Zwar ist diese Forderung angesichts der schon lange existierenden Norm der Kollegialität kein gänzliches Novum, das mit allem Vorausgehenden brechen würde. Doch die offizielle Vorgabe einer solchen Form der Zusammenarbeit, die dann womöglich noch evaluiert werden soll, kann leicht Aversionen auslösen, scheint sie doch den Lehrer in seiner „Privatheit" am Arbeitsplatz zu betreffen (vgl. Kogan 1996; Altrichter/Heinrich 2005). Ein 32jähriger Referendar dokumentiert nach 6 Monaten (!) Ausbildung mit seinen Aussagen bereits die gelungene Initiation in die – aus organisationssoziologischer Sicht überkommen und unproduktiven – vorherrschenden Kommunikationsformen (vgl. auch Paseka 2005):

„Über die Position von Herrn Nolte könnte man sagen, dass es, äh... Auf den Punkt gebracht, der ist noch nicht so lange dabei! [...] weil die Position von Herrn Kaufmann, diese strategische Position, da eher vertreten wird. Das wird einem beigebracht im Kollegium. Jetzt nicht grundsätzlich, aber so diese Haltung an sich. Nicht dass man da jetzt einen Kursus belegt dafür, aber das kriegt man so mit bei den Gesprächen, dass da schon auch sehr in den Argumentationen auch strategisch gehandelt wird. "

Einige LehrerInnen berichten indes ebenfalls von solchen Widerständen gegenüber den neuen Vorstellungen der Handlungskoordination in Kollegien, die dann aber zu einem gewissen Zeitpunkt dadurch zusammenbrachen, dass resigniert die offizielle Vorgabe als unumgehbares Faktum akzeptiert wurde. Auf die Frage, ob es auch Widerstände von KollegInnen gab, schildert eine

Realschullehrerin einen solchen Fall der normativen Kraft des Faktischen mit den Worten:

> *„Ja, natürlich. Wie immer dann, wenn es um einen kleinen Arbeitsaufwand geht. Ich glaube noch nicht einmal unbedingt inhaltlich Widerstände, sondern ganz vordergründig: Ojemine! Ähnlich wie bei den schulinternen Stoffverteilungsplänen das auch so war, bis dann alles so überkam, dauerte es fürchterlich lange. Immer da, wo es um über das normale Maß an mehr oder weniger intensiver Arbeit für Schule hinausgeht, da wird erst gezetert, bis man sich dann doch drauf einlässt, weil man merkt, man kommt nicht drum herum. Basta!"*

Es gibt aber auch Lehrkräfte, die im Reforminstrument der Schulprogrammarbeit einen Zwang im Sinne einer „inhaltlichen Weisung" erblicken, durch diesen aber nicht ihre pädagogische Autonomie im engeren Sinne gefährdet sehen. Hieraus ergibt sich aus der Außenperspektive zuweilen das Bild einer seltsamen Melange von Verantwortungsbereitschaft und der Ablehnung gegenüber den durch das Schulprogramm delegierten Verantwortlichkeiten: Man beklagt die verordnete Schulprogrammarbeit als Zwang, gesteht aber zu, dass es sich bei ihr um ein im Prinzip sinnvolles Unterfangen handele. Wenn diese prinzipielle Übereinstimmung in der Sache besteht, könnte der Zwang als Zwang verschwinden. Wenn das autonome Subjekt qua Professionalität erkennt, dass es sich um eine sinnvolle und notwendige Innovation handelt, dann müsste es im Sinne seiner Atuonomie von selbst diese Arbeit wollen, sodass sich der Zwang von außen in eine selbst auferlegte Aufgabe, eine Selbstgesetzgebung transformierte. Eben das scheint in diesen Fällen aber nicht vorzuliegen. Paradox scheint der Zwang zur Professionalität zuweilen gewollt zu sein. Diese Widersprüchlichkeit lässt sich – psychologisch gewendet – vielleicht mit dem Bibelwort fassen, dem zufolge der Geist willig, das Fleisch aber schwach ist.

Ein wesentlicher reformpraktischer Vorzug des Schulprogrammkonzepts liegt dabei in seinem bezwingenden Rationalitätsanspruch. Wird das Moment der Dialektik der Aufklärung, die in der Realisierung solcher Reformkonzepte durch transintentionale Effekte spürbar wird, nicht mit einkalkuliert, so erscheint das Konzept in bruchloser aufklärerisch-demokratischer Tradition: Die Korrelation von Vefügungsrechten und Pflichten erscheint als verfassungsgemäße Einrichtung und die Nötigung zur Explikation von Handlugnsrationaltät durch Rechenschaftslegung sowie die dadurch evozierte Transparenz als demokratisches Moment. Die KritikerInnen der neuen Formen der Handlungskoordination durch Schulprogrammarbeit haben es da zuweilen schwer, ihre Einwände vorzubringen, ohne dabei als „irrational" resp. unkooperativ, trotzig und uneinsichtig zu erscheinen. Zu der Position Kaufmanns im Szenario formuliert eine Lehrerin:

„Ach, das ist für mich auch so eine vorgeschobene Argumentation. Es scheint so differenziert zu sein, aber im Grunde läuft es darauf hinaus, ein Unbehagen, Missbehagen kundzutun. Das ist auch nicht meine. Mit so einem Kollegen könnte ich nichts anfangen [...], weil ich ganz sicher bin, dass ich mit dem nicht kooperieren könnte. Wenn ich eine solche Argumentation immer im Vorfeld erlebe, kann ich mich nicht nur schwer, sondern ich könnte mich mit einem solchen Kollegen nicht zur Zusammenarbeit zusammentun."

Hier zeigt sich erneut die oben beschriebene Dialektik. Die Bedenken des Kollegen Kaufmann können nicht mit der eigenen Auffassung von der Rationalität des Instruments in Übereinstimmung gebracht werden und werden deshalb als nicht näher qualifizierte, nicht rational begründbare Ablehnung umdefiniert: zum unbegründeten *„Unbehagen, Missbehagen"* (s.o.). Aus dem Blick gerät dabei, dass ein solches „Unbehagen in der (Reform-)Kultur" (vgl. Freud 1948) zumeist eine rationale, wenn auch verdeckte Basis hat (vgl. Heinrich 2005a, 44f.). Die Folge dieser Umdeutung ist, dass nun auch die reformbereite Kollegin mit Herrn Kaufmann nicht mehr in einem Projekt zusammenarbeiten würde. Die objektive Konsequenz dieses – wahrscheinlich gegenseitigen – Missverstehens wäre damit erneut die misslingende Handlungskoordination und damit Stagnation der Innovation.

Nicht selten wird indes die versteckte Rationalität in solchem „Bedenkenträgertum" auch von den BefürworterInnen gespürt, wenngleich sie für beide Seiten nicht diskursiv vermittelbar scheint. Ein Ausweg aus dieser „sprachlosen" Gegenseitigkeit, die den Reformprozess als Ganzen blockiert, ist dann die praktische Wendung des Problems: Das andauernde Reflektieren der Pros und Kontras müsse ein Ende haben, da dies, wie sich ja empirisch zeige, nur den Fortgang blockiere. Optiert wird damit unter Abgrenzung von den Argumenten aus dem Szenario für einen Pragmatismus in der Sache:

„Aber dann so dieses Letzte: 'Wenn sie wirklich wüssten, wie es besser geht', und all die – ab da die Argumentation, die finde ich dann auch wieder ein bisschen schwach, die finde ich höchst schwach. 'Wenn sie nicht wüssten, wie es besser geht, dann sollten sie sich besser raushalten.' Nee, da kann ich auch nicht viel mit anfangen. Es geht um <u>Tun</u> und nicht um Abwägen, was kann ich <u>tun</u>, wenn der andere so und so und so reagiert. Das ist eigentlich nicht Schule und das ist auch nicht meine Berufsauffassung. Und das ist auch nicht die Berufsauffassung der meisten meiner Kolleginnen und Kollegen. Das kann ich so sagen. Eher <u>tun</u>."

Bei aller Skepsis gegenüber einer solchen praktischen Wendung des Problems – die das in der Diskussion noch Ungelöste eskamotiert – hat freilich auch diese Volte wiederum einen rationalen Kern. Wenn die Realschullehrerin ausführt: *„Es geht um <u>Tun</u> und nicht um Abwägen, was kann ich <u>tun</u>, wenn der andere so* *und so und so reagiert. Das ist eigentlich nicht Schule...* " (s.o.), dann bringt sie mit dieser Aussage auch die organisationssoziologische Einsicht zur Geltung, dass die Schule als Institution nicht kalkulierbar ist, als System zu komplex, um allein durch Abwägung den Fortgang prognostizieren zu können. Auch in diesem Sinne ist professionelles pädagogisches Handeln in der Schule ein Handeln unter Unsicherheit und nicht in der vorgegebenen Weise kalkulierbar: *„Das ist eigentlich nicht Schule..."* (s.o.). Gleichzeitig bleibt diese praktische Volte als Problemlösung auch unbefriedigend, indem sie die begründeten Einsprüche der Minderheit nicht nur nicht argumentativ zurückweist, sondern durch ihren Problemlösungsmodus gegenstandslos werden lässt. Damit bleibt ein „ungelöster" oder zumindest noch nicht abgearbeiteter Konflikt im Raum stehen. Gleichwohl scheint aus pragmatischen Gründen eine solche praktische Volte an einem bestimmten Punkt im Schulentwicklungsprozess unumgänglich:

„Also einmal war z.B. dieses Argument, das ist doch alles nur Tünche, unsere Arbeit sieht ja ganz anders aus. Das war z.B. ein Argument. Ja, so dass es überflüssig sei, natürlich auch. Das war aber sehr frühzeitig, da kann ich mich nur noch schwer erinnern. Ja, natürlich auch richtig Ärger, was einem da wieder aufgebürdet wird von oben, Frau Behler und so weiter und so fort. Ja, so. Aber irgendwann wurde das bei uns auch innerhalb des Kollegiums so als, – ja unser Beratungslehrer bringt es da immer auf einen Punkt und sagt: Oh je, oh je, das ist immer diese Lehrerfolklore. Lassen wir die doch jetzt endlich mal außen vor und werden wir konkret. Und das war es wirklich. Ernster war es nicht zu nehmen. So Unken und Stöhnen, wie viel man da zu tun hat. Aber das haben wir dann irgendwann ganz rabiat, weiß ich noch, bei einer Konferenz wurde das einfach abgewürgt, das wurde nicht mehr zugelassen. Aber das konnte auch nur so schnell so in eine andere Richtung gebracht werden, weil der größte Teil wirklich daran nichts auszusetzen hatte, dass wir uns jetzt damit wirklich beschäftigen. "

Der Fortgang der Schulprogrammarbeit in der beschriebenen Schule war dann insgesamt durchaus – da durch die Mehrheit des Kollegiums getragen – konstruktiv und produktiv. Gleichwohl bleibt zu fragen, ob die Probandin mit ihrer Einschätzung Recht behält, dass es sich bei den Vetos der KollegInnen tatsächlich nur um gegenstandsloses *„ Unken und Stöhnen"* (s.o.) handelte. Schließlich ist auch ein solches Unbehagen ein, wenn auch wenig distinkt artikulierter Einwand, der nicht ohne Grund im Raum steht. Womöglich zerstört letztlich die Überlastung der einen oder anderen Lehrkraft den Prozess, der so produktiv begonnen hatte: *„Ernster war es nicht zu nehmen"*?

Die zum Abschluss dieser Darstellung der Akteurskonstellationen innerhalb der Kollegien im Folgenden zitierte längere Passage aus einem Interview mit einem 52jährigen Lehrer dokumentiert, dass die einzelnen LehrerInnen der

Kollegien sehr unterschiedlich auf die neuen Anforderungen an die Handlungskoordination reagieren – zum Teil sehr konstruktiv und engagiert –, aber gleichzeitig die nicht intendierten gruppendynamischen und strukturellen Nebeneffekte wirksam werden, die doch wieder drohen, den Status-quo-ante zu restituieren. Zum Szenario führt der Betreffende aus:

„Ja also ich glaube bestimmt, das ist 'ne gute Schilderung – ähm, der drei bis vier Positionen, der Generalpositionen eine Kollegiums ist, ja. Und es gibt immer wieder Idealisten, wie bei uns jetzt auch die Leute, die in die Steuergruppe gehen, das sind bei uns acht Leute, die tragen..., die tagen zurzeit alle drei Wochen, das ist ein Haufen Arbeit, die wollen wirklich was verbessern, ja. Und es gibt andere, die kümmern sich gar nicht drum und sagen: 'Das wird auch nichts' und 'Da kriegen wir keine Hilfe' und, und, und. Also die ganze Bandbreite, wie das hier geschildert ist, ist einfach vorhanden. Zum Beispiel haben wir jetzt einen Pädagogischen Tag für die Woche nach Ostern vorbereitet, wo alle schulfrei haben an dem Tag und wo wir dann mit Stichwörtern 40 Ziele für dieses Schulprogramm angeben, wie sich unsere Schule verändern könnte. Die sollen aus den Stichwörtern dann also 10 Sätze machen, die in das Schulprogramm reinsollen, als Veränderung jeder Arbeitsgruppe, die sich dann bildet. Also da muss dann bei Schulfreiheit jeder dazu was arbeiten, was machen, und jeder dazu 'ne Meinung sagen. Und die werden wir dann anschließend quasi als Konzept schriftlich vorliegen haben und daraus versuchen, das Schulprogramm zu machen, das dann danach wieder über die Gesamtkonferenz abgestimmt wird. Also von daher ist da schon auch gewisser Druck dahinter. Und so ganz einfach kann sich da auch keiner rausziehen. Aber jeder kann natürlich so tun, <u>als ob</u>, ja, und was pro forma schreiben. Und das wollen wir eigentlich aber verhindern von der Schul-AG her. Dass es wirklich Ziele sind, die wehtun sollen. [...] Also, es sollte sein, dass es nicht nur ein Lippenbekenntnis ist, mit irgendeinem Ziel, sondern dass daraus ein effektives Verhalten wird, das sich dann auch darin äußert, dass die Leute mehr machen müssen auf verschiedenen Gebieten. Das werden nie alle sein, sondern das berühmte Drittel oder weniger sein, aber die sind ja meistens, die Sachen so."

Die Beschreibung des Lehrers wurde hier etwas ausführlicher zitiert, um die zähe Alltäglichkeit solcher Prozesse zu veranschaulichen. Viele würden an dieser Schilderung nichts Außergewöhnliches finden können, sondern vielmehr darauf verweisen, dass der Kollege ganz Recht habe und die Situation, trotz eigenen großen Engagements, recht realistisch einschätze. Aber gerade in diesem nüchternen Realismus fürs Alltägliche liegt dann das für die Frage nach der Handlungskoordination wesentliche Datum. Der Lehrer schildert ganz ungeschönt die Vorgänge im Kollegium, die ja durchaus nicht als Scheitern von Schulentwicklungsbemühungen begriffen werden müssen, gleichzeitig sich aber auch nicht mit der positiven Sichtweise und dem Optimismus aus der Ratgeber- und Leitfadenliteratur decken. Die als gemeinschaftliche und gemeinschaftsstiftende Reform intendierte Programmarbeit erweist sich vielmehr als eine Aktivität, die alte Akteurskonstellationen fortschreibt und die Spaltung des Kollegiums zwischen den Passiven und dem aktiven Drittel eher noch zementiert. Dementsprechend ist das Werben des engagierten Drittels für die Mitarbeit auch nicht ganz zwanglos. Der „schulfreie" Tag wird eben nicht von allen KollegInnen als zugestandener Freiraum empfunden, der es ihnen ermöglicht, autonom Akzente in der pädagogisch-konzeptionellen Arbeit an ihrer „neuen Schule" zu setzen.

Die dafür gewählte Form der „Verhandlung", das etwas starre organisatorische Korsett der Großgruppenmoderation, das vorschreibt, dass aus 40 Zielen 10 Sätze pro zu bildender Arbeitsgruppe formuliert werden sollen, erinnert ein wenig an die Vorgaben einer Lehrkraft für die Freiarbeit: Damit die SchülerInnen nicht aufgrund von Motivationsmangel die Unterrichtszeit zum Reden verwenden, werden sie auf ein zumindest formales Arbeitsziel festgelegt. Und so werden auch die einzelnen LehrerInnengruppen dazu aufgefordert, eine bestimmte Anzahl von Zielen zu formulieren, damit der Tag nicht mit dem unverbindlichen Plausch über die eine oder andere Sache vertan wird. Welche Ziele dann formuliert werden und wie gut deren Begründung ausfällt, ist für diese Vorgabe zunächst nebensächlich. Wichtig ist nur, dass – zumindest in ihrer Außen- und Innenwirkung – die Schulprogrammarbeit als gemeinsame Aktivität erscheint und nicht als das heimliche Programm eines engagierten Drittels. Diese Mechanismen werden notwendig, um nachher bei der Implementation auch auf eine gemeinsame Beschlusslage verweisen zu können. Nur so kann in dieser für die Schulentwicklung entscheidenden Phase Druck auf alle KollegInnen ausgeübt werden, dass die „gemeinsam" formulierten Vorsätze nun auch von allen getragen werden müssten. Wenn allerdings an dem Prozedere deutlich wird, wie halbherzig von immerhin zwei Dritteln des Kollegiums die Sache behandelt und verhandelt wird, dann sind die Implementierungsschwierigkeiten vorprogrammiert. Denn die meisten KollegInnen werden zu diesem Zeitpunkt bereits das Gefühl haben, dass es sich zwar um ein Programm handelt, das sie mehrheitlich in der Gesamtkonferenz „abgesegnet" haben, das aber doch nicht wirklich ihre motivationale Lage hinsichtlich gewünschter oder eben nicht erwünschter Veränderungen widerspiegelt.

Der zum aktiven Drittel gehörige Lehrer weiß wohl zumindest intuitiv um diesen Tatbestand, weshalb er auch darauf hinweist, dass während dieser von vielen augenscheinlich nur halbherzig betriebenen Zielfindungsprozesse auf deren „innovativen Nötigungscharakter" geachtet werden müsse: *„Aber jeder kann natürlich so tun, als ob, ja, und was pro forma schreiben. Und das wollen wir eigentlich aber verhindern von der Schul-AG her. Dass es wirklich Ziele sind, die weh tun sollen."* (s.o.) An dieser Stelle zeigt sich erneut das bereits beschriebene (vgl. Kap. 2) Dilemma von der Autonomie als nur qua Selbstdisziplin erreichbarer Selbstgesetzgebung. Die Einsicht in die Notwendigkeit bestimmter Reformen muss dazu führen, dass man sich selbst das Gesetz der Vernunft auferlegt, diese dann auch als Handlungsmaximen zu akzeptieren. Der Lehrer tut genau dies, indem er von den Zielen verlangt, dass sie *„wehtun sollen"* (s.o.). Auch wenn hierin ein problematischer Umkehrschluss liegt, der in seiner Allgemeinheit durchaus fraglich ist (nicht alles, was von alten, ineffektiven Strukturen wegführt, muss Leiden verursachen), so drückt sich darin doch der in der Autonomie angelegte selbstdisziplinierende Aspekt aus, dass im Zuge des Ausgangs aus der selbst verschuldeten Unmündigkeit das Subjekt sich in der Selbstgesetzgebung selbst in die Verantwortung nimmt.

Problematisch wird dieses Verhältnis nun aber in dem vorliegenden Zusammenhang, da der Kollege als engagierter Lehrer versucht, die weniger motivierte Mehrheit des Kollegiums auf diese Maßgabe zu verpflichten. Fehlt bei diesen indes die Einsicht in die Notwendigkeit, so werden sie die Nötigung zur Formulierung von Zielen, die *„wehtun sollen"* (s.o.), wohl als Form der Fremdbestimmung erfahren.

Gerade in der realistischen Beschreibung dieses vom Interviewten als typisch charakterisierten Prozesses wird die Differenz kenntlich, die vielerorts besteht zwischen den vom Konzept der Schulprogrammarbeit anvisierten Idealabläufen institutioneller Schulentwicklungsprozesse einerseits und andererseits den festgefahrenen Reflexen, den Verhaltensroutinen der Beteiligen sowie der scheinbar prognostizierbaren Gruppendynamik: *„Das werden nie alle sein, sondern das berühmte Drittel oder weniger sein, aber die sind ja meistens, die Sachen so."* (s.o.) Die idealtypisch intendierte „Autonomisierung des Kollegiums", d.h. die Transformation der „Einzelautonomien" der KollegInnen zu einer gemeinsam getragenen „Autonomie der Einzelschule" würde in diesem Sinne ausbleiben. Das gilt sicherlich insbesondere dann, wenn die Innovationsfreudigen schon sehr früh strategisch operieren, um antizipierbare Reibungsverluste zu umgehen:

> *„Also man merkt schon relativ schnell an dieser Schule, dass, also dass man sich weniger auf die anderen verlassen sollte. Aber man sollte sich nicht nur auf sich selbst verlassen, sondern man sollte seine Netzwerke haben mit den Leuten, mit den Kollegen, mit denen man was anfangen kann. Wenn man eine sehr gute Schulleitung hat, die so etwas unterstützt, dann hat man letztlich eine Instanz, die einem auch immer das eigene Tun legitimiert. Und solche Leute wie den Herrn Kaufmann, da denkt man: Ach ja. Die kriegen es halt in der Abi-Zeitung von den Schülern aufgedrückt und die haben sowieso schon genug Probleme."*

Zu untersuchen blieben die Langzeiteffekte, die die neuen Akteurskonstellationen in der „autonomer werdenden Schule" (vgl. Terhart 1998) erzeugen – positive wie negative: Verschärft sich die Spaltung zwischen den Aktiven und den Passiven? Können durch das Drängen der Schul-AG doch KollegInnen für Dinge motiviert werden, die sie vordem nicht als zu ihrer beruflichen Tätigkeit gehörig angesehen hätten? Entsteht Missmut durch die permanente Nötigung, die schließlich nicht mit der Abarbeitung der Programmschrift endet, sondern vielmehr durch die Evaluation als unproduktiver Modus der Handlungskoordination auf Dauer gestellt wird? etc.

Governancetheoretisches Resümee der Ergebnisse auf der Ebene des Kollegiums:

Die nicht nur potenzielle, sondern zum Teil auch reale Einschränkung von Verfügungsrechten Einzelner zeigte sich bei der Analyse des dem Demokratieprinzip inhärenten Defizits des Mehrheitsprinzips, was fast immer auch Minderheiten erst produziert. Auch wenn das Verfahren der Handlungskoordination mittels Verhandlung und anschließender Abstimmung von den Überstimmten akzeptiert wird, bleibt für jene letztlich unterm Strich eine Einschränkung von Verfügungsrechten zurück. Die Demokratisierung des Prozesses individueller Handlungskoordination führt über die durch die „Veröffentlichung" bewirkte Transparenz der Handlungskoordination zwar zu besserer Einsicht in die Prozesse, verringert aber damit nicht notwendig das Problem des Interdependenzmanagements innerhalb eines heterogenen Kollegiums. Solche Transparenz konnte dann auch zu Spaltungen im Kollegium führen, die bis dato nicht aufbrachen, da die vorgängige Hierarchie im System (kollegialer Zusammenhalt gegenüber Schulleitung und Schulaufsicht) eine Verlagerung der Interdependenzen bewirkte.

Es wird deutlich, dass die pädagogische Autonomie der einzelnen Lehrkraft in der Schulprogrammarbeit nicht nur durch die Ansprüche von „außen", d.h. etwa der Schulaufsicht, der Eltern oder der Öffentlichkeit bedroht ist, sondern immer auch in einem prekären Verhältnis zu den unterschiedlichen Interessen innerhalb der Institution, insbesondere des Kollegiums selbst steht. Die mit der Profilbildung und Programmgebung gewünschte Identifikation mit der Schule als Institution macht Kompromisse notwendig. Individualität und gemeinsames Konzept erzeugen die Notwendigkeit von Kompromisslösungen, wenn die vorgängige Praxis nicht bereits vorher von einer weitgehenden Einheitlichkeit mit nur marginalen Abweichungen gekennzeichnet war. Durch die in der Schulentwicklungsarbeit innovierte Form der Handlungskoordination und der damit verbundenen Nötigung zur Abstimmung mit den KollegInnen besteht vielfach –

jenseits der Hierarchiefragen zwischen Schulleitung und einzelner Lehrkraft –
nicht nur die Gefahr, sondern bei einer großen Zahl von KollegInnen sogar die
Wahrscheinlichkeit einer Reduktion der Verfügungsrechte, da die Vereinheitlichung qua Verhandlung realiter vielfach eine Einschränkung individueller
Konzepte bedeutet.

9.5 Argumentationsmuster zur Autonomie gegenüber dem eigenen professionellen Selbstverständnis

Der Vorwurf, dass es sich bei dem Schulprogrammkonzept um ein realitätsfer-
nes Reformprojekt handele (vgl. Lange 2001), das von oben verordnet wurde,
ohne dass es an die schulische Praxis tatsächlich anschlussfähig wäre, ist oft zu
hören. Das gängige (Vor-)Urteil, dass die Theorie der Praxis nichts nütze, wird
damit auch auf das Reforminstrument übertragen:

> „[...] was zum Beispiel Nolte sagt, ist so bescheuert [zitiert aus dem Szenario;
> M.H.]: 'Für uns ist das eine ganz gute Kontrolle von außen, damit wir nicht be-
> triebsblind werden, wenn wir versuchen, ein Konzept durchzuziehen, das gar nicht
> zum Schülerklientel passt, das wir hier haben.' [Hält sich die Hand vor die Augen;
> M.H.] Man macht ja sowieso das, was auf die Schüler passt. Das ist eigentlich ein
> Witz, was der erzählt. So viel Fingerspitzengefühl sollte man schon haben, dass
> man das als Lehrer erkennt. – In der Schule selbst sollte man sich gegenseitig aus-
> tauschen und es bedarf keiner Überprüfung durch eine höher gestellte Institution. –
> Der Kontakt zwischen unseren Schülern und dieser Stelle ist doch gar nicht da, da
> ist der Abstand doch viel zu groß."

Die Realitätsferne des Schulprogrammkonzepts ist dieser Aussage zufolge in
einem doppelten Sinne gegeben: Erstens (a), indem es im Prozess von der Praxis
distanziert, und zweitens (b) in anderer Hinsicht von Anfang an zu weit von
dieser entfernt ist.

ad a) Bezogen auf die Handlungspraxis der einzelnen Lehrkraft schafft dieses Reformkonzept jener zitierten Grundschullehrerin zufolge erst eine Distanz,
die von der konkreten Hinwendung wegführt. Die Professionalität der Lehrkraft
liegt ihr zufolge vielmehr in einem praxisbezogenen „Fingerspitzengefühl".
Gemeint ist wohl das Vermögen, das in der pädagogischen Theoriebildung seit
Herbart als „pädagogischer Takt" bezeichnet wird. Entgegen der herbartschen
Vorstellung einer theoretischen Durchdringbarkeit, ja sogar Systematisierbarkeit
der Praxis (vgl. Tischer 1999), sieht die Lehrerin hierfür allerdings keinen
Bedarf. Die Rücksprache mit anderen KollegInnen, die in der gleichen Hand-
lungspraxis stehen, hält sie für wesentlich, die neue Form der Handlungskoordi-

nation über eine begriffliche Fassung und schriftliche Fixierung solcher Diskussionen aber – auch in einem Schulprogramm – scheint ihr von der erfolgreichen, praktisch orientieren Problemlösung eher wegzuführen: Entsprechend hält sie den im Szenario zitierten Kollegen Nolte für einen schlechten Pädagogen. Sie vertritt vielmehr die Auffassung, dass die Rücksichtnahme auf die (autonome) Kindesnatur (vgl. Heinrich 2006b, 51-140) und die selbstbestimmte pädagogische Reaktion darauf im Sinne der LehrerInnenautonomie solche Selbstverständlichkeiten sind, dass diese qua Schulprogrammarbeit in der gegenwärtigen Praxis infrage zu stellen ihr als absurd erscheint. Die Schulprogrammarbeit wäre dann insofern realitätsfern, als sie das Selbstverständliche in einer Art und Weise hervorhebt, die deutlich macht, dass jene Selbstverständlichkeit noch nicht als Petitio Principii einer jedweden pädagogischen Arbeit erkannt ist. Die Realitätsferne der Schulprogrammarbeit liegt insofern nicht darin, dass in ihr als Reformkonzept Trivialitäten verkündet werden (Wir machen doch schon immer ein Programm, wenn wir das Curriculum auslegen!), sondern darin, dass solche Arbeit erstens als Novum und zweitens als ein in der Handlungskoordination systematisierbares Phänomen dargestellt wird. Die LehrerInnenautonomie wird damit als so grundsätzliches Verfügungsrecht dargelegt, dass eine Explikation – zumindest in schriftlicher Form – als kontraproduktiv erscheint. Die Schulprogrammarbeit tangiert damit die LehrerInnenautonomie, indem sie im darin enthaltenen Konzept eine Definitionsmacht zeigt, die dieser Pädagogin zufolge als unsinnige „Machtdemonstration" erscheint, da die mit ihr definierte Verantwortungsübernahme der PädagogInnen für sie ohnehin als Selbstverständlichkeit der Profession gilt. Paradox wird damit das von dieser Pädagogin schon immer als ihr rechtmäßiges Eigentum vorgestellte Verfügungsrecht durch die Explikation dieses Auftrags nicht stabilisiert, sondern vielmehr erscheint ihr der explizite Hinweis darauf als impliziter Vorwurf, das Verfügungsrecht nicht pflichtgemäß zu nutzen.

ad b) Zweitens erscheint die Schulprogrammarbeit der Lehrerin als nicht gegenstandsadäquat, insofern als das gesamte Konzept auch die Evaluation der Implementierung mit einschließt, hierfür aber PrüferInnen vorsieht, denen die Lehrerin die Kompetenz abspricht. Bemerkenswert bei der Formulierung dieses Vorwurfs ist, dass sie der Schulaufsicht nicht mangelnde Bereitschaft unterstellt, sondern hervorhebt, dass der *„Kontakt zwischen unseren Schülern und dieser Stelle"* nicht existiere. Hier wird deutlich, wie stark die Grundschulpädagogin darum bemüht ist, die Bewertung ihrer Handlungen „vom Kinde aus" (Gläser 1920) vorzunehmen (vgl. Heinrich 2006b, 92-117). Das *„Fingerspitzengefühl"* für die Bedürfnisse der Kinder ist gemäß ihrer reformpädagogisch motivierten Einstellung zur LehrerInnenautonomie der Ausgangspunkt für das pädagogische Verhältnis und muss dementsprechend auch im Mittelpunkt von Reformbemühungen stehen. Sie denkt sich dieses Verhältnis dabei so, dass die pädagogische Praxis davon bestimmt ist, dass die PädagogInnen durch den unmittelbaren Kontakt mit den SchülerInnen dazu in die Lage versetzt werden, deren Bedürfnisse wahrzunehmen und nach Möglichkeit zu verstehen. Die Bewertung einer jedweden pädagogischen Praxis wird sich dem zufolge an diesem *„Kontakt"* orientieren müssen. Daher kann die Schulaufsicht gar nicht die Instanz sein, um die pädagogische Arbeit angemessen zu bewerten. Wenn diese den LehrerInnen Defizite attestieren würde, dann – so wohl die Befürchtung – kann dies leicht an der Sache vorbeigehen, da der Kontakt zu den SchülerInnen fehlt, der eine angemessene Berücksichtigung von *ihren* Bedürfnissen und eine dementsprechend lebensweltlich verankerte Beschulung erst möglich macht. Aus dieser Perspektive betrachtet erscheint die im Schulprogrammkonzept – tatsächlich bzw. nur vermeintlich (vgl. Kap. 8.3.2) – angelegte Form externer Evaluation dieser Lehrerin als unrechtmäßige Aneignung eines Verfügungsrechtes zur Bewertung pädagogischer Arbeit durch eine Instanz, der sie zudem die Kompetenz dazu abspricht. Ihr Professionsverständnis duldet keine Externalisierung einer im pädagogischen Verhältnis genuin angelegten Aufgabe der LehrerInnen. Entsprechend kann sie die dadurch entstehende Akteurskonstellation nicht als eine begreifen, innerhalb derer Verhandlungen über besseren Unterricht möglich wären, sondern nur als ein Modus der Handlungskoordination, der sich in Beobachtung und Beeinflussung ausdrückt (vgl. Lange/Schimank 2004b, 20f. bzw. Kap. 3.2.4).

Demgegenüber wird in der Konzeption der Schulprogrammarbeit die Praktikabilität dieses Reforminstruments für eine innere Schulreform hervorgehoben, da es unmittelbar an Routinen anschließe, die – mehr oder weniger kultiviert und ausdifferenziert – in jeder Schule schon bestünden. Im Mittelpunkt steht der kollegiale Austausch über mögliche Veränderungen resp. Verbesserungen im schulischen Alltag, der von organisatorischen Fragen bis hin zu curricularen oder didaktischen reicht. Andererseits ist es eben jene lebensweltliche Verankerung, die zugleich eine Irritation hervorrufen kann: Als offiziell verordnete Programmarbeit kann es sich bei der Reform doch nicht um eine Fortschreibung des alltäglich immer schon Stattfindenden handeln? Richtig an dieser Irritation ist, dass mit dem Schulprogramm-Konzept neben der Institutionalisierung solcher Fragen in Fach- und Schulkonferenzen reklamiert wird, dass es um eine Systematisierung dieser Formen der kooperativen Handlungskoordination auf höherem Niveau gehen soll. Schon der Terminus „Programm" enthält in nuce den Verweis darauf, dass hier etwas Allgemeinverbindliches formuliert werden müsse. Solche Allgemeinverbindlichkeit wird indessen oftmals – entgegen dem theoretischen Reformkonzept – als Nötigung zur Abstraktheit des

Programmatischen verstanden. Das Szenario kommentiert eine 34jährige Grundschullehrerin mit den Worten:

> *„Das Problem, was ich hier sehe und was auch bei uns an der Schule besteht, ist das, dass das eigentlich weniger mit Inhalt gefüllt ist, sondern erst mal so allgemeine Dinge im Kopf stehen. Und dass es wirklich noch nicht um ganz konkrete inhaltliche Fragen geht, was das Schulprogramm angeht.“*

Die *„allgemeinen Dinge im Kopf“* und die durch die offizielle Reformaktivität geförderte Neigung zu der Annahme, dass es sich bei einem Schulprogramm um einen Text großer Allgemeinheit und womöglich sogar um einen „großen Wurf" handeln müsse, der grundlegend die Handlungskoordination für die konkrete alltägliche Arbeit als theoretischer Überbau leitet, führen dazu, dass das innovatorische Moment der Schulprogrammarbeit gerade beschnitten wird und nun die Lehrkräfte anfangen, gleichsam in der Logik der Gesamtsystemstrategien zu denken, die doch durch eben dieses Konzept auf der Ebene der Einzelschulen als ausgedientes Reformdenken abgelöst werden sollten. Der Versuch einer organisationssoziologischen Logifizierung der Vorgänge in der eigenen Schule auf abstraktem Niveau droht dann freilich ebenso zu misslingen wie seinerzeit die Gesamtsystemstrategien. Denn schon eine einzelne Schule ist als Handlungsfeld derart komplex, dass sie sich nicht wie eine Trivialmaschine programmieren lässt. Die zitierte Grundschullehrerin charakterisiert diese Vorstellungen und deren mangelnde Konkretheit allerdings als typisches Anfangsphänomen: *„Aber ich denke auch, dieses Szenario steht ja am Anfang dieser Arbeit am Schulprogramm und steht eben noch nicht – oder auch diese Kollegen sind ja noch nicht dabei, an diesem Schulprogramm konkret zu arbeiten, sondern es war ja ein Szenario, was am Anfang, ganz am Anfang stand.“* Nachdem diese Lehrerin in ihrem Kollegium über anderthalb Jahre an einer solchen Programmschrift gearbeitet hat, kommt sie zu folgender – bereits in Kapitel 7 zitierten – Einschätzung:

> *„Und im Nachhinein hat sich jetzt eigentlich eher herauskristallisiert, wo wir jetzt an einem Punkt sind, wo wir auch ganz konkret das mit Inhalt füllen können – das heißt wir haben am Thema Elternarbeit ganz konkret gearbeitet und wir sind jetzt dabei, eine Schulordnung aufzustellen, wo das für viele inhaltlich auch mehr gefasst wird und wo dann auch weniger dem Ganzen negativ gegenüber eingestellt sind. Solange das nur so ein Schlagwort war und das noch nicht so inhaltlich gefüllt war, gab es auch viel mehr Kollegen, die dem Ganzen negativ gegenüber eingestellt waren.“*

Die Ausführungen der Kollegin enthalten Hinweise darauf, dass die Schulprogrammarbeit womöglich viel schneller dahin gelangen müsste, dass über konkrete Novellierungen diskutiert wird, anstatt abstrakte Grundsatzdiskussionen zu führen. Gleichwohl soll ja auch gerade das Schulprogramm als Medium dienen, eben solche grundsätzlichen Fragen des pädagogischen Normhorizonts sowie des individuellen pädagogisch-didaktischen Stils zur Sprache zu bringen. Aber es wird deutlich, dass hierin eine womöglich prekäre Doppelfunktion des Schulprogramms liegt: Indem das Schulprogramm die Diskussionen auf die Ebene von Grundsätzen resp. von Grundsätzlichkeit hebt, kann eine Einigkeit im Konkreten, die sich womöglich vormals in einer Fachkonferenz herstellen ließ, eben auch zerstört werden. Gleichzeitig ist sicherlich richtig, dass konkrete Maßnahmen, auch wenn sie oberflächlich als homogen erscheinen, unterschiedliche nicht-intendierte Nebenwirkungen oder einander aufhebende Effekte erzeugen können, wenn sie nicht vor dem Hintergrund eines gemeinsamen pädagogischen Konzepts realisiert werden. Es wird deutlich, dass es in der Schulprogrammarbeit zu einem früheren oder späteren Zeitpunkt notwendig sein wird, eine Vermittlung zwischen den allgemeinen Handlungsmaximen und den konkreten Handlungsanforderungen zu leisten. Innerhalb eines jeden Kollegiums wird diese Form der Vermittlung indes auf ganz unterschiedliche Weise stattfinden müssen. Mit diesem Spannungsfeld ist aber strukturell eine Gefahrenzone benannt: Die einzelne Lehrkraft kann sich in ihrer pädagogischen Autonomie beschränkt fühlen sowohl durch allgemeine pädagogisch-programmatische Vorgaben als auch durch konkrete Handlungsanweisungen, deren Sinn sie nicht versteht resp. verstehen will, da sie diese nicht in ihre grundsätzlichen pädagogischen Vorstellungen von gutem Unterricht oder gelingender Erziehungsarbeit integrieren kann. An der Komplexität des durch die Vermittlung von Allgemeinem und Konkreten notwendig werdenden Interdependenzmanagements wird einmal mehr deutlich, wie groß die Gefahr der Reduktion von Verfügungsrechten innerhalb der LehrerInnenautonomie darstellt, wenn die heterogenen „Eigengesetzlichkeiten" der einzelnen AkteurInnen im Zuge des Prozesess unmerklich durch Konkretisierung sowie durch Verallgemeinerung homogenisiert werden müssen.

Eine Befürchtung in diesem Zusammenhang besteht darin, dass das Schulprogramm eben nicht nur im positiven Sinne als das spezifische Curriculum der Schule wirken könnte. In dieser Perspektive wird es dann eher als weiter ausdifferenzierter Lehrplan empfunden, der mit seinen zusätzlichen Differenzierungen die pädagogische Autonomie – im Sinne von Verfügungsrechten zum Treffen methodisch-didaktischer Entscheidungen – der oftmals recht weit formulierten offiziellen Lehrpläne nicht mehr zulässt:

„Ich habe jetzt in meiner pädagogischen Arbeit viele Freiheiten, ich kann auf das Umweltproblem oder andere aktuelle Themen flexibel eingehen und denke, dass durch dieses Programm diese Flexibilität eingeschränkt würde. Was mich daran stört ist, dass es so starr und unflexibel ist."

Die von den BefürworterInnen des Schulprogrammkonzepts immer wieder betonte Flexibilität des Programms, das sich immer im Entwicklungsprozess befinden soll, reicht dieser Grundschullehrerin nicht aus. Die Dialektik von notwendiger Festsetzung und deren ebenfalls notwendiger Aufhebung in der permanenten Revision wird von ihr als unausgewogen betrachtet. Für sie überwiegen augenscheinlich die negativen, die Autonomie einschränkenden Momente, ohne dass sie in der Festlegung einen Vorteil sehen würde.

Ein stellvertreter Direktor einer Gesamtschule betont demgegenüber, dass dem Schulprogramm gerade die entgegengesetzte Funktion zukäme, es innerhalb der Lehrpläne Freiräume aktiv gestalten helfe:

„Die pädagogische Freiheit ist so eingeschränkt schon durch Curriculumvorgaben und gerade jetzt in der augenblicklichen Lehrplanentwicklung muss ich sagen, bin ich überhaupt nicht der Meinung der jetzigen offiziellen Schulpolitik, die sozusagen einerseits fächerübergreifendes Arbeiten fordert, aber in den neuen Lehrplänen, die ab kommenden Sommer gültig werden, die absolute Trennung der verschiedenen Schulformen vollzieht, sodass Übergänge vom Realschulzweig in den Gymnasialzweig oder von Realschule in die Oberstufe oder von Hauptschule in die Realschule fast unmöglich gemacht werden. Da sind doch die Einschränkungen der Freiheit für die Kollegen. Sie werden curricular so gefesselt. Ein Schulprogramm kann, wenn es der gemeinsam ausgedrückte Wunsch von einem Kollegium ist, umgekehrt mehr Freiheit verschaffen."

Bei aller Hoffnung in die autonomisierende Kraft des Schulprogramms hat der stellvertretende Schulleiter die durch den neuen Modus der Handlungskoordination entstehende einschränkende Bedingung schon mitformuliert: *„[...] wenn es der gemeinsam ausgedrückte Wunsch von einem Kollegium ist".* Im Sinne einer gemeinschaftlichen Anstrengung lassen sich vielleicht Autonomieräume gegenüber anderen (der Schulaufsicht, den Eltern etc.) erkämpfen. Aus dem Blick kann dabei leicht geraten, dass dieser „Freiheitskampf" zur Erlangung erweiterter Verfügungsrechte von dem/der einen oder anderen KollegIn mit „Fraktionszwang" bezahlt wird.

„Persönliche Entfaltung in sozialer Verantwortung" (vgl. Richtlinien und Lehrpläne für die Sekundarstufe II 1999, XI) ist den LehrerInnen in den nordrhein-westfälischen Richtlinien neben der Wissenschaftspropädeutik als primäres Lernziel für ihre SchülerInnen aufgegeben. In der Schulentwicklung müssen sie nun selbst noch einmal erfahren, warum in einem demokratischen Gemeinwesen das Verfügungsrecht sowie die damit verbundene Verantwortungspflicht zur „persönlichen Entfaltung in sozialer Verantwortung" zum Bildungsziel wird und innerhalb moderner, in arbeitsteiligen Institutionen organisierter Arbeit zugleich als Schlüsselqualifikation gilt. Der Topos von der persönlichen Entfaltung in sozialer Verantwortung trifft die pädagogische Autonomie der LehrerInnen in ihrem Kern: Die Freiheit, die ich mir als LehrerIn nehmen *kann*, ist zugleich die Autonomie, die ich mir als Professionelle(r) auch nehmen *muss*. Die Autonomiebeschränkungen, die ich dabei hinnehmen muss, sind zugleich Anspruch an meine Fähigkeit, meine Interessen innerhalb eines sozialen Körpers zurückzunehmen. Die Autonomie der Professionellen drückt sich damit in der labilen Freiheitsbewahrung innerhalb sozialer Grenzen aus, analog zum rechtsstaatlichen Freiheitsbegriffs in der Rede von den Rechten und Pflichten des Staatsbürgers/der Staatsbürgerin. In der Praxis spiegelt sich diese Doppelbezüglichkeit von Rechten und Pflichten, Freiheiten und Verantwortlichkeiten freilich nicht in dem trivialdialektischen Sinne einer wohlabgestimmten Interdependenz oder harmonischer Aufeinander-Verwiesenheit. Vielmehr zeigt die praktische Füllung dieser Auflage eben jene Widersprüchlichkeiten und Brüche, die die Rationalität dieses vernünftigen Verhältnisses ad absurdum führen:

I: „*Könnten Sie Lehrer wie Kaufmann verstehen, die sich von dem Schulprogramm bevormundet fühlen?"*

L: „*Nein, weil er es selbst mitträgt und ich sowohl als Lehrer als auch als Elternteil nicht wollte, dass ein Lehrer nur seine eigene Pädagogik verwendet."*

I: „*Aber Sie sagten doch, eigentlich würde eh jeder machen, was er will."*

L: „*So ist es in der Praxis häufig."*

I: „*Doch Kaufmann sagt im Szenario, dass seine individuelle Unterrichtsgestaltung eingeschränkt würde."*

L: „*Er wird aber das Programm mit abstimmen."*

I: „*Nach dem Mehrheitssystem?"*

L: „*Ja, auch wenn er als einziger dagegen ist."*

I: „*Angesichts des Szenarios, wie könnte man Ihrer Meinung nach beiden Lehrermeinungen gerecht werden?"*

L: „*– Indem sich die Schule ein eigenes Profil gibt und jedem Pauker im Rahmen dieses Konzepts seine pädagogische Freiheit lässt."*

Am Ende erweist sich dann doch eine „formal-technische" Lösung des Problems der Handlungskoordination als einzige Ausflucht aus dem Dilemma, dass die persönliche Entfaltung der pädagogischen Freiheit der Lehrkraft sich nur schwer mit ihrer sozialen Verantwortung für die Schule als gemeinsam getragene Organisation vermitteln lässt: Da sich im Unterricht die individuelle Ausgestaltung der Praxis ohnehin durchsetzen wird, muss das Programm entsprechend weit formuliert werden, um die einzelnen LehrerInnen nicht in Widerspruch zum gemeinsamen Ziel des Kollegiums zu bringen. Die Folge dieser formal-technischen Lösung des Interessenausgleichs wird freilich vielfach in der nicht gewollten Unverbindlichkeit des Programmtextes bestehen. Solche Unverbind-lichkeit in der Handlungskoordination ist dann in ihrer Indifferenz prägnanter Ausdruck für das Misslingen der „persönlichen Entfaltung in sozialer Verant-wortung" – denn zumindest letztere scheint damit nicht eingelöst.

Eine 34jährige Realschullehrerin berichtet hingegen von einer ganz ande-ren Konstellation innerhalb ihres Kollegiums. Dort wird die spannungsreiche Aufgabe einer „persönlichen Entfaltung in sozialer Verantwortung" nicht dadurch bearbeitet, dass das Widersprüchliche daran zur Seite der „persönlichen Entfaltung" aufgelöst wird, sodass ein Vakuum der „Verantwortung" zu entste-hen droht, sondern genau umgekehrt, indem die pädagogische Autonomie angesichts der Verbindlichkeiten, die man als Schule gegenüber SchülerInnen, Eltern und dem Staat hat, infrage gestellt wird:

L: *„Da ist niemand, der sagt: Ich weigere mich, ich werde das nicht tun, ich lasse mich nicht bestimmen, fremdbestimmen. Das gibt es nicht."*

I: *„Und warum wohl nicht, was glaubst du?"*

L: *„Weil wir doch ein Team sind, letztendlich, und das weiß auch jeder. Und weil wir vor den Schülern auch ein Team sein wollen. Wir stellen immer wieder fest, gerade bei dieser schwierigen Situation an Schulen, dass es wichtig ist, dass Schüler sehen: Wir haben eine Idee, wir haben Ziele und die vertreten wir alle. Und auch die werden dann aufgenommen, die wir alle vertreten können. [...] Also es ist so, dass wir auch gerade eine Kommission gegründet haben, die sich – wir beginnen in zwei Wochen mit der Arbeit – sich wieder neu mit einem Punkt beschäftigt und das überarbeitet. Und es geht um Regelungen und Be-schlüsse. Welche haben wir gefasst, welche müssen wir vielleicht verändern. Also es gibt immer Leute, die sich dazu bereit erklären, da mitzuarbeiten..."*

I: *„Zu einer Veränderung bereit sind?"*

L: *„ – Ja zuerst mal zu einer Überprüfung bereit sind. Was haben wir? Wie ist der Zustand? Und wir haben die Erfordernisse gesehen: Wir haben eigentlich gar keine Beschlüsse und wir monieren alle, dass es zu viele Freiheiten gibt, dass jeder Kollege unterschiedlich agiert, bei verschiedenen Dingen, und dass es wichtig ist, dass wir, doch, dass wir gemeinsam an einem Strang ziehen. Das merken auch die Eltern und die Schüler und das macht auch eine Schule aus."*

I: *„Das finde ich einen interessanten Aspekt, dass moniert wird, dass es zu viele Freiheiten gibt. Wird Freiheit in diesem Sinne denn negativ bewertet?"*

L: *„Ja, dass die Schüler eben auch nicht wissen, woran sie sind. Bei dem einen Kollegen dürfen sie das, bei dem anderen Kollegen dürfen sie das. Und wir müssen gemeinsame, und wenn es wenige gibt, aber gemeinsame Richtlinien festlegen, die die Schüler dann auch wissen, die die Eltern auch wissen, und sa-gen: Okay, das ist der Stempel der Schule und daran wollen wir uns dann auch* *halten und natürlich dann auch überlegen, was erfolgt bei Nichtbeachtung der, ja der Dinge. "*

In diesem Kollegium ist die Wahrnehmung dahin gehend anders gelagert, dass das pädagogische Freiheitsmoment, so wie es sich derzeit in der Praxis der Schule darstellt, als latent chaotisierend empfunden wird. Wenn in diesem Kontext die pädagogische Freiheit der Lehkraft negativ konnotiert wird, dann ist das Ausdruck eben jener Unzufriedenheit gegenüber dem „chaotischen" Zustand. Deutlich wird indessen auch, dass die pädagogische Autonomie der Lehrkraft nicht prinzipiell als sinnvolle Institution infrage gestellt wird. Vielmehr soll diese erhalten werden und nur durch *„wenige"* gemeinsame Richtlinien eine Beschränkung erfahren. Hierbei ist auffällig, dass es bei dieser pragmatischen Kompromisslösung (*„und wenn es wenige gibt, aber gemeinsame Richtlinien"*; s.o.) eher nicht um curriculare Beschränkungen der pädagogischen Autonomie gehen soll. Auch wenn der Terminus „Richtlinien" dies suggeriert, scheint es doch primär um Disziplinarfragen zu gehen, bei denen eine Uneinheitlichkeit der pädagogisch-erzieherischen Reaktionen besonders fatal wirkt: *„Bei dem einen Kollegen dürfen sie das, bei dem anderen Kollegen dürfen sie das. "* (s.o.) Es ist nahe liegend, dass sich viele LehrerInnen eine Arbeitserleichterung davon versprechen, dass die Unsicherheit in solchen Disziplinfragen durch einen gemeinsamen Beschluss geklärt ist[112] und sich in der Folge tatsächlich auch ein homogenes Verhalten seitens der SchülerInnen einstellt, die die Konsequenz innerhalb des Kollegiums spüren, auch wenn je nach LehrerInnenpersönlichkeit ein divergierender Erziehungsstil bestehen bleiben wird. Eine ungeklärte Beschlusslage in solchen Fragen kann dann auch leicht als negatives Moment pädagogischer Autonomie resp. Verantwortungslosigkeit interpretiert werden, während gleichzeitig der Sinn von didaktisch-curricularen Freiheiten nicht infrage gestellt werden muss. Die kollektiv vom Kollegium getragene „Selbstbeschneidung von Verfügungsrechten zum Treffen disziplinrelevanter Entscheidungen" kann – sollte sie im Unterricht als Entlastung wirksam werden – paradoxerweise gerade die pädagogische Autonomie im dann ungestörten Unterricht erweitern helfen.

Solchen Formen der – qua gemeinsamer Freiheitsbeschneidung letztlich – autonomiebewahrenden kollektiven Selbstgesetzgebung steht indessen die traditionelle Grammatik der Schule (Tyack/Tobin 1994) entgegen, innerhalb derer Lehrkräfte vornehmlich in der Struktur einer „zellularen Organisation" (vgl. Altrichter 1996) arbeiten, die als prägnantes Merkmal der Handlungskoordination das Autonomie-Paritäts-Muster hervorbringt (vgl. Altrichter/Eder 2004;

---

112 Vgl. auch die Schilderung in Kapitel 7.4.4, wo vonseiten der Schule gegenüber der Schulaufsicht eine solche Vereinheitlichung der Disziplinarregeln eingefordert wird.

vgl. Kap. 9.4). Umgangssprachlich wird dieser Tatbestand in der Metapher der Lehrkraft als „EinzelkämpferIn" ausgedrückt, so auch im Folgenden von einer Realschullehrerin, die auf 37 Dienstjahre zurückblicken kann:

> *„Und was im Schulprogramm vielleicht hier nicht so deutlich gesehen wird, jeder Lehrer arbeitet normalerweise für sich, lässt sich sehr wenig in seinen Unterricht schauen, in seine Arbeit schauen. Und wenn ich jetzt mich aber im Sinne von Projekten mit irgend jemanden intim treffe, dann müssen wir uns ja auch mal über unsere persönliche Arbeit unterhalten. Und insofern schafft dieses Schulprogramm oder diese Arbeit schon etwas, was ich persönlich sonst bedaure, dass wir in so was Einzelkämpfer sind. Jeder versucht, mit sich und seinem Unterricht und seiner Klasse klarzukommen.[...] Ja, das ist eine Eigentümlichkeit unseres Schulwesens. Das ist auch etwas, was sie dann in den neueren Gesamtschulen abgeschafft haben. Diese zwar vielen, – wie man sagt – auch ständigen Konferenzen und Besprechungen, aber die öffnen natürlich die einzelnen Schulen, sage ich mal, mehr für die anderen."*

Das Bild von der Lehrkraft als EinzelkämpferIn ist nur schwer mit anderen Professionsidealen zu vermitteln. Ein starkes Selbstbewusstsein, Kommunikationsbereitschaft und -fähigkeit sowie Offenheit und Hilfsbereitschaft sind gemeinhin Tugenden, die von einer Lehrkraft für einen guten Umgang mit ihren SchülerInnen erwartet werden. Eben diese Qualitäten müssten sie indes – stünden die zellularen Organisationsstrukturen und die daraus erwachsene Professionstradition dem nicht entgegen – auch als perfekte TeamarbeiterIn im Umgang mit den KollegInnen auszeichnen.

Die EinzelkämpferInnenmentalität ist allerdings nicht nur auf eine dysfunktionale, aus der Tradition stammende Organisationsstruktur zurückzuführen, die im Zuge einer Schulprogrammarbeit durch neue Formen der Handlungskoordination aufgelöst werden könnte, sondern hat ihr empirisches Substrat in der strukturellen Unsicherheit, die wiederum auf ein Wesensmerkmal der Professionsaufgabe zurückzuführen ist. Aufgrund der jeweiligen Individualität der SchülerInnen und der zumeist nicht prognostizierbaren Gruppendynamik bleibt pädagogisches Handeln eines unter Unsicherheit – auch bei maximaler Professionalisierung. Die pädagogische Autonomie der Lehrkraft entwickelte sich daher als Bedingung der Möglichkeit, professionell auf diese Unsicherheit reagieren zu können. Das strukturell Unterbestimmte der LehrerInnentätigkeit führt nun aber immer wieder dazu, dass „handfeste" Kriterien der Qualität nur schwer zu bestimmen sind, anders etwa als bei den Auszubildenden in technischen Berufen, bei denen sich die optimale Passung eines Werkstücks millimetergenau nachweisen lässt. Aufgrund dieser Offenheit im Lehrprozess und der Tatsache, dass es prinzipiell immer tausende von Möglichkeiten gibt, erfolgreich zu unterrichten, sind LehrerInnen, die meinen einen „guten Unterricht" zu machen, potenziell immer durch nur schwer zu entkräftende Kritik bedroht. Das Einzel-kämpferInnentum ist somit auch eine Schutzreaktion der einzelnen Lehrkraft gegenüber der Irrationalität einer Kritik, die weder das Resultat der Unvernunft der KritikerInnen – resp. der „kritischen FreundInnen" – noch des eigenen Unvermögens sein muss, sondern vielmehr strukturell in der unzureichenden Bestimmbarkeit des pädagogischen Prozesses als solchem angelegt ist.

Gleichwohl bleibt das Unbehagen gegenüber diesem gespaltenen Berufs-rollenbild: Selbstbewusstsein, Kommunikationsbereitschaft und -fähigkeit, sowie Offenheit und Hilfsbereitschaft den SchülerInnen gegenüber, jedoch Unsicherheit und Verschlossenheit den KollegInnen gegenüber. Wo liegt dazwischen der authentische Charakter der guten Lehrkraft, die dennoch ihre pädagogischen Freiheiten zu wahren weiß? Hinzu kommt, dass inzwischen auch vermehrt LehrerInnen selbst dieses Bild infrage stellen und KollegInnen dazu auffordern, von ihrer EinzelgängerInnenmentalität Abschied zu nehmen: Team-fähigkeit sei eben auch ein Ausdruck von Professionalität, so das Postulat vieler SchulentwicklerInnen (vgl. Buhren/Rolff 2002). Die LehrerInnen geraten somit in ein Professionalitätsdilemma: Einerseits müssen sie sich ihren Freiraum bewahren, um flexibel und doch qua Autonomie professionell auf die sich ergebenden Unsicherheiten reagieren zu können, andererseits sollen sie mit KollegInnen durch gemeinsame Planung und Bewertung Verbindlichkeiten eingehen. Dies stellt sicherlich einen Balanceakt dar, doch zum „Dilemma" im strengen Wortsinne wird der doppelte Anspruch an die neuen LehrerInnen erst, wenn davon ausgegangen wird, dass sich die oben beschriebene strukturell bestehende Unbestimmbarkeit nicht diskursiv durch Verhandlung auflösen lässt, d.h. sich keine gemeinsamen, handlungskoordinierenden Kriterien für Unter-richtsqualität finden lassen, obgleich dem „Stil" der Kollegin/des Kollegen in der Bewertung zunächst einmal hermeneutisch-wohlwollend entgegengetreten wird.

Bislang scheinen noch nicht alle Kollegien in der Lage, diesen diskursiven Freiraum als Modus der Handlungskoordination herzustellen, sodass viele LehrerInnen sich noch auf ihre „Eigenständigkeit" berufen und sich von der Schulprogrammarbeit zurückziehen (vgl. Kap. 9.4). Vom neuen Paradigma des Team-Gedankens aus erscheint ein solcher Rückzug freilich als Ausflucht, so auch die Beurteilung der Position von Herrn Kaufmann durch die zuvor zitierte Realschullehrerin:

L: *„Der ist im Grunde ein Vertreter dessen, was ich nicht so gut finde: 'Was wir hier brauchen, wissen wir doch am besten.' Ob er da wirklich 'wir' meint? Er meint 'ich', 'für sich'. Er weiß, was für ihn, für sich, seine Arbeit gut ist. Und*

*möchte auch nicht hier, wie es heißt, dass 'dabei einem ständig über die Schul-
ter geschaut wird'. Das ist nicht nur von oben. Ich glaube, dass dieser hier
auch Sorge hat, dass er nicht mehr so frei und so unkontrolliert schaffen kann,
wie er das bis dato gemacht hat. Ich denke, dass ein Teil seines Kontras daher
kommt. "*

I: *„Das heißt, dass er vorher seinen Stiefel durchgezogen hat... "*

L: *„ ...ja, und er hat Sorge, dass dieser Stiefel nicht mehr so – dass er seinen Stiefel nicht mehr so machen kann. Und auch hier die Angst: 'Das soll dann auch
noch evaluiert werden.' Also er hat nicht nur Angst, dass man reinschaut, sondern dass man auch wertet. Und daher scheint mir sein Kontra zu kommen.
Denn er spricht z.B. nicht von der Mehrarbeit eigentlich, er hat nur Angst vor
der Kontrolle und schiebt diese Kontrolle allerdings ständig auf die Schulaufsicht. Aber ich denke, wenn man ein Programm erstellt, ist die erste Aufsicht ja
innerhalb der Kollegen. "*

I: *„Also mit anderen Worten, du glaubst, dass der Herr Kaufmann nicht so sehr
dagegen, oder nicht dagegen ist in erster Linie wegen der Tatsache, dass es
mehr Arbeit ist, sondern eigentlich gar kein Grund dagegen zu sein hat, wenn
er seine Form des Unterrichts gut findet, dann muss er ja eigentlich einen
Grund haben, ihn nach außen zu tragen und zu sagen: Kommt doch und guckt
es euch an, ich stehe dahinter. "*

L: *„Ja, genau so. Ich habe den Eindruck, dass er im Hinterkopf Sorge hat, ob er
da so richtig liegt. "*

Hier wird deutlich, dass für diejenigen LehrerInnen, die sich durch einen persönlichen Rückzug vor den strukturellen Unbestimmtheiten schützen wollen, die
Autonomie infolge der Neuen Schulentwicklung enger wird. Während vordem –
mehr oder weniger – stillschweigend das EinzelkämpferInnentum geduldet,
wenn nicht sogar durch das allgemeine Klima befördert wurde, so gerät nun die
sich abkapselnde Lehrkraft in erhebliche Legitimationszwänge, da im gegenwärtigen Reformklima eine Verweigerung der Explikation von Handlungsrationalität durch Rechenschaftslegung automatisch den Verdacht der Unprofessionalität erweckt:

L: *„Die müssen sich selber überprüfen. Das ist meine Meinung. Da stecken solche
Ängste drin, dass die Kollegen einfach selber mit sich oder das mal mit einer
kleinen Gruppe besprechen müssen: Warum hast du so eine Angst davor? Wie-
so ist das eigentlich für dich ein Problem, dass wir jetzt etwas schriftlich fixieren? Also, ich denke, da muss sich jeder Lehrer einfach selber hinterfragen und
sagen: Warum habe ich davor so eine Angst? "*

I: *„Hast du eine Idee, woran das liegen könnte, diese Ängste? "*

L: *„Ja, bislang ist es ja so, dass Lehrer wirklich auch Einzelkämpfer sind, sie es
auch immer noch sind. Die Klassentür wird verschlossen. Momentan gibt es
den Gedanken mehr des Team-Unterrichts, dass also Team jetzt auch, dass man*

gemeinsam Dinge erarbeitet und auch die Klassenräume öffnet. Und viele Kollegen, sicherlich auch die Älteren, schrecken davor zurück und denken, ja, – als hmm, da will mir vielleicht irgendeiner etwas, da mache ich vielleicht etwas falsch. Ist vielleicht auch die natürliche Angst eines jeden: Ich werde kontrolliert! Ein anderer Kollege macht es vielleicht besser! Und die Schüler finden dann doch den anderen Kollegen besser, sein Ziel auch besser. Wenn ich etwas offen lege, muss ich mich natürlich auch kritisch den Fragen dann stellen, sicher."

Für LehrerInnen, die einem alten Professionsverständnis anhängen, können diese Innovationen der Schulprogrammarbeit jedoch auch ein rotes Tuch darstellen, da sie befürchten, innerhalb des neuen Reformklimas ließe sich nur schwerlich vertreten, was ihrer – dann „konservativ" gescholtenen – Auffassung nach dringend geboten wäre: Kontinuität und Konsequenz im Unterricht, die durch die periodischen Innovationen bereits zu großen Teilen verloren gegangen wäre und nun gänzlich zu verschwinden drohe, wenn durch ein Innovationsinstrument die Entwicklung und damit auch der Wechsel der Methoden auf Dauer gestellt werden sollten (vgl. Bonz et al. 1993). Angesichts der Entwicklungen können sich diese Lehrkräfte nur schwer vorstellen, dass die Maßstäbe der Beurteilung durch Verhandlung einander kommensurabel gemacht werden könnten. Sie befürchten, dass die Qualität ihres Unterrichts nicht gewürdigt würde, da die Maßstäblichkeiten differierten. Da scheint der strategische Rückzug zur „Selbständigkeit" geboten, der dann freilich als anachronistisches EinzelkämpferInnentum ausgelegt werden kann. Als Reflex auf die neue Situation ist dieser Rückzug problematisch, da er die Kommunikationsbasis für weitere Verständigungen zerstört. Das Offensive an dem Schulprogrammarbeitskonzept besteht ja gerade darin, dass maximale kommunikative Transparenz eingefordert wird, sodass substanzielle Kritik am formal ausgerichteten Reformkonzept schwer fällt. Denn natürlich steht es vom Konzept her allen frei – worauf dann immer wieder verwiesen wird – sich konstruktiv zu beteiligen. Indem die BefürworterInnen der Reform darauf verweisen können, dass alles – eben auch die Maßstäbe der Beurteilung – offen ausdiskutiert wurde, können sie sich immer legitimieren. Paradox formuliert könnte man sagen, dass die Hermetik des Konzepts gerade in seiner Offenheit liegt: Dieser als Meta-Verhandlung im Konzept angelegten und von der Administration qua Definitionsmacht gesetzten Norm der Offenheit kann man sich nur schwerlich entziehen.

So zeigt sich, dass das ungebrochen-optimistische Bild von den in der Offenheit und Transparenz liegenden Potenzialen governancetheoretisch betrachtet problematisch erscheint. Die Forderung nach kommunikativer Transparenz und Offenheit ist nicht eine einzelne, isolierbare Innovation, die ohne weitere Konnotationen an die KollegInnen herangetragen würde. Vielmehr lässt sie sich nicht vom gegenwärtigen Reformkontext isolieren. Verbunden mit dieser Forderung nach den neuen Kommunikationsformen ist ja die nach der Innovation. Deutlich wird das an dem Gedankenexperiment, dass es einzelne KollegInnen im gegenwärtigen Reformklima wohl schwer hätten, ihre Vorstellungen von einem effektiven und qualitativ hochwertigen Frontalunterricht zu vertreten. Auch wenn die anderen KollegInnen de facto ebenfalls einen Großteil ihrer Unterrichtszeit weiterhin einen solchen Frontalunterricht pflegen, so werden sie sich dennoch im Zuge der Reformdiskussion und der Unterrichtshospitationen auf die „innovativen" Konzepte konzentrieren: Methoden-Training, Kleingruppen-Modell, projektorientierter Unterricht etc. Den konservativen KollegInnen, die womöglich angesichts der Formen der Reformierung, die ihnen an ihrer Schule angedient werden, gute Gründe für ihren Konservatismus hätten, erschiene da Widerstand zwecklos, sodass sie das pädagogische Exil vorzögen und eine Nische suchen würden. Gedeutet würde das freilich weiterhin als Reformresistenz und EinzelkämpferInnentum – aber nicht als der Versuch zur professionellen Wahrung von Verfügungsrechten im Sinne der pädagogischen Autonomie.

Governancetheoretisches Resümee der Ergebnisse auf der Ebene der einzelnen Lehrkräfte:

Auch für die einzelnen Lehrkräfte ist das Moment der Nötigung zur Explikation von Handlungsrationalität, das im Instrument der administrativ verordneten Schulprogrammarbeit liegt, als governancetheoretisch wesentlicher Aspekt hervorzuheben. Die pädagogische Autonomie der einzelnen Lehrkraft erscheint den befragten Lehrkräften als unabdingbare Voraussetzung der eigenen Lehrtätigkeit. Der problematische Eingriff in diese Autonomie durch die Schulprogrammarbeit bestünde demnach darin, das Selbstverständliche in einer Art und Weise zu thematisieren, die entsprechend ratlos machen kann, weil nicht deutlich wird, worin das Neue der Aufgabe bestehen sollte. Das Novum besteht hier vielmehr darin, dass eben jene Autonomie mit organisationsentwicklerischer Rationalität gekoppelt wird, die die LehrerInnenautonomie als in der Handlungskoordination auf Organisationsebene systematisierbares Phänomen vorstellt. Die LehrerInnenautonomie wird durch jene Explikation – in schriftlicher Form – zum Kristallisationspunkt von Verfügungsrechten, die zuvor als solche weniger ins Bewusstsein getreten waren. Die Schulprogrammarbeit mit ihrer dem Konzept immanenten Definitionsmacht tangierte damit das Selbstverständnis von der eigenen LehrerInnenautonomie. Dies zeigte sich drastisch in der Reaktion einer Pädagogin, der zufolge die Schulprogrammarbeit als unnötige „Machtdemonstration" erscheint, da die mit ihr definierte Verantwortungsübernahme der PädagogInnen für sie ohnehin als Selbstverständlichkeit der Profession galt. Paradox wurde damit das von dieser Pädagogin schon immer als ihr rechtmäßiges Eigentum vorgestellte Verfügungsrecht durch die Explikation dieses Auftrags nicht stabilisiert, sondern der explizite Hinweis darauf wurde gedeutet als impliziter Vorwurf, das Verfügungsrecht nicht pflichtgemäß zu nutzen.

Aus einer professionspolitisch fundierten Perspektive betrachtet erscheint die im Konzept der administrativen Verordnung von Schulprogrammarbeit angelegte Form externer Evaluation geradezu als unrechtmäßige Aneignung eines Verfügungsrechtes. Dies gilt insbesondere dann, wenn die Bewertung pädagogischer Arbeit durch eine Instanz geschehen sollte, die aufgrund der schulaufsichtlichen Perspektive viel stärker die Organisation als Ganzes im Blick hat als die der individualistischen LehrerInnenkultur inhärenten Vorstellungen „sinnvoller Nutzung von Autonomieräumen". Wenn aber das traditionelle Professionsverständnis keine Externalisierung einer im pädagogischen Verhältnis genuin angelegten Autonomie zulässt, muss der durch die Schulprogrammarbeit transformierte Modus der Handlungskoordination als Bedrohung traditioneller Verfügungsrechte erscheinen. Gerade der in der Evaluationsorientierung angelegte Doppelcharakter von Konkretisierung (Die Ziele und die Indikatoren müssen genau operationalisiert sein.) sowie von Verallgemeinerbarkeit (Die Ergebnisse müssen trotz je unterschiedlicher Voraussetzungen im Unterricht vergleichbar sein.) führt aus traditioneller Perspektive zu einem Homogenisierungszwang, der sich nicht mit den herkömmlichen Vorstellungen pädagogischer Freiheit vereinbaren lässt. Die Möglichkeiten gemeinschaftlicher, kooperativer Gestaltung wurden hier von den befragten LehrerInnen sehr unterschiedlich eingeschätzt: Von einer neuen Form kooperativer Machbarkeit bis hin zu Verlustängsten durch bislang unbekannten „Kollektivzwang". Sprechendes Beispiel für diesen komplexen Zusammenhang von intentionalen und transintentionalen Effekten eines Interdependenzmanagements war die kollektiv vom Kollegium getragene „Selbstbeschneidung von Verfügungsrechten zum Treffen disziplinrelevanter Entscheidungen", die insgesamt im Unterricht als Entlastung wirksam werden sollte. Bei gemeinsamer Anstrengung würde so ein weniger gestörter Unterricht möglich, der paradoxerweise gerade die individuelle LehrerInnenautonomie zur Gestaltung der einzelnen Stunde erweitern würde, indem neue Möglichkeiten der Unterrichtsgestaltung aufscheinen würden.

Im Zusammenhang mit der Evaluationsfrage wurden auch noch weitere Konsequenzen für die Akteurskonstellation deutlich. Der persönliche Rückzug angesichts der strukturellen Unbestimmtheiten der Effekte von Evaluation produziert in viel deutlicherer und bislang unbekannter Weise ein Labeling einzelner Lehrpersonen als „Bremser" oder „Blockierer". Die unterschiedlichen

Qualitäten des Lehrpersonals waren auch schon vor den schulentwicklerischen Innovationen mehr oder weniger allen bekannt. Die Explizierung von Qualitäten und der damit verbundenen qualitativen Bewertung von Arbeitsergebnissen macht die „schwarzen Schafe" sichtbar und erzeugt damit innerhalb der Schule für die einzelnen KollegInnen ganz neue Legitimationszwänge. Die Wunschvorstellung kooperativer Handlungskoordination ist damit potenziell immer von der Überformung durch Verteidigungs- und Legitimationshandlungen bedroht. In diesem Zusammenhang wurde auch deutlich, dass gerade in der Offenheit des Konzepts auch eine Hermetik angelegt ist: Der als Meta-Verhandlung im Konzept angelegten und von der Administration qua Definitionsmacht gesetzten Norm der Transparenzmachung von Handlungsrationaltät kann man sich innerhalb des Paradigmas evaluationsbasierter Steuerung nicht mehr entziehen. Governancetheoretisch betrachtet wären damit – mit Blick auf die Modi der Handlungskoordination – die Ambivalenzen und zum Teil auch kontraproduktiven Effekte der in der Offenheit und Transparenz liegenden organisationsentwicklerischen Potenziale antizipierbar gewesen. Diese Diagnose sollte nicht als Legitimation von Intransparenz gedeutet werden, aber die den rückhaltlosen Explikationsforderungen inhärente Dialektik der Aufklärung herausstellen. Die Nötigung zur Explikation von Handlungsrationalität durch systematisierte Rechenschaftslegung in Form von Evaluation erscheint als Prozess aufklärerischer Innovation irreversibel – die damit verbundenen Transaktionskosten bedürfen aber eines aufgeklärten Bewusstseins über den neuen Status von Verfügungsrechten innerhalb einer evaluationsbasierten Steuerung: Die Verfügungsrechte existieren nicht mehr unbefragt als solche, sondern sind immer wieder neu durch die entsprechenden Leistungen als „legitime Verfügungsrechte" unter Beweis zu stellen.

10. Autonomie als bleibende Herausforderung an eine Governance der Schulentwicklung im Kontext evaluationsbasierter Steuerung

„Als Arena zur Rettung des Überkommenen oder zur Selbstermächtigung im Neuen eignet sich die Schulprogrammentwicklung jedenfalls nicht."
(Maritzen 2000, 225)

10.1 Zusammenfassung der Befunde zur *Reduktionsthese* und zur *Optionenthese*

Im ersten Teil dieser Untersuchung wurden die Ambivalenzen unterschiedlicher Autonomieformen (*Grauzonenautonomie, Gestaltungsautonomie* und *evaluationsbasierte Autonomie*) im Kontext des evaluationsbasierten Steuerungsmodells herausgestellt, die sich im gleichzeitigen Rekurs auf die vorgängige Autonomiepraxis der 90er Jahre wie auch die diese Praxis überformende Evaluationsorientierung ergeben. Hierbei wurde argumentiert, dass es sich – metaphorisch gesprochen – um eine kopernikanische Wende handele, was den AkteurInnen nur nicht in dieser Deutlichkeit bewusst sein dürfte bzw. zumindest nicht in dieser Form in der Öffentlichkeit artikuliert wird. In diesem Zusammenhang wurde der Wechsel von der „autonomiebasierten Schulreform" in den 90er Jahren (innerhalb derer insgesamt die Notwendigkeit zusätzlicher Evaluationsmaßnahmen allenfalls akzeptiert wurde) hin zu einer „evaluationsbasierten Steuerung" (innerhalb derer Evaluation zum Fundament wird, von dem aus der Sinn und der Zweck von Autonomie innerhalb der Schulentwicklung bestimmt wird) als „verdeckter Wendepunkt" beschrieben. Die Diagnose dieses Wechsels der Basis (von „autonomiebasiert" zu „evaluationsbasiert") wurde damit zum Ansatzpunkt der Untersuchung, an dem beobachtet werden sollte, *ob, wie* bzw. *an welchen Stellen nicht* dieser Perspektivenwechsel auch von den LehrerInnen als bedeutsamen AkteurInnen innerhalb des Mehrebenensystems vollzogen wurde. Genau zum Zeitpunkt der Jahrtausendwende, an dem auch die „kopernikanische Wende" verortet wurde, diagnostizierte Maritzen:

„Das, was als Ausweis größerer Eigenständigkeit und – im wörtlichen Sinne – größeren Selbstbewusstseins der Schulen begann, gerät aus Gründen ungleichzeitiger Entwicklungen im Gesamtsystem in eine riskante Zone, die sich durch folgende Stichworte umreißen lässt:

• Revitalisierung tradierter Regulierungsvorstellungen,

- Flucht aus dem unbearbeiteten Aufsicht-Beratung-Dilemma durch die Tapetentür ‚Beratung und Genehmigung von Schulprogrammentwicklung',
- Perpetuierung einer traditionellen Organisationsform von Aufsicht, wo doch mit dem Schulprogramm Anlass gewesen wäre, das Rechtsgut Aufsicht durch Modernisierung von Formen und Strukturen zu sichern." (Maritzen 2000, 219)

Die hier von Maritzen beschriebene „Ungleichzeitigkeit" findet auch ihren Ausdruck in den in Kapitel 5.2 formulierten Thesen (*Reduktionsthese & Optionenthese*), die die empirische Analyse leiteten, indem sie zur Diskussion stellten, wie die versagte bzw. bislang noch ausstehende Zustimmung der Basis zum Wechsel von der autonomiebasierten Steuerung zur evaluationsbasierten Steuerung – empirisch fundiert – zu erklären sei. Die zwei Thesen (vgl. Kap. 5.2) lauteten:

- *Reduktionsthese:* Im Zuge der Transformation von der autonomiebasierten Steuerung zur evaluationsbasierten Steuerung verändert sich die Akteurskonstellation in einer Weise, die dazu führt, dass sich die Verfügungsrechte und die Definitionsmacht zur Zielbestimmung für die LehrerInnen reduzieren.
- *Optionenthese:* Innerhalb der von der Bildungspolitik und vom erziehungswissenschaftlichen Diskurs – zum Teil auch durch Definitionsmacht – forcierten evaluationsbasierten Steuerung und der damit transformierten Autonomievorstellung (evaluationsbasierte Autonomie) schwindet bei den AkteurInnen in den Schulen das Bewusstsein von den Möglichkeiten, die durch die Autonomiepolitik der vorangegangenen Jahre durch zum Teil erhöhte Gestaltungsfreiräume geschaffen wurden (Gestaltungsautonomie) oder davor schon bestanden (Grauzonenautonomie) und immer noch bestehen.

In der nun folgenden Zusammenfassung möchte ich resümierend darauf eingehen, inwieweit sich in den Analysen diese beiden Thesen in der Rekonstruktion konkreter Handlungen und Urteile substanzialisiert haben.

10.1.1 Die Reduktionsthese stützende Belege

Die nachfolgende Aufzählung nennt Dimensionen von LehrerInnenautonomie, die sich bei der Wendung hin zur evaluationsbasierten Steuerung reduziert haben, sei es durch die Reduzierung von Verfügungsrechten oder die verminderte Definitionsmacht zur Zielbestimmung der pädagogischen Arbeit:

- *Reduzierung der Unverbindlichkeit und Selbstgesteuertheit von Selbsteva-luationsprozessen:* Gerade für die in der Phase der *Grauzonenautonomie* engagierten LehrerInnen wurde ein zuvor breiter existierender Freiraum geschmälert, innerhalb dessen sie unbeobachtet und frei von Qualitätserwägungen, Feedbackzyklen und Evaluationsvereinbarungen Formen der selbst wiederum autonom gestalteten Rechenschaftslegung praktizieren konnten. Dieser Freiraum besteht im Sinne einer Grauzone immer noch. Es stellt sich allerdings die Frage, wie weit hier die Energie der Betroffenen reicht, neben der nunmehr offiziellen evaluationsbasierten Schulentwicklungsarbeit zusätzlich noch die „inoffizielle" weiter zu betreiben.

- *Reduktion von Freiheit durch Unverbindlichkeit aufgrund von „Accounta-bility":* In dem Moment, in dem die Schulbehörden und die Politik die „autonomen Zonen" wahrnahmen, mussten sie qua Professionsauftrag Verantwortung für eben diese Entwicklungen übernehmen und öffentlich nachvollziehbare Formen der Rechenschaftslegung einfordern. Autonomie wurde damit an die Explikation von Handlungsrationalität gebunden. Die Schulen müssen nun schon in ihrer Zielbestimmung die darauffolgende – dem Wunsch des Gesetzgebers nach notwendig damit verbundene – Explikation von Handlungsrationalität, d.h. die Evaluationspraxis antizipieren. Traditionelle Verfügungsrechte existieren nicht mehr per se, sondern sind fortwährend durch Leistungen als „legitime Verfügungsrechte" unter Beweis zu stellen.

- *Nötigung zur Rechenschaftslegung ohne „Ausgleich" der investierten Arbeitszeit:* Die Wende zur evaluationsbasierten Steuerung bedeutete aus der Perspektive der einzelnen LehrerInnen vielfach nur, unter den gleichen Bedingungen nun explizit auf die vorhandenen Freiräume hingewiesen zu werden, ohne aber im Zuge der Übertragung neuer Verantwortlichkeiten bzw. der öffentlichen Nötigung zur Übernahme vermehrter Verantwortung Gegenleistungen für die Mehrarbeit zu erhalten (etwa in Form von Entlastungsstunden o.Ä.).

- *Externe Evaluation als unrechtmäßige Aneignung eines Verfügungsrechtes zur Bewertung pädagogischer Arbeit durch eine externe Instanz:* Externe Evaluation wird aus LehrerInnenperspektive zum Teil zur unrechtmäßigen Aneignung eines Verfügungsrechtes, wenn sie durch eine Instanz geschieht, die stärker die Organisation als Ganzes im Blick hat als die individualistischen Formen der Nutzung von Autonomieräumen.

- *Reduzierung der Autonomie der Zielbestimmung für LehrerInnen:* Die Rede von der „Autonomie der Wege" macht nur auf Verfügungsrechte der LehrerInnen aufmerksam, über die sie qua Professionsnorm und Schulgesetzgebung schon lange verfügten, und verdeckt dabei, dass dem Schlagwort der

„Autonomie der Wege" zugleich in der Praxis implizit der Wegfall einer nicht mehr so weit reichenden Autonomie der Zielbestimmung für die LehrerInnen korrespondieren kann.

- *Auflösung curricularer Grauzonen:* Die Autonomie der LehrerInnen erfuhr bei der Ausrichtung auf evaluationsbasierte Steuerung noch eine weitere Transformation, indem diesen zwar curricular zunächst keine Verfügungsrechte genommen wurden, da auch schon vorher Curricula galten, denen zufolge die LehrerInnen ähnliche Kompetenzen hätten vermitteln sollen wie etwa in den Bildungsstandards dokumentierten. Das Schulprogramm als das spezifische Curriculum der Schule kann aber als weiter ausdifferenzierter Lehrplan wirken, der mit seinen zusätzlichen Differenzierungen die pädagogische Autonomie – auch in Form von Verfügungsrechten zum Treffen methodisch-didaktischer Entscheidungen – der oftmals recht weit formulierten offiziellen Lehrpläne nicht mehr zulässt. Auch die vielerorts eingespielte Praxis, innerhalb derer neben den routinisierten Formen der Benotung nicht nach Rechenschaftslegungen gefragt wurde, wird nun genauer beobachtet (vgl. neben Schulprogrammmaßnahmen gegenüber der Schulöffentlichkeit auch die administrativen Forderungen nach Vergleichsarbeiten oder sogar das Zentralabitur).

- *Reduktion der Freiheit der Wege und der Ziele durch öffentliche Aufmerksamkeit:* Wenn sich im Zuge der Transformation zur evaluationsbasierten Autonomie auch kaum eine juridisch kodifizierte Verschärfung und damit Einschränkung der pädagogischen Freiheit für die LehrerInnen ergibt, so provoziert doch die aus diesem Perspektivenwechsel resultierende veränderte Aufmerksamkeit in der Öffentlichkeit eine Einschränkung der Gestaltungsfreiräume. Die öffentliche Forderung nach einer Rechenschaftslegung in Form von Leistungstests, Evaluationen und einem System-Monitoring zieht eine Akteurskonstellation nach sich, innerhalb derer die LehrerInnen ihre Unterrichtspraxis nunmehr gegenüber verstärkten Nachfragen von Eltern und Öffentlichkeit als „zielführend" (im Sinne der andernorts von anderen AkteurInnen formulierten Ziele) legitimieren müssen. Insbesondere reformpädagogisch orientierte und stark auf soziale Kompetenzen abzielende Unterrichtsformen haben es – zu Unrecht! – innerhalb eines „Leistungstestklimas" schwerer, sodass mancherorts auch eine – wenn auch stark durch soziale Aushandlungen vermittelte – Reduktion der „Autonomie der Wege" gegeben sein kann.

- *Reduktion von Gestaltungsfreiheiten durch ein „evaluationsbasiertes Marktparadigma":* Durch die normative Kraft von KonsumentInnenentscheidungen kann schulische Profilbildung leicht von der Vorstellung der bewussten Gestaltung eines Freiraums im Sinne der Schulautonomie zu ei-

ner Form der sich verselbständigenden Kontrolle durch einen Markt mutieren. Die Definitionsmacht von LehrerInnen zur Schulentwicklung kann sich
im Zuge einer Profilierung verflüchtigen, wenn eine Neuausrichtung öffentlich wahrgenommen wird und entsprechende Regulierungseffekte nach sich
zieht (z.B. das Wahlverhalten der Eltern), auf die die LehrerInnen dann nur
noch reaktiv Einfluss haben.

- *Verpflichtung auf Kontextsensitivität als Reduktion der Gestaltungsfreiheit:*
  Einschränkend für die Gestaltungsfreiheit ist die Verpflichtung der Schulen
  zur Kontextsensitivität der Schulentwicklung in sozialer Verantwortung,
  d.h. die Auflage, die unterrichtsorganisatorischen und inhaltlichen Schwerpunkte unter Berücksichtigung der Bedürfnisse des Umfeldes auszuwählen.
  Vermittelt über die rechtliche Forderung sind die Schulen damit in ihren
  Planungen reaktiv auf die kontingenten Bedingungen des Umfeldes verwiesen.

- *Reduktion von Verfügungsrechten durch die „Öffnung von Schule":* Die
  vermehrte Einbindung anderer AkteurInnen in Entscheidungsprozesse und
  die damit verbundenen Legitimationsanforderungen an die Lehrkräfte provozieren kontinuierlich wachsende Ansprüche an die Profession, die zuvor
  organisationsintern leichter abgepuffert werden konnten. Durch die zahlreichen Argumentations- und Entscheidungsstrukturen, die aufgrund der
  wachsenden Selbstverwaltungsaufgaben notwendig wurden, entstanden so
  neue Verantwortlichkeiten und Legitimationszwänge. Insbesondere durch
  Schulprogrammarbeit kann so eine Regelungsdichte neuer Qualität erzeugt
  werden, die für die Einzelnen eine Einschränkung darstellt, da sie eine über
  den „bisherigen Normalfall" – nämlich die Orientierung an den Richtlinien
  und Kursstrukturplänen – weiterführende Ausrichtung abverlangt.

- *Festlegung der Formen der Schulentwicklung durch ein Reformprogramm:*
  Hinter der im Zuge der Evaluationsorientierung administrativ verordneten
  Schulprogrammarbeit steht eine spezifische Vorstellung von rationalen
  Formen von Schulentwicklungsarbeit. Neben den in der Theorie der institutionellen Schulentwicklungsprozesse verwendeten Begrifflichkeiten verpflichten die Formen der administrativ verordneten Schulprogrammarbeit
  zur Ausrichtung der Schulentwicklungsarbeit an Qualitätssicherungszyklen.

- *Reduktion der Autonomie durch Transaktionskosten:* Im Rationalitätsversprechen einer evaluationsbasierten Steuerung bleiben die antizipierbaren
  Transaktionskosten einer solchen Reform zumeist unartikuliert. Der dadurch entstehende Mehraufwand (Reibungsverlust, Mehrarbeit etc.) geht
  angesichts der von oben verfügten weitgehenden „Kostenneutralität" der
  Reforminitiative entweder zu Lasten der SchülerInnen oder zu Lasten der
  LehrerInnen. So kann etwa auch die naturwüchsig resp. historisch entstan-

dene Handlungsfähigkeit eines Kollegiums durch (technokratische) Optimierungsüberlegungen zerstört werden, ohne dass die ursprüngliche Akteurskonstellation – wenn auch suboptimal – wiederhergestellt werden
könnte.

- *Einschränkung von Handlungsfähigkeit durch Zwang zur Explikation:*
  Bezogen auf die Handlungspraxis der einzelnen Lehrkraft verlangen evaluationsbasierte Reformkonzepte eine reflexive Distanz, die von der konkreten Handlungspraxis wegführt. Die neue Form der Handlungskoordination über eine begriffliche Fassung und schriftliche Fixierung kann von einer erfolgreichen, praktisch orientieren Problemlösung ablenken. Die zuweilen auch durch die offizielle Reformaktivität geförderte Neigung zu der
  Annahme, dass es sich bei einem Schulprogramm um einen Text großer
  Allgemeinheit handeln müsse, zwingt die Lehrkräfte zur Explikation impliziten Wissens, zu der sie nicht immer in der Lage sind.

- *Unflexibilität der pädagogischen Arbeit durch Festlegungen:* Die mit der
  Schulprogrammarbeit und der Evaluationsabsicht verbundene diskursive
  Festlegung auf Prinzipien und die Nötigung zur begrifflich fixierbaren Re-
  flexion der eigenen Tätigkeit kann die Spontaneität in der pädagogischen
  Arbeit negativ beeinflussen. Eine die pädagogische Intuition und den päda-
  gogischen Common Sense beschädigende Form der Schulprogrammarbeit
  im Medium starrer Textualität kann in der Praxis als Einschränkung der
  Handlungsfähigkeit wirksam werden. Die von den BefürworterInnen des
  Schulprogrammkonzepts vielfach betonte Flexibilität des Programms, das
  sich immer im Entwicklungsprozess befinden soll, evoziert eine Dialektik
  von notwendiger Festsetzung und deren ebenfalls notwendiger situativer
  Aufhebung, die einigen Lehrkräften entweder nicht weit genug geht, oder
  durch den dadurch notwendigen Mehraufwand nicht mehr effizient erscheint.

- *Nötigung zur Aushandlung von Konsens:* In dem Moment, in dem sich
  Politik und Verwaltung dem Autonomiethema annahmen, war die LehrerInnenschaft dazu gezwungen, sich hierzu zu verhalten und mit diesen einen Konsens zu suchen. Im Falle der Schulprogrammarbeit konnte dies sowohl durch eine „nachträgliche Legitimierung" der Freiheiten der Grauzonenautonomie mittels einer Explizierung in der zur Vereinbarung vorgelegten Programmschrift geschehen, aber auch durch ein systematisches Aus-
  blenden eben dieser Momente des autonomen Handelns, um sie vor dem
  (potenziellen) „evaluierenden Zugriff" zu schützen.

- *Autonomiebeschneidung durch Demokratisierung:* Auch demokratisch
  beschlossene Zusatzregelungen bleiben zusätzliche Regulierungen, die potenziell Verfügungsrechte zum Treffen von Entscheidungen Einzelner be-

schneiden können. Auch wenn die neuen Regeln in einem demokratischen Prozess ausgehandelt werden, kommen im Falle einer nicht einstimmigen Beschlussfassung immer für Einzelne „Vorschriften" hinzu, die sie vorher nicht befolgen mussten. Selbst wenn auf einer rationalen Ebene das Verfahren der Handlungskoordination qua Verhandlung auch von den Überstimmten akzeptiert wird, bleibt es für eine Opposition, die in den konkreten Belangen jedes Mal überstimmt wird, nur ein schwacher Trost, dass dies immer wieder nach demokratischen Prinzipien geschieht. Die Vergemeinschaftung über Programmarbeit kann in der Folge alte Akteurskonstellationen fortschreiben und eine Spaltung des Kollegiums zwischen Passiven und Aktiven zementieren. Die Demokratisierung der Handlungskoordination bewirkt durch „Veröffentlichung" zwar Transparenz und vermittelt darüber bessere Einsicht in die Prozesse, verringert aber damit nicht notwendig das Problem des Interdependenzmanagements. Die Autonomie der Einzelnen wird nicht ohne Verluste in der Autonomie des kollektiven Akteurs „Kollegium" bzw. sogar „Einzelschule" aufgehoben sein. Die in der evaluationsbasierten Steuerung innovierte Form der Handlungskoordination und die damit verbundene Nötigung zur Abstimmung bewirkt realiter vielfach eine Einschränkung individueller Konzepte.

- *Reduktion von Freiheiten durch evaluationsorientierte Homogenisierung:* Allgemeine pädagogisch-programmatische Vorgaben als auch konkrete Handlungsanweisungen können als Einschränkung wirken, wenn sie nicht in die subjektiven Theorien der LehrerInnen, d.h. die grundsätzlichen pädagogischen Vorstellungen von gutem Unterricht oder gelingender Erziehungsarbeit integriert werden können. Wenn die heterogenen „Eigengesetzlichkeiten" der einzelnen AkteurInnen im Zuge des Prozesess unmerklich durch Konkretisierung sowie durch Verallgemeinerung homogenisiert werden, kann eine Reduktion von Verfügungsrechten innerhalb der LehrerInnenautonomie stattfinden. Die unzureichende Bestimmbarkeit des pädagogischen Prozesses als solchem führt vielfach zur falschen Verallgemeinerung von Qualitätskriterien. Divergierende Maßstäbe der Beurteilung können nicht immer durch Verhandlung einander kommensurabel gemacht werden.

- *Zwang zur Aufgabe der „Eigenständigkeit":* Im Zuge des mit dem Evaluationsgedanken zunehmend verbundenen Teamgedankens wird EinzelkämpferInnentum immer weniger geduldet. Die sich abkapselnde Lehrkraft provoziert automatisch Unterstellungen der Unprofessionalität. Die als Meta-Verhandlung im Evaluationskonzept gesetzte Norm der Offenheit dichtet die Evaluationsorientierung hermetisch ab gegenüber der Kritik von EinzelgängerInnen, die lieber „für sich arbeiten" wollen.

10.1.2 Die Optionenthese stützende Belege

Die nachfolgende Aufzählung verweist einerseits auf die zum Teil zu Unrecht angenommenen Vorstellungen einer „Reduktion von Verfügungsrechten" sowie andererseits auf die noch unentdeckten bzw. noch nicht ausgeschöpften Optionen durch die Autonomiepolitik der vergangenen Jahre:

■ *Diffusion von Reformkräften durch Uneinheitlichkeit in der Meinungsbildung:* Die Möglichkeiten gemeinschaftlicher kooperativer Gestaltung innerhalb einer evaluationsbasierten Steuerung werden bislang sehr unterschiedlich eingeschätzt: Von noch ungenutzten Potenzialen kooperativer Machbarkeit bis hin zu Befürchtungen von Autonomieverlust durch zuvor unbekannten „Kollektivzwang" reicht das Spektrum der Äußerungen.

■ *Verschriftlichung pädagogischer Praxis als Autonomievergewisserung:* Die Schulprogrammarbeit mit ihrer dem Konzept immanenten Explikation von Praxis in schriftlicher Form kann zum Kristallisationspunkt von Verfügungsrechten werden, die zuvor als solche weniger im Bewusstsein waren. Die dadurch bewusst gemachten Formen von LehrerInnenautonomie könnten zu einem kollektiven Professionsverständnis führen und damit das Selbstbewusstsein der Profession stärken (vgl. Brüsemeister 2004a, 31-33, 294-301). Im Sinne einer gemeinschaftlichen Anstrengung ließen sich in der Folge auch neue Autonomieräume gegenüber anderen AkteurInnen (der Schulaufsicht, den Eltern etc.) erkämpfen bzw. sichern. So ist es etwa nahe liegend, dass es für LehrerInnen eine Arbeitserleichterung darstellt, wenn die Unsicherheit in Disziplinfragen durch einen gemeinsamen Beschluss des Kollegiums und/oder der Schulkonferenz geklärt ist und sich in der Folge auch ein homogeneres Verhalten seitens der SchülerInnenschaft einstellt, die den konsequenten Willen innerhalb eines Kollegiums spürt. Die kollektiv vom Kollegium getragene „Selbstbeschneidung von Verfügungsrechten zum Treffen disziplinrelevanter Entscheidungen" kann so beispielsweise die pädagogische Autonomie im dann ungestörten Unterricht sogar erweitern.

■ *Corporate Identity als Zugewinn für die LehrerInnenschaft:* Eine durch Schulprogrammarbeit erzeugte Corporate Identity könnte eine diffuse oder indifferente Haltung gegenüber der eigenen Schule als Schule (i.S. eines lebendigen Lernortes) aufheben und damit eine erhöhte Berufszufriedenheit bewirken. Eine evaluationsbasierte Schulprogrammarbeit könnte so nicht nur als heteronomes Desiderat einer verordneten inneren Schulreform wahrgenommen werden, sondern auch als Antwort auf ein Bedürfnis vieler

Lehrkräfte nach einem gemeinsamen pädagogischen resp. didaktischen Konzept.

- *Autonomiezuwachs durch Mehrheitsentscheidungen und begründeten Minderheitenschutz:* Das Schulprogrammkonzept sowie die Idee evaluationsbasierter Steuerung haben einen bezwingenden Rationalitätsanspruch: Die Korrelation von Vefügungsrechten und Pflichten erscheint als verfassungsgemäße Einrichtung und die Nötigung zur Explikation von Handlungsrationalität durch Rechenschaftslegung sowie die dadurch evozierte Transparenz als demokratisches Moment. Um diese Rationalität der Evaluationsbasierung herauszustellen kann es – wie Interviewpassagen zur Verlautbarung des administrativen Auftrags durch die Schulleitung zeigten – gerade hilfreich sein, die potenzielle Einschränkung von Verfügungsrechten Einzelner in das Interdependenzmanagement einzubeziehen. Reflexionen hierüber machen deutlich, dass die derzeitige Verfasstheit von „innerschulischer Steuerung" auch nicht notwendig demokratischer oder gerechter ist. Utilitaristisch argumentiert wäre auf die Vorzüge der „Glücksmaximierung der größtmöglichen Zahl" von AkteurInnen zu verweisen. Die Durchsetzung gemeinsamer Ziele gegenüber einzelnen in der Schulkonferenz vielleicht „rhetorisch einflussreichen ReformblockiererInnen" könnte hier in Teilen auch zur Verbesserung für die Mehrheit der Beteiligten führen. Innerhalb einer auf neuer Verhandlungskultur aufbauender Schulprogrammarbeit könnte zugleich eine „aufgeklärtere Form des Minderheitenschutzes" praktiziert werden, die die berechtigten Ansprüche Einzelner herausstellt, ohne damit den Mehrheitswillen zu blockieren.

- *Unproduktive Formen der Meta-Metakommunikation:* Kollegien verhalten sich vielfach nicht immanent zum Schulprogrammauftrag, sondern problematisieren diesen selbst. Dies ist als Reaktion auf die vom Gesetzgeber genutzte Form der Beeinflussung durch Definitionsmacht verständlich, aber als Beantwortung dieser Metakommunikation mittels eines weiteren metakommunikativen Aktes ein unproduktiver Modus der Handlungskoordination, da dadurch die Chance zu einer inhaltlichen Füllung der Schulprogrammarbeit ungenutzt bleibt, wenn sich die Energien auf diesen Aspekt der Neuformierung der Handlungskoordination konzentrieren. Die Sensibilität für den veränderten/neuen Auftrag zur evaluationsbasierten Schulentwicklung ist funktional, da sie auch Voraussetzung von Veränderung ist, darf sich aber nicht verselbständigen.

- *Unterschätzte Autonomieräume innerhalb der Vorgaben:* Die in Gesetzestexten und Erlassen inhaltlich letztlich wenig fixierten Vorgaben zielen vielfach nur auf Modi der systematisierten Handlungskoordination qua Schulprogrammarbeit. Sie verlangen von den Schulen gerade eine entschiedene Auslegung ihrer Autonomie und damit den Aufbau einer professionellen Form der Gestaltung der Optimierungsaufgabe.

- *Evaluationsbasierung als Anlass für aktive Gestaltung von Freiheitsräumen:* Dem Schulprogramm kann gerade in einer evaluationsbasierten Steuerung die Funktion zukommen, innerhalb der bestehenden Rahmenbedingungen (Finanzierung, Lehrpläne etc.) Freiräume aktiv zu gestalten. Dass es hiermit auch als Sedativum gegenüber berechtigten Forderungen nach Systemveränderungen wirksam werden kann, sollte nicht die Möglichkeiten zur konstruktiven Nutzung des Instruments verdecken. Die Verhandlungsposition von LehrerInnen in der Öffentlichkeit, die sich der Logik der evaluationsbasierten Schulentwicklung fügen, dürfte insgesamt sogar besser sein. Wer plausibel machen kann, dass er/sie das Seinige zur Optimierung der Systemleistung tut, kann von einer viel stabileren Warte aus die notwendigen Veränderungen – auch auf anderen Ebenen des Systems – einfordern. Es könnte gerade auch für die LehrerInnenschaft eine subversive Strategie sein, durch eine konsequente Orientierung am evaluationsbasierten Steuerungssystem die Systemkritik zu radikalisieren – und dadurch gerade Gestaltungsspielräume im politischen Prozess zurückzugewinnen. (Man denke beispielsweise an die Möglichkeit, in einer konzertierten Aktion eine untere Schulaufsichtsbehörde vollkommen lahm zu legen, indem alle Schulen eines Bezirks ihr Recht auf individuellen Beratungsbedarf einklagen.) Die Freiheit, die ich mir als LehrerIn nehmen *kann*, ist zugleich die Autonomie, die ich mir als Professionelle(r) auch nehmen *muss*. Die Autonomie der Professionellen findet letztlich in der labilen Freiheitsbewahrung innerhalb sozialer Grenzen ihre Manifestation in der Wirklichkeit.

- *Missverstandene Abstraktheit in der Evaluationsorientierung:* Indem der Terminus „Programm" einen Anspruch auf Allgemeinverbindlichkeit transportiert, wird fälschlicherweise – entgegen dem Reformkonzept – ein Hang zur Abstraktheit im Programmatischen evoziert. Es wird dabei übersehen, dass gerade eine Evaluationsorientierung zur Konkretisierung von pädagogischen Zielen beitragen kann, indem sie zur Kriterien- und Indikatorenbestimmung hinsichtlich der Erreichbarkeit der Ziele anhält. Die Evaluationsorientierung wäre damit gerade der Ort einer Konkretisierung abstrakter Forderungen.

- *Bewusstsein von den Grenzen der Möglichkeiten einfordern:* Wenn die Einsicht von den beschränkten Möglichkeiten auch den Evaluierenden bewusst gemacht wird, ist die Rationalität der Evaluationsmaßnahmen wahrscheinlicher. Erst dann ergeben sich aus Evaluationsergebnissen rationale Grundlagen für Interventionen bzw. Steuerungshandeln. In den zuvor dargelegten Argumentationsmustern zeigte sich jedoch, dass zum Zeitpunkt

der Interviewerhebung von LehrerInnenseite eher eine vorsichtige Zurückhaltung herrschte, anstatt das neue Potenzial offensiv zu wenden. Dem Einzelfall des die Schulaufsicht explizit in die Rechenschaftspflicht nehmenden
und damit offensiv argumentierenden Berufsschullehrers stehen die Äußerungen der – in dieser Hinsicht – eher defensiv argumentierenden KollegInnen gegenüber. Die in dem Modus der Rechenschaftslegung angelegte
Transparenz verpflichtet zwar *alle* AkteurInnen in verbindlicher Weise zur
„Rationalisierung" ihrer Handlungen, aber die LehrerInnen müssten sich für
offensivere Formen der Verhandlung dessen erst bewusst werden. Die LehrerInnen könnten viel deutlicher die Darlegung der Absichten und der
Funktionen von Erhebungen gegenüber den Evaluierenden einfordern und
deren Instrumente bzw. Vorgehensweisen kritisieren, wenn diese nicht
nachweislich die Verbesserung der Praxis wahrscheinlich machen. Insbesondere die Aufforderungen zur Selbstevaluation legen die Kriterien der
Zielerreichung nicht schon vorher fest, d.h. diese sind vom Gesetzgeber o-
der der Schulaufsicht dann noch nicht vorgeschrieben, sondern müssen allererst durch die Schulen definiert werden. Hier haben die LehrerInnen vielfach noch ungenutzte Möglichkeiten auf die Erfolgsbestimmung Einfluss zu
nehmen.

- *Bislang vielfach ungenutzte LehrerInnenautonomie durch die „Dialektik
der Transparenz" externer Evaluation:* Die Genehmigung eines Schulprogramms bindet das folgende schulaufsichtliche Handeln an diese gemeinsame (!) Festlegung und schafft damit für diese neue Verbindlichkeiten.
Durch die mit der Zustimmung einhergehenden Verbindlichkeiten könnten
die Schulaufsichtsbehörden von den LehrerInnen viel stärker in die Pflicht
genommen werden, wenn sie diese „Zustimmung" im Sinne von „Zusagen"
umdeuten und entsprechende Leistungen oder Mithilfe einklagen würden.

- *Unbegründete Furcht vor Autonomieeinschränkungen durch externe
Evaluation:* Oftmals wird angeführt, dass das System (insbesondere die
Schulaufsicht) gar nicht über die personellen Ressourcen verfüge, um nach
der prüfenden Lektüre des Programmtextes selbst die Implementation des
darin Formulierten zu überwachen. Das Wissen hierum, kann die Befürchtungen vor einer unbegrenzten Zunahme von „Kontrolle" mindern. Entsprechend unwahrscheinlich sind die realen Einschränkungen der Verfügungsrechte der LeherInnen durch die Schulprogrammarbeit in der Folge
massiver Eingriffe von außen.

- *Erweiterung der LehrerInnenautonomie durch Horizonterweiterung:* Durch
die mittels externer Evaluation kommunizierte Fremdwahrnehmung kann es
zu einer Horizonterweiterung kommen (Vermeidung von „Betriebsblind-
heit"). Die Fremdevaluation ist so zu rechtfertigen, auch ohne die Professi-

onalität der Lehrkräfte infrage zu stellen. Wenn LehrerInnen der korrigierenden Fremdwahrnehmung bedürfen, ist das nicht Ausdruck von deren Unprofessionalität oder Verantwortungslosigkeit, sondern vielmehr notwendiger Ausdruck einer epistemischen Grundverfasstheit. Angesichts der Grenzen des subjektiven Erkenntnisapparates kann paradoxerweise auch die Fremdevaluation als Moment der Autonomisierung interpretiert werden: als Befreiung von eindimensionaler Rationalität.

■ *Bislang unbemerkte Anschlussfähigkeit der Evaluationsbasierung an pädagogische Denkmuster:* Die Argumente, die im Zuge der Einführung evaluationsbasierter Innovationsmaßnahmen vorgebracht werden, sind nicht immer dazu angetan, Bedenken gegen die Reforminstrumente zu reduzieren, wenn sie nur die Logik fortschreiben, die schon in den gängigen Formulierungen enthalten sind. Sind die Aversionen der SkeptikerInnen in der Nähe der Konzepte zur Organisationsentwicklung und der damit verbundenen betriebswirtschaftlichen Denkungsart fundiert, wäre es zielführender demgegenüber auch eine pädagogische Rationalität einer Evaluationsorientierung in Anschlag zu bringen. So ließe sich gerade in Bezug auf traditionelle – beispielsweise reformpädagogische – Argumentationen für LehrerInnenautonomie eine Anschlussfähigkeit zum evaluationsbasierten Konzept herausstellen: Wenn ich meine pädagogische Autonomie nutzen möchte, um mich an den Bedürfnissen der Kinder zu orientieren, dann bedarf ich des Feedbacks der SchülerInnen. Weshalb sollten solche Formen des Feedbacks nicht auch systematisch eingeholt werden können?

Im Sinne einer Interdependenz von „Grenzen und Möglichkeiten" für die LehrerInnen innerhalb der evaluationsbasierten Steuerung zeigt sich insgesamt, wie die *Reduktionsthese* und die *Optionenthese* dialektisch aufeinander verwiesen sind. Die folgende governancetheoretische Einschätzung der untersuchten Entwicklung versucht, diese Dialektik vermittelnd aufzugreifen.

10.2 Zusammenfassende governancetheoretische Einschätzung der untersuchten Entwicklungen

Nach diesem Überblick über die Ergebnisse der Analysen vor dem Hintergrund der *Reduktionsthese* und der *Optionenthese* soll abschließend im Sinne einer zusammenfassenden Einschätzung dieser Ergebnisse nochmals die governancetheoretische Perspektive auf den mit der administrativ verordneten Schulprogrammarbeit initiierten Innovationsprozess als Ganzen gerichtet werden. Hierbei möchte ich nochmals auf die Überlegungen von Benz zurückgreifen, dessen in Kapitel 5.2 vorgestelltes Modell eine solche Transformation von einem gewachsenen Status quo zu einer Neuerung beschrieb. Der Übergang von der autonomiebasierten Schulentwicklung zur evaluationsbasierten Steuerung wird damit als Reformproblem sichtbar, das nur in (mikro-)politischen Aushandlungsprozessen auf den unterschiedlichen Ebenen des Schulsystems bearbeitet werden kann. Angesichts der Überlegungen von Benz zu den Qualitätsniveaus von Politikergebnissen wird der Status der Novellierung der Steuerung qua administrativ verordneter Schulprogrammarbeit und der damit verbundene Wechsel vom autonomiebasierten zum evaluationsbasierten Modell als noch weitgehend uneingelöste Entwicklungsaufgabe kenntlich.

Wenn die Änderungen des Status quo eine Handlungskoordination der verschiedenen Ebenen oder Einheiten erforderlich macht, dann wird deutlich, dass dies innerhalb der Transformation von der autonomiebasierten zur evaluationsbasierten Steuerung noch nicht in hinreichendem Maße stattgefunden hat. Die „Verhandlungskultur" innerhalb des neuen Interdependenzmanagements zeigt Lücken auf, die nicht zuletzt in den unterschiedlichen Vorstellungen von Verfügungsrechten und dem Zwang zur Explizierung von Handlungsrationalität durch Rechenschaftslegung fundiert sind. Die Handlungskoordination via Definitionsmacht und der Delegation von Verantwortlichkeiten hat einen Konsens auf diesen Ebenen eher erschwert. Die innerhalb des Schulsystems latent immer existierende Frage nach Zuständigkeiten und Legitimität wurde durch den Innovationsimpuls eher virulent, ohne dass hier abschließende Klärungen erreicht worden wären.

Im Zusammenhang mit dem von Benz vorgestellten Modell (vgl. Kap. 5.2) wurde zudem darauf hingewiesen, dass die Akzeptanz nur durch eine über Verhandlung befriedete Akteurskonstellation innerhalb der Ebenen zu erreichen ist. Insbesondere auf der Einzelschulebene und der Ebene des Professionsbewusstseins einzelner LehrerInnen konnte nur teilweise Zustimmung zu diesem Wechsel von einer autonomiebasierten zu einer evaluationsbasierten Steuerung beobachtet werden. Die zu verzeichnenden Formen des Widerstands deuten vielerorts noch eine mangelnde Akzeptanz gegenüber dieser Verschiebung an. Angesichts solcher Akzeptanzprobleme kann der Wechsel zur evaluationsbasierten Steuerung nicht als niederschwellige Innovationsmaßnahme verstanden werden, auch wenn man „von außen betrachtet" die Evaluationsbasierung als eigentlich nur konsequente und damit folgerichtige Fortführung einer Autonomiepolitik mit daran gekoppelter Rechenschaftslegung lesen könnte. Eine solche Sichtweise würde die hier beschriebenen doch gravierenden Veränderungen in den Modi der Handlungskoordination und den damit verbundenen Verschiebungen in den Akteurskonstellationen negieren.

Wenn der Wechsel von der Autonomiebasierung zur Evaluationsbasierung sich damit aber als eine „starke Änderung des Status quo" bestätigt und zudem – zumindest auf der Ebene der Einzelschule und der einzelnen Lehrkräfte – die „Zustimmung" zu diesem Wechsel als gering einstuft werden muss, dann ergibt sich derzeit nach dem Modell von Benz (vgl. die Abb. unten) eine schlechte Bilanz für den vom evaluationsbasierten Steuerungsmodell ausgehenden Reformimpuls, i.e. ein „niedriges Qualitätsniveau" der Handlungskoordination im Mehrebenensystem.

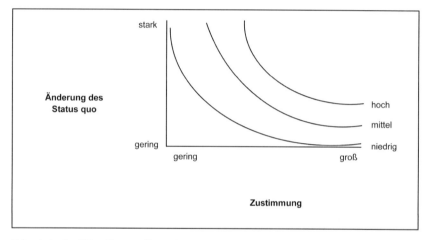

Abb. 6 (vgl. Abb. 2): Qualitätsniveaus von Politikergebnissen in der Mehrebenenpolitik nach Benz (2004c, 132).

Wenn auf der Ebene der Bildungspolitik jedoch derzeit in Reformmaßnahmen und -paketen zunehmend die Vorstellung einer evaluationsbasierten Steuerung verfolgt wird, dann wird die Zustimmung zu diesem neuen Modell auf den unteren Ebenen des Mehrebenensystems zum neuralgischen Punkt für eine Steigerung des Qualitätsniveaus dieser Innovation. Für eine positivere Bilanz müsste sich dementsprechend in den Formen der Handlungskoordination grundsätzlich etwas ändern. Aber was könnte das sein?

10.3 Plädoyer für die Ausrichtung von Schulentwicklung an der Idee einer „New Education Governance"

Die empirisch-fallrekonstruktiven Studien belegen eindringlich, dass die AkteurInnen eines breiten Reflexionswissens über Autonomieformen und ihre Verfügungsrechte bedürfen, sollen nicht kontraproduktive Entwicklungen induziert werden. Entsprechend dieser Einsicht können die Ergebnisse auch nicht in Form von Operationalisierungsvorschlägen konkreter Einzelfallprobleme, Indikatorenlisten oder gar Rezeptologien präsentiert werden. Für gelingende Formen der Nutzung von Autonomie ist auffällig, dass sich die einzelnen AkteurInnen ihrer Handlungen als autonomer resp. „relativ autonomer" (im Sinne der strukturellen Beschränkungen) zumeist bewusst sind. Im Bewusstsein der Dialektik von „autonomer Lebenspraxis" (Oevermann) und ihrer systematischen strukturellen Beschränkung kann die Autonomie leichter konstruktiv wirksam werden. Die dem Untersuchungsgegenstand immanente Eigenlogik verbietet es dabei geradezu, Rezepte, d.h. „Autonomieanweisungen" vorzulegen, die jenseits der Berücksichtigung des konkreten Einzelfalls allgemeine Gültigkeit haben sollen.

Die Generalisierung der Aussagen muss entsprechend in einer anderen Art und Weise geschehen, nämlich in einer Form, die selbst nicht unnötig die Autonomie der AkteurInnen einschränkt, indem sie diese durch ihren abstrakten Vorgabencharakter „entmündigt". Am Ende der Studien kann daher nur das in ihnen enthaltene Reflexionswissen über Autonomie als Ergebnis angeboten werden. Dieses Ergebnis lässt sich dann „resümierend" nur in einem „formalen Sinne" verallgemeinern, indem ein bestimmter Umgang mit eben diesem Reflexionswissen nahe gelegt wird. Im Folgenden möchte ich hierfür Vorschläge unterbreiten.

Die Fallrekonstruktionen zeigten, wie unterschiedlich die Autonomievorstellungen sind, die in den konkreten Schulentwicklungsprozessen wirksam werden. Diese unterschiedlichen Vorstellungen von Autonomie sind dabei zwar bewusstseinsfähig, aber nicht bewusstseinspflichtig, d.h. nicht selten wird von ganz unterschiedlichen Gegenständen gehandelt, ohne dass dies den AkteurInnen auffiele. Viele Missverständnisse könnten durch ein differenzierteres Reflexionswissen über das „Autonomiephänomen" und die damit verbundenen Möglichkeiten und Notwendigkeiten zur übergreifenden Handlungskoordination zumindest der Sache nach aufgeklärt werden, auch wenn die positionellen Differenzen oftmals bestehen bleiben werden, da es sich vielfach aufgrund der nur „relativen Autonomie" um nicht auflösbare Interessenkonflikte handeln wird. Aber zumindest die unnötigen „Transaktionskosten" der Reform auf den verschiedenen Ebenen könnten so verringert werden.

Auf solche Reibungspunkte der unterschiedlichen Autonomieformen innerhalb des Paradigmenwechsels von der autonomiebasierten zur evaluationsbasierten Steuerung wurde im empirischen Teil gezielt das Augenmerk gerichtet. Bezogen auf die Autonomiefrage in der „Schulprogrammarbeit und Evaluation" wurden die unterschiedlichen Formen herausgestellt, mit denen vonseiten der LehrerInnen die Autonomievorstellungen schon in den Schulprogrammtexten relativiert wurden. Zudem wurde ein Fokus auf die problematischen Konstellationen von Schulautonomie und schulaufsichtlicher Kontrolle im Rahmen dieses Reformprogramms gelegt. Die Analyse der Dilemmainterviews mit LehrerInnen zur Autonomiefrage in „Institutionellen Schulentwicklungsprozessen" via Schulprogrammarbeit verwies auf zentrale Probleme der Handlungskoordination in Hinsicht auf die einschränkenden Rahmenbedingungen von Autonomie innerhalb der Schulentwicklung, die immanenten Grenzen des Autonomiekonzepts und die paradoxen Rollenerwartungen an die LehrerInnen.

Mithilfe des sequenzanalytischen Verfahrens wurde versucht, die je besondere Selektion, d.h. die individuelle Handlungswahl einzelner AkteurInnen aus objektiv-möglichen, allgemeinen Handlungsmöglichkeiten zu rekonstruieren. Dabei wurde davon ausgegangen, dass an jeder beliebigen Stelle einer Handlungssequenz potenziell der Ausbruch aus einer Schulentwicklung verhindernden „Routine" möglich ist. Prinzipiell jederzeit möglich ist ein solcher Ausbruch aufgrund der zahlreichen sinnvollen Anschlussmöglichkeiten, die regelhaft in jeder Situation gegeben sind. Darin liegt ja nach Oevermann der *„innere Zusammenhang von Regelgeleitetheit des Handelns und Autonomie der Lebenspraxis."* (Oevermann 1991, 278) Diese Autonomie der Lebenspraxis wurde nur greifbar, indem der Fokus nicht auf das Besondere, Neue im Transformationsprozess gerichtet wurde, sondern auf die dahinter liegende Allgemeinheit, die durch die objektiven Möglichkeiten regelhaft fixiert ist. In den Blickpunkt gerieten dadurch gerade auch die sozialen Zwänge, die in Schulentwicklungsprozessen anhaltend dazu führen, dass keine Veränderungen eintreten, sondern sich doch die alten Verhaltensweisen und Strukturen reproduzieren. Solche Zwänge konnten auf den Begriff gebracht werden, indem kontrafaktisch an der Stelle ihrer vermuteten Wirksamkeit eine gegenteilige – und zwar eine an den von den AkteurInnen selbst formulierten Ansprüchen orientierte – Form der Handlungskoordination als denkbar unterstellt wurde. Im Zuge dieser Kontrastierungen schienen sowohl die Möglichkeiten als auch die Grenzen pädagogischer Autonomie in der Schulentwicklung immer wieder auf.

Für die Bestimmung der strukturellen Hemmnisse war die Analyse dessen hilfreich, was Oevermann die „sekundär ‚reparierende[n]' Instanzen der ‚Edition' von Handlungen" genannt hat (Oevermann 1991, 295). Der „Wechsel" aus den die Schulentwicklung verhindernden traditionellen Formen der Handlungs-koordination ist diesem Theorem Oevermanns zufolge wahrscheinlich sehr viel häufiger anzutreffen, als dies nach einer ersten Analyse zu vermuten wäre, da solche Verhaltensänderungen oftmals „keimhaft" angelegt sind, ohne jedoch wirkungsmächtig zu werden, weil sie durch die Kraft der Reproduktionsgesetz-lichkeit wieder in die alten Bahnen zurückgelenkt werden.

Nach dem zuvor rekapitulierten Durchgang durch das empirische Material mittels der Rekonstruktion der Autonomie begünstigenden und hemmenden Strukturen drängt sich die praktische Konsequenz für eine Schulentwicklung hin zu konstruktiven Formen der Autonomienutzung auch innerhalb des evaluati-onsbasierten Steuerungsmodells geradezu auf: Innerhalb von Schulentwick-lungsprozessen, die auf eine erweiterte Nutzung von Autonomiepotenzialen abzielen, muss der Fokus der Aufmerksamkeit auf die strukturellen Bedingun-gen gelegt werden, die dafür gegeben sein müssen, dass im Entwicklungspro-zess keimhaft entstandenes Neues von der sich transformierenden Lebenspraxis selbst auf Dauer festgehalten werden kann. Desiderat der nächsten Jahre wäre demnach eine Reformkultur, die sich an dem ausrichtet, was ich eine „Struktu-relle Schulentwicklung" (SSE) nennen möchte. Hierbei handelt es sich genau genommen nicht um ein vollkommen neues Konzept, sondern vielmehr um eine Akzentverschiebung innerhalb der bereits bestehenden Konzeptionen der „Pädagogischen Schulentwicklung" (PSE) und des „Institutionellen Schulent-wicklungsprozesses" (ISP). Innerhalb der Entwicklungsprozesse wäre aber im oben beschriebenen Sinne der Blick gezielt auf die strukturellen Bedingungen zu richten, die die Ausnutzung von Autonomiepotenzialen in veränderten Akteurskonstellationen begünstigen oder verhindern. Das Programm einer „Strukturellen Schulentwicklung" ist damit anschlussfähig an die bislang vorherrschende Reformpraxis, fokussiert aber auf die strukturellen Hemmnisse, um von Anfang an antizipierbare Entäuschungen und Frustrationen zu verhin-dern und realitätsbezogene resp. „realistische" Initiativen zu ergreifen. Im Folgenden soll angedeutet werden, welche zusätzlichen Implikationen eine solche Perspektivverschiebung hin zu einer governancetheoretisch fundierten „Strukturellen Schulentwicklung" für die AkteurInnen vor Ort hätte.

Bislang wurde in den letzten Jahren primär von zwei Seiten aus versucht, die Schulreform voranzutreiben, die beide für sich genommen für eine entwick-lungsorientierte Handlungskoordination problematisch sind:

In den Jahren vor der evaluationsbasierten Wendung wurde primär mit Hil-fe von Verweisen auf Best-Practice-Ansätze, Fallbeschreibungen mehr oder weniger gelungener Schulentwicklungsprozesse (bspw. Buhren/Rolff 1996; Landesinstitut für Schule und Weiterbildung 1995; 1997) oder erfahrungsgeleiteten Handlungsmaximen (vgl. Bastian 1996) versucht, bei den LeherInnen vor Ort zur Schulentwicklung zu ermuntern. Aus erziehungswissenschaftlicher Sicht ist daran unbefriedigend, dass damit die Entwicklungsaufgabe vornehmlich an die PraktikerInnen und deren DokumentatorInnen delegiert war, ohne dass universalisierbare theoretische Aussagen daraus generiert werden konnten. Entsprechend konnten die vorgeschlagenen Handlungsmaximen in der Praxis oftmals nur als „Rezepte" rezipiert werden. Eine Folge dieser Form der „Theoretisierung" von Schulentwicklung wird sein, dass die Maximen vielerorts nicht so recht zu passen scheinen. Hier liegt die Analogie zum pädagogischen Geschäft der LehrerInnen nahe: Didaktische Rezepte sind entweder sehr abstrakt und grundlegend oder nur auf einer sehr oberflächlichen Ebene hilfreich (vgl. Blankertz 2000, 11-27; Meyer 2003, 27-55). Durch die schlichte Anwendung solcher Rezepturen geraten aber oftmals die Implementationsschwierigkeiten aus dem Blick, die darüber belehren könnten, dass der Einzelfall eben doch anders zu behandeln ist und hierfür eine formale Qualifikation im Sinne einer Professionalität der LehrerInnen notwendig ist, die sie zum rationalen Handeln auch unter Unsicherheit befähigt. Schulentwicklung stellt nun ebenso ein Handeln unter Unsicherheit dar wie die pädagogische Praxis selbst. Auf der Folie dieser Analogiebildung erscheint die Forderung nach einer formalen Qualifikation der LehrerInnen im Sinne einer Befähigung zur professionellen Schulentwicklung dann auch als Desiderat für die innere Schulreform. Das gilt einmal mehr, wenn im Rahmen der inneren Schulreform explizit auf wachsende Autonomie der AkteurInnen gesetzt wird und sich damit die Spielräume, aber auch die Unwägbarkeiten in der Entwicklung vergrößern.

In den letzten Jahren wurde gerade im Zuge der evaluationsbasierten Wendung deutlich, dass die Kompetenz der einzelnen LehrerInnen zur effektiven Nutzung ihrer LehrerInnenautonomie zur conditio sine qua non konstruktiver Entwicklungsprozesse werden wird. Gerade durch die Hinwendung zu Evaluationsmaßnahmen wurde in der Folge die Differenz zwischen Evaluationsinformation und Handlungswissen deutlich. Dies gilt sowohl für die oberen Steuerungsebenen, für die auch ein ausgefeiltes System-Monitoring noch kein Steuerungswissen zur Verfügung stellt, als auch für die Schulebene, auf der deutlich wird, dass Rückmeldungen (wie bspw. die Rückmeldungen aus Leistungsstets) allein noch kein Innovationspotenzial freisetzen. Vielmehr wird deutlich, dass alle AkteurInnen neue Modi der Handlungskoordination bedürfen, um aus den Entwicklungen auf den unterschiedlichen Ebenen einen Nutzen zu ziehen. Derzeit stehen einer solchen konstruktiven Wendung aber noch traditionelle Formen der Handlungskoordination entgegen. Diese spiegeln sich noch sehr stark in den Formen der Delegation von Verantwortlichkeiten wider. Die Evaluationsinformationen – besonders deutlich bei den Rückmeldungen zu Leistungstest – setzen die AkteurInnen vor Ort unter Handlungsdruck, ohne dass deutlich würde, wie diese Informationen überhaupt genutzt werden könnten. Hierbei kommt es oft zur Unterstellung mangelnder Professionalität. Genau betrachtet gibt es aber meiner Einschätzung nach derzeit keinen Akteur bzw. keine Akteurin, die angeben könnten, wie aus den Evaluationsinformationen eine sinnvolle „evaluationsbasierte Steuerung" von Prozessen auf allen Ebenen resultieren könnte – insbesondere gilt dies für die Unterrichtsebene. Weder die Steuerleute noch die ErziehungswissenschaftlerInnen könnten derzeit begründet angeben, was konkret aus den Ergebnissen eines System-Monitorings oder der Leistungstests und Vergleichsarbeiten für die Handlungskoordination auf Schulebene oder gar auf Unterrichtsebene zu folgen hätte.

Nimmt man nun diese Einsicht ernst, dass damit ein Bedarf an einer formalen Qualifikation im Sinne der Professionalisierung zur Schulentwicklung notwendig ist und gleichzeitig weder die Initiation in die aus der Praxis destillierten, nicht universalisierbaren Prinzipien und Maximen noch von außen zur Verfügung gestellte Evaluationsinformationen eine solche Qualifizierung leisten können, stellt sich die Frage, ob die governancetheoretische Forschung nicht einen anderen Beitrag zu einer solchen Professionalisierung leisten könnte. Im Folgenden soll daher versucht werden, auszuloten, ob die Governanceforschung und die empirische Schulforschung hier nicht Professionalisierungsangebote machen können.

Es muss hier deutlich gemacht werden, dass mit dem Begriff „Governance" zunächst auf ein sozialwissenschaftliches Deutungskonzept zurückgegriffen wurde. Infrage steht nun, inwiefern ein solches sozialwissenschaftliches Deutungskonzept auch als Deutungsparadigma für die Schulentwicklung fungieren könnte. Wie könnte ein Beitrag der governancetheoretischen Forschung zur Professionalisierung der Schulentwicklung aussehen? Hierzu möchte ich einige nahe liegende Gedanken formulieren:

Die AkteurInnen wären für die Besonderheiten in Akteurskonstellationen und deren Verschiebungen zu sensibilisieren. Erst ein Blick auf die verschiedenen Formen der Handlungskoordination ermöglicht es auch in Verhandlungen einzutreten, die ein Interdependenzmanagement auf höherem Niveau als dem derzeitigen ermöglichen würden. Hierfür müssten die AkteurInnen nicht nur darin geschult werden, ihre Interessen in solchen Verhandlungen auch zu artikulieren und zu vertreten, sondern sich auch über ihre realen Verfügungsrechte bewusst zu werden. Dies ist insbesondere im Hinblick auf den Wechsel von der autonomiebasierten zur evaluationsbasierten Steuerung als Desiderat zu betrachten. Jenseits der subjektiven Wahrnehmung müssten sowohl die Verfügungsrechte als auch die Versuche der Delegation von Verantwortlichkeiten bewusstseinsfähig gemacht werden, um innerhalb des neuen Interdependenzmanagements ohne hohe Transaktionskosten agieren zu können. Die Nötigung zur Explikation von Handlungsrationalität durch Rechenschaftslegung darf hier nicht durch Definitionsmacht allein, d.h. durch Metaverhandlungen gesetzt werden. Vielmehr muss die Rationalität solcher Explikation durch produktivere Modi der Nutzung von Verfügungsrechten erfahrbar gemacht werden. D.h. hier müsste an das innovative Potenzial der *Grauzonenautonomie* angeknüpft werden, ohne dass es durch die Transformationen innerhalb eines evaluationsbasierten Paradigmas gedämpft würde. Ein dezidiertes Bewusstsein aller AkteurInnen für Handlungsoptionen (im Sinne von alten und neuen Verfügungsrechten) wird hierfür notwendig sein. Das Ergebnis wäre eine *„New Education Governance"* auf allen Ebenen des Schulsystems.

An dieser Stelle muss die Bedeutung der Attribute herausgestellt werden, mit denen ich das Governancekonzept hier versehen habe. Mit dem Begriff „Education" innerhalb des Terminus „New Education Governance" wird dabei lediglich auf das Anwendungsfeld des Governancekonzeptes referiert. Da das Governancekonzept ursprünglich aus den Politik- und Sozialwissenschaften stammt und inzwischen in zahlreichen Kontexten Verwendung gefunden hat, ist der Verweis notwendig, dass hier auf die Governance des Bildungssystems referiert wird, wofür hier auf den im Englischen auch sehr weit gefassten – und damit im Vergleich zum Bildungsbegriff unverfänglicheren – Begriff der „Education" als Attribut zurückgegriffen wird.

Der Begriff des Neuen (vgl. Oevermann 1991) in der „New Education Governance" ist demgegenüber schon mit viel weiter reichenden Implikationen verbunden. Gerade im Zusammenhang mit Überlegungen zur „Schulreform" wird deutlich, dass es sich dabei nicht nur um einen deskriptiven Begriff handelt, der eine chronologische Abfolge indiziert, sondern mit dem Neuen – als gegenüber dem Alten Fortschrittlichen – zumeist positive Konnotationen assoziiert werden. Bogumil/Holtkamp diagnostizieren ähnliche Differenzen in der Deskriptivität und Normativität des Governancebegriffs, wenn sie zwischen drei Begriffsdimensionen von „Governance" unterscheiden:

> „Erstens steht Governance für einen neuen Blickwinkel der Politikwissenschaft. In der Analyse der politischen Steuerung wird zunehmend der *Beitrag von zivilgesellschaftlichen und privatwirtschaftlichen Akteuren* mit einbezogen und die Politikwissenschaft löst sich damit von ihrer traditionellen ‚Staatsfixierung'. Damit ist aber noch keine Aussage darüber getroffen, ob sich die politische Steuerung im Zeitablauf auch tatsächlich inhaltlich verändert hat. Zweitens werden unter dem Begriff Governance darüber hinaus auch weitgehende *inhaltliche Veränderungen der politischen Steuerung* subsumiert. Gemeint sind damit Tendenzen stärkerer gesellschaftlicher, ökonomischer und politischer Selbststeuerung von komplexen institutionellen Strukturen und die damit verbundene Zunahme von interorganisatorischer

Kooperation und Koordination sowie die daraus resultierende neue Kombination von Steuerungsmodi, die im Kern aus Verhandlungen, kombiniert mit Hierarchie und Anreizen bestehen. […] Und schließlich wird unter dem Begriff Governance – hier i.s. von *Good Governance* – darüber diskutiert, wie sich politische Steuerung aus normativer Sicht verändern sollte." (Bogumil/Holtkamp 2004, 148)

Im Kontext der Schulreformdebatte eignet der Vorstellung einer „New Education Governance" damit immer latent die Bedeutungszuschreibung einer *Good Governance*. Benz verweist in diesem Problemzusammenhang von Normativität und Deskriptivität des Governancebegriffs darauf hin, dass die unterschiedlichen normativen Verwendungsweisen des Begriffs *Good Governance* nicht immer hinreichend theoretisch oder empirisch begründet seien und daher sie für die Zwecke einer wissenschaftlichen Auseinandersetzung nicht unbefragt übernommen werden könnten. Von dieser – im wissenschaftlichen Kontext problematischen – Normativität grenzt Benz allerdings folgenden Umgang mit dem Governancekonzept ab: „Wissenschaftlich relevanter sind normative Aussagen auf der Basis des Governance-Konzepts, wenn dieses als analytischer Referenzrahmen für eine kritische Auseinandersetzung mit Veränderungstendenzen oder Reformprojekten genutzt wird." (Benz 2004a, 25) In den vorausgehenden Untersuchungen habe ich versucht, in diesem Sinne das Governance-Konzept als „analytische[n] Referenzrahmen für eine kritische Auseinandersetzung mit Veränderungstendenzen oder Reformprojekten" zu verwenden. Wenn ich nun am Ende der Studie als Konsequenz aus diesen Untersuchungen versucht habe, Hinweise auf die Arbeit zur Professionalisierung von Schulentwicklungsprozessen abzuleiten, dann stellt dies zweifelsohne eine „normative Wendung" dar, die bislang noch nicht empirisch fundiert ist. Die empirische Fundierung stützt sich bislang allein auf die Analyse vorgängiger Prozesse, ohne dass angegeben werden könnte, wie dieses Analysewissen in Handlungswissen der AkteurInnen vor Ort transformiert werden könnte.

Mir scheint die Hoffnung einer solchen Transformation des Analysewissens in Handlungswissen aber angesichts vorgängiger Erfahrungen mit Schulentwicklungsprozessen als plausibilisierbar. In den 90er Jahren wurden in großem Maße Erkenntnisse aus der Organisationstheorie und der Theorie der Organisationsentwicklung in der Schulentwicklung adaptiert. Die Selbstverständlichkeit, mit der die Begriffe „Organisation", „Organisationsentwicklung" und „Organisationstheorie" inzwischen in pädagogischen Kontexten – insbesondere denen der Schulentwicklung – Verwendung finden, ist ein Indikator für die Integration der mit diesen Begriffen verbundenen Theoreme in die kuranten Denkmuster von Schulreform. Diese Adaptionsprozesse verliefen keinesfalls reibungslos (vgl. Heinrich 2001c, 308f.), noch ohne kontraproduktive Nebeneffekte. Gleichwohl lässt sich aber auch mit Böttcher/Terhart feststellen:

„Es ist heute sinnlos geworden, den handlungsbezogenen Voluntarismus mancher pädagogischer Theorien gegen einen organisationsbezogenen Mechanismus der frühen Bürokratietheorie antreten zu lassen. Dass pädagogisches Handeln immer schon organisiert ist, dass seine Voraussetzungen im Organisatorischen abgesichert sind, und dass schließlich auch Handeln organisierte (intendierte und nicht-intendierte) Konsequenzen hat, ist allgemein anerkannt." (Böttcher/Terhart 2004, 8)

Die Autoren diagnostizieren damit eine letztlich konstruktive Integration der Theorieangebote, die von der modernen Organisationstheorie und -forschung für die Erziehungswissenschaften bereit gestellt wurden. Im Medium solcher sozialwissenschaftlicher Reflexion und erziehungswissenschaftlicher Rekonzeptualisierung organisationstheoretischer Ansätze wurde Böttcher/Terhart zufolge eine Versachlichung ursprünglich ideologisch besetzter Positionen möglich:

„Die Zeiten eines zuallererst auf ‚den Menschen' setzenden Organisations-*pessimismus*' wie auch diejenigen eines wissenschaftsgläubigen Organisations-*optimismus*' in der Erziehungswissenschaft sind heute vorbei. Diese beiden Programmatiken (oder Doktrinen?) lassen sich heute nicht mehr überzeugend gegeneinander in Stellung bringen." (Böttcher/Terhart 2004, 8)

Angesichts der Erkenntnisse der vorliegenden Studien erscheint es mir entsprechend dieser „historischen Analogiebildung" plausibilisierbar à la longue auf ähnlich positive Effekte einer Theorie der „School-Governance" zu setzen. Die Dialektik der Aufklärung ist freilich auch einem solchen Unternehmen einer governancetheoretisch fundierten evaluationsbasierten Steuerung qua Aufklärung über die stattfindenden Prozesse eingeschrieben: Nicht umsonst verfügt gerade die governancetheoretisch geleitete Theoriebildung über Termini wie „Transintentionaliät" und „Nicht-intendierte-Nebeneffekte". Gleichwohl ist eben jener Dialektik auch die Forderung immanent, dass auf eben jenes Element einer Aufklärung solcher Prozesse nicht Verzicht geleistet werden kann, soll der Ruf nach einer evaluationsbasierten Reform der Schule unter Ausnutzung der Autonomiepotenziale nicht von vornherein vergeblich erscheinen. Autonomie als Eigengesetzlichkeit bleibt dabei verwiesen auf die Idee des mündigen Subjekts als aufgeklärtem Souverän der eigenen Gesetzgebung. Jede Forderung nach Autonomie – sei es die nach der abgeleiteten Autonomie von Organisationen oder die nach der direkten der Subjekte –, die diesen Kern der Autonomievorstellung nicht ernst nimmt, wird hinter dem Proklamierten zurückbleiben. Die Schulreform bleibt damit letztlich – trotz aller Transintentionalität im Mehrebenensystem – verwiesen auf die fragile, im Kern durch die strukturellen Bedingungen und eingeschränkten Verfügungsrechte immer schon beschädigte, aber doch unverzichtbare Autonomie der Einzelnen, ihre Praxis innerhalb komplexer Akteurskonstellationen über ein gelingendes Interdependenzmanagement zu gestalten. Die Hoffnung wäre, in vielleicht zehn Jahren in einer Publikation zur Schulentwicklung – in Anlehnung an die Formulierungen von Böttcher/Terhart – einen Passus wie den folgenden zu lesen:

> „Die Zeiten eines zuallererst auf ‚die Gestaltungsautonomie' setzenden Steuerungs-*pessimismus'* wie auch diejenigen eines technokratisch-evaluationsgläubigen Steue-rungs*optimismus'* in der Schulentwicklung sind heute vorbei. Diese beiden Programmatiken (oder Doktrinen?) lassen sich heute angesichts der governancetheoretischen Erkenntnisse nicht mehr überzeugend gegeneinander in Stellung bringen."

Tabellen- und Abbildungsverzeichnis

Tabellenverzeichnis

Abbildungsverzeichnis

Literaturverzeichnis

Abbott, A. (1988): The System of Profession. An Essay on the Division of Expert Labour. Chicago/London.

Ackeren, I.v. (2002): Von FIMS und FISS bis TIMSS und PISA. Schulleistungen in Deutschland im historischen und internationalen Vergleich. In: Die Deutsche Schule 94, H. 2, 157-175.

Ackeren, I.v./Klemm, K. (2000): TIMSS, PISA, LAU, MARKUS und so weiter. Ein aktueller Überblick über Typen und Varianten von Schulleistungsstudien. In: Pädagogik 52, H. 12, 10-15.

Ackermann, H. (1998): Eltern – Ratgeber für Schulqualität? Über die Rolle der Eltern im Prozess der Schulentwicklung. In: Ackermann, H./Wissinger, J. (Hg.): Schulqualität managen. Von der Verwaltung der Schule zur Entwicklung von Schulqualität. Neuwied, 120-134.

Ackermann, H./Wissinger, J. (Hg.) (1998): Schulqualität managen. Von der Verwaltung der Schule zur Entwicklung von Schulqualität. Neuwied.

Adam, K. (2002): Die deutsche Bildungsmisere. PISA und die Folgen. Berlin/München.

Adorno, Th. W. (1971): Tabus über dem Lehrberuf. In: Adorno, Th. W.: Erziehung zur Mündigkeit. Vorträge und Gespräche mit Hellmut Becker 1959-1969. Hg. v. G. Kadelbach. Frankfurt a.M., 70-87.

Adorno, Th. W. (1994): Negative Dialektik. Frankfurt a.M.

Adorno, Th. W./Horkheimer, M. (1994): Dialektik der Aufklärung. Philosophische Fragmente. Frankfurt a.M.

Ahrens, J.-R. (1996): Schulautonomie – Zwischenbilanz und Ausblick. In: Die Deutsche Schule 88, H. 1, 10-21.

Alff, W. (1976): Condorcet und die bewußt gewordene Geschichte. Einleitung zu: Condorcet, M.J.A.: Entwurf einer historischen Darstellung der Fortschritte des menschlichen Geistes. Frankfurt a.M., 7-29.

Allerkamp, W. (1998): Schulentwicklungsprozesse begleiten. Schulbegleitung in der Tradition schulinterner Lehrerfortbildung. Pädagogik 50, H. 11, 36-39.

Altrichter, H. (1992): Autonomie der Schule als Chance zukunftsorientierter Schulentwicklung. In: Erziehung und Unterricht, H. 10, 558-568.

Altrichter, H. (1996): Der Lehrberuf: Qualifikationen, strukturelle Bedingungen und Professionalität. In: Specht, W./Thonhauser, J. (Hg.): Schulqualität. Entwicklungen – Befunde – Perspektiven. Innsbruck, 96-172.

Altrichter, H. (2000a): Konfliktzonen beim Aufbau schulischer Qualitätssicherung und Qualitätsentwicklung. In: Zeitschrift für Pädagogik, 41. Beiheft, 93-110.

Altrichter, H. (2000b): Schulentwicklung und Professionalität. Bildungspolitische Entwicklungen und neue Anforderungen an Lehrer/innen. In: Bastian, J./Helsper, W./Reh, S./Schelle, C. (Hg.): Professionalisierung im Lehrerberuf. Opladen, 145-163.

Altrichter, H. (2000c): Handlung und Reflexion bei Donald Schön. In: Neuweg, G. H. (Hg.): Wissen – Können – Reflexion. Innsbruck, 201-221.

Altrichter, H. (2004): Lässt sich Schulentwicklung und -qualität in der Breite steuern? Vortrag auf der Tagung der Deutschen Hochschule für Verwaltungswissenschaften Speyer: „Neue Steuerungsmodelle für Bildung und Wissenschaft". (Manuskript). Speyer.

Altrichter, H./Salzgeber, St. (1995): Mikropolitik der Schule. In: Rolff, H.-G. (Hg.): Zukunftsfelder von Schulforschung. Weinheim, 9-40.

Altrichter, H./Posch, P. (1996): Mikropolitik der Schulentwicklung. Förderliche und hemmenden Bedingungen für Innovationen in der Schule. Innsbruck, Wien.

Altrichter, H./Posch, P. (1999): Wege zur Schulqualität: Studien über den Aufbau von qualitätssichernden und qualitätsentwickelnden Systemen in berufsbildenden Schulen. Innsbruck.

Altrichter, H./Schley, W./Schratz, M. (Hg.) (1998): Handbuch zur Schulentwicklung. Innsbruck/Wien.

Altrichter, H./Eder, F./Soukup-Altrichter, K. (2003): Endbericht der begleitenden Evaluation zum Projekt „Schulprogrammentwicklung an berufsbildenden Schulen". Univ. Linz.

Altrichter, H./Eder, F. (2004): Das „Autonomie-Paritätsmuster" als Innovationsbarriere? In: Holtappels, H. G. (Hg.): Schulprogramme – Instrumente der Schulentwicklung. Konzeptionen, Forschungsergebnisse, Praxisempfehlungen. Weinheim/München, 195-221.

Altrichter, H./Büeler, X./Brüsemeister, T./Heinrich, M. (2004): Innovating School Governance. Erste Projektbeschreibung für eine Organisationstagung in Gießen am 8.9.2004. Hagen/Zug/Linz. (78 S.)

Altrichter, H./Bauer, R./Heinrich, M./Kannonier-Finster, W./Ziegler, M. (2004): Transformation beruflicher Identität im Zuge organisationalen und gesellschaftlichen Wandels - erste Projektbeschreibung. Linz. (40 S.)

Altrichter, H./Posch, P. (2004): Die Diskussion um Bildungsstandards in Österreich. In: journal für schulentwicklung 8, H. 4, 29-38.

Altrichter, H./Wiesinger, (2004): Der Beitrag der Innovationsforschung im Bildungswesen zum Implementierungsproblem. In: Reinmann, G./Mandl, H. (Hg.): Psychologie des Wissensmanagements. Göttingen, 220-233.

Altrichter, H./Messner, E./Posch, P. (2004): Schulen evaluieren sich selbst. Ein Leitfaden. Seelze/Velber.

Altrichter, H./Brüsemeister, T./Heinrich, M. (2005): Merkmale und Fragen einer Governance-Reform am Beispiel des österreichischen Schulwesens. In: Österreichische Zeitschrift für Soziologie 30, H. 4, 6-28.

Altrichter, H./Gather-Thurler, M./Heinrich, M. (2005): Arbeitsplatz: Schule (Editorial). In: Dies. (Red.): Arbeitsplatz Schule. journal für schulentwicklung 9, H. 2, 4-9.

Altrichter, H./Heinrich, M. (2005): Schulprofilierung und Transformation schulischer Governance. In: Büeler, X./ Bucholzer, A./ Roos, M. (Hg.): Schulen mit Profil. Forschungsergebnisse – Brennpunkte – Zukunftsperspektiven. Mit einem Vorwort von Helmut Fend. Innsbruck, 125-140.

Altrichter, H./ Heinrich, M. (2006): Evaluation als Steuerungsinstrument im Rahmen eines „neuen Steuerungsmodells" im Schulwesen. In: Böttcher, W./Brohm, M./Holtappels H.-G. (Hg.): Evaluation im Bildungswesen. Weinheim, 51-64.

Altrichter, H./Prexl-Krausz, U./Soukup-Altrichter, K. (2005): Schulprofilierung und neue informations- und Kommunikationstechnologien. Bad Heilbrunn.

Altvater, E./Huisken, F. (1971): Materialien zur politischen Ökonomie des Ausbildungssektors. Erlangen.

Ammonn, A./Wendt, H. (2001): Feedback-Kultur braucht Zeit. In: Pädagogik 53, H. 5, 34-35.

Amos, K./Keiner, E./Proske, M./Radtke, F.-O. (Hg.) (2002): Globalisation: Autonomy of education under siege? Shifting Boundaries between Politics, Economy and Education. European Educational Research Journal, Number 2.

Amtsblatt des Hessischen Kultusministeriums (1997): Bekanntmachungen und Mitteilungen des Hess. Kultusministeriums: Rahmenvorgaben für die Begleitung und Unterstützung der Pilotschulen im Projekt „Schulprogramme und Evaluation in Hessen" Abl. 6/97, 339-340.

Amtsblatt des Hessischen Kultusministeriums (2001): Bekanntmachungen und Mitteilungen des Hess. Kultusministeriums: Beratung und Begleitung bei der Erarbeitung und Realisierung der Schulprogramme an hessischen Schulen; hier: Zustimmung der Staatlichen Schulämter gemäß § 127 b Abs. 4 Hessisches Schulgesetz. ABl. 4/01, 262-265.

Anderson, L.W. (1991): Die pädagogische Autonomie des Lehrers: Chancen und Risiken. In: Terhart, E. (Hg.): Unterrichten als Beruf. Neuere amerikanische und englische Arbeiten zur Berufskultur und Berufsbiographie von Lehrern und Lehrerinnen. Köln/Wien, 121-133.

Apel, H. J./Horn, K.P./Lundgreen, P./Sandfuchs, U. (Hg.) (1999): Professionalisierung pädagogischer Berufe im historischen Prozeß. Bad Heilbrunn.

Arens, B. (1997): Identitätsproblematik und Identitätsfindung „kritischer" Lehrerinnen und Lehrer in den 70er und 80er Jahren. Bielefeld.

Arnhardt, G./Hofmann, F./Reinert, G.-B. (2000): Der Lehrer – Bilder und Vorbilder. Donauwörth.

Arnold, E./Bastian, J./Combe, A./Leue-Schack, K./Reh, S./Schelle, C. (1999): Schulentwicklung und Wandel der pädagogischen Arbeit. Arbeitssituation, Belastung und Professionalisierung von Lehrerinnen und Lehrern in Schulentwicklungsprozessen. In: Carle, U./Buchen, (Hg.): Jahrbuch für Lehrerforschung. Band 2. Weinheim/München, 97-122.

Arnold, E./Bastian, J./Combe, A./Reh, S./Schelle, C. (2000): Schulentwicklung und Wandel der pädagogischen Arbeit. Arbeitssituation, Belastung und Professionalisierung von Lehrerinnen und Lehrern in Schulentwicklungsprozessen. Hamburg.

Arnold, E./Bastian, J./Reh, S.: Spannungsfelder der Schulprogrammarbeit. Erfahrungen bei der Einführung eines neuen Instruments der Schulentwicklung. In: Die Deutsche Schule 92 (2000), 4, 414-429.

Arnold, E./Bastian, J./Reh, S.: Spannungsfelder der Schulprogrammarbeit – Akzeptanzprobleme eines neuen Entwicklungsinstruments. In: Holtappels, H.G.: Schulprogramme – Instrumente der Schulentwicklung. Konzeptionen, Forschungsergebnisse, Praxisempfehlungen. Weinheim/München 2004, 44-60

Arnold, K.-H. (1999): Fairneß bei Schulsystemvergleichen: diagnostische Konsequenzen von Schulleistungsstudien für die unterrichtliche Leistungsbewertung und binnenschulische Evaluation. Münster/New York/München/Berlin.

Arnott, M. A. (2000): Restructuring the governance of schools: the impact of 'managerialism' on schools in Scottland and England. In: Arnott, M. A./Raab, Ch. D. (Hg.): The Governance of Schooling. Comparative studies of devolved management. London/New York, 52-76.

Arnott, M. A./Raab, Ch. D. (Hg.) (2000): The Governance of Schooling. Comparative studies of devolved management. London/New York.

Artelt, C. et al. (2001): PISA – Programme for International Student Assessment. Zielsetzung, theoretische Konzeption und Entwicklung von Messverfahren. In: Weinert, F.E. (Hg.): Leistungsmessungen in Schulen. Weinheim, 285-310.

Aufenanger, St./Lenssen, M. (Hg.) (1986): Handlung & Sinnstruktur. Bedeutung und Anwendung der objektiven Hermeneutik. München.

Aurin, K. (Hg.) (1990): Gute Schulen – worauf beruht ihre Wirksamkeit? Bad Heilbrunn.

Avenarius, H. (1994): Schulische Selbstverwaltung – Grenzen und Möglichkeiten. In: Recht der Jugend und des Bildungswesens 42, H. 2, 256-269.

Avenarius, H. (1995): Verfassungsrechtliche Grenzen und Möglichkeiten schulischer Selbstverwaltung. In: Daschner, P./Rolff, H.-G./Stryck, T. (Hg.): Schulautonomie – Chancen und Grenzen. Impulse für die Schulentwicklung. Weinheim/München, 253-274.

Avenarius, H./Baumert, J./Döbert, H./Füssel, H.-P. (Hg.) (1998): Schule in erweiterter Verantwortung. Positionsbestimmungen aus erziehungswissenschaftlicher, bildungspolitischer und verfassungsrechtlicher Sicht. Neuwied.

Avenarius, H./Liket, Th. M.E. (2000): Systems of Public Administration: Patterns of School Legislation and Management. In: Swing, E.S. /Schriewer, J./Orivel, F. (Hg.): Problems and Prospects in European Education. London, 23-28.

Avenarius, H./Kimmig, Th./Rürup, M. (2003): Die rechtlichen Regelungen der Länder in der Bundesrepublik Deutschland zur erweiterten Selbständigkeit der Schule. Eine Bestandsaufnahme. Berlin.

Bachmann, H./Iby, E./Kern, A./Osinger, D./Radnitzky, E./Specht, W. (1996): Auf dem Weg zu einer besseren Schule. Evaluation der Schulautonomie in Österreich. Auswirkungen der 14. SchOG-Novelle. Innsbruck.

Bähr, K. (2003): Die Rolle von Schulleistungstests für das Qualitätsmanagement im Bildungswesen, in Schulen und Klassenzimmern. In: Brüsemeister, T./Eubel, K. D. (Hg.): Zur Modernisierung der Schule. Leitideen – Konzepte – Akteure. Bielefeld, 217-224.

Ballauff, Th. (1982): Funktionen der Schule. Historisch-systematische Analysen zur Scolarisation. Weinheim/Basel.

Bandelow, N. C. (2004): Governance im Gesundheitswesen: Systemintegration zwischen Verhandlung und hierarchischer Steuerung. In: Lange, S./Schimank, U. (Hg.): Governance und gesellschaftliche Integration. Wiesbaden, 89-110.

Bargel, T. (1996): Ergebnisse und Konsequenzen empirischer Forschungen zur Schulqualität und Schulstruktur. In: Melzer, W./Sandfuchs, U. (Hg.): Schulreform in der Mitte der 90er Jahre. Opladen, 47-66.

Baringhorst, (2004): Soziale Integration durch politische Kampagnen? Gesellschaftssteuerung durch Inszenierung. In: Lange, S./Schimank, U. (Hg.): Governance und gesellschaftliche Integration. Wiesbaden, 129-146.

Bartosz, G. (1997): Schulprogramm mit Differnzierungsangeboten. Report aus einer Hauptschule In: journal für schulentwicklung, H. 2, 60-69.

Bast, R.: Pädagogische Autonomie. Historisch-systematische Hinführung zu einem Grundbegriff der Geisteswissenschaftlichen Pädagogik. Bochum 2000.

Bastian, J. (1996): Autonomie konkret. Vier Thesen zu einer neuen Balance von Schulreform und Bildungspolitik. In: Pädagogik 48, H. 1, 6-10.

Bastian, J. (1997): Pädagogische Schulentwicklung – Von der Unterrichtsreform zur Entwicklung der Einzelschule. In: Pädagogik 49, H. 2, 6-11.

Bastian, J. (Hg.) (1998a): Pädagogische Schulentwicklung, Schulprogramm und Evaluation. Hamburg.

Bastian, J. (1998b): Autonomie und Schulentwicklung. Zur Entwicklungsgeschichte einer neuen Balance von Schulreform und Bildungspolitik. In: Bastian, J. (Hg.): Pädagogische Schulentwicklung, Schulprogramm und Evaluation. Hamburg, 13-24.

Bastian, J. (1998c): Pädagogische Schulentwicklung. Von der Unterrichtsreform zur Entwicklung der Einzelschule. In: Bastian, J. (Hg.): Pädagogische Schulentwicklung. Hamburg, 29-43

Bastian, J./Otto, G. (Hg.) (1995): Schule gestalten. Dialog zwischen Unterrichtsreform, Schulreform und Bildungsreform. Hamburg.

Bastian, J./Helsper, W. (2000): Professionalisierung im Lehrberuf – Bilanzierung und Perspektiven. In: Bastian, J./Helsper, W./Reh, S./Schelle C. (Hg.): Professionalisierung im Lehrberuf. Opladen, 167-192.

Bauer, K.-O.: Neue Lehrer braucht die Schule – Notwendige Veränderung der Lehrerprofessionalität. In: Risse, E. (Hg.): Schulprogramm. Entwicklung und Evaluation. Neuwied 1998, 209-224.

Bauer, K.-O. (2002a): Dialogische Schulprogrammentwicklung. In: Rolff, H.-G./Schmidt, H.-J. (Hg.): Schulaufsicht und Schulleitung in Deutschland. Neuwied.

Bauer, K.-O. (2002b): Dialoggespräche zwischen Schulaufsicht und Schulen – ein neues Instrument schulaufsichtlicher Arbeit. Ergebnisse einer qualitativen Studie. In: Ministerium für Schule, Wissenschaft und Forschung/ Landesinstitut für Schule und Weiterbildung NRW (Hg.): Schulprogrammarbeit in Nordrhein- Westfalen. Ergebnisse der wissenschaftlichen Evaluationsstudien. Bönen, 199-265.

Bauer, K.-O. (2002c): Schulaufsicht im Dialog mit Schulen. Eine qualitativ-empirische Untersuchung mit 15 Fallstudien. In: Rolff, H.-G./Holtappels, H.G./Klemm, K./Pfeiffer, H./Schulz-Zander, R. (Hg.): Jahrbuch der Schulentwicklung, Band 12. Daten, Beispiele und Perspektiven. Weinheim/München, 261-286.

Bauer, K.-O. (2004): Dialog zwischen Schulaufsicht und Schule – Qualitative Analyse von Dialoggesprächen zur Schulprogrammarbeit. In: Holtappels, Heinz Günter: Schulprogramme – Instrumente der Schulentwicklung. Konzeptionen, Forschungsergebnisse, Praxisempfehlungen. Weinheim/München, 155-174.

Bauer, K.-O./Kopka, A./Brindt St. (1999): Pädagogische Professionalität und Lehrerarbeit. Eine qualitativ empirische Studie über professionelles Handeln und Bewusstsein. Weinheim/München.

Baulecke, I. (2004a): Schulprogramm beschlossen – was nun? Beginn der Arbeit für die Schulleitung als Führungskraft. In: Schul-Management 35, H. 5, 34-35.

Baulecke, I. (2004b): Qualität mit und ohne Schulgesetze. Qualitätsmanagement und Schulprogrammarbeit. In: Schul-Management 35, H. 1, 33-35.

Baumert, J. (1980): Bürokratie und Selbständigkeit – Zum Verhältnis von Schulaufsicht und Schule. In: Recht der Jugend und des Bildungswesens 28, H. 6, 437-467.

Baumert, J. (2002): Triumphieren kann niemand. Im deutschen Schulleistungsvergleich zeigen alle Bundesländer Schwächen. Ein Gespräch mit Jürgen Baumert, dem Leiter der Pisa-Studie. In: Die Zeit, 27, 29-30.

Baumert, J./Köller, O. (1998): Nationale und internationale Schulleistungsstudien. Was können sie leisten, wo sind ihre Grenzen? In: Pädagogik 50, H. 6, 12-18.

Baumert, J./Bos, W./Lehmann, R. (Hg.) (2000): TIMSS/III. Dritte internationale Mathematik- und Naturwissenschaftsstudie. Opladen.

Baumert, J./Klieme, E./Neubrand, M./Prenzel, M./Schiefele, U./Schneider, W./Stanat, P./ Tillmann, K.-J./Weiß, M. (Hg.) (2001): PISA 2000: Basiskompetenzen von Schülerinnen und Schülern im internationalen Vergleich. Opladen.

Baumert, J. et al. (2002): PISA 2000 – Die Länder der Bundesrepublik Deutschland im Vergleich. Opladen.

Becker, G. (1998): Wie man Züge zum Entgleisen bringt. Oder: Warum das Projekt „Schulprogramm und Evaluation" wirkungslos zu werden droht, noch bevor es richtig begonnen hat. In: Bastian, J. (Hg.): Pädagogische Schulentwicklung, Schulprogramm und Evaluation. Hamburg, 157-163.

Becker, H. (1956): Kulturpolitik und Schule. Stuttgart.

Becker, H. (1993): Die verwaltete Schule. Gefahren und Möglichkeiten (1954). Ursprünglich in: Merkur. Deutsche Zeitschrift für europäisches Denken 8 (1954), 1155-1177; wiederabgedruckt in: Becker, H.: Kulturpolitik und Schule. Probleme der verwalteten Welt. Stuttgart 1956, 33-70; wiederabgedruckt in: Becker, H.: Quantität und Qualität. Grundfragen der Bildungspolitik. Freiburg 1962, 147-174; wiederabgedruckt und hier zitiert nach: Recht der Jugend und des Bildungswesens 41, H. 2, 130-147.

Beckmann, H.-K. (1997): Lehrer oder Sozialagent – Irritationen über den Lehrerberuf und die Lehrerausbildung. In: Aurin, K./Wollenweber, H. (Hg.): Schulpolitik im Widerstreit. Brauchen wir eine „andere Schule"? Bad Heilbrunn, 129-145.

Beetz, (1997): Hoffnungsträger „Autonome Schule": zur Struktur der pädagogischen Wünschdebatte um die Befreiung der Bildungsinstitutionen. Frankfurt a.M.

Behrens, M. (2004): Global Governance. In: Benz, A. (Hg.): Governance – Regieren in komplexen Regelsystemen. Eine Einführung. Wiesbaden, 103-124.

Bellenberg, G.: Ressourcensicherung im Widerspruch – die Sparmaßnahmen der Bundesländer im Überblick. In: Pädagogik 47 (1995), 5, 10-13.

Bellenberg, G./Böttcher, W. (1999): Budgetierung in Schulen. Ein Element neuer Ressourcenbewirtschaftung. In: Recht der Jugend und des Bildungswesens 47, H. 4, 439-451.

Bellenberg, G./Böttcher, W. (2000): Fundraising und Sponsoring – Auswege aus der Finanzierungskrise der Schulen? In: Forum E, 2, 7-13.

Bellenberg, G./Böttcher, W./Klemm, K. (2001): Stärkung der Einzelschule. Neue Ansätze der Ressourcen Geld, Zeit und Personal. Neuwied.

Benz, A. (Hg.) (2004a): Governance – Regieren in komplexen Regelsystemen. Eine Einführung. Wiesbaden.

Benz, A. (2004b): Governance – Modebegriff oder nützliches sozialswissenschaftliches Konzept? In: Benz, A. (Hg.): Governance – Regieren in komplexen Regelsystemen. Eine Einführung. Wiesbaden, 11-28.

Benz, A. (2004c): Multilevel Governance – Governance in Mehrebenensystemen. In: Benz, A. (Hg.): Governance – Regieren in komplexen Regelsystemen. Eine Einführung. Wiesbaden, 125-146.

Benz, A./Lütz, S./Schimank, U./Simonis, G. (2004): Vorwort zu: Benz, A. (Hg.): Governance – Regieren in komplexen Regelsystemen. Eine Einführung. Wiesbaden, 5f.

Bernfeld, (1967): Sisyphos oder die Grenzen der Erziehung. (1925) Frankfurt a.M.

Bethge, T. (1999): Zum Umgang mit den Ergebnissen von TIMSS. In: Die Deutsche Schule 91, H. 2, 178-181.

Bieger, H./team schwartbuck (1997): Schulleben als Schulprogramm – Grundschule Schwartbuck. In: journal für schulentwicklung, H. 2, 24-28.

Biermann, F./Pattberg, Ph. (2004): Governance zur Bewahrung von Gemeinschaftsgütern. Grundprobleme und Institutionen der Umweltpolitik. In: Lange, S./Schimank, U. (Hg.): Governance und gesellschaftliche Integration. Wiesbaden, 169-188.

Bildungskommission NRW (1995): Zukunft der Bildung – Schule der Zukunft. Denkschrift der Kommission „Zukunft der Bildung – Schule der Zukunft" beim Ministerpräsidenten des Landes NRW. Neuwied.

Blankertz, H. (1990): Rousseau wechselt die Methode. In: Pädagogische Korrespondenz, H. 7, 5-14.

Blankertz, H. (2000): Theorien und Modelle der Didaktik. Weinheim/München.

Blankertz, St./Gruschka, A. (1990): Einübung in den „Widerspruch gegen die zugemutete Intentionalität". In: Pädagogische Korrespondenz, H. 7, 15-32.

Blankertz, St. (1989): Legitimität und Praxis. Öffentliche Erziehung als pädagogisches, soziales und ethisches Problem. Studien zur Relevanz und Systematik angelsächsischer Schulkritik. Wetzlar.

Blüml, K. (1997): Vom Leitbild zum Schulprogramm – Entwicklungsprozesse in kleinen Schritten. In: journal für schulentwicklung, H. 2, 35-49.

BMUK (Bundesbildungsministerium; Wien) (1999): Entwürfe von Verordnungen über die Lehrpläne der Hauptschulen und der allgemein bildenden höheren Schulen (Unterstufe) – Lehrplan 99; Wien, Mai 1999.

Bogumil, J. (2002): Verwaltungsmodernisierung und aktivierender Staat. In: perspektiven des demokratischen sozialismus, H. 1, 43-65.

Bogumil, J./Holtkamp, L. (2004): Local Governance und gesellschaftliche Integration. In: Lange, S./Schimank, U. (Hg.): Governance und gesellschaftliche Integration. Wiesbaden, 147-168.

Bohnsack, F. (1993): Untersuchungen zur Qualität von Schule als Quelle schultheoretischer Erkenntnisse. In: Die Deutsche Schule 85, H. 4, 437-453.

Bohnsack, F. (1995): Widerstand von Lehrern gegen Innovationen in der Schule. In: Die Deutsche Schule 87, H. 1, 21-37.

Bohnsack, F./Rückriem, G. (1969): Pädagogische Autonomie und gesellschaftlicher Fortschritt. Weinheim/Berlin/Basel.

Bonsen, M. (2003): Schule, Führung, Organisation. Eine empirische Studie zum Organisations- und Führungsverständnis von Schulleiterinnen und Schulleitern. Münster.

Bonsen, M./von der Gathen, J./Iglhaut, Ch./Pfeiffer, H. (2002): Die Wirksamkeit von Schulleitung. Weinheim.

Bonz, G./Ilsemann, C. v./Klafki, W./Klemm, K./Stryck, T./Zedler, P. (1993): Innovation und Kontinuität. Empfehlungen zur Schulentwicklung in Bremen. Bericht der Kommission zur Weiterführung der Schulreform in Bremen. Bremen.

Böttcher, W. (1995): Autonomie aus Lehrersicht. In: Daschner, P./Rolff, H.-G./Stryck, T. (Hg.): Schulautonomie – Chancen und Grenzen. Impulse für die Schulentwicklung. Weinheim, 55-82.

Böttcher, W. (1998): Eine neue Schulkultur, Bildungspolitik und die Skepsis der Lehrerschaft. In: Keufer, J./Krüger, H.-H./Reinhardt, S./Weise, E./Wenzel, H. (Hg.): Schulkultur als Gestaltungsaufgabe. Partizipation – Management – Lebensweltgestaltung. Weinheim 1998, 260-269.

Böttcher, W. (2002). Kann eine ökonomische Schule auch eine pädagogische sein? Schulentwicklung zwischen Neuer Steuerung, Organisation, Leistungsevaluation und Bildung. Weinheim/München.

Böttcher, W. (2004): Die Umstellung auf Outputsteuerung: Beispiel Bildungsstandards Vortrag auf der Tagung „Evaluation im Bildungs- und Sozialwesen: Potenziale, Grenzen und Gefahren" der Kommission Bildungsorganisation, Bildungsplanung, Bildungsrecht (KBBB) der DGfE in Kooperation mit dem Institut für Schulentwicklungsforschung (IFS) am 4./5.10. 2004 in Dortmund (Publikation im Tagungsband in Vorbereitung)

Böttcher, W./Brandt, H./Rösner, E. (Hg.) (1996): Lehreralltag – Alltagslehrer. Authentische Berichte aus der Schulwirklichkeit. Weinheim/Basel.

Böttcher, W./Terhart, E. (Hg.) (2004): Organisationstheorie in pädagogischen Feldern. Wiesbaden.

Böttcher, W./Weishaupt, H./Weiß, M. (Hg.) (1997): Wege zu einer neuen Bildungsökonomie. Pädagogik und Ökonomie auf der Suche nach Ressourcen und Finanzierungskonzepten. Weinheim/München.

Böttcher, W./Weiß, M. (1997): Sparstrategien und aktuelle Sparpolitik. In: Böttcher, W./Weishaupt, H./Weiß, M. (Hg.): Wege zu einer neuen Bildungsökonomie. Weinheim/München, 61-71.

Bourdieu, P./Passeron, J.C. : Abhängigkeit in der Unabhängigkeit. Die relative Autonomie des Bildungssystems. In: Hurrelmann, K. (Hg.): Soziologie der Erziehung. Weinheim 1974, 124-158.

Bourdieu, P.: La Noblesse d'État. Grandes Écoles et Esprit des Corps. Paris 1989.

Braun, D. (1997): Die politische Steuerung der Wissenschaft. Ein Beitrag zum ‚kooperativen Staat'. Frankfurt a.M./New York.

Braun, D. (2001): Regulierungsmodelle und Machtstrukturen an Universitäten. In: Stölting, E./Schimank, U. (Hg.): Die Krise der Universitäten. Leviathan Sonderheft 20. Wiesbaden, 243-262.

Braun, D. (2004): Wie nützlich darf Wissenschaft sein? Zur Systemintegration von Wissenschaft, Ökonomie und Politik. In: Lange, S./Schimank, U. (Hg.): Governance und gesellschaftliche Integration. Wiesbaden, 65-88.

Braun, D./Merrien, F.-X. (1999): Towards a New Model of Governance for Universities? A Comparative View. London/Philadelphia.

Bremer, R./Gruschka, A. (1997): Not und Spiele – Brot und Spiele. In: Pädagogische Korrespondenz, H. 19, 5-15.

Brockmeyer, R. (1998): Länderbericht Deutschland. In: Schulleitung und Schulaufsicht. Neue Rollen und Aufgaben im Schulwesen einer dynamischen und offenen Gesellschaft. Herausgegeben vom Bundesministerium für Unterricht und kulturelle Angelegenheiten. Innsbruck, 119-161.

Brunner, I./Schweiger, A. (2000): Motivation zur Schulentwicklung: Das Schulprogramm als Chance der persönlichen Entwicklung. In: Erziehung und Unterricht. 150, H. 3/4, 280-289.

Brunsson, N. (1989): The Organization of Hypocrisy: Talk, Decisions and Actions in Organizations. Chichester.

Brückel, F. (2003): Die Entwicklung eines Schul(sport-)programms in der Praxis. In: Betrifft Sport 25, H. 5, 15-23.

Brüsemeister, T. (2002a): Transintentionalität im Bildungssystem. Bourdieus Gegenwartsdiagnose zu LehrerInnen im Neoliberalismus. In: Wingens, M./Sackmann, R. (Hg.): Bildung und Beruf. Ausbildung und berufsstruktureller Wandel in der Wissensgesellschaft. Weinheim/München, 241-254.

Brüsemeister, T. (2002b): Myths of Efficiency and the School System: observed at the levels of interaction, organisation and society. In: Amos, K./Keiner, E./Proske, M./Radtke, F.-O. (Hg.): Globalisation: Autonomy of education under siege? Shifting Boundaries between Politics, Economy and Education. European Educational Research Journal, No. 2, 234-255.

Brüsemeister, T. (2004a): Schulische Inklusion und neue Governance – Zur Sicht der Lehrkräfte. Münster.

Brüsemeister, T. (2004b): Mythen der Effizienz bei der Einführung von Qualitätsmanagements in Schulen – und transintentionale soziale Effekte. (Manuskript) Fernuniversität Hagen.

Brüsemeister, T. (2005): School Governance – Begriffliche und theoretische Herleitungen aus dem politikwissenschaftlichen und sozialwissenschaftlichen Diskurs. Eröffnungs-Paper des Symposions der KBBB „Konzeptuelle und empirische Grundlagen zur Erforschung schulischer Governance" auf der Tagung der Sektion Empirische Bildungsforschung „Veränderungsmessung und Längsschnittstudien", 17.-19.3. 2005, in Berlin.

Brüsemeister, T./Eubel, K.-D. (Hg.) (2003): Zur Modernisierung der Schule. Leitideen – Konzepte – Akteure. Ein Überblick. Bielefeld.

BSJB (Behörde für Schule, Jugend und Berufsbildung) (1998a): Schulprogramm. Hinweise und Erläuterungen zu den rechtlichen Rahmenbedingungen. Hamburg.

BSJB (Behörde für Schule, Jugend und Berufsbildung) (1998b): Schulprogramme an Hamburger Schulen. Leitfaden zur Erarbeitung eines Schulprogramms. Hamburg.

Buchen, H./Horster, L./Rolff, H.-G. (Hg.) (1995): Schulleitung und Schulentwicklung. Stuttgart.

Buer, J.v. (1990): Pädagogische Freiheit des Lehrers im unterrichtlichen Alltag. Realität oder Illusion? Frankfurt a.M. et al.

Bühler-Niederberger, D. (1995): Analytische Induktion. In Flick, U. et al. (Hg.): Handbuch Qualitative Sozialforschung. Grundlagen, Konzepte, Methoden und Anwendungen. Weinheim, 446-450.

Buhren, C.G./Rolff, H.-G. (Hg.) (1996): Fallstudien zur Schulentwicklung: Zum Verhältnis von innerer Schulentwicklung und externer Beratung. Weinheim/München.

Buhren, C.G./Rolff, H.-G. (2002): Personalentwicklung in Schulen. Konzepte, Praxisbausteine, Methoden. Weinheim/Basel.

Burkard, Ch. (1999): Chancen nutzen statt Rituale pflegen. Tipps für den Umgang mit der Schulaufsicht. In: Pädagogik 51, H. 11, 21-23.

Burkard, Ch. (2004): Funktionen und Schwerpunkte von Schulprogrammen aus Sicht der Schulaufsicht. In: Holtappels, H. G. (Hg.): Schulprogramme – Instrumente der Schulentwicklung. Konzeptionen, Forschungsergebnisse, Praxisempfehlungen. Weinheim/München, 137-154.

Burkard, Ch./Eikenbusch, G. (1998): Das Schulprogramm intern evaluieren. In: Risse, E. (Hg.): Schulprogramm und Evaluation. Neuwied, 267-283.

Burkard, Ch./Kanders, M. (2002): Schulprogrammarbeit aus der Sicht der Beteiligten. Ergebnisse der Schulprogrammevaluation in Nordrhein- Westfalen. In: Rolff, H.-G./Holtappels, H.G./Klemm, K./Pfeiffer, H./Schulz-Zander, R. (Hg.): Jahrbuch der Schulentwicklung. Band 12. Weinheim/München, 233-259.

Campe, J.H. (1997): Von der nötigen Sorge für die Erhaltung des Gleichgewichtes unter den menschlichen Kräften. Besondere Warnung vor dem Modefehler, die Empfindsamkeit zu überspannen. In: Campe, J.H. (Hg.): Allgemeine Revision des gesamten Schul- und Erziehungswesens von einer Gesellschaft praktischer Erzieher. Bd. III. Hamburg 1785. S. 291ff. Hg. v. R. Stach. Heinsberg.

Coase, R. (1991): The Nature of the Firm. (Urspr. 1937) In: Williamson, O.E./Winter, S.G. (Hg.): The Nature of the Firm. Origins, Evolution and Development. New York, 18-33.

Coleman, J.S. (1990): Grundlagen der Sozialtheorie. Band I: Handlungen und Handlungssysteme. München.

Combe, A. (1999): Belastung, Entlastung und Professionalisierung von LehrerInnen in Schulentwicklungsprozessen. In: Combe, A./Helsper, W./Stelmaszyk, B. (Hg.): Forum qualitative Schulforschung 1. Schulentwicklung - Partizipation - Biographie. Weinheim, 111-137.

Combe, A./Buchen, (1996): Belastung von Lehrerinnen und Lehrern. Weinheim/München.

Condorcet, M.-J.-A.-N. (1966): Bericht und Entwurf einer Verordnung über die allgemeine Organisation des öffentlichen Unterrichtswesens. Mit einer Einleitung von H.-H. Schepp. Weinheim.

Condorcet, M.-J.-A.-N. (1976): Entwurf einer historischen Darstellung der Fortschritte des menschlichen Geistes. Mit einer Einleitung von W. Alff. Frankfurt a.M.

Fend, H. (1998): Qualität im Bildungswesen. Schulforschung zu Systembedingungen, Schulprofilen und Lehrerleistung. Weinheim.

Fend, H. (1999): Qualität von Schule. Weinheim/München 1999.

Feyerer, E./Prammer, W. (2003): Gemeinsamer Unterricht in der Sekundarstufe I. Anregungen für eine integrative Praxis. Weinheim/Basel/Berlin.

Finegold, D. (1996): Market failure and government failure in skills investment. In: Booth, A.L./Snower, D.J. (Hg.): Acquiring skills. Market failures, their symptoms and policy responses. Cambridge.

Fleischer-Bickmann, W./Maritzen, N. (1996): Schulprogramm. Anspruch und Wirklichkeit eines Instruments der Schulentwicklung. In: Pädagogik 48, H. 1, 12-17.

Fleischer-Bickmann, W./Maritzen, N. (1998): Das Schulprogramm im Schulalltag. In: Pädagogik 50, H. 2, 9-14.

Fleischer-Bickmann, W. (1993): Projekt Autonomie. Schule und Schulverwaltung – Erfahrungen aus Bremen. In: Pädagogik 45, H. 11, 21-25.

Fleischer-Bickmann, W. (1997): Profil zeigen reicht nicht. Kritische Bemerkungen zu theoretischen und praktischen Entwicklungen von Schulprogrammen. In: journal für schulentwicklung, H. 2, 13-23.

Flick, U. (1991): Stationen des qualitativen Forschungsprozesses. In Flick, U./v. Kardorff, E./Keupp, H./v. Rosenstiel, L./Wolff, (Hg.): Handbuch Qualitative Sozialforschung. München, 147-173.

Flitner, W. (1928): Zum Begriff der pädagogischen Autonomie. In: Die Erziehung 3, 355-369.

Flügge, J. (1964): Wo gibt es im Schulwesen pädagogische Autonomie? In: Neue Sammlung 4, 299-308.

Franke, U./Kliebisch, U.W. (Hg.) (2000): Thema: Schulprogramm: gute Schule zwischen Qualitätssicherung und Evaluation. Baltmannsweiler.

Freie und Hansestadt Hamburg: Behörde für Schule, Jugend und Berufsbildung - Amt für Schule (Hg.) 1998: Schulprogramme an Hamburger Schulen. Leitfaden zur Erarbeitung eines Schulprogramms. Hamburg.

Frister, E. (1994): Autonomie – ein Patentrezept? In: Die Deutsche Schule 86, H. 2, 154-159.

Froese, L. (1952): Die bleibende Bedeutung des pädagogischen Autonomieprinzips. In: Bildung und Erziehung 8, 561-567. (nahezu identisch mit Froese 1967)

Froese, L. (1967): Bedeutung und Grenze des pädagogischen Autonomieprinzips. In: Ders.: Erziehung und Bildung in Schule und Gesellschaft. 2. Aufl. Weinheim/Berlin 1967, 97-106. (nahezu identisch mit Froese 1952)

Frommelt, B. (1995): Auf dem Weg von der Lernschule zur Lebensschule. Das hessische Autonomiekonzept. In: Daschner, P./Rolff, H.-G./Stryck, T. (Hg.): Schulautonomie – Chancen und Grenzen: Impulse für die Schulentwicklung. Weinheim/München, 185-206.

Fuchs, W.: Regionale Schulentwicklung – ein neuer Weg zur Bewältigung alter Herausforderungen. Ein Erfahrungsbericht. In: journal für Schulentwicklung, 9, H. 1, 38-48.

Führ, Ch. (1997): Lernen aus Reformen? Die Denkschrift „Zukunft der Bildung – Schule der Zukunft" aus bildungsgeschichtlicher Sicht. In: Aurin, K./Wollenweber, H.

(Hg.): Schulpolitik im Widerstreit. Brauchen wir eine „andere Schule"? Bad Heilbrunn 1997, 18-27.

Führ, Ch. (1997a): Deutsches Bildungswesen seit 1945. Grundzüge und Probleme. Neuwied: Luchterhand Verlag.

Fürst, D. (2004): Regional Governance. In: Benz, A. (Hg.): Governance – Regieren in komplexen Regelsystemen. Eine Einführung. Wiesbaden, 45-64.

Fullan, M. (1999): Die Schule als lernendes Unternehmen. Konzepte für eine neue Kultur in der Pädagogik. Stuttgart.

Furck, C.-L. (1967): Innere oder äußere Schulreform? Kritische Betrachtungen. In: Zeitschrift für Pädagogik 13, 99-115.

Garz, D./Kraimer, K. (Hg.) (1983): Brauchen wir andere Forschungsmethoden? Beiträge zur Diskussion interpretativer Verfahren. Frankfurt a.M.

Garz, D./Kraimer, K. (Hg.) (1994): Die Welt als Text: Theorie, Kritik und Praxis der objektiven Hermeneutik. Frankfurt a.M.

Gather-Thurler, M./Perrenoud, Ph. (2005): Arbeitsorganisation als zentrale Dimension der Schulentwicklung. In: journal für Schulentwicklung. Jg. 9, H. 2, 10-18.

Gehring, T. (1999): Modellwechsel in der Bildungsfinanzierung – Anmerkungen aus der bildungspolitischen Praxis. In: Rosenbladt, B.v. (Hg.): Bildung in der Wissensgesellschaft: ein Werkstattbericht zum Reformbedarf im Bildungssystem. Münster/New York/München/Berlin, 165-174.

Geißler, G. (1929): Die Autonomie der Pädagogik. Berlin/Leipzig.

Geißler, G. (1930): Das Problem der pädagogischen Autonomie. Berlin/Langensalza/ Leipzig.

Girulat, H.-J./Lindner, G. (1997): Abwickeln? Einwickeln? Verwickeln? Entwickeln! Bericht über ein Schulentwicklungsprojekt. In: Landesinstitut für Schule und Weiterbildung (Hg.): Schulentwicklung konkret. Beispiele zum Institutionellen Schulentwicklungs-Prozeß (ISP). Soest, 87-132.

Glaser, B.G./Strauss, A. (1998): Grounded Theory. Strategien qualitativer Forschung. Bern.

Gläser, J. (1920): Vom Kinde aus. Hamburg/Braunschweig.

Gruschka, A./Heinrich, M. (2001): Innere Schulreform durch Kriseninduktion? Fallrekonstruktionen und Strukturanalysen zu den Wirkungen administriell verordneter Schulprogrammarbeit – eine Projektbeschreibung. (Broschüre). Frankfurt a.M.

Gruschka, A./Heinrich, M. (2001/02): PISA. Oder: Populistische Insinuationen Schulischer Arbeitsergebnisse. In: Pädagogische Korrespondenz, H. 28, 104-105.

Gruschka, A./Heinrich, M./Köck, N./Martin; E./Pollmanns, M./Tiedtke, M. (2003): Innere Schulreform durch Kriseninduktion? Fallrekonstruktionen und Strukturanalysen zu den Wirkungen administriell verordneter Schulprogrammarbeit. Frankfurter Beiträge zur Erziehungswissenschaft. Frankfurt am Main.

Guggenbühl, A. (2002): Die PISA-Falle. Schulen sind keine Lernfabriken. Freiburg.

Haenisch, H. (1987): Was ist eine „gute" Schule? Empirische Forschungsergebnisse und Anregungen für die Schulpraxis. In: Steffens, U./Bargel, T. (Hg.): Erkundungen zur Wirksamkeit und Qualität von Schule (Beiträge aus dem Arbeitskreis „Qualität von Schule", H. 1. Wiesbaden/Konstanz, 41-54.

Haenisch, H. (1998): Wie Schulen ihr Schulprogramm entwickeln. Eine Erkundungsstudie an ausgewählten Schulen aller Schulformen. Soest.

Haenisch, H. (2004): Gelingensbedingungen für die Entwicklung dund Umsetzung des Schulprogramms – Ergebnisse einer qualitativen Studie. In: Holtappels, H.G.: Schulprogramme – Instrumente der Schulentwicklung. Konzeptionen, Forschungsergebnisse, Praxisempfehlungen. Weinheim/München, 223-244.

Haenisch, H./Burkard, CH. (2002): Schulprogrammarbeit erfolgreich gestalten. Schulprogrammarbeit in Nordrhein- Westfalen. Ergebnisse einer qualitativen Studie zu den Gelingensbedingungen der Entwicklung und Umsetzung des Schulprogramms. In: Ministerium für Schule und Weiterbildung, Wissenschaft und Forschung (MSWF)/Landesinstitut für Schule und Weiterbildung (LSW) (Hg.): Schulprogrammarbeit in Nordrhein-Westfalen. Ergebnisse der wissenschaftlichen Evaluationsstudien. Bönen, 123-197.

Hagen-Döver, S./Hoffmann, H./Mischke, A./Wollenweber, B. (1998): Hindernislauf auf dem Weg zum Schulprogramm. In: Pädagogik H. 2, 15-18.

HmbSG (Hamburgisches Schulgesetz) in der Fassung vom 16. April 1997.

Hameyer, U./Schratz, M.: Schulprogramme (1998): Wegweiser von der Vision zur Gestaltung von Schule. In: Altrichter, H./Schley, W./Schratz, M.: Handbuch zur Schulentwicklung. Innsbruck/Wien, 86-110.

Hameyer, U./Schlichting, F. (Hg.) (1998): Schulprogramm. Stationen seiner Entwicklung und Evaluation. Kronshagen.

Hameyer, U./Fleischer-Bickmann, W./Reimers, H. (Hg.) (2000): Schulprogramme. Portraits ihrer Entwicklung. Kronshagen.

Hartlaub, G. F. (1922): Der Genius im Kinde. Breslau.

Heckel, H.: Rechte und Pflichten des Lehrers. In: Nevermann, K./Richter, I.: Rechte der Lehrer, Rechte der Schüler, Rechte der Eltern. München/Zürich 1977, 29-61.

Heid, H. (2003): Standardsetzung. In: Zeitschrift für Pädagogik, 47. Beiheft, Recht-Erziehung-Staat. S. 176-193.

Heinelt, H. (2004): Governance auf lokaler Ebene. In: Benz, A. (Hg.): Governance – Regieren in komplexen Regelsystemen. Eine Einführung. Wiesbaden, 29-44.

Heinrich, M. (1995/96): Über die Unfruchtbarkeit der letzten Gesamtschuldebatte. Zur Dysfunktionalität einer Streit-„Kultur". In: Pädagogische Korrespondenz, H. 16, 17-29.

Heinrich, M. (1997): Alltägliches, Allzualltägliches. Über das Buch: Lehreralltag – Alltagslehrer. Authentische Berichte aus der Schulwirklichkeit. In: Pädagogische Korrespondenz, H. 19, 16-24.

Heinrich, M. (1998a): Fifty-fifty. Kommunikative Didaktik, oder: „Wie man sich Herrschaft und Freiheit im Unterricht teilen kann". In: Pädagogische Korrespondenz, H. 22, 65-76.

Heinrich, M. (1998b): Über ein epistemologisches Apeiron. Das „objektive Selbst" in der Erkenntnistheorie Thomas Nagels. Edition Philosophie Bd. 3. Frankfurt a.O.

Heinrich, M. (1998/1999): Vom Überlebenskampf des Homo Faber. Zum technokratischen Mythos der „zukunftssichernden Bildung" in der öffentlichen Diskussion um TIMSS. In: Pädagogische Korrespondenz, H. 23, 37-52.

Heinrich, M. (1999): Zum Stand einer Theorie der Ontogenese bürgerlicher Kälte. Oder: „Wie man kalt wird" (Teil 3). In: Pädagogische Korrespondenz, H. 24, 5-31.

Heinrich, M. (1999/2000): Was tun? Zur Diskontinuität von moralischem Wissen, moralischem Urteil und moralischem Handeln. In: Pädagogische Korrespondenz, H. 25, 58-71.

Heinrich, M. (2001a): Alle, alles, allseitig. Studien über die Desensibilisierung gegenüber dem Widerspruch zwischen Sein und Sollen der Allgemeinbildung. Wetzlar.

Heinrich, M. (2001b): Was heißt hier eigentlich „Widerspruch"? Zur Kategorie des Widerspruchs in den Kältestudien – eine Replik auf Heinz-Elmar Tenorths jüngste Kritik. In: Pädagogische Korrespondenz, H. 27, 5-30.

Heinrich, M. (2001c): Schulentwicklungsforschung in der „neuen Reformphase". Paradigmenwechsel, andere Nomenklatur, Aktivismus oder Marginalisierung? In: Die Deutsche Schule 93, H. 3, 304-318.

Heinrich, M. (2001/02): Das Schulprogramm als effektives Reforminstrument? Von den Versuchen, alte Strukturen aufzubrechen. In: Pädagogische Korrespondenz, H. 28, 87-103.

Heinrich, M. (2002): Kriseninduktion in drei Bundesländern. Manuskript zur Auswertung der Länderebene im Projekt: „Innere Schulreform durch Kriseninduktion? Fallrekonstruktionen und Strukturanalysen zu den Wirkungen administeriell verordneter Schulprogrammarbeit." (164 S.)

Heinrich, M. (2004): Zwischen Befähigung zur Kritik und falscher Werteerziehung. Zwei Studien am Beispiel einer Unterrichtssequenz zur Kulturindustrietheorie und einem Lehrstück zur politischen Erwachsenenbildung. Münster.

Heinrich, M. (2005a): Schulprogrammarbeit als „eigene Definition des Arbeitsplatzes"? In: journal für Schulentwicklung, H. 2, 37-45.

Heinrich, M. (2005b): Moralische Identität in einer globalisierten Welt. Zur Moralentwicklung junger Heranwachsender innerhalb widersprüchlicher Normorientierungen. In: Gruber, Petra C. (Hg.): Identität und Nachhaltigkeit in *einer* globalisierten Welt. Münster, 43-83.

Heinrich, M. (2005c): Bildung und Nachhaltige Entwicklung. Empirische Studien zu SchülerInnensichtweisen. Münster.

Heinrich, M. (2006a): Innere Schulreform zwischen Autonomie und Fremdbestimmung. Historisch-systematische und empirisch-fallrekonstruktive Studien zur pädagogischen Freiheit in der „Neuen Schulentwicklung". Manuskript/Projektbericht. Linz. (641 S.)

Heinrich, M. (2006b): Autonomie und Schulautonomie. Die vergessenen ideengeschichtlichen Quellen der Autonomiedebatte der 1990er Jahre. Münster.

Heinrich, M. (2006c): Reflexionen zur Lehre zwischen traditionellen Lehrformen und hochschuldidaktischer Innovation. Münster.

Heinrich, M. (2006d): Zur methodischen Funktion von Dilemmainterviews als Erhebungsverfahren in der Schulentwicklungsforschung am Beispiel einer Untersuchung zur Autonomiefrage in der Schulprogrammarbeit. In: Mammes, I./Rahm, S./Schratz, M. (Hg.): Schulpädagogische Forschung – Perspektiven innovativer Ansätze – Organisations- und Bildungsprozessforschung. Innsbruck 2006, 83-95.

Heinrich, M. (2007): Die Perspektive von Lehrerinnen und Lehrern auf Schulentwicklung. Zum Sinn von Einzelfallrekonstruktionen am Beispiel von Schulprogrammarbeit. Münster (im Druck).

Heinrich, M./Altrichter, H. (2007): Schulentwicklung und Profession. Der Einfluss von Initiativen zur Modernisierung der Schule auf die Lehrerprofession. In: Helsper, W./Busse, S./Hummrich, M./Kramer, R.-T. (Hg.): Pädagogische Professionalität in Organisationen. Neue Verhältnisbestimmungen am Beispiel der Schule. Wiesbaden (im Druck).

Heinrich, M./Mayr, P. (2005): ÖKOLOG – Analyse und Ausblick. In: BMBWK (Hg.): Schwerpunktprogramm Ökologisierung von Schulen – Bildung für Nachhaltigkeit – ÖKOLOG. Wien, 53-64.

Heinrich, M./Uecker, M. (2000): Vom richtigen Leben im falschen. Idealisierung falscher Praxis als Reaktion auf bürgerliche Kälte. In: Pädagogische Korrespondenz, H. 26, 39-48.

Hellmann, K.-U. (2004): Mediation und Nachhaltigkeit. Zur politischen Integration ökologischer Kommunikation. In: Lange, S./Schimank, U. (Hg.): Governance und gesellschaftliche Integration. Wiesbaden, 189-204.

Helmer, K. (1994): Der Gedanke der Schulautonomie in der Pädagogik. Historische und systematische Überlegungen. In: Realschullehrerverband Nordrhein-Westfalen (RLV NW) (Hg.): Autonomie von Schule. Krefeld, 22-34.

Hennecke, F. (1986): Versuche einer juristischen Begründung von pädagogischer Freiheit. In: Recht der Jugend und des Bildungswesens 34, H. 3, 233-247.

Hentig, H.v. (1993): Schule neu denken. Eine Übung in praktischer Vernunft. München/Wien.

Herzmann, P. (2001): Professionalisierung und Schulentwicklung. Eine Fallstudie über veränderte Handlungsanforderungen und deren kooperative Bearbeitung. Opladen.

Hessisches Kultusministerium (Hg.) (1996ff.): Schulprogramme und Evaluation in Hessen. 13 Bde. Wiesbaden.

Hessisches Kultusministerium (Hg.) (1996): Schulprogramme und Evaluation in Hessen. Bd. 1: Ein Einstieg in die Thematik. Wiesbaden.

Hessisches Kultusministerium (Hg.) (1997): Schulprogramme und Evaluation in Hessen. Bd. 2: Entwicklung und Realisierung eines Schulprogramms. Wiesbaden.

Hessisches Kultusministerium (Hg.) (1998): Schulprogramme und Evaluation in Hessen. Bd. 3: Evaluation in der Schule und für die Schule. Wiesbaden.

Hessisches Kultusministerium (2002): Grundsätze der Staatlichen Schulämter in Hessen für die Zustimmung zum Schulprogramm. In: Amtsblatt des Hessischen Kultusministeriums, 1, 39.

HSchG (Hessisches Schulgesetz) (1999): Hessisches Schulgesetz vom 17. Juni 1992 (GVBl. I S. 233), zuletzt geändert durch das Erste Gesetz zur Qualitätssicherung in hessischen Schulen vom 30. Juni 1999 (GVBl. I S. 354).

Hessisches Kultusministerium (10/1999): Hinweise zur Erarbeitung und Realisierung der Schulprogramme an hessischen Schulen. Erlass vom 10. Juli 1999. II B 3 - 170/30 - 222 -; Gült. Verz. Nr. 7200.

Hinteregger, R. (2001): Schulen mit Programm. In: Pädagogik, 53, H. 12, 58-59.

Hoffmann, R. (1995): Autonomie und Systementwicklung. Erfahrungen aus Bremen. In: Daschner, P./Rolff, H.-G./Stryck, T. (Hg.): Schulautonomie – Chancen und Grenzen: Impulse für die Schulentwicklung. Weinheim/München, 227-252.

Hoffmann, R./Lückert, G. (1994): Die Diskussion über Schulautonomie in Bremen. In: Recht der Jugend und des Bildungswesens 42 (1994), 2, 269-280.

Höher, P./ Rolff, H.-G. (1996): Neue Herausforderungen an Schulleitungsrollen: Management – Führung – Moderation. Jahrbuch der Schulentwicklung: Daten, Beispiele und Perspektiven. Bd. 9. Weinheim/München, 187-220.

Holtappels, H.G. (1998): Gestaltungsautonomie und Schulprogramm – Perspektiven für die Schulentwicklung. In: Risse, E. (Hg.): Schulprogramm und Evaluation. Neuwied, 27-53.

Holtappels, H.G. (1999): Pädagogische Konzepte und Schulprogramme als Instrumente der Schulentwicklung. in: Schulmanagement 30, H. 1, 6-14.

Holtappels, H.G. (2004a): Schulprogramm – ein Instrument zur systematischen Entwicklung der Schule. In: Holtappels, H.G.: Schulprogramme – Instrumente der Schulentwicklung. Konzeptionen, Forschungsergebnisse, Praxisempfehlungen. Weinheim/München, 11-28.

Holtappels, H.G. (2004b): Schulprogramm und Organisationskultur – Ergebnisse aus niedersächsischen Schulen über Bedingungen und Wirkungen: In: Holtappels, H.G.: Schulprogramme – Instrumente der Schulentwicklung. Konzeptionen, Forschungsergebnisse, Praxisempfehlungen. Weinheim/ München, 175-194.

Holtappels, H.G. (2004c): Prozessformen für gelingende Schulprogrammarbeit in der Praxis. In: Holtappels, H.G. (Hg.): Schulprogramme – Instrumente der Schulentwicklung. Konzeptionen, Forschungsergebnisse, Praxisempfehlungen. Weinheim/ München, 245-261.

Holtappels, H.G./Müller, (2004): Inhalte von Schulprogrammen – Ergebnisse einer Inhaltsanalyse Hamburger Schulprogrammtexte. In: Holtappels, H.G. (Hg.): Schulprogramme – Instrumente der Schulentwicklung. Konzeptionen, Forschungsergebnisse, Praxisempfehlungen. Weinheim/ München, 79-102.

Holtappels, H.G./Müller, S./Simon, F. (2002): Schulprogramm als Instrument der Schulentwicklung. Inhaltsanalyse aller Hamburger Programmtexte. In: Die Deutsche Schule 94, H. 2, 217-233.

Holtappels, H.G./Simon, F. (2002): Schulqualität und Schulentwicklung über Schulprogramm. Zwischenbericht über Forschungsergebnisse der Begleitforschung zum Pilotprojekt „Schulprogrammentwicklung, Beratung und Evaluation" in Niedersachsen. Dortmund/Vechta.

Holzapfel, H. (1993): Ist die Staatsschule am Ende? Ein Gespräch von H. Dichanz mit dem hessischen Kultusminister. In: Pädagogik 45, H. 11, 26-28.

Holzapfel, H. (1996): Vorwort zur Schriftenreihe „Schulprogramme und Evaluation in Hessen." Hg. v. Hessischen Kultusministerium. Bd. 1: Ein Einstieg in die Thematik. Wiesbaden.

Holzapfel, H. (1997): Vorwort zur Schriftenreihe „Schulprogramme und Evaluation in Hessen." Hg. v. Hessischen Kultusministerium. Bd. 2: Entwicklung und Realisierung eines Schulprogramms. Wiesbaden.

Holzapfel, H. (1998): Vorwort zur Schriftenreihe „Schulprogramme und Evaluation in Hessen." Hg. v. Hessischen Kultusministerium. Bd. 3: Evaluation in der Schule und für die Schule. Wiesbaden.

Horak, R./Johanns, D. (2001): Schulische Profilbildungs- und Selektionsprozesse – Ein Blick auf die Frankfurter Schulentwicklung der neunziger Jahre. In: Jahrbuch für Pädagogik 2000: Gleichheit und Ungleichheit in der Pädagogik. Frankfurt u.a., 191-206.

Horak, R. (2005): Schulische Profilbildung und Selektion. Unv. Ms. Frankfurt a.M.

Hörner, W. (1991): Von der Autonomie der Pädagogik zur Autonomie des Schulsystems. Zum Wandel eines erziehungswissenschaftlichen Problems. Oldenburg.

Hutmacher, W. (1998): Strategien der Systemsteuerung. Von der Systemexpansion zum Systemumbau. In: Schulleitung und Schulaufsicht. Neue Rollen und Aufgaben im Schulwesen einer dynamischen und offenen Gesellschaft. Herausgegeben vom Bundesministerium für Unterricht und kulturelle Angelegenheiten. Innsbruck, 49-92.

Jach, F.-R. (1991): Schulvielfalt als Verfassungsgebot. Berlin.

Jach, F.-R. (1993): Rechtsgutachten zur gesetzlichen Verankerung des Grundsatzes der ›Autonomie von Schule‹ im Schulgesetz und im Schulverfassungsgesetz der Freien Hansestadt Hamburg. In: Lorent, de H.-P./Zimdahl, G. (Hg.): Autonomie der Schulen. Hamburg, 184-210.

Jachtenfuchs, M./Kohler-Koch, B. (2004): Governance in der Europäischen Union. In: Benz, A. (Hg.): Governance – Regieren in komplexen Regelsystemen. Eine Einführung. Wiesbaden, 77-102.

Jann, W./Wegrich, K. (2004): Governane und Verwaltungspolitik. In: Benz, A. (Hg.): Governance – Regieren in komplexen Regelsystemen. Eine Einführung. Wiesbaden, 193-214.

Jarren, O./Donges, P. (2004): Staatliche medienpolitik und die Politik der Massenmedien. Insitutionelle und symbolische Steuerung im Mediensystem. In: Lange, S./Schimank, U. (Hg.): Governance und gesellschaftliche Integration. Wiesbaden, 47-64.

Jauß, C./Stark, C. (2004): Kultur und Institutione als intervenierende Faktoren in umweltpolitischen Governance-Regimen. In: Lange, S./Schimank, U. (Hg.): Governance und gesellschaftliche Integration. Wiesbaden, 205-225.

Jürgens, E. (2004): Schulprogrammarbeit auf dem Prüfstand – Befunde einer empirischen Studie. In: Holtappels, H.G. (Hg.): Schulprogramme – Instrumente der Schulentwicklung. Konzeptionen, Forschungsergebnisse, Praxisempfehlungen. Weinheim/München, 103-116.

Jürgens, E./Niederdrenk, A./Pahde, M. (2002): Schulprogramm und Schulentwicklung. Eine empirische Studie zur Erstellung, Umsetzung und Wirkung von Schulprogrammen. Oldenburg.

Kanders, M. (2002): Was nützt Schulprogrammarbeit den Schulen? Ergebnisse einer schriftlichen Befragung von Lehrerinnen und Lehrern. In: (MSWF)/Landesinstitut für Schule und Weiterbildung (LSW) (Hg.): Schulprogrammarbeit in Nordrhein-Westfalen. Ergebnisse der wissenschaftlichen Evaluationsstudien. Bönen, 55-122.

Kanders, M. (2004): Schulprogrammarbeit in NRW. In: Holtappels, Heinz Günter: Schulprogramme – Instrumente der Schulentwicklung. Konzeptionen, Forschungs-ergebnisse, Praxisempfehlungen. Weinheim/München, 117-136.

Kant, I. (1921): Beantwortung der Frage: Was ist Aufklärung? (1784) In: Kant, I.: Sämtliche Werke. Hg. v. K. Vorländer. Bd. V, Zweite Abteilung. Leipzig, 133-143.

Kant, I. (2004): Grundlegung zur Metaphysik der Sitten. Hg. v. Jens Timmermann. Göttingen.

Kempfert, G. (2002): Was kommt nach dem Schulprogramm? Oder: Schulentwicklungs-prozesse brauchen Zeit. Ein Erfahrungsbericht. In: journal für Schulentwicklung 6, H. 3, 49-60.

Kempfert, G./Rolff, H.G. (2000): Pädagogische Qualitätsentwicklung. Ein Arbeitsbuch für Schule und Unterricht. Weinheim/Basel.

Keppelmüller, J. (2000): Die Rolle des Schulprogramms im neuen Lehrplan der Haupt-schule und der AHS-Unterstufe. In: Erziehung und Unterricht 150, H. 3/4, 248-252.

Kerstan, Th. (1999): Die Bildungsdebatte nach dem TIMSS-Schock – Beobachtungen eines Journalisten. In: Rosenblatt, B.v. (Hg.): Bildung in der Wissensgesellschaft: ein Werkstattbericht zum Reformbedarf im Bildungssystem. Münster/New Y-ork/München/Berlin, 107-112.

Kersting, K. (2002): Berufsbildung zwischen Anspruch und Wirklichkeit. Eine Studie zur moralischen Desensibilisierung. Bern/Göttingen/Toronto/Seattle.

Key, E. (2000): Das Jahrhundert des Kindes. Studien (1902). Aus dem Schwedischen von Francis Maro. Neu herausgegeben mit einem Nachwort von Ulrich Herrmann. Weinheim/Basel.

Klafki, W. (1987): Von Dilthey bis Weniger – schultheoretische Ansätze in der geistes-wissenschaftlichen Pädagogik. In: Tillmann, K.-J. (Hg.): Schultheorien. Hamburg, 21-60.

Klafki, W. (1998): Schulqualität – Schulprogramm – Selbstevaluation der Kollegien. Die einzelne Schule als Basis der Schulreform. In: Erziehung und Unterricht , H. 7-8, 568-582.

Klawitter, B. (2002): Schulentwicklung durch Selbstevaluation. In: Busse, A./ Przygod-da, K. (Hg.): Curriculumentwicklung – Teamentwicklung – Schulentwicklung. Bie-lefeld, 71-78.

Klemm, K. (1998): Steuerung der Schulentwicklung durch zentrale Leistungskontrollen? In: Rolff, H.-G./Bauer, K.-O./Klemm, K./Pfeiffer, H. (Hg.): Jahrbuch der Schul-entwicklung. Bd. 10. Weinheim 1998, 271-294.

Klemm, K. (1999): Ressourcen der Schulentwicklung. In: Rösner, E. (Hg.): Schulent-wicklung und Schulqualität. Dortmund, 159-174.

Klieme, E. et al.: Zur Entwicklung nationaler Bildungsstandards. Eine Expertise. Deut-sches Institut für internationale Pädagogische Forschung. Frankfurt/Berlin 2003. (http://dipf.de/index_1024.htm)

Klippert, H. (1997): Schule entwickeln – Unterricht neu gestalten. In: Pädagogik, H. 2, 12-17.

Klippert, H. (1998): Methodentraining. Übungsbausteine für den Unterricht. Wein-heim/Basel.

Klippert, H. (2000a): Pädagogische Schulentwicklung. Planungs- und Arbeitshilfen zur Förderung einer neuen Schulkultur. Weinheim und Basel.

Klippert, H. (2000b): Team-Entwicklung im Klassenraum. Übungsbausteine für den Unterricht. 4. Aufl. Weinheim/Basel.

Klippert, H. (2001): Eigenverantwortliches Arbeiten und Lernen. Bausteine für den Fachunterricht. Weinheim/Basel.

Klug, C./Reh, (2000): Was fangen die Schulen mit den Ergebnissen an? Die Hamburger Leistungsvergleichsstudie aus der Sicht „beforschter" Schulen. In: Pädagogik H. 12, 16-21.

KMK (1997): Pressemitteilung vom 24.10.1997: 280. Plenarsitzung der KMK am 23./24.10.1997 in Konstanz: Kultusministerkonferenz beschließt länderübergreifende Vergleichsuntersuchungen zum Lern- und Leistungsstand von Schülerinnen und Schülern. Konstanz.

KMK (2001a): Pressemitteilung vom 04.12.2001: Schulisches Lernen muss stärker anwendungsorientiert sein. Praktische Umsetzung der Erkenntnisse aus der PISA-Studie hat höchste Priorität. Ergebnisse der OECD-Studie PISA zeigen zentrale Handlungsfelder auf. Bonn.

KMK (2001b): Pressemitteilung vom 05.12.2001: Kultusministerkonferenz erzielt Einigung mit Lehrerverbänden über Konsequenzen aus der PISA-Studie. Sieben Handlungsfelder stehen zunächst im Zentrum. Bonn.

KMK (2001c): Pressemitteilung vom 06.12.2001: 296. Plenarsitzung der KMK am 05./06.12.2001 in Bonn: Kultusministerkonferenz beschließt konkrete Maßnahmen zur Verbesserung der schulischen Bildung in Deutschland – Erste Konsequenzen aus den Ergebnissen der PISA-Studie. Bonn.

KMK (2002): Pressemitteilung vom 24.05.2002: 298. Plenarsitzung der KMK am 23./24.5.2002 in Eisenach: Weitergehende Folgerungen aus PISA 2000: Laufende und geplante Maßnahmen der Länder in den zentralen Handlungsfeldern. Bonn.

Knauss, G. (2003): Accountability: Chance und Impuls für Schulentwicklung. In: Döbert, H., et al. (Hg.): Bildung vor neuen Herausforderungen. Historische Bezüge – Rechtliche Aspekte – Steuerungsfragen - Internationale Perspektiven. Neuwied, 129-138.

Koch, St./Fisch, R. (Hg.) (2004): Schulen für die Zukunft. Neue Steuerung im Bildungswesen. Hohengehren.

Koch, St./Gräsel, C. (2004): Schulreform und Neue Steuerung – erziehungs- und verwaltungswissenschaftliche Perspektive. In: Koch, St./Fisch, R. (Hg.): Schulen für die Zukunft. Neue Steuerung im Bildungswesen. Hohengehren, 4-24.

Kohl, K./Kohl, R. (1982): „Ich sehne mich nach Erlassen". In: b:e 35, H. 1, 32-37.

Kommission Schulrecht des Deutschen Juristentages (1981): Deutscher Juristentag. Schule im Rechtsstaat. Band I: Entwurf für ein Landesschulgesetz. Bericht der Kommission Schulrecht des Deutschen Juristentages. München.

König, K. (2001a): „Public Sector Management" oder Governance: Steuerungs- und Strukturierungsprobleme öffentlicher Verwaltung. In: Hans-Peter Burth, Axel Görlitz (Hg.): Politische Steuerung in Theorie und Praxis. Baden-Baden, 293-314.

König, K. (2001b): Institutionelle Aspekte der Modernisierung - die Sphäre der öffentlichen Verwaltung. In: Hermann Hill (Hg.): Modernisierung - Prozess oder Entwicklungsstrategie? Frankfurt a.M., 263-290.

Kogan, M. (1986): Educational Accountability. London.

Kogan M. (1996): Monitoring, control and governance of school systems. In: OECD: Evaluating and Reforming Education Systems. Paris, 25-45.

Konzendorf, G. (1998): Verwaltungsmodernisierung in den Ländern. Überblick und Einblicke. Speyerer Forschungsberichte Nr. 187. Speyer.

Kooiman, J. (2002): Governance: A Social-Political Perspective. In: Jürgen R. Grote, Bernard Gbikpi (eds): Participatory Governance. Political and Societal Implications. Opladen, 71-96.

Körbitz, A. (2000): Mit dem Schulprogramm auf dem Weg zu einer neuen Lernkultur. In: Pädagogik 52 H. 10, 10-16.

Kraimer, K. (Hg.) (2000): Die Fallrekonstruktion. Sinnverstehen in der sozialwissenschaftlichen Forschung. Frankfurt a.M.

Krainz-Dürr, M. (1999): Wie kommt Lernen in die Schule? Zur Lernfähigkeit der Schule als Organisation. Innsbruck/Wien.

Krainz-Dürr, M. (2000): Wie Schulen lernen. Zur Mikropolitik von Schulentwicklungsprozessen. In: Krüger, H.-H./Wenzel, H.(Hg.): Schule zwischen Effektivität und sozialer Verantwortung. Opladen, 125-140.

Krainz-Dürr, M. (2002): Schulprogrammentwicklung: Erfolgsfaktoren und Knackpunkte. Ergebnisse aus dem Projekt „Schulprogrammentwicklung an berufsbildenden Schulen in Österreich". In: journal für Schulentwicklung. 6, H. 3, 29-40.

Krainz-Dürr, M./Posch, P./Rauch, F. (2002): Schulprogramme entwickeln. Innsbruck.

Krauss, P. (1997a): Belastung und Arbeitszeit. Verfahren zur Bemessung der Lehrerarbeitszeit in Österreich. In: Die Deutsche Schule 89, H. 2, 231-239.

Krauss, P. (1997b): Lehrerarbeitszeit in der Retrospektive. Zur Entwicklung der Lehrerarbeitszeit in Deutschland. In: Recht der Jugend und des Bildungswesens 45, H. 1, 60-70.

Krüger, H.-H./Olbertz, J.-H. (Hg.) (1997): Bildung zwischen Staat und Markt. Opladen.

Kühl, St. (2000): Das Regenmacher-Phänomen. Widersprüche und Aberglaube im Konzept der lernenden Organisation. Frankfurt a.M./New York.

Kuper, E. (1977): Demokratisierung von Schule und Schulverwaltung. München.

Kuper, Harm (2002): Stichwort: Qualität im Bildungssystem. In: Zeitschrift für Erziehungswissenschaft, H. 4, S: 533-551.

Kussau, J. (2002): Schulpolitik auf neuen Wegen? Autonomiepolitik. Eine Annäherung am Beispiel zweier Schweizer Kantone. Aarau.

LSW (Landesinstitut für Schule und Weiterbildung) (1995): Evaluation und Schulentwicklung. Ansätze, Beispiele und Perspektiven aus der Fortbildungsmaßnahme Schulentwicklung und Schulaufsicht. Soest.

LSW (Landesinstitut für Schule und Weiterbildung) (Hg.) (1997): Schulentwicklung konkret. Beispiele zum Institutionellen Schulentwicklungs-Prozeß (ISP). Soest.

Lange, H. (1995a): Schulautonomie und Personalentwicklung für Schulen. In: Daschner, P./Rolff, H.-G./Stryck, T. (Hg.): Schulautonomie – Chancen und Grenzen. Weinheim, 207-226.

Lange, H. (1995b): Schulautonomie. Entscheidungsprobleme aus politisch-administrativer Sicht. In: Zeitschrift für Pädagogik 41, H. 1, 21-37.

Lange, H. (1999a): Schulautonomie und Neues Steuerungsmodell. In: Recht der Jugend und des Bildungswesens 47, H. 4, 423-438.

Lange, H. (1999b): Qualitätssicherung in Schulen. In: Die Deutsche Schule 91, H. 2, 144-159.

Lange, H. (2001): Erziehungswissenschaft, Bildungspolitik und Schulen: Auf dem Weg zu einer realistischen Konzeption? In: Tillmann, K.J./Vollstädt, W. (Hg.): Politikberatung durch Bildungsforschung. Das Beispiel: Schulentwicklung in Hamburg. Opladen, 191-206.

Lange, S./Schimank, U. (Hg.) (2004a): Governance und gesellschaftliche Integration. Wiesbaden.

Lange, S./Schimank, U. (2004b): Governance und gesellschaftliche Integration. In: Lange, S./Schimank, U. (Hg.): Governance und gesellschaftliche Integration. Wiesbaden, 9-46.

Lassnigg, L. (2000): Zentrale Steuerung in autonomisierten Bildungssystemen. In: OECD (Hg.): Die Vielfalt orchestrieren. Steuerungsaufgaben der zentralen Instanz bei größerer Selbständigkeit. Innsbruck, 107-141.

Leithwood, K./Jantzi, D. (1990): Transformational Leadership. How principals can help reform school cultures. In: Schoool Effectiveness and School Improvement 1, H. 4, 249-280.

Lenhardt, G. (1984): Schule und bürokratische Rationalität. Frankfurt a.M.

Leon, A. et al. (1982): A Cross-Cultural Study of Teacher Autonomy. Paper presented at the Annual Meeting of the American Educational Research Association. New York (March).

Leschinsky, A. (1992): Dezentralisierung im Schulsystem der Bundesrepublik Deutschland. In: Zedler, P. (Hg.): Arbeitsgruppe Entwicklung des Bildungswesens der Deutschen Gesellschaft für Erziehungswissenschaft: Strukturprobleme, Disparitäten, Grundbildung in der Sekundarstufe I. Weinheim, 21-40.

Liket, Th.M.E. (1993): Freiheit in Verantwortung: das niederländische Modell des Bildungswesens. Gütersloh.

Lindblad, S./Popkewitz T.S. (Hg.) (1999): Education Governance and Social Integration und Exclusion: National Cases of Educational Systems and Recent Reforms. Uppsala Reports on Education 34. Uppsala.

Lindblad, S./Popkewitz T.S. (Hg.) (2000): Public Discourses on Education Governance and Social Integration and Exclusion: Analysis of Policy Textsn in European Contexts. Uppsala Reports on Education 36. Uppsala.

Lindblad, S./Ozga, J./Zambeta, E. (Hg.) (2002): Changing Forms of Educational Governance in Europe. European Educational Research Journal 1, No. 4.

Lohmann, G. (2003): Mit Schülern klarkommen. Berlin.

Lohmann, A./Hajek, M./Döbrich, P. (1997): Identität und Schulprogramm. Die Steinwaldschule: Der Weg zum selbständigen und sozialen Lernen. Lichtenau/München.

Lohmann, I./Rilling, R. (Hg.) (2002): Die verkaufte Bildung. Kritik und Kontroversen zur Kommerzialisierung von Schule, Weiterbildung, Erziehung und Wissenschaft. Opladen.

Lohre, W. (2005): Regionale Bildungslandschaften. In: journal für Schulentwicklung, 9, H. 1, 29-37.

Lorent, H.-P. de (1998) In: Altrichter, H./Schley, W./Schratz, M. (Hg.): Handbuch zur Schulentwicklung. Innsbruck/Wien, 586-608.

Lorent, H.-P. de/Zimdahl, G. (Hg.) (1993): Autonomie der Schulen. Hamburg.

Lortie, D.C. (1972): Teamteaching. In: H.-W. Dechert (Hg.): Teamteaching in der Schule. Piper, 37-76.

Lortie, D.C. (1975): Schoolteacher. Chicago: University of Chicago Press.

Lüde, R.v. (1993): Neue Konzepte der Organisationsentwicklung an Schulen. In: Pelikan, M./ Demmer, H./ Hurrelmann, K.: Gesundheitsförderung durch Organisationsentwicklung. Weinheim/ München, 317-327.

Lüde, R.v. (1995): Corporate Identity und Schulprogramm. In: Buchen, H./Horster, L./Rolff, H.-G. (Hg.): Schulleitung und Schulentwicklung. Stuttgart.

Lütz, (2004): Governance in der politischen Ökonomie. In: Benz, A. (Hg.): Governance – Regieren in komplexen Regelsystemen. Eine Einführung. Wiesbaden, 147-172.

Luhmann, N./Schorr, K.-E. (1979a): Das Technologiedefizit der Erziehung und die Pädagogik. In: Zeitschrift für Pädagogik, 345-365. (Wiederabdruck in: Dies. 1982, 11-40).

Luhmann, N./Schorr, K.-E. (Hg.) (1982): Zwischen Technologie und Selbstreferenz: Fragen an die Pädagogik. Frankfurt a.M.

Luhmann, N./Schorr, K.-E. (1988): Reflexionsprobleme im Erziehungssystem. Frankfurt a.M. 1988.

Maag Merki, K./Büeler, X. (2002): Schulautonomie in der Schweiz. Eine Bilanz auf empirischer Basis. In: Rolff, H.-G./Holtappels, H G./Klemm, K./Pfeiffer, H./Schulz-Zander, R. (Hg.): Jahrbuch der Schulentwicklung. Daten, Beispiele und Perspektiven. Band 12. Weinheim/München, 131-161.

Mackert, J. (2004): Die Steuerung staatlicher Inklusion: Staatsbürgerschaftsregime im Vergleich. In: Lange, S./Schimank, U. (Hg.): Governance und gesellschaftliche Integration. Wiesbaden, 111-128.

Mangold, M./Oelkers, J. (Eds.). (2002). Demokratie, Bildung und Markt. Bern.

Maritzen, N. (1996): Im Spagat zwischen Hierarchie und Autonomie. Steuerungsprobleme in der Bildungsplanung. In: Die Deutsche Schule 88, H. 1, 22-36.

Maritzen, N. (1997): Schule zwischen Staat und Markt? Für kritische Genauigkeit beim Reden über Schulautonomie. In: Die Deutsche Schule 89, H. 3, 292-305.

Maritzen, N. (1998a): Autonomie der Schule: Schulentwicklung zwischen Selbst- und Systemsteuerung. In: Altrichter, H./Schley, W./ Schratz, M. (Hg.): Handbuch für Schulentwicklung. Innsbruck/Wien.

Maritzen, N. (1998b): Schulprogramm und Rechenschaft – eine schwierige Beziehung. In: Ackermann, H./Wissinger, J. (Hg.): Schulqualität managen. Von der Verwaltung der Schule zur Entwicklung von Schulqualität. Neuwied, 135-145.

Maritzen, N. (1999): Leistungstests und Qualitätssicherung im Schulwesen – Politische Zielvorstellungen und Programme. In: Rosenbladt, B.v. (Hg.): Bildung in der Wissensgesellschaft: ein Werkstattbericht zum Reformbedarf im Bildungssystem. Münster/New York/München/Berlin, 93-106.

Maritzen, N. (2000): Funktionen des Schulprogramms im Rahmen eines Steuerungskonzeptes. In: Erziehung und Unterricht. 150. Jg. H. 3/4, 215-225.

Maritzen, N. (2001a): Schulforschung und Bildungspolitik in Hamburg: Mühen einer Schulverwaltung, wissenschaftlich aufgeklärt zu handeln. In: Tillmann, K.J./ Vollstädt, W. (Hg.): Politikberatung durch Bildungsforschung. Das Beispiel: Schulentwicklung in Hamburg. Opladen, 33-58.

Maritzen, N. (2001b): Schulleistungsforschung und Schulentwicklung, zwei Seiten einer Medaille. In: journal für Schulentwicklung 5, H. 2, 46-54.

Maritzen, N. (2001c): Eigenständigkeit der Schule in staatlicher Verantwortung. Umsetzung der mit dem Hamburgischen Schulgesetz erweiterten Eigenständigkeit der Schulen. Hg. v. der Behörde für Schule, Jugend und Berufsbildung. Hamburg im März 2001.

Maritzen, N. (2004): Steuerungsansprüche: Vom Über-Ich des Schulprogramms. In: Holtappels, H.G.: Schulprogramme – Instrumente der Schulentwicklung. Konzeptionen, Forschungsergebnisse, Praxisempfehlungen. Weinheim/ München, 29-43.

Maritzen, N./Wassener, D. (1997): Biographie eines Schulprogramms: Über die Innenseite eines Schulentwicklungsprozesses. In: journal für Schulentwicklung, H. 2, 29-34.

Markstahler, J./Steffens, U. (1997): Von der bürokratisch organisierten zur teilautonomen Schule- zur Qualitätsevaluation und Qualitätsentwicklung der Schule in der Bundesrepublik Deutschland. In: Posch, P./Altrichter, H. : Möglichkeiten und Grenzen der Qualitätsevaluation und Qualitätsentwicklung im Schulwesen. Innsbruck, 205-262.

Maulini, O. (2003): Diffusion – eine grundlegende Voraussetzung für Schulentwicklung. In: journal für schulentwicklung 7., H. 2, 15-24.

Mayer, J.A. (1980): Die Freiheit des Lehrers. In: Mayer, J.A./Schütz, E.: Freiheit und Unfreiheit des Lehrers. Freiburg im Breisgau, 7-44.

Mayntz, R. (Hg.) (2002): Akteure – Mechanismen – Modelle. Zur Theoriefähigkeit makro-sozialer Analysen. Frankfurt a.M./New York.

Mayntz, R. (2004): Governance im modernen Staat. In: Benz, A. (Hg.): Governance – Regieren in komplexen Regelsystemen. Eine Einführung. Wiesbaden, 65-76.

Mayring, Ph. (2001): Kombination und Integration qualitativer und quantitativer Analyse [31 Absätze]. Forum Qualitative Sozialforschung / Forum Qualitative Social Research (Online-Journal), 2(1). Verfügbar über: http://www.qualitative-research.net/ fqs-texte/1-01/1-01mayring-d.htm [14.10.2005].

Mayring, Ph. (2002): Einführung in die Qualitative Sozialforschung. Eine Anleitung zu qualitativem Denken. Weinheim/Basel.

Messner, R. (1995): Ansichten über den Wandel von Schule. In: Wicke, E. (Hg.): Antiquiertheit des Menschen und Zukunft der Schule: Reden und Texte zur schulischen Bildung in einer sich wandelnden Gesellschaft. Weinheim 1995, 211-222.

Messner, R. (2002): Das Bildungskonzept von PISA als Teil einer globalen gesellschaftlichen Neuorientierung. In: Die Deutsche Schule 94, H. 3, 290-294.

Meyer, H. (2003): Leitfaden zur Unterrichtsvorbereitung. Nachdruck der 12. Aufl. Berlin.

Meyer-Drawe, K. (1990): Illusionen von Autonomie. Diesseits von Ohnmacht und Allmacht des Ich. München.

Miller, (2001): Schulleiterinnen und Schulleiter. Eine empirische Untersuchung an Grundschulen Nordrhein-Westfalens. Hohengehren.

Ministerium für Bildung, Jugend und Sport, Land Brandenburg (Hg.) (1998): Schulprogramme aus Ganztagsschulen im Land Brandenburg. Potsdam (Landesweite Auswertung der Schulprogramme aus Ganztagsschulen).

Ministerium für Bildung, Wissenschaft, Forschung und Kultur des Landes Schleswig Holstein (Hg.) (1998): Schulen entwickeln ihr Programm. 14 Wegbeschreibungen aus der Praxis. Kiel.

Montessori, M. (1967): Kinder sind anders. Stuttgart.

Montessori, M. (1979): Spannungsfeld Kind – Gesellschaft – Welt. Freiburg.

MSWF (Ministerium für Schule und Weiterbildung, Wissenschaft und Forschung) (Hg.) (1997): Schulprogramm und Schulentwicklung. Frechen.

MSWF (Ministerium für Schule und Weiterbildung, Wissenschaft und Forschung) (1998): Schulprogramm. Eine Handreichung. Frechen.

MSWF (Ministerium für Schule und Weiterbildung, Wissenschaft und Forschung) (2002): Schulprogramm und Schulprogrammarbeit in Nordrhein-Westfalen – ein Überblick. In: MSWF/LSW (Landesinstitut für Schule und Weiterbildung) (Hg.): Schulprogrammarbeit in Nordrhein-Westfalen. Ergebnisse der wissenschaftlichen Evaluationsstudien. Bönen, 7-13.

MSWF (Ministerium für Schule und Weiterbildung, Wissenschaft und Forschung)/LSW (Landesinstitut für Schule und Weiterbildung) (Hg.) (2002): Schulprogrammarbeit in Nordrhein-Westfalen. Ergebnisse der wissenschaftlichen Evaluationsstudien. Bönen.

Munín, H. (2001): Schulautonomie. Diskurse, Maßnahmen und Effekte im internationalen Vergleich, insbesondere in Deutschland. Weinheim/Basel.

Naschold, F./ Bogumil, J. (1998): Modernisierung des Staates. New Public Management und Verwaltungsreform. Opladen.

Naschold, F./Bogumil, J. (2000): Modernisierung des Staates. Studienbrief der FernUniversität Hagen.

Naschold, F./Jann, W./Reichard, C. (1999): Innovation, Effektivität, Nachhaltigkeit. Internationale Erfahrungen zentralstaatlicher Verwaltungsreform. Berlin.

Neill, A.S. (1969): Theorie und Praxis der antiautoritären Erziehung – das Beispiel Summerhill. Reinbek bei Hamburg.

Neuweg, G.H. (2004): Bildungsstandards in Österreich. In: Päd. Aktuell, H. 2, 4-13.

Nissen, P. (2001): Schulprogramm starten. Grundprinzip und erste Schritte. Hamburg.

Nohl, H. (1933): Die pädagogische Bewegung in Deutschland. In: Nohl, H./Pallat, L. (Hg.): Handbuch der Pädagogik; Bd. 1. Langensalza, 302-374. (Faksimile-Druck der Originalausgabe: Weinheim 1966)

Nohl, H. (1933a): Die Theorie der Bildung. In: Nohl, H./Pallat, L. (Hg.): Handbuch der Pädagogik; Bd. 1. Langensalza, 3-80. (Faksimile-Druck der Originalausgabe: Weinheim 1966)

Obermeyer, K. (2004): Evaluation der Schulprogrammarbeit. Auswertung und Fortschreibung miteinander verbinden. In: Schul-Management 35, H. 6, 31-33.

OECD (1991): Schulen und Qualität. Ein internationaler OECD-Bericht (Original: Schools and Quality. Paris 1989). Frankfurt a.m.

OECD (1997): Managing Across Levels of Government. Paris.

OECD (2003): Education at a glance. OECD indicators 2003. Paris.

OECD (2004): What Makes School Systems Perform? Seeing School Systems Through The Prism of PISA (http://www.pisa.oecd.org/document)

Oechslein, K. E. (2002): Qualitätsentwicklung als Schulprogramm. In: journal für schulentwicklung 6, H. 3, 41-48.

Oelkers, J. (1995): Wie lernt ein Bildungssystem? In: Die Deutsche Schule. Zeitschrift für Erziehungswissenschaft, Bildungspolitik und pädagogische Praxis, H. 1, 4-20.

Oelkers, J. (1997): Die Aufgaben der Schule und der effektive Einsatz ihrer Ressourcen. In: Böttcher, W./ Weishaupt, H./Weiß, M. (Hg.): Wege zu einer neuen Bildungsökonomie. Pädagogik und Ökonomie auf der Suche nach Ressourcen und Finanzierungskonzepten. Weinheim/München, 142-160.

Oelkers, J. (2002): Und wo, bitte, bleibt Humboldt? Der Pisa Studie wird vorgeworfen, sie messe nur Wissen, aber keine Bildung. Das stimmt. Doch Schule ist keine Bildungs-, sondern eine Lehranstalt. In: Die Zeit, 27, 36.

Oelkers, J. (2003a): Wie man Schule entwickelt. Eine bildungspolitische Analyse nach PISA. Weinheim.

Oelkers, J. (2003b): Schulen in erweiterter Verantwortung. Eine Positionsbestimmung aus erziehungswissenschaftlicher Sicht. In: Brüsemeister, T./Eubel, K. D. (Hg.): Zur Modernisierung der Schule. Leitideen – Konzepte – Akteure. Bielefeld, 54-63.

Oevermann, U. (1983a): Hermeneutische Sinnrekonstruktion: Als Therapie und Pädagogik mißverstanden, oder: das notorische strukturtheoretische Defizit pädagogischer Wissenschaft. In: Garz, D./Kraimer, K. (Hg.): Brauchen wir andere Forschungsmethoden? Beiträge zur Diskussion interpretativer Verfahren. Frankfurt a.M., 113-155.

Oevermann, U. (1983b): Zur Sache. Die Bedeutung von Adornos methodologischem Selbstverständnis für die Begründung einer materialen soziologischen Strukturanalyse. In: Friedeburg, L.v./Habermas, J. (Hg.): Adorno-Konferenz 1983. Frankfurt a.M., 234-292.

Oevermann, U. (1986): Kontroversen um sinnverstehende Soziologie. Einige wiederkehrende Probleme und Mißverständnisse in der Rezeption der ›objektiven Hermeneutik‹. In: Aufenanger, S./Lenssen, M. (Hg.): Handlung & Sinnstruktur. Bedeutung und Anwendung der objektiven Hermeneutik. München, 19-83.

Oevermann, U. (1991): Genetischer Strukturalismus und das sozialwissenschaftliche Problem der Erklärung der Entstehung des Neuen. In: Müller-Doohm, St. (Hg.): Jenseits der Utopie. Theoriekritik der Gegenwart. Frankfurt a.M., 267-334.

Oevermann, U. (1996): Theoretische Skizze einer revidierten Theorie professionalisierten Handelns. In: Combe, A./Helsper, W.: Pädagogische Professionalität. Frankfurt a.M., 70-182.

Oevermann, U. (2000a): Die Struktur sozialer Deutungsmuster – Versuch einer Aktualisierung. Unveröffentlichtes Manuskript vom Oktober 2000. Frankfurt a.M. (38 S.)

Oevermann, U. (2000b): Die Methode der Fallrekonstruktion in der Grundlagenforschung sowie der klinischen und pädagogischen Praxis. In: Kraimer, K. (Hg.): Die

Fallrekonstruktion. Sinnverstehen in der sozialwissenschaftlichen Forschung. Frankfurt a.m., 58-157.

Oevermann, U. (2001/02): Adornos „Tabus über dem Lehrberuf" im Lichte einer revidierten Professionalisierungstheorie. In: Pädagogische Korrespondenz, H. 28, 57-80.

Oevermann, U. (2002): Professionalisierungsbedürftigkeit und Professionalisiertheit pädagogischen Handelns. In: Kraul, M./Marotzki, W./Schweppe, C. (Hg.): Profession und Biographie. Bad Heilbrunn.

Oevermann, U./Allert, T./Konau, E./Krambeck, J. (1979): Die Methodologie einer „objektiven Hermeneutik" und ihre allgemeine forschungslogische Bedeutung in den Sozialwissenschaften. In: Soeffner, H.-G. (Hg.): Interpretative Verfahren in den Sozial- und Textwissenschaften. Stuttgart, 352-433.

Otten, K. (1993): Die Maßlosen, die Arglosen und die Kopflosen. Von der Bildungsreform zur Bildungskatastrophe. Aufsätze 1973-1993. Heidelberg 1993.

Papadopoulos, Y. (2004): Governance und Demokratie. In: Benz, A. (Hg.): Governance – Regieren in komplexen Regelsystemen. Eine Einführung. Wiesbaden, 215-237.

Paseka, A. (2005): Der Arbeitsplatz Schule aus der Sicht von Berufsangänger/innen. In: journal für Schulentwicklung 9, H. 2, 46-52.

Peek, R. (2001): Rückmeldestrategien als Element der Qualitätsentwicklung durch großflächige Tests. In: journal für schulentwicklung 5, 55-64.

Perrenoud, Ph./Gather-Thurler, M.: Arbeitsorganisation als zentrale Dimension der Schulentwicklung. In: journal für schulentwicklung 9, H. 2, 10-18.

Philipp, E./Rolff, H.-G. (1999): Schulprogramme und Leitbilder entwickeln. Weinheim/Basel.

Picht, G. (1965): Die deutsche Bildungskatastrophe. München.

Pierre, J. (Hg.) (2000): Debating Governance. Authority, Steering, and Democracy. Oxford.

Pierre, J./Peters, B. G. (2000): Governance, Politics and the State. London.

Pilgrim, D.K. (1998): „Seit meiner Kindheit träume ich davon den Nordpol zu erreichen, nun stehe ich am Südpol". Ein Schulprogramm entsteht beim Gehen. In: Pädagogik H. 2, 24-26.

Popkewitz, T. S./Lindblad, S./Strandberg, J. (1999): Review of Research on Education Governance and Social Integration and Exclusion. Uppsala Reports an Education 35. Uppsala.

Preuß, U.K. (1993): Demokratie und Autonomie. In: Recht der Jugend und des Bildungswesens 41, H. 2, 161-164.

Prijatelj, H./Braun, H. (2000): Das Schulprogramm in der Schulentwicklung: Theorie und Praxis. In: Erziehung und Unterricht. 150. Jg., H. 3/4 2000, 260-270.

Pulpanek, E. (1996): Im Ernstfall wird dichtgemacht – Oder: Die Öffnung der Schule. In: Pädagogische Korrespondenz, H. 18, 86-93.

Radnitzky, E. (2001): Q. I. S. - Qualität in Schulen (www. qis. at). In: Basiswissen Pädagogik. 6. Schule und Qualität. Baltmannsweiler/Hohengehren, 159-176.

Radtke, F.-O. (1997): Schulautonomie und Sozialstaat. Wofür ist die Bildungspolitik (noch) verantwortlich? In: Die Deutsche Schule 89, H. 3, 178-219.

Radtke, F.-O./Weiß, M. (Hg.) (2000): Schulautonomie, Wohlfahrtsstaat und Chancengleichheit. Opladen.

Rauch, F. (2000): Das Schulprogramm als Herausforderung für die Schulleitung. In: Erziehung und Unterricht 150, H. 3/4, 237-247.

Rauscher, H. (1995): Innovationen – eine Aufgabe für die Schulleitung. Schulleiter-Handbuch Bd. 75. Braunschweig.

Rhodes, R.A.W. (1997): Understanding Governance. Policy Networks, Governance, Reflexivity and Accountability. Buckingham.

Richter, I. (1999): Die Steuerung des Schulwesens durch Autonomie. In: Neue Sammlung 30, H. 1, 81-95.

Richter, I. (1994): Theorien der Schulautonomie. Hellmut Becker zum Gedächtnis. In: Recht der Jugend und des Bildungswesens 42, H. 1, 5-16.

Richtlinien und Lehrpläne für die Sekundarstufe II – Gymnasium/Gesamtschule in Nordrhein-Westfalen (1999). Hg. v. Ministerium für Schule und Weiterbildung, Wissenschaft und Forschung des Landes Nordrhein-Westfalen.

Riecke-Baulecke, T. (2001): Schulprogramme und wirksames Management. München.

Riedel, K. (1998): Schulleiter urteilen über Schule in erweiterter Verantwortung. Ergebnisse einer empirischen Untersuchung. Neuwied.

Risse, E. (Hg.) (1998): Schulprogramm. Entwicklung und Evaluation. Neuwied.

Risse, E./Schmidt, H.-J. (Hg.) (1999): Von der Bildungsplanung zur Schulentwicklung. Neuwied.

Rolff, H.-G. (1984): Schule im Wandel. Kritische Analysen zur Schulentwicklung. Essen.

Rolff, H.-G. (1992): Die Schule als besondere soziale Organisation – Eine komparative Analyse. In: Zeitschrift für Sozialisationsforschung und Erziehungssoziologie 12, H. 4, 306-324.

Rolff, H.-G. (1994): Gestaltungsautonomie verwirklichen. In: Pädagogik 46, H. 4, 40-44.

Rolff, H.-G. (1995a): Die Schule als Organisation erzieht. Organisationsentwicklung und pädagogische Arbeit. In: Pädagogik 47, H. 2, 17-21.

Rolff, H.-G. (1995b): Steuerung, Entwicklung und Qualitätssicherung von Schulen durch Evaluation. In: Rolff, H.-G. (Hg.): Zukunftsfelder von Schulforschung. Weinheim, 375-392.

Rolff, H.-G. (1995c): Wandel durch Selbstorganisation. Theoretische Grundlagen und praktische Hinweise für eine bessere Schule. Weinheim/München.

Rolff, H.-G. (1996): Autonomie von Schule – Dezentrale Entwicklung und zentrale Steuerung. In: Melzer, W./Sandfuchs, U. (Hg.): Schulreform in der Mitte der 90er Jahre. Opladen, 209-227.

Rolff, H.-G. (1998a): Entwicklung von Einzelschulen: Viel Praxis, wenig Theorie und kaum Forschung – Ein Versuch, Schulentwicklung zu systematisieren. In: Rolff, H.-G. et al. (Hg.): Jahrbuch der Schulentwicklung, Band 10. Weinheim/München, 295-326.

Rolff, H.-G. (1998b): Schulprogramm und externe Evaluation. In: Risse, E. (Hg.): Schulprogramm. Entwicklung und Evaluation. Neuwied, 254-266.

Rolff, H.-G. (1999): Pädagogisches Qualitätsmanagement: Schulentwicklung und Schulentwicklungsforschung vor neuen Herausforderungen. In: Rösner, E. (Hg.): Schulentwicklung und Schulqualität. Dortmund.

Rolff, H.-G./Buhren, C. G./Lindau-Bank, D./Müller, (2000): Manual Schulentwicklung. Weinheim/Basel.

Rolff, H.-G. (2001): Schulentwicklung konkret. Steuergruppe – Bestandsaufnahme – Evaluation. Seelze.

Rolff, H.-G. (2002): Rückmeldung und Nutzung der Ergebnisse von großflächigen Leistungsuntersuchungen. Grenzen und Chancen. In: Rolff, H.-G./Holtappels, H. G./Klemm, K./Pfeiffer, H./Schulz-Zander, R. (Hg.): Jahrbuch der Schulentwicklung. Band 12. Weinheim/München, 75-98.

Rolff, H.-G./Holtappels, H.G./Klemm, K./Pfeiffer, H./Schulz-Zander, R. (Hg.) (2002): Jahrbuch der Schulentwicklung. Band 12. Daten, Beispiele und Perspektiven. Weinheim/München.

Rosenbusch, H.S. (1994): Lehrer und Schulräte – ein strukturell gestörtes Verhältnis. Berichte und organisationspädagogische Alternativen zur traditionellen Schulaufsicht. Bad Heilbrunn.

Rosenbusch, H.S./Schlemmer, E. (1997): Die Rolle der Schulaufsicht bei der Entwicklung der Einzelschulen. In: Schulmanagement 28, H. 6, 9-17.

Rösner, E./Böttcher, W./Brandt, H. (Hg.) (1996): Lehreralltag – Alltagslehrer. Authentische Berichte aus der Schulwirklichkeit. Weinheim/Basel.

Rousseau, J.-J. (1993): Emil oder über die Erziehung. In neuer dt. Fassung besorgt von L. Schmidts. 11. unveränderte Auflage. Paderborn/München/Wien/Zürich.

Rumpf, H. (1988): Schulen wie Finanzämter? Vom Nutzen der Arbeit an einem Schulprofil für Schüler und Lehrer. In: Pädagogik, H. 11, 8-10.

Runderlass des Ministeriums für Schule und Weiterbildung (MSW) (1997): Runderlass vom 25.06.1997, „Entwicklung von Schulprogrammen". (BASS 14-23).

Runderlass des Ministeriums für Schule und Weiterbildung, Wissenschaft und Forschung (MSWWF) (2000): Runderlass vom 12.05.2000, „Berichterstattung der Schulen an die Schulaufsicht über ihre Schulprogrammarbeit". (BASS 14-23 Nr. 2).

Schaller, K. (1962): Die Autonomie der Pädagogik und die pädagogische Verantwortung. In: Ders.: Der Gebildete heute. Bochum, 97-104.

Scharpf, F. W. (2000): Interaktionsformen. Akteurzentrierter Institutionalismus in der Politikforschung. Opladen.

Schaefers, Ch. (2004): Die erweiterte Entscheidungskompetenz von Schulen bei der Besetzung von Lehrerstellen. In: Böttcher, W./Terhart, E. (Hg.): Organisationstheorie in pädagogischen Feldern. Analyse und Gestaltung. Wiesbaden, 159-169.

Schedler, K./Proeller, I. (2000). New Public Management. Bern.

Schiess, G. (1973): Die Diskussion über die Autonomie der Pädagogik. Weinheim/Basel.

Schimank, U. (1995): Für eine Erneuerung der institutionalistischen Wissenschaftssoziologie. In: Zeitschrift für Soziologie 24, 42-57.

Schimank, U. (1996): Theorien gesellschaftlicher Differenzierung. Opladen.

Schimank, U. (2000): Handeln und Strukturen. Einführung in die akteurtheoretische Soziologie. Weinheim/München.

Schimank, U. (2002a): Organisationen: Akteurkonstellationen – korporative Akteure – Sozialsysteme. In: Allmendinger, J./Hinz, T. (Hg.): Organisationssoziologie. Sonderheft der Kölner Zeitschrift für Soziologie und Sozialpsychologie 42, 29-54.

Schimank, U. (2002b): Theoretische Modelle sozialer Strukturdynamiken: Ein Gefüge von Generalisierungsniveaus. In: Mayntz, R. (Hg.): Akteure – Mechanismen – Modelle. Zur Theoriefähigkeit makro-sozialer Analysen. Frankfurt a.M., New York, 151-178.

Schimank, U. (2002c): Neue Steuerungssysteme an den Hochschulen. Förderinitiative des BMBF: Science Policy Studies. Abschlussbericht, 31.5. 2002. Hagen. Ms.

Schirp, H. (1998): Das Schulprogramm als Innovationsinstrument von Schulentwicklung. In: Risse, E. (Hg.): Schulprogramm. Entwicklung und Evaluation. Neuwied, 5-26.

Schley, W./Schratz, M. (2005): Ergebnisorientierte Führungsverantwortung als Antwort auf PISA. In: Lernende Schule: Schulleitungsbeilage, H. 28, 1-4.

Schlömerkemper, J. (1999): Schulprogramm: Wünsche und Wirkungen. In: Pädagogik 51, H. 11, 28-30.

Schlömerkemper, J. (2000): Konsens und Beteiligung! Ein Plädoyer für mehr Demokratie in der Bildungspolitik. In: Die Deutsche Schule 92, H. 1, 6-9.

Schlömerkemper, J. (2002a): „Schulprogramme und Evaluation" in Hessen. Werkstatt-Bericht über die wissenschaftliche Begleitung eines Vorhabens des Hessischen Kultusministeriums – Teil 1: Hauptbericht – Unter zeitweiliger Mitarbeit von Eva Pelkner, Barbro Walker, Ulrich Gefromm, Leonie Szubries u.a. Manuskript. Frankfurt am Main.

Schlömerkemper, J. (2002b): Gelingt die ›empirische Wende‹ jetzt? Oder: Wie kann man ›schiefe Bilder von PISA‹ vermeiden? In: Die Deutsche Schule 94, H. 2, 134-137.

Schlömerkemper, J. (2004): Einstellungen und Erwartungen gegenüber dem Schulprogramm. In: Holtappels, H.G. (Hg.): Schulprogramme – Instrumente der Schulentwicklung. Konzeptionen, Forschungsergebnisse, Praxisempfehlungen. Weinheim/München, 61-78.

Schnack, J. (1997): Systemzwang und Schulentwicklung. Hamburg.

Schneider, V. (2004): Organizational Governance – Governance in Organisationen. In: Benz, A. (Hg.): Governance – Regieren in komplexen Regelsystemen. Eine Einführung. Wiesbaden, 173-192.

Schnuer, G. (1986): Die deutsche Bildungskatastrophe. 20 Jahre nach Picht. Lehren und Lernen in Deutschland. Herford.

Schrader, F.-W./Helmke, A. (2003): Von der Evaluation zur Innovation? In: Empirische Pädagogik 18, H. 1, 140-161.

Schrader, F.-W./Helmke, A. (2004): Evaluation – und was danach? In: Schweizerische Zeitschrift für Bildungswissenschaften 25, H. 1, 79-110.

Schratz, M. (1993): Autonomie und Schulaufsicht. In: Schul-Management 24, H. 4, 8-15.

Schratz, M. (1998): Schulleitung als change agent: Vom Verwalten zum Gestalten von Schule. In Altrichter, H. et al. (Hg.): Handbuch der Schulentwicklung. Innsbruck/Wien, 160-189.

Schratz, M. (1999): Die lernende Schule: Arbeitsbuch pädagogische Schulentwicklung. 2. korrigierte Auflage. Weinheim.

Schratz, M. (2003): Qualität sichern. Schulprogramme entwicklen. Seelze.

Schratz, M. (2005): Abschied vom primus inter pares – Schulleitung zwischen Beruf und Berufung. In: Büeler, X./ Bucholzer, A./ Roos, M. (Hg.): Schulen mit Profil. Forschungsergebnisse – Brennpunkte – Zukunftsperspektiven. Mit einem Vorwort von Helmut Fend. Innsbruck, 181-192.

Schröder, G.: „Ein Gesetz für alle Schulen". Pisa und die Konsequenzen für das deutsche Schulsystem. In: Die Zeit (2002), Nr. 27, 33.

Schulentwicklungsgesetz (2001): Gesetz zur Weiterentwicklung von Schulen – in NRW. Vom 27. November 2001 (GV. NRW. S. 811, ber. 2002 S. 22).

Schüler, H. (1996): Ein Alltag voller Verstöße. In: Böttcher, W./Brandt, H./Rösner, E. (Hg.): Lehreralltag – Alltagslehrer. Authentische Berichte aus der Schulwirklichkeit. Weinheim/Basel, 125-129.

Schwänke, U. (1980): Die Interdependenz von Bildungssystem und Gesellschaft: ein Beitrag zur Theorie der Schule. Weinheim/Basel.

Schwänke, U. (1988): Der Beruf des Lehrers: Professionalisierung und Autonomie im historischen Prozeß. Weinheim/München.

Schwänke, U. (Hg.) (1989): Innere und äußere Schulreform. Carl-Ludwig Furck zum 3. November 1988. (Erziehungswissenschaft aktuell, Bd. III.) Hamburg.

Seel, H./Scheipl, J. (2004): Die Entwicklung des österreichischen Bildungswesens am Übergang ins 21. Jahrhundert. Graz.

Sertl, M. (1993): Kurze Geschichte der Autonomiediskussion in Österreich. In: Posch, P./Altrichter, H.: Schulautonomie in Österreich. Wien, 88-124.

Shulman, L.S. (1983): Autonomy and Obligation. In: Shulman, L.S./Sykes, G. (Hg.): Handbook of Teaching and Policy. New York.

Simon, C./Goger, R./Schwetz, H. (2000): Schulprogrammentwicklung aus der Sicht einer Schuldirektorin, eines Bezirksschulinspektors und eines externen Beraters. In: Erziehung und Unterricht 150, H. 3/4, 290-304.

Söll, F. (2002): Was denken Lehrer/innen über Schulentwicklung? Eine qualitative Studie zu subjektiven Theorien. Weinheim.

Sommer, M./Stöck, K. (1998): Auswickeln, Verwickeln, Entwickeln. Zwischenbilanz nach einem Jahr – der Weg zum Schulprogramm ist länger. In: Pädagogik, H. 2, 20-23.

Soppart-Liese, Susanne (1997): Reform der Schule und elterliche Mitwirkung. Frankfurt a.M.

Specht, W./Freudenthaler, H.H. (2004): Bildungsstandards – Bedingungen ihrer Wirksamkeit. In: Erziehung und Unterricht 154, H. 7-8, 618-629.

Steffens, U./Bargel, T. (Hg.): Qualität von Schule. Hessisches Institut für Bildungsplanung und Schulentwicklung. Bd. 1-7. Wiesbaden/Konstanz 1987ff.

Steffens, U./Bargel, T.: Erkundungen zur Qualität von Schule. Neuwied 1993.

Stern, C. (2004): Rechenschaftslegung - Schlusspunkt und Auftakt für Schulprogramm und Selbstevaluation. Erste Annäherungen im Internationalen Netzwerk innovativer Schulsysteme (INIS). In: Pädagogische Führung 15, H. 1, 27-30.

Stock, M. (1971): Pädagogische Freiheit und politischer Auftrag der Schule. Rechtsfragen emanzipatorischer Schulverfassung. Heidelberg.

Stölting, E./Schimank, U. (Hg.) (2001): Die Krise der Universitäten. Leviathan Sonderheft 20. Wiesbaden.

Stövesand, H. (2000/01): Schulentwicklung nach Klippert. Über den Anspruch, mittels Dressur Selbstständigkeit zu fördern. In: Pädagogische Korrespondenz. H. 26, 81-94.

Strauss, A./Corbin, J. (1996): Grounded Theory: Grundlagen qualitativer Sozialforschung. München.

Strittmatter, A. (1997): „Eine knüppelharte Sache". Schulen erproben Selbstevaluation. In: Pädagogik 49, H. 5, 16-20.

Strittmatter, A. (2004): Die Standarddiskussion in der Schweiz. In: journal für schulentwicklung 8, H. 4, 39-46.

Struck, P. (1994): Neue Lehrer braucht das Land. Ein Plädoyer für eine zeitgemäße Schule. Darmstadt.

Struck, P.: Schulreport. Zwischen Rotstift und Reform, oder brauchen wir eine andere Schule? Reinbek bei Hamburg 1995.

Sygusch, H. (1998): Schulinspektion Bremen: Qualitätsentwicklung durch Evaluation und Beratung. In: Pädagogische Führung 9, H. 3, 175-179.

Teichmann, W. (2000): Das Schulprogramm als Mittel der Qualitätsentwicklung und -sicherung von Schule – dargestellt am Beispiel des Berufskollegs Castrop-Rauxel. In: Erziehungswissenschaft und Beruf, 48, H. 1, 3-26.

Tenberg, R. (2002): Lehrerkollegien äußern sich zur Einführung schulischen Qualitätsmanagements. In: Busse, A./ Przygodda, K. (Hg.): Curriculumentwicklung – Teamentwicklung – Schulentwicklung. Bielefeld, 79-92.

Terhart, E. (1998): Die autonomer werdende Schule und ihr Personal: Einige kritische Rückfragen. In: Avenarius, H./Baumert, J./Döbert, H./Füssel, H.-P. (Hg.): Schule in erweiterter Verantwortung. Neuwied, 133-145.

Terhart, E. (2000): Zwischen Autonomie und Abhängigkeit. Geplanter und ungeplanter Wandel im Bildungsbereich. In: Neue Sammlung 40, H. 1, 123-140.

Terhart, E. (2001a): Zwischen Aufsicht und Autonomie. Geplanter und ungeplanter Wandel im Bildungsbereich. Essen.

Terhart, E.: Schule und Selektion: Die Perspektive der Lehrer. In: Sandfuchs, U./Melzer, W. (Hg.): Was Schule leistet. Funktionen und Aufgaben von Schule. Weinheim/München 2001b, 87-110.

Terhart, E. (2002): Nach PISA. Bildungsqualität entwickeln. Hamburg.

Thurn, (2000): Pisa nützt Medien und Politik, nicht der Schule. In: taz vom 01.02.2000.

Tichy, N. M./Devana, M. A. (1986): The Transformational Leader. New York.

Tillmann, K.-J. (1987): Zwischen Euphorie und Stagnation – Erfahrungen mit der Bildungsreform. Hamburg.

Tillmann, K.-J. (2001): Autonomie der Schule – Die bildungspolitische Diskussion in Deutschland und die Erfahrungen der Bielefelder Laborschule. In: Sandfuchs, U./Melzer, W. (Hg.): Was Schule leistet. Funktionen und Aufgaben von Schule. Weinheim/München, 225-239.

Tillmann, K. J./Vollstädt, W. (Hg.) (2001): Politikberatung durch Bildungsforschung. Das Beispiel: Schulentwicklung in Hamburg. Opladen.

Timmermann, D. (1987): Bildungsmärkte oder Bildungsplanung. Eine kritische Auseinandersetzung mit zwei alternativen Steuerungssystemen mit ihren Implikationen für das Bildungssystem. Mannheim.

Timmermann, D. (1995): Abwägen heterogener bildungsökonomischer Argumente zur Schulautonomie. In: Zeitschrift für Pädagogik 41, H. 1, 49-60.

Tischer, M. (1999): Herbart und die Folgen. Studien zur Genese der Allgemeinen Pädagogik und der Didaktik. Wetzlar.

Türk, K. (1995): „Die Organisation der Welt". Herrschaft durch Organisation in der modernen Gesellschaft. Opladen.

Tyack, D./ Tobin, W. (1994): The 'Grammar' of Schooling: Why Has It Been So Hard to Change? American Educational Research Journal 31, 453-480.

Ulich, K. (1996): Beruf Lehrer/in: Arbeitsbelastungen, Beziehungskonflikte, Zufriedenheit. Weinheim/Basel.

VBE (Verband Bildung und Erziehung) (Hg.) (1995) Schulaufsicht zwischen Bürokratie und Pädagogik. Bonn 1995.

Vogel, J.P. (1993): Schulaufsicht und Autonomie der Einzelschule im Spiegelbild neuerer Schulgesetze. In: Pädagogische Führung 4, H. 4, 190-191.

Vogel, J.P. (1995): Verfassungsrechtliche Bemerkungen zur Verselbständigung der Schule. In: Zeitschrift für Pädagogik 41, H. 1, 39-48.

Vogelsang, H. (1995): Schulaufsicht zwischen Bürokratie und Pädagogik. In: Verband Bildung und Erziehung (Hg.): Schulaufsicht zwischen Bürokratie und Pädagogik. Bonn, 13-20.

Volkholz, (1990): Gestalten statt Verwalten. Grundlinien der Berliner Schulpolitik. In: Pädagogik 42, 3, 49-52.

Wagner, G. (1998): Disziplin und Schulprofil. Erfahrungen einer Stadtteilschule. In: Lernchancen, 1, H. 4, 23-30.

Warnken, G. (1997): Das Schulprogramm. In: schulmanagement, H. 5, 18-28.

Warnken, G. (2001): Theorien zur Schulentwicklung – eine Landschaftsskizze. Oldenburg.

Weishaupt, H. (1998): Die Situation des Schulwesens im Kontext der veränderten Wahrnehmung öffentlicher Aufgaben durch den Staat. In: Ackermann, H./Wissinger, J. (Hg.): Schulqualität managen. Von der Verwaltung der Schule zur Entwicklung von Schulqualität. Neuwied, 23-33.

Weishaupt, H./Weiß, M. (1997): Schulautonomie als theoretisches Problem und Gegenstand empirischer Bildungsforschung. In: Döbert, H./Geißler, G. (Hg.): Schulautonomie in Europa. Baden-Baden, 27-45.

Weiß, M. (1993): Der Markt als Steuerungssystem im Schulwesen?. In: Zeitschrift für Pädagogik, 71-84.

Weiß, M. (1995): Der Zusammenhang zwischen Schulausgaben und Schulqualität – Eine Auswertung empirischer Analysen. In: Zeitschrift für internationale erziehungs- und sozialwissenschaftliche Forschung 12, H. 2, 335-350.

Weiß, M. (1997): Mehr Ressourcen = mehr Qualität? In: Böttcher, W./Weishaupt, H./Weiß, M. (Hg.): Wege zu einer neuen Bildungsökonomie: Pädagogik und Ökonomie auf der Suche nach Ressourcen und Finanzierungskonzepten. Weinheim/München, 161-170.

Weiß, M. (1999): Bildungsfinanzierung im internationalen Vergleich. In: Rosenbladt, B.v. (Hg.): Bildung in der Wissensgesellschaft: ein Werkstattbericht zum Reformbedarf im Bildungssystem. Münster/New York/München/Berlin, 151-164.

Weiß, M. (2000): Quasi-Markets in Education: An Economic Analysis. In: Oelkers, J. (Hg.): Futures of Education. Essays from an Interdisciplinary Symposium. Bern, 217-237.

Weiß, M./Steinert, B. (2001): Institutionelle Vorgaben und ihre aktive Ausgestaltung – Die Perspektive der deutschen Schulleitungen. In: Deutsches PISA-Konsortium (Hg.), PISA 2000. Basiskompetenzen von Schülerinnen und Schülern im internationalen Vergleich, Opladen, 427-454.

Weniger, E. (1928/29): Über die Autonomie der Pädagogik. In: Neuwerk 10, 10, 352-364. (Wiederabdruck vgl. Weniger 1952)

Weniger, E. (1952): Die Autonomie der Pädagogik. In: Ders.: Die Eigenständigkeit der Erziehung in Theorie und Praxis. Weinheim, 71-87.

Weniger, E. (1952a): Theorie und Praxis der Erziehung. In: Ders.: Die Eigenständigkeit der Erziehung in Theorie und Praxis. Weinheim, 7-22.

Wernet, A. (2000): Einführung in die Interpretationstechnik der Objektiven Hermeneutik. Opladen.

Wild, P. (1997): Die Probleme der Bildungsfinanzierung aus Ländersicht. In: Böttcher, W./Weishaupt, H./Weiß, M. (Hg.): Wege zu einer neuen Bildungsökonomie: Pädagogik und Ökonomie auf der Suche nach Ressourcen und Finanzierungskonzepten. Weinheim/München, 41-60.

Wissinger, J. (1994): Schulleiter-Beruf und Lehreridentität – zum Rollenkonflikt von Schulleiterinnen und Schulleitern. Ein Beitrag zur Schulentwicklungsforschung. In: Zeitschrift für Sozialisationsforschung und Erziehungssoziologie 14, 38-57.

Wissinger, J. (1996): Perspektiven schulischen Führungshandelns. Eine Untersuchung über das Selbstverständnis von SchulleiterInnen. Weinheim.

Wissinger, J. (2000): Rolle und Aufgaben der Schulleitung bei der Qualitätssicherung und -entwicklung von Schulen. In: Zeitschrift für Pädagogik, 46. Jg., Nr. 6, 851-865.

Wissinger, J. (2002): Schulleitung im internationalen Vergleich – Ergebnisse der TIMSS-Schulleiterbefragung. In: Wissinger, J./Huber, S.G. (Hg.): Schulleitung – Forschung und Qualifizierung. Opladen, 45-61.

Witjes, W./Zimmermann, P. (2002): Elternmitwirkung in der Schule. Eine Bestandsaufnahme in fünf Bundesländern. In: Rolff, H.-G./Holtappels, H.G./Klemm, K./Pfeiffer, H./Schulz-Zander, R. (Hg.): Jahrbuch der Schulentwicklung, Band 12. Daten, Beispiele und Perspektiven. Weinheim/München, 221-256.

Wolff, K. (2001): Vorwort zur Schriftenreihe „Schulprogramme und Evaluation in Hessen." Hg. v. Hessischen Kultusministerium. Bd. 13: Abschlussbericht zum Projekt „Schulprogramme und Evaluation" der Pilotschulen und der Unterstützungssysteme in Hessen. Wiesbaden.

Wollenweber, H. (1997): „Autonomie" der Schule? Zur Problematik einer schulpolitischen Forderung. In: Aurin, K./Wollenweber, H. (Hg.): Schulpolitik im Widerstreit. Brauchen wir eine „andere Schule"? Bad Heilbrunn, 113-128.

Zapf, W. (1989): Über soziale Innovation. In: Soziale Welt 40, 170-183.

Zapf, W. (1996): Die Modernisierungstheorie und unterschiedliche Pfade der gesellschaftlichen Entwicklung. In: Leviathan 24, H. 1, 63-77.

Zedler, P. (1997): Erweiterte Selbstverantwortung von Einzelschulen – Zauberformel für die Modernisierung des Schulwesens? In: Zedler, P./Fickermann, D. (Hg.): Pädagogik und Recht: rechtliche Rahmenbedingungen und Handlungsspielräume für eine erweiterte Selbständigkeit von Einzelschulen. Erfurt, 7-12.

Zukunftskommission (Haider, G./Eder, F./Specht, W./Spiel, C.) (2003): Zukunft Schule. Strategien und Maßnahmen zur Qualitätsentwicklung. Das Reformkonzept der Zukunftskommission. BMBWK/Wien.

Zukunftskommission (Haider, G./Eder, F./Specht, W./Spiel, C./Wimmer, M.) (2005): Abschlussbericht der Zukunftskommission an Frau Bundesministerin Elisabeth Gehrer vom 6.4. 2005. Wien.

Educational Governance

Herbert Altrichter / Thomas
Brüsemeister / Jochen Wissinger (Hrsg.)

Educational Governance
Handlungskoordination und Steuerung
im Bildungssystem
2007. ca. 180 S. Br. ca. EUR 24,90
ISBN 978-3-531-15279-0

In den Bildungssystemen Europas sind
gravierende Umbauten institutioneller
Regelungsstrukturen zu verzeichnen:
In den Schulen werden beispielsweise im
Kontext von PISA schulische Gestaltungsspielräume erhöht, Bildungsstandards
und externe Evaluations- und Beobach-
tungsverfahren eingeführt. Diese Veränderungen der Steuerungs- und Koordina-
tions-Praxis führen in jüngster Zeit zu
einer Reihe von wissenschaftlichen Bei-
trägen, die mit dem Governance-Begriff
analytisch arbeiten, um die institutionellen Umbauten nachzuvollziehen, ihre vielfältigen Wirkungen zu erfassen und Ori-
entierungswissen zu bieten.

Der Band stellt das Konzept „Governance
im Bildungswesen" vor und liefert aus
verschiedenen sozialwissenschaftlichen
Bezugsdisziplinen neue Perspektiven für
Steuerungsprozesse im Bildungswesen.

Jürgen Kussau / Thomas Brüsemeister

Governance, Schule und Politik
Zwischen Antagonismus und Kooperation
2007. ca. 350 S. Br. ca. EUR 34,90
ISBN 978-3-531-15278-3

Aus der Perspektive sozialwissenschaftlicher Governanceforschung werden in
diesem Band ausgewählte Teilthemen der
Beziehung zwischen staatlicher Politik
und Schule untersucht. Diese Beziehung
wird als antagonistisch und doch koope-
rativ verstanden und entsprechend auf
der Grundlage des sozialwissenschaftlichen Modells der antagonistischen Kooperation untersucht. Gleichzeitig werden
neue Absichten der Bildungspolitik problematisiert, die darauf zielen, den Koor-
dinationsrahmen enger zu ziehen, „dich-
tere" Beziehungsformen zu etablieren,
die Schulen fester an politische Vorgaben
anzubinden.

Martin Heinrich

Governance in der Schulentwicklung
Von der Autonomie zur
evaluationsbasierten Steuerung
2007. ca. 350 S. Br. ca. EUR 39,90
ISBN 978-3-531-15339-1

Der Band rekonstruiert den Paradigmenwechsel von der Autonomie zur evaluationsbasierten Steuerung anhand aktueller
Reformprogramme und empirischer Analysen zur administrativ verordneten
Schulprogrammarbeit. Die sozialwissenschaftliche Basis für diese Analysen bildet
ein im Rahmen dieser Arbeit entwickeltes
Konzept der School-Governance.

Erhältlich im Buchhandel oder beim Verlag.
Änderungen vorbehalten. Stand: Januar 2007.

www.vs-verlag.de

VS VERLAG FÜR SOZIALWISSENSCHAFTEN

Abraham-Lincoln-Straße 46
65189 Wiesbaden
Tel. 0611.7878-722
Fax 0611.7878-400